Liberal Leviathan

The Origins, Crisis, and Transformation of the American World Order

自由主义利维坦

美利坚世界秩序的起源、危机与转型

[美]约翰·伊肯伯里◎著
(G. John Ikenberry)
赵明昊◎译

上海人民出版社

丛书总序

纵谙古今韬略　横务天下经纶

自战国至秦汉以来，中国就不乏“纵横家”，即当代所称的战略家。他们多为君王的策士，胸怀大局，熟谙兵法，满腹经纶，长于韬略，果断决策，机智善辩，纵横捭阖。《战国策》、《孙子兵法》等许多经典著作，记录了中国古代丰富的战略思想。现代中国战略家当中，毛泽东的雄才大略和军事思想，至今无出其右者。

西方古代的战略思想源于古希腊、古罗马。古希腊历史学家修昔底德的不朽著作《伯罗奔尼撒战争史》与《孙子兵法》诞生于同一历史时期。近代德国军事理论家克劳塞维茨的《战争论》对后来的军事战略思想(包括对毛泽东的军事思想)产生了深远影响。普鲁士德国政治家俾斯麦的外交战略为后人所仰慕称道。

直到冷战时期，国际战略及该领域的研究，还基本上限定于传统的国家安全战略领域，特别是国防战略、军事战略和着眼于结盟与反结盟的外交战略。此前，罗斯福领导下的美国设计了以联合国、世界银行、国际货币基金组织、关税与贸易总协定为框架的世界政治经济秩序，其实就是一种美国至今仍在执行的试图维护霸权的“大战略”(Grand Strategy)，只不过当时还没有做这种界定。改革开放之前的中国，国际战略研究的主要内容则是中国共产党革命战略的延伸，即区分敌我友，分析国际形势和力量对比，运用国际资源打击主要敌手，维护国家安全。

科学技术改变了人类命运，国家之间相互隔绝、按照军事强权划分势力范围的时代一去不复返了。全球化大大丰富了国际战略及其研究的外延与内涵。军事战略仍然是国家安全战略的重要内容，而传统国家安全也仍然是国家对外战略的重要考虑。但是,随着世界大战阴霾的消散,大国之间大规模战争危险的降低,各国经济相互依存的加深,经济竞争加剧了,全球范围的贫富悬殊扩大了,能源、生态环境、气候变化、公共卫生、跨国犯罪、恐怖主义、宗教冲突等一系列非传统安全问题突出。离开对上述关乎国计民生的功能性、全球性、跨国界问题的研究,今天的国际战略研究就会变为无源之水、无本之木。对于坚持改革开放的中国来说,国际战略必须同国家发展战略一起谋划,同步执行。

但是,对具体问题包括公共政策问题的研究,决不能取代国际战略研究。应当看到,全球化越向社会纵深发展,国家利益越多元化,内外政策互动越紧密,形成"大战略"的迫切性就越突出。一个国家的国际战略历来是由其最高决策者来制定的。但是,同过去"伟人时代"不同的是,越来越多的政府部门和地方部门在参与国际战略的制定,而任何一个部门都有其视角上的局限性。

战略需要综合分析、全局观念、长远谋划、协调执行,也需要深厚的研究基础。对于研究国际战略的学者来说,我们施展才学的舞台越来越宽阔,但知识面的局限性也越来越明显。一方面,古今中外的纵向韬略经纶需要认真学习和总结;另一方面,层出不穷的全球横向新问题有待研究。

北京大学国际战略研究中心旨在促进国际战略相关领域的学术研究和政策研究。其重点是对当今中国所处的国际环境以及相关各国的国际战略进行分析,并在此基础上公开发表或向有关方面提交有政策含义的、面向未来的研究成果。我们的研究工作致力于为中国的国际战略决策提供智力支持,为教学服务,并引导公众全面、准确、理性地认识国家安全与国际战略问题。我们鼓励跨学科、多重视角的研究课题,力图实现理论和方法论的创新。本丛书将本着开放、包容、谦虚、严谨的学风,寻觅国际战略领域的精品。尚拜求海内外志同道合者,惠赐宏论巨制。

王缉思
2008 年新春于北京大学朗润园

译　者　序

美国全球领导地位的未来命运向来是学界争论的重大议题之一，从罗伯特·基欧汉的《霸权之后》到查尔斯·克劳萨默的《单极时刻》，从保罗·肯尼迪的《大国的兴衰》到约瑟夫·奈的《注定领导世界：美国权力性质的变迁》，从法里德·扎卡利亚的《后美国世界》到尼尔·弗格森的《巨人》，这一争论一直未曾停息。[1]自2001年"9·11"事件以来似乎变得更加激烈，及至2008年金融危机全面爆发之后，"美国时代已然终结"的声音更是不绝于耳。[2]还有人超越了对美国首要地位(primacy)的关注并提出，世界政治的转型不仅仅是权力分配的变化，有关全球秩序的思想、原则和规范也在发生改变，而中国则是第二次世界大战后美国领导的自由主义秩序的最大挑战。[3]

美国普林斯顿大学国际关系讲席教授约翰·伊肯伯里也加入了这场争论，并在2011年5月出版专著《自由主义利维坦》，深入阐述了他对第二次世界大战后美国所领导的自由主义国际秩序的看法。他认为，虽然美国在全球体系中的权力地位发生了改变，美国与外部世界订立的"霸权契约"(hegemonic bargains)也面临再谈判，但其所领导的自由主义国际秩序的核心特性、基本规则和原则安然无恙，自由主义国际秩序并未遇到竞争对手，恰恰相反，非西方大国的崛起以及经济和安全相互依赖度的增强为这一秩序造就了新的拥护者。

《自由主义利维坦》实际上是美国国内大战略论争的产物，伊肯伯里是这场论争中"新自由国际主义"思想流派的代表性人物。可以说，

“新自由国际主义”对奥巴马政府全球战略的调整产生了重要而深远的影响。本书不仅可以使我们对第二次世界大战结束以来美国如何构建和维护国际秩序有更加深入的理解，而且有助于认知当前和未来一个时期美国领导层国家安全战略思维的“思想底色”。同样重要的是，中国自身的和平发展将在很大程度上取决于如何应对和融入既有的国际秩序，其关键在于如何处理权力与规则的关系，《自由主义利维坦》对于中国在这一问题上的战略选择、战略规划和对外政策行为具有宝贵的启发意义。“权力与规则并非敌人”，这不仅是美国也是中国须铭记在心的箴言。

一

本书探讨的核心问题是，自由主义国际秩序特别是美国在第二次世界大战结束后领导构建的自由主义霸权秩序(liberal hegemonic order)的内在逻辑、变化特征和未来命运。按照伊肯伯里相对简约的定义，国际秩序是对国家间互动关系的相对稳定的和程式化的安排，而世界历史上的国际秩序主要通过三种方式得以确立，即制衡(balance，如18世纪的欧洲)、统制(command，如19世纪的大英帝国)，以及赢得同意(consent，如美国领导的自由主义霸权秩序和欧盟)。在过去两百年中，西方民主国家一直在努力构建开放的、以规则为基础的(rule-based)的国际秩序。而在20世纪下半叶，美国以其无可匹敌的实力地位，围绕着多边机制、同盟、特殊关系等，以威斯特伐利亚体系的主权规范为基石，推动建立了自由主义国际秩序的一种特殊型态——自由主义霸权秩序，这是一种带有自由主义特征的等级性秩序，体现了自由主义和现实主义思想、规则和权力的融合。

全书共有八章，除导言和结论外，第二章至第四章为理论探讨部分，第五章到第七章为实证阐释部分。为理解战后美国所领导的国际秩序的逻辑和特性，作者首先梳理了历史上不同类型的世界政治秩序，并着重对不同的等级性秩序，即帝国主义等级性秩序和自由主义等级性秩序作出区分，提出后者需要主导国按照协商而得的(agreed-upon)、制度化的克制与承诺来运用权力。第三章和第四章探讨了主导国在全球体系中如何进行支配(rule)的问题，作者阐述了主导国的两大支配模式，即“以规则支配”(rule through rules，如美欧关系)和“以关系支配”(rule through relationship，如美国在东亚建立的毂辐体系)，[4]前者强调以规则和制度为基础的多边承诺，后者则是指按照主—从关系来构建秩序。作者认为，单极条件往往会诱使主导国选择以关系支配的模式，但随着单极权力的衰落，主导国将更多地依赖多边规则和制度。

第五章以清晰的历史脉络和理论逻辑阐述了第二次世界大战后美国如何推动建立自由主义霸权秩序。作者指出，美国领导人在第二次世界大战后本希望通过联合国和布雷顿森林体系建立一种更具普世性的全球秩序，但由于冷战的出现，这种秩序构建只能在西方民主国家(包括日本)内部展开并以美国为中心，而且为了更加有效地应对苏联威胁，美国最终在东亚建立了一种具有附庸关系性质的同盟体系。某种程度上，美国将联合国所体现的自由主义精神和北约以及东亚同盟关系所体现的现实主义精神很好地结合了起来，美国成为了“自由主义利维坦”，“受他国邀请而进行领导”，并且反过来用自己的权力和财富为他国提供了“服务”。作者提出，从提供安全、创造财富和促进社会进步而言，这一自由主义霸权秩序是世界历史上最为成功的秩序，在冷战终结之后，这一秩序从西方民主国家之间的“内部秩序”成功扩展为在全球范围内适用的“外部秩序”。

但在冷战结束后的近20年中，自由主义国际秩序也面临着很多挑战和危机。作者所关注的是全球体系的长期性变化，一方面，美国虽以单极力量出现，但其霸权权力的正当性因苏联威胁的消失而逐渐受到质疑；另一方面，作为自由主义霸权秩序基石的威斯特伐利亚体系之下的主权规范受到侵蚀，对别国内部事务的干预和“保护的责任”(responsibility to protect)成为世界政治的一部分。美国小布什政府曾试图在单极条件下构建以美国为中心的具有帝国主义性质的新秩序，其对外战略被视为以改造世界为目标、以单边黩武为特征的“布什主义”(Bush Doctrine)。[5]作者着重分析了“布什主义”缘何最终失败，指出美国企图以单边主义挣脱其自己建立起来的国际制度和规范，不仅困难重重，而且徒劳无益。当然，其他非西方国家实力的日益增强是美国领导的国际秩序陷入危机的另一重要因素。但是作者认为，这一秩序遭遇的危机实际上是“权威危机”(crisis of authority)，是秩序内的权利和权威重新分配和秩序治理方式需要重新调整的危机，是该秩序在第二次世界大战后被成功建立并得到巩固和拓展所带来的结果，虽然美国作为该秩序中的霸权力量正面临越来越大的压力，但自由主义国际秩序的深层逻辑（开放性和以规则为基础）已得到世界各国的广泛接受，这一秩序实际上“易于加入、难以推翻”。

对于自由主义国际秩序的未来发展，作者提出三种可能性：一是美国领导的自由主义霸权秩序被重新协商并得以存续；二是出现一种后霸权自由主义秩序，美国扮演起普通角色；三是自由主义秩序全面衰败，世界政治陷入非开放的和不以规则为基础的状态。自由主义国际秩序的未来命运受到三大因素的影响：一是美国让渡自身权威并接受规则和制度约束的意愿；二是美国利用安全和军事实力与其他国家达成更广泛的经济和政治契约的能力；三是中国和印度这类非西方崛起国家是否会继续接受自由主义国际秩序。在本书的最后，伊肯伯里就美国如何维护自由主义国际秩序并引领该秩序的转型给出了建议：美国需要让渡一些在霸权时代所拥有的权利和特权，需要继续倡导那些能发挥实际作用且深具共识基础的规则和制度，要选择“以规则支配”的方式，并在自由民主国家联盟之中，在发达和发展中国家、崛起和衰落国家、西方和非西方国家之间分享权威。伊肯伯里相信，如果美国足够聪明并正确地打出“外交政策牌”，未来几十年中，美国仍将是一个由开放市场、民主社群、合作安全和以规则为基础的秩序所构成的世界的中心。

二

伊肯伯里关于国际秩序问题的另一本著作是2001年出版的《大战胜利之后:制度、战略约束与战后秩序的重建》,[6]通过对1815年、1919年和1945年三次国际秩序重大变迁的深入探析,回答了赢得大战胜利的国家如何运用新近获得的权力这一问题。他的核心看法是,这些国家倾向于采取制度化举措约束自身权力的施展,以赢得较弱国家对其领导地位的默许,从而"锁定"其在大战中获得的有利地位。伊肯伯里的分析路径和观点体现了其对现实主义和自由主义理论传统的折衷态度,他所关注的问题实际上针对的是现实主义或新现实主义者的困惑,即为何强国会同意将自己纳入国际制度之中或接受其约束。但同时,他又突出强调了国内民主制度和国际秩序的宪政性之间的深刻关联,体现出其基本立场和价值取向仍是自由主义的,他是威尔逊主义的忠实信徒。这种理论选择上的折衷态度和开放性也自然延续到《自由主义利维坦》一书之中,作者在前言中称此书可被视为《大战胜利之后》的姊妹篇,其意在强调他对国际秩序问题一以贯之的学术兴趣和理论取向。

可以说,《自由主义利维坦》一书所要申明的核心思想是:权力和规则并不是敌人,它们可以成为朋友,两者在构建自由主义国际秩序过程中缺一不可;只有在一个由规则构成的体系中运用,权力才是最持久和最具正当性的;而规则也只有建立在共识基础上并受到相应的权力结构的支撑时,才是最持久和最具正当性的。这本著作带给我们的启发还在于,它强调"当前的国际秩序并不是美国,也不是西方的",这一秩序继承了威斯特伐利亚体系的诸多原则,解决了无政府状态下如何建立稳定的国家间关系的"霍布斯难题",同时又通过维护开放性和坚持以规则为基础促使国家能够利用"洛克的机会"进行合作。既然这一秩序并不完全属于美国和西方,那么,未来世界政治出现的分歧和矛盾并不必然局限于西方/非西方这种二元结构之间,会比西方与非西方的刻板分野更加复杂。

伊肯伯里关于崛起大国并不会必然推翻这一秩序的观点也大致符合经验性认识，一是因为这些国家从加入这一秩序中得到了切实的收益；二是没有可以完全替代自由主义国际秩序并能得到各国普遍接受的备选方案；三是崛起国家需要通过对自己进行某种程度的制度性约束以阻止或缓和外部施加的各种制衡。这本书将使我们对崛起国家和既有国际秩序之间的关系有更加全面和深入的认识。

但是，伊肯伯里在这本书所提出的理论观点及论证过程仍存在值得商榷之处。首先，他对帝国主义等级性秩序和自由主义等级性秩序（即自由主义霸权秩序），或者说帝国和霸权的区分依然不尽明确。早在 1953 年，英国学者加拉格和罗宾逊就发表了一篇著名的论文，指出英国通过一种“非正式帝国”（informal empire）的方式进行着统治，它在英帝国范围内推动自由贸易，并培植和利用当地精英作为代理人管理殖民地，尽可能少地使用武力解决问题。[7]那么，美国是不是也可以被视为这种“非正式帝国”？如果说帝国要依靠武力的话，那霸权也是如此，“自由主义”和“利维坦”之间存在着根本性的紧张关系，霸权从其本质上而言并非民主的和自由的。[8]此外，伊肯伯里总是从威尔逊那里为自由国际主义溯源，但应当承认，威尔逊时期的自由国际主义和现如今美国自由国际主义者所抱有的思想还是具有显著差异的——前者强调的是以真正的法治为基础，通过大国平等合作共同保障和平，而后者支持的则是以美国和西方国家为中心且更具等级性的国际体系。[9]

其次，伊肯伯里对第二次世界大战后西方阵营内部的自由主义国际秩序有过分美化之嫌。自联合国和布雷顿森林体系创设之初，权力而不是规则就发挥了最重要的作用。某种程度上，联合国体现的是“大国共管”，联合国最重要的机构安理会显然不能说完全是“以规则为基础的”，而布雷顿森林体系的创立过程则鲜明地体现了美国、英国和法国等欧洲国家之间的深刻矛盾。从布雷顿森林协议得到全面执行的 1958 年，到 1965 年戴高乐政府推动建立欧洲经济共同体，再到 1971 年美国总统尼克松宣布美元和黄金“脱钩”，这一体系始终处在一种紧张关系之中。此外，冷战结束后美国对单极的迷恋使欧洲感到担忧，欧盟决定在美国和北约之外建立独立的军事力量以在自己的领地内维持秩序。欧洲国家还对美国的贸易、财政和金融状况的消极发展趋势做出了回应，它们不再像过去那样看好和支持美元。此外，伊肯伯里认为冷战后西方的“内部秩序”拓展为世界的“外部秩序”，这充其量也只是在经济领域，但是在政治和安全领域，则无论如何也不能称其为自由主义的。

第三，伊肯伯里不知是有意还是无意地回避了一个根本性问题，即“以规则支配”到底是形式和手段，还是实质和目的？他在书中提出，“秩序内部的政治权威来自法律—宪政基础而非权势”。他还称，秩序内的合作并不会使华盛顿放弃政策自主性，因为合作意味着所有人根据我们的方式来行事，美国的“国内规则和规定会成为世界的规则和规定”。这不禁让人想到，即便美国遵守国际规则，也不过是走个形式，难道小布什政府当初不绕开联合国而掀起伊拉克战争就是值得赞许的吗？而事实是，小布什政府的确曾努力寻求获得联合国的授权。从第二次世界大战后的历史看，美国历任总统在安全事务上几乎从不根据什么自由主义原则或国际规则来进行处理，他们坚持美国例外主义，从不认为在维护美国安全方面应受到国际机制或协定的限制，无论是越南战争，还是科索沃战争，抑或伊拉克和阿富汗战争，更不消说美国自第二次世界大战后一直开展至今的“隐蔽性行动”(covert actions)。[10]

第四，伊肯伯里虽然提出了权威重新分配的问题，但并没有触及如何分配或者怎样分配才能既满足崛起大国的需要又能维护美国的首要地位。他一方面承认美国将在未来的自由主义秩序中扮演一个较前不那么具有中心性的角色，一方面又呼吁美国推动重建全球体系，重新确立自己作为全球领导者的权威。客观而言，既有国际秩序的危机不仅是“权威危机”，也包括与之相关的“功能危机”和“正当性危机”。[11]显然，多极化发展并不会自然使世界进入一个多边主义的时代，新兴国家对美国和西方的全球统治地位的不满在日益上升，在贸易、金融、气候变化、核不扩散等领域它们希望修改规则。而与此同时，西方国家也不愿意放弃自己在全球制度中的特权。比如，国际能源机构的投票权是根据1974年各国在全球石油消耗总量中的比例而确定的，这一机构至今仍排除像中国和印度这样的能源消耗大国和俄罗斯这类重要的能源供应国。虽然世界银行和国际货币基金组织已提高了发展中国家的份额和投票权，但这顶多算是“修法”，而非重新“制宪”。[12]正如美国对外关系委员会全球治理项目主任帕特里克所言，“我们无法保证新兴国家会成为美国的战略伙伴”，“新兴国家之间也不可能存在相同的世界观”，“在21世纪，多边合作的规范基础将变得更加薄弱，与19世纪早期欧洲的‘大国协调’有几分类似”。[13]最终影响新兴国家融入自由主义国际秩序的最大障碍可能来自美国内部，为新兴国家创造一定空间需要美国政府在心理上作出调整，在这一问题上美国面对的真正挑战或如20世纪60年代美国国务卿艾奇逊对英国的批评，“英国已经失去了帝国地位，但却没有找到一个新的角色”。

三

可以说，《自由主义利维坦》是2001年“9·11”事件发生以来美国国内大战略论争的产物，它非常全面而鲜明地体现了以伊肯伯里为代表性倡导者的“新自由国际主义”思想。“9·11”事件以来，在美国国际环境发生重大变化和国家实力陷入相对衰落的背景下，美国国内战略界人士就美国应采取什么样的大战略这一核心问题展开激烈争论。他们深入检讨了“布什主义”的“战略短视”和“战略虚耗”弊端，对美国国家安全威胁的性质、范围和特征有了进一步认识，并在此基础上设定国家利益和国家安全目标，提出了各种不同的大战略主张。

“布什主义”大战略的核心内容是，美国需要增强和巩固无可匹敌的军事实力，对恐怖主义组织和拥有大规模杀伤性武器的“无赖国家”

发动先发制人的打击，宣扬“主权有限”，推动“民主输出”，弱化和摆脱国际制度的约束，运用各种必要手段确保美国全球霸权地位，使“单极时刻”固化为“单极时代”，实现“美国治下的和平”。“布什主义”的直接后果是让美国陷入了阿富汗、伊拉克两场战争，并因美国的黩武单边主义政策在全球范围内激起“反美主义”情绪，给美国的硬实力和软实力带来显著的负面影响。“布什主义”被认为是一种“新帝国大战略”或“改造(世界)的大战略”。[14]

但是，这一“新帝国大战略”很快就遭到美国国内重量级战略界人士的反对，他们或是通过个人著书立说，或是通过“普林斯顿国家安全项目”(Princeton National Security Project)、“凤凰倡议”(Phoenix Initiative)等集体研究，[15]在“战略克制”(strategic restraint)[16]这一总体观念下提出了几种替代“布什主义”的大战略选择：一是以罗伯特·阿特等人为主要倡导者的“选择性介入”(selective engagement)大战略。“选择性介入”旨在追求霸权与孤立主义之间寻求一条中间路线，它仍坚持美国应捍卫全球领导地位，认为“没有任何国家比美国更能拥有实施国际领导的综合国力”，但主张将美国的主要政治军事资源集中投入到对美国具有最重要影响的地区，即其所处的西半球、欧洲、东亚和波斯湾地区，通过“介入”构建“有利于美国的势力均衡”。[17]二是以克里斯托弗·莱恩等人为主要倡导者的“离岸制衡”(off-shore balancing)大战略。这一大战略认为，美国的最大战略目标是保持西半球霸主地位，防止欧亚大陆出现霸权国家，维持海湾地区的力量平衡。美国不应寻求支配欧亚大陆和海湾地区，在这些地区，势力均衡可以“在没有美国军事存在的情况下形成”，“作为一个离岸制衡者，最大的成功在于让别人去处理麻烦的问题，而不是急于把负担揽到自己身上”。[18]三是以伊肯伯里等人为主要倡导者的“新自由国际主义”大战略，强调21世纪的美国国家安全目标应着眼于重建自由国际主义的世界秩序，通过与其他重要国家达成“新的契约”，通过维护开放的、以规则为基础的全球体系在美国实力相对衰落的情况下延续美国的国际领导地位。[19]

这些大战略主张基本上都承认或暗示美国实力的有限性以及美国单极地位的不可持续性，强调美国应采取“战略克制”的总体政策路线，重新平衡国内发展和国际负担，不应继续奉行好斗的全球战略，不应继续耗费有限的国家实力，不应继续过于依赖军事手段维护国家安全，不应仅仅注重近期威胁而忽略长远挑战。在这一大战略论争中，具有跨党派共识基础的“新自由国际主义”思想对奥巴马政府产生了最为显著的影响。

新自由国际主义大战略的主要倡导者除了伊肯伯里，还包括安-玛丽·斯劳特以及“新美国安全研究中心”创始主任米歇尔·弗卢努瓦等人。[20]

在“新自由国际主义”大战略主张的倡导者看来，“世界上并不是充满了仅仅专注于安全并处于战争边缘的国家”，核武器的出现以及国家间相互依存的深化决定了大国战争在可预见的将来不太可能出现。因此，美国面对的真正威胁并不是某一个国家或某些国家所带来的单纯的地缘政治威胁，美国国家安全所面临的是复合的跨国性威胁，而这些威胁相互关联、相互作用，其负面效应不断积聚和显现。[21]但与此同时，第二次世界大战后由美国推动建立并主导的全球秩序的基础正受到侵蚀，以至于无法有效应对上述威胁。在这种情况下，霸权大战略显然是行不通的，而过于克制的大战略则会使美国无法针对“真正的”问题采取及时有效的行动。在一个充满多种跨国性威胁和不确定性的世界中，美国需要一种“以环境为导向”的大战略，而不是“以地位为导向”的大战略，要努力设计一种即便美国变弱时仍然有利于美国的制度安排，并从现在起就对这种制度安排进行“投资”。美国的大战略目标应是“建立一个法治的自由世界”，并“通过自我约束而非不受任何约束发挥领导作用”。

在重建自由主义国际秩序的过程中，美国需要让渡部分特权，以换取其他国家对其领导地位的持续支持，还应大力倡导和巩固那些能够发挥实际作用且深具共识基础的国际制度，“以规则行规制”。第一，建立“民主协同体”，与“志同道合的”(like-minded)国家共同推动跨国性问题的解决。之所以要建立“民主协同体”，一是因为民主国家之间进行合作更有基础和更有效率，“集体行动”的困难较易克服。二是利用这种“民主协同体”对美国的权力做出自我限制，美国应在“民主协同体”中保持低调，始终注重与其他国家的利益、能力和意愿相协调，以合作性、集体性的行动来解决问题，增强集体行动的合法性。[22]第二，美国需更多融入集体安全机制，并促进“安全共同体”的建设。[23]重建安全联盟，给盟友更多的发言权。第三，重建全球机制中的“保护性基础设施”(protective infrastructure)，以更好地解决社会—经济问题，如可成立“穆斯林发展互助团”(Muslim Development Corps)。[24]第四，借助体系性力量应对中国等新兴国家的崛起。也就是说，要努力使更具代表性的自由主义全球体系变得更强以吸纳这些新兴力量，特别是“扩展西方”，以形成中国等新兴力量与更广大的西方或民主资本主义国家群体打交道的局面。第五，要在美国国内倡导自由国际主义的“公共哲学”，对冲美国国内根深蒂固的孤立主义情绪和“杰克逊主义”倾向。[25]

值得指出的是，“新自由国际主义”大战略的倡导者在“民主推广”问题上提出了与“布什主义”大战略明显不同的观念和构想。一方面，他们认为美国必须坚守自己的价值观，并要充分意识到“美国和世界的接触建立在自由、民主、平等和公正是所有人与生俱来的权利这一信念的基础上”；[26]另一方面，他们对民主的看法做出了调整，“受民众拥护、负责任和尊重民众权利”而非“一人一票的选举”才是界定民主的标准，美国“民主推广”战略不应依赖“政权更迭”，而是要为其他国家实现民主自由尽可能地创造有利条件，以使民主从内部生发。[27]

四

从奥巴马政府执政以来所发布的各种有关国家安全战略的报告，决策高层人士在多个公开场合的讲话及其相应的外交实践来看，奥巴马政府总体上倾向于“新自由国际主义”的大战略思想，并表现出鲜明的“自由现实主义”和务实主义的政策取向，正如伊肯伯里所言，“在接触、多边主义和进步性变革方面它的取向是自由主义的，在大国克制和协调方面它的取向则是现实主义的”。[28]奥巴马政府之所以倾向于“新自由国际主义”，一个很重要的原因在于过去10余年间积极参与大战略论争的一些持“新自由国际主义”立场的战略界人士纷纷进入奥巴马政府担任重要公职，如詹姆斯·斯坦伯格(James B.Steinberg)和米歇尔·弗卢努瓦分别担任国务院常务副卿和国防部负责防务政策制定的副部长，而“普林斯顿计划”的主要参与者安-玛丽·斯劳特则成为国务院政策规划司司长。虽然伊肯伯里由于个人性格等原因并未出任公职，但他与政策界保持着密切关系，一直是民主党政府外交政策的重要“谋士”。

从观念层面看，奥巴马政府的对外战略体现了对“权力”、“安全”与“领导”这三大国家安全核心问题的再认识。第一，在一个权力分散的“网络化世界”或“多节点世界”(multi-nodal)中，国际社会的等级性结构逐渐被网络化结构所取代，因此，权力不仅来自经济、军事、文化等方面的力量，还来自对“关系”的掌控，如果能处于在不同利益下形成的多种临时性组合(alignment)的结点(hub)，与其他利益攸关者和重要力量建立“相联性”，就会成为最有权力的国家。[29]与宣称“美国在全世界拥有前所未有和无可比拟的实力和影响”的小布什政府不同，[30]奥巴马政府坦承美国实力的有限性，明确表示“我们努力的中心是复兴我们的经济，这是我们力量的源泉”，“这个年轻世纪的重担不能只落在美国一国的肩上，拒绝设定超出我们责任、能力或利益范围的目标”。此外，奥巴马强调美国需要克制地运用权力，他在2009年在开罗大学发表演讲时引用了托马斯·杰弗逊在1815年所说的一段话称，“我希望我们的智慧会随着权力的增强而增长，以使我们意识到，权力使用的越少就会越强大。”

第二，“安全相互依赖”(security interdependence)成为奥巴马政府国家安全观念的基石性思想。虽然美国面临的安全威胁来自很多方面，如恐怖主义网络、大规模杀伤性武器的扩散、全球变暖等，但这些威胁都反映了世界范围内“安全相互依赖”不断上升的现实。也就是说，美国的安全日益与其他国家的处境和行为联系在一起。美国无法独善其身，“安全相互依赖”的日益深化要求美国与他国和非国家行为体开展更加深入、更加制度化和多层面的安全合作。

第三，对于美国如何实现领导，奥巴马政府给出的答案是“有原则的多边主义”和“有道德的现实主义”。虽然美国的领导必不可少，但“真正的领导”意味着创造条件让其他人站出来。美国为了重新成为国际体系的领导，需要和其他国家订立新的契约，通过推动开放的、遵循规则的全球体系建设并为这一体系的运行提供“服务”，重新获得作为全球领导者的权威和声望。

从实践层面看，奥巴马政府力求从三个方面推动美国国家安全战略的“再平衡”。首先，强调外交、发展与国防之间的平衡。2001—2009年，美国的国防开支由4 120亿美元增至6 990亿美元，在没有“像样的国家对手”的情况下，军费增幅达70%，占全球国防支出的比例由30%升至60%，超过排在其后的17个国家的军费总和。在人员补贴、武器研发及采购、军队管理等诸多方面，军事部门存在严重的浪费现象，甚至被戏称为“世界上最大的社会主义经济体”。[31]与此同时，外交资源被巨额军费开支所挤占，美国对外政策陷入“军事化”窘境，维系国家安全的非军事性支柱受到严重削弱。在这种情况下，奥巴马政府主张“通过坚韧的外交手段而非对军事力量的过度依赖实现智胜敌人”，对武力使用更加谨慎，“我们将在开战之前穷尽其他所有手段，并认真的评估战争的成本和行动的危险。必要时，我们将继续以一种反映我们价值观与增强我们合法性的方式使用武力”。此外，发展援助在奥巴马外交战略中的重要性凸显，其不仅正式宣布了全新的“美国全球发展政策”，推动美国国际开发署(USAID)的改革，增聘上千名从事发展援助的外交人员，动员“民间力量”(civil power)参与其中，还正式创设“四年外交和发展评估”制度，加强发展与外交的统筹配合。[32]总之，奥巴马政府吸取了小布什政府过分依赖军事手段维护国家安全的教训，力图实施综合外交(diplomacy)、防御(defense)和发展(development)的“3D”战略。

其次，寻求实现传统同盟关系与新伙伴关系之间的平衡。奥巴马政府并没有降低对北约、美日同盟等传统同盟关系的重视，但强调传统同盟关系要根据国际政治现实和共同利益与威胁的变化作出及时调整。在美国的推动下，北约发布新战略概念报告，强调在应对非传统安全方面加大投入，并更多承担非军事行动，奥巴马政府也表示要为跨大西洋关系加入新的活力。在利比亚军事干预行动中，奥巴马政府注重发挥欧洲盟友和北约的能动性，成功实现了“从背后领导”。[33]对于美日关系，奥巴马政府着力解决围绕驻军问题而产生的冲突，启动两国亚太事务战略对话机制，暗促日本突破军费不得超过国内生产总值1%的上限，放弃“专守防卫”战略，突破武器出口限制。同时，美国还大力推动双边同盟向多边同盟的转换，提升盟国之间的配合。在建设“多伙伴世界”的目标下，奥巴马政府选择与俄罗斯“重启”关系，提出与中国致力于建设“相互尊重、互利共赢的合作伙伴”，等等。奥巴马政府还支持以二十国集团取代八国集团，以更加反映国际力量对比现实的多边机制吸纳新兴力量，从而“与更多的伙伴进行更有效的合作”。[34]

最后，力图实现解决近期国家安全威胁和确保未来战略优势之间的平衡。奥巴马政府清楚地认识到，恐怖主义势力仍然是美国国家安全面临的重要威胁，但更加明确地指出“反恐”的对象是“基地”组织及其支持者，伊斯兰世界并非美国的敌人，打击恐怖主义“无法代表美国与世界关系的全部”。它改变了以大规模地面战打击恐怖主义组织的做法，注重采取小型化、特种化作战样式，采取定点清除手段剿杀了本·拉登等恐怖主义组织领导人。奥巴马政府正式宣布结束伊拉克战争，并将在2014年之前撤回驻阿富汗美军。随着逐渐步入“后两战时代”，奥巴马政府的军事战略更加强调安全环境的复杂性，特别是加大了对“全球公域”(Global Commons)的关注，注重强化联合作战部队的“全谱”能力，构筑具备灵活性、敏捷性和适应性的“未来力量”，发挥美国在全球安全中的“促进者”“赋能者”“召集者”和“保证者”角色。[35] 2012年年初美国发布的新军事战略指南，称“将继续摆脱过时的冷战时代体系，以便能够对将来需要的能力方面投入更多，包括情报、监视和侦察、反恐、反对大规模杀伤性武器，以及加强在对手试图拒阻我们进入的环境下的作战能力”，“美国的军队将会更加敏捷、灵活，并且做好应对各种突发事件和威胁的准备”。[36]

可以说，近年奥巴马政府的“亚太再平衡”战略极为突出地贯彻了“新自由国际主义”的国家安全战略新思维。比如，着眼于“太平洋—印度洋”新两洋战略框架(原是“大西洋—太平洋”)，推动亚太同盟体系由“毂辐模式”转向“网状模式”，即大力提升盟国军事能力，扩展盟国之间的联系，使之结成一个集体网络，能够迅速、有效地单独或联合展开行动。再者，介入并力图主导亚太地区机制建设，针对中国实施“制度制衡”。特别是，利用气候变化、水资源安全等日益受到关注的议题，通过“小多边”机制发挥其主导或引导作用，如加大对“湄公河下游行动计划”“太平洋岛国论坛”的支持力度。[37]

由上所述，我们可以清晰地看到，过去10余年美国国内大战略论争中所涌现的诸多思想、观念和看法为奥巴马政府所接受，一种突出体现“新自由国际主义”路线并杂糅“选择性介入”和“离岸制衡”要素，且不乏政治务实主义精神的“奥巴马主义”已然成形。如果我们将“奥巴马主义”的上述要素与伊肯伯里在《自由主义利维坦》最后一章开出的“政策药方”相对照，将会发现两者之间的高度相似之处。

总之，《自由主义利维坦》是伊肯伯里“十年磨一剑”的重要著作，集中而鲜明地体现了美国战略界“新自由国际主义”思想。虽然美国政府在政策实践层面因国内政治等限制性因素，无法全然有力地贯彻“新自由国际主义”大战略构想，但在未来一个时期它将是美国国家安全战略和外交政策的主导性原则之一。

毫无疑问，美国国家安全战略思维的变化及其引发的对外战略调整，是中国认识自身国际环境、思考应对战略的重要因素。中美在未来数十年中将成为国际政治大棋局中的对弈者,要确保不输掉这场比赛,就必须深入了解自己的对手方,就必须充分审视对手方战略思维的深刻变化,积极借鉴美国战略界人士的创新性思考,全面认知国际政治的新特征、新趋势,与时俱进地更新国家安全战略观念,大力完善战略规划体制,更加平衡、灵巧地运用权力资源、规则手段和"体量"优势,以更大的战略自信、战略克制和战略韧性面对美国以及日益复杂的外部世界。[38]从这一角度而言,本书会给所有关注中国国际战略问题的研究者、政策制定者和公众带来启迪。

注释

1. Robert O. Keohane, *After Hegemony: Cooperation and Discord in the World Political Economy* Princeton University Press, New Haven, 2005; Charles Krauthammer, "The Unipolar Moment," *Foreign Affairs*, vol. 70, no. 1 (1990—1991); Fareed Zakaria, *The Post-American World*, W. W. Norton & Company, New York & London, 2008; Joseph S. Nye, Jr., *Bound to Lead: The Changing Nature of American Power*, Basic Books, New York, 1990; Niall Ferguson, *Colossus: The Price of America's Empire*, Penguin Books, New York, 2004; Paul Kennedy, *The Rise and Fall of the Great Powers: Economic Change and Military Conflict from 1500 to 2000*, Fontana Press, London, 1989.

2. Stephen M. Walt, "The End of the American Era," *The National Interest*, November/December, 2011; Michael Mandelbaum, *The Frugal Superpower: America's Global Leadership in a Cash-Strapped Era*, Public Affairs, New York, 2010.

3. Trine Flockhart and Li Xing, "Riding the Tiger: China's Rise and the Liberal World Order," *DIIS Policy Brief*, December 2010, Danish Institute for International Studies; Paul D. Miller, "Five Pillars of American Grand Strategy," *Survival: Global Politics and Strategy*, vol.54, no.5, October-November 2012, pp.8—10.

4. 毂辐(hub-and-spoke)是指第二次世界大战后美国在东亚地区建立的以美国为中心,以日本、韩国、菲律宾等盟友为辐条的同盟体系样式,如小布什政府国家安全委员会前高级官员、乔治城大学教授维克多·车(Victor D.Cha)所言,美国之所以这么做是为"建立一种非对称的同盟从而对较小的盟友的行为进行最大程度的控制",Cha, "Powerplay: Origins of the US Alliance System in Asia," *International Security*, vol.34, no.3, winter 2009/10。关于美国在亚洲和欧洲实施不同的秩序构建战略的探讨,参见 Peter J.Katzenstein, *A World of Regions: Asia and Europe in the American Imperium*, Cornell University Press, 2005; Galia Press-Barnathan,

Organizing the World: *The United States and Regional Cooperation in Asia and Europe*, Routledge, New York, 2003。

5. 中国学界关于"布什主义"的代表性研究见王缉思主编:《布什主义的兴衰》,世界知识出版社 2012 年版。

6. G.John Ikenberry, *After Victory*: *Institutions*, *Strategic Restraint*, *and the Rebuilding of Order after Major Wars*, Princeton University Press, New Haven, 2001.

7. John Gallagher and Ronald Robinson, "The Imperialism of Free Trade," *The Economic History Review*, vol.6, no.1, 1953;如加里 · 贝斯(Gary Bass)在其关于 19 世纪英国对外政策的研究中所言,"在英国不断增强的自由主义和英帝国的粗暴集权主义之间存在一种巨大的断层",Bass, *Freedom's Battle*: *The Origins of Humanitarian Intervention*, Random House, New York, 2008, pp.343—344。

8. 关于美国"帝国"性质的讨论,见 Michael Cox, "Empire in Denial? Debating U.S.Power," *Security Dialogue*, vol.35, no.2, 2004; Cox, "The Empire's Back in Town Or America's Imperial Temptation Again," *Millennium*, vol.32, no.1, 2003。

9. Thomas Knock, To End All Wars: *Woodrow Wilson and the Quest for a New World Order*, Oxford University Press, New York, 1992; Lloyd E.Ambrosius, *Wilsonianism*: *Woodrow Wilson and His Legacy in American Foreign Relations*, Palgrave, New York, 2002; John Milton Cooper, *Breaking the Heart of the World*: *Woodrow Wilson and the Fight for the League of Nations*, Cambridge University Press, New York, 2001.牛津大学邝云峰教授(Yuen Foong Khong)借用"朝贡体系"理论框架考察了美国及其盟国体系,Khong, "The American Tributary System," *Chinese Journal of International Politics*, vol.6, no.1, 2013。

10. Sarah-Jane Corke, *U.S.Covert Operations and Cold War Strategy*: *Truman*, *Secret Warfare*, *and the CIA*, *1945—53*, Routledge, London, 2008; Bruce D.Berkowitz and Allen E.Goodman, "The Logic of Covert Action," *The National Interest*, spring 1998.近年,小布什和奥巴马曾分别授权对伊朗和利比亚实施"隐蔽性行动"。

11. "功能危机"是指多边主义合作越发难以实现,且其效用变得非常有限;"正当性危机"是指西方国家的很多外交政策并不有利于建设更加安全和公正的世界,自由主义的价值观在很多情况下成为非正当行动的借口,比如西方国家只谈"保护的责任",却不注重"负责任的保护"、"保护中的责任"。Marjo Koivosto and Time Dunne, "Crisis, What Crisis? Liberal Order Building and World Order Conventions," *Millennium*, vol.38, no.3, 2010;阮宗泽:《负责任的保护:建立更安全的世界》,载《国际问题研究》,2012 年第 3 期。

12. 马凯硕(Kishore Mahbubani):《亚洲在全球治理中的新角色》,载《中国国际战略评论 2011》,世界知识出版社 2011 年版,第 24—27 页。

13. Stewart Patrick, "Irresponsible Stakeholders?" *Foreign Affairs*, vol. 89,

no.6, November/December, 2010, pp.44—53.

14. John Gaddis, "A Grand Strategy of Transformation," *Foreign Policy*, November 2002, http://www.foreignpolicy.com/articles/2002/11/01/a_grand_strategy_of_transformation? page=full, 2012-8-5.

15. 关于"普林斯顿国家安全项目",参见 http://www.princeton.edu/～ppns/, 2012-8-20;关于"凤凰倡议",参见 http://www.cnas.org/phoenixinitiative, 2012-8-20。

16. Barry R.Posen, "The Case for Restraint," *The National Interest*, November/December 2007.

17. Robert J. Art, *A Grand Strategy for America*, Ithaca, N. Y.: Cornell University Press, 2005.

18. Christopher Layne, *The Peace of Illusions: American Grand Strategy from 1940 to the Present*, Ithaca, N. Y.: Cornell University Press, 2006; Stephen M. Walt, "The End of the American Era".

19. G.John Ikenberry and Anne-Marie Slaughter, *Forging A World of Liberty Under Law*, The Princeton Project on National Security, 2006; G.John Ikenberry, *Liberal Leviathan: The Origin, Crisis, and Transformation of the American World Order*, Princeton, New Jersey: Princeton University Press, 2011.

20. 2002年,"普林斯顿国家安全项目"在美国前国务卿舒尔茨和前国家安全顾问莱克主持下展开,旨在跨党派的战略共识基础上寻求美国在21世纪的国家安全战略,主要成果是 G.John Ikenberry and Anne-Marie Slaughter, *Forging A World of Liberty Under Law*;另参见韩志立:《新自由国际主义与美国大战略的思想转向》,《国际政治研究》2007年第4期。

21. Thomas Homer-Dixon, *The Upside of Down: Catastrophe, Creativity, and the Renewal of Civilization*, Washington, D.C.: Island Press, 2006, pp.15—17.

22. Nina Hachigian and Mona Sutphen, *The Next American Century: How the U.S.Can Thrive as Other Powers Rise*, New York: Simon & Schuster, 2008.

23. Richard Haass, "The Case for Integration," *The National Interest*, Fall 2005; Richard Haass, *The Opportunity*, New York: Public Affairs, 2005.

24. G.John Ikenberry, "An Agenda for Liberal International Order," pp.53—54; Sarah Sewall, "A Strategy of Conservation: American Power and the International System," p.118.

25. Sarah Sewall, "A Strategy of Conservation: American Power and the International System," p.120.

26. Anne-Marie Slaughter, *The Idea that is America: Keeping Faith with Our Values in a Dangerous World*, New York: Basic Books, 2007.

27. 弗朗西斯·福山在其2006年出版的著作中称不支持通过使用军事力量以政权更迭形式推进民主,而应更多依靠国际制度创造适合民主发展的环境,良治不仅需要民主，还需要经济的发展，米尔斯海默认为这标志着福山从新保守主义者转变为自由帝国主义者，Francis Fukuyama，*America at the Crossroads*，New Haven：Yale University Press，2006. Francis Fukuyama and Michael McFaul，"Should Democracy Be Promoted or Demoted?" in Derek Chollet，Tod Lindberg，and David Shorr eds.，*Bridging the Foreign Policy Divide*，New York：Routledge，2008.

28. G.John Ikenberry，"The Right Grand Strategy，" *The American Interest*，January/February，2010.

29. Anne-Marie Slaughter，"America's Edge：Power in the Network Century，" *Foreign Affairs*，January/February 2009，p.94；The National Military Strategy of the United States of America：Redefining America's Military Leadership，2011.

30. The White House，the National Security Strategy of the United States of America，September，2002.

31. Fareed Zakaria，"Why Defense Spending Should Be Cut，" *The Washington Post*，August 4，2011.

32. 孙哲：《美国霸权的发展维度》，《世界经济与政治》2009 年第 11 期。

33. Anna Fifield and Geoff Dyer，"Obama Doctrine Begin to Take Shape，" *Financial Times*，October 23，2011；Robert Kaplan，"Equal Alliance，Unequal Roles，" *New York Times*，27 March 2008.

34. Daniel W.Drezner，"Does Obama Have a Grand Strategy，" *Foreign Affairs*，July/August 2011.

35. The National Military Strategy of the United States of America：Redefining America's Military Leadership，2011；"Speech of Secretary of Defense Robert M. Gates to the U.S.Military Academy，February 25，2011，" http：www.defense.gov/speeches/speech.aspx? speechid=1539，2012-8-6.

36. *Sustaining U.S.Global Leadership*：*Priorities for 21st Century Defense*，January 2012；The White House，"Remarks by the President on the Defense Strategic Review，" January 5，2012.

37. 吴心伯：《论奥巴马政府的亚太战略》，载《国际问题研究》，2012 年第 2 期；赵明昊：《"重返"还是"重构"：试析当前美国亚太战略调整》，载《当代世界》，2010 年第 12 期。

38. 朱锋：《中美战略竞争与东亚安全秩序的未来》，载《世界经济与政治》，2013 年第 3 期；赵明昊：《再平衡时代与中国外交的战略转进》，载《现代国际关系》，2013 年第 4 期；Minghao Zhao，"The Predicaments of Chinese Power"，*The International Herald Tribune*，July 12 2012.

献给我的妻子恭香玲子
和儿子杰克逊

前　　言

本书探讨的是自由主义国际秩序的内在逻辑及其处于变化中的特性。在过去两百年中，西方民主国家不断努力构建着以开放的、基于规则的国家间关系为中心的国际秩序，换言之，它们进行着自由主义秩序的构建。这项“自由主义事业”是在帝国主义、革命、世界大战、经济的繁荣与萧条、国家建设和全球化这些塑造现代世界的重大力量和事件中展开的。20世纪下半叶，美国进行了世所未见的最具雄心和深远影响的自由主义秩序构建工作。结果是，出现了自由主义国际秩序的一种特殊型态——自由主义霸权秩序(a liberal hegemonic order)。美国担负起构建和经营国际秩序的职责，它围绕着多边机制、同盟、特殊关系和受保护国(client states)组织起这一秩序。这是一个带有自由主义特征的等级性政治秩序。从提供安全、创造财富和社会进步的角度而言，可以说这一自由主义霸权秩序至少是世界历史上最成功的秩序。本书阐析了这一影响深远的政治秩序的起源和内在运行机制。

然而，在最近十几年中，美国领导的霸权秩序陷入了困境。这一秩序在小布什总统当政期间遭遇了最显著的危机，因为小布什政府的单边主义倾向、“反恐战”大战略和入侵伊拉克都在世界范围内激起了反对。一些评论人士指出，在小布什政府时期，美国把自己变成了一个帝国。美国更多的是在胁迫而不是领导。对于那些在小布什政府身上发现这种帝国主义转向的人来说，这一危机目前或许已经结束。但是对于那些在美国外交政策背后的单极权力分配上看出帝国主义倾向的人来说，这一危机仍在持续。还有一些分析人士指出，美国领导的这一秩序的问题还在进一步深化。我们正见证着美国时代的逝去，世界重回多极状态，以及相对抗的非自由主义秩序构建事业的兴起。在有些评论人士看来，自由国际主义（liberal internationalism）本身正在死亡。

本书便涉及这场争论。我认为，困扰美国领导的自由主义世界秩序的这场危机是一种关于权威（authority）的危机。在自由主义国际秩序内，围绕着角色、权利和权威分配的政治争斗和竞逐已被点燃。自由主义秩序中的霸权部分，也就是美国的角色和围绕这一霸权角色的旧的霸权契约（bargains）正受到压力。但是，这种开放的、大体上以规则为基础的（rule-based）国际秩序的更深层逻辑仍然得到广泛的接纳。近年来，有关自由主义国际秩序如何组织和运转的难题与困境不断增多，但是，这些难题和困境的解决将会导致自由主义秩序的更新和重组，而不是瓦解。

为了讲清楚这个观点，我对国际秩序的不同层面或层次做了区分。我们可以将这些层次想象成地质岩层。在最深层你会发现现代国际秩序的基岩，即主权国家围绕一群总体上实现权力均衡排布的大国所构成的威斯特伐利亚体系。在这个基础上，各种不同的国际秩序已经被而且能够被组织起来。正如我已指出的，自由主义国际秩序是那种开放的、至少大体上以规则为基础的秩序，正因此，它可以与那种被组织成对抗性阵营或排他性区域势力范围的秩序形成对比。但是，自由主义国际秩序本身可以按照不同的方式组织起来。在过去十年中，美国领导的霸权秩序，也就是靠一个占支配地位国家的领导所建立起来的秩序，已经遇到了危机。

这一危机要比近年美国对外政策所产生的那些争议性问题还要深刻。威斯特伐利亚体系的转型，包括单极的崛起、国家主权规范的受损、暴力来源的变化和安全相互依赖的深化，所有这些都使对自由主义霸权的管理变得更加困难和问题百出。但是这些让美国领导的自由主义霸权秩序充满争议和不稳定的困境与难题并不会摧毁自由主义国际秩序,而是会将各国拖入一种新型的自由主义国际秩序——更具包容性、更少等级性,并融入更加复杂的合作形式。

这本书可以被当作我之前那本书——《大战胜利之后:制度、战略约束与战后秩序重建》的姊妹篇来阅读。那本书在小布什政府执政初期和“9·11”事件发生前夕出版。我在那本书中指出,小布什政府带来了一个非同寻常的难题。把话说得重一些就是,美国已通过不同层面的多边机制和同盟关系将自己与更宏大的西方和全球体系紧密联系在一起,以至于它根本不可能挣脱这种联系。把话说得轻一些就是,美国总统可以试图让美国从自己在半个世纪中所构建的自由主义多边体系中脱身,但是这不会是美国想要的,如果美国这么干的话,它将因此受到惩罚。

可以说,小布什政府已经为它的政策付出了代价,在过去几年中,它也确实进行了政策回调。但是小布什政府遇到的这种难题让我更加深入地思考全球体系的深层变化,这些变化给小布什的重大政策变革带来了压力和机遇。正是这个难题让我关注自由主义秩序的威斯特伐利亚基础所发生的改变——单极的出现、主权原则的受损以及安全相互依赖关系的转型。但这其中的故事要复杂得多。没错,自由主义秩序的威斯特伐利亚基础已经发生了改变,并引发了使美国领导的霸权主义秩序不可持续的问题与困境。但是这些深层变化绝大部分都源于自由国际主义在“二战”后取得的巨大成功。美国领导的、霸权主义的基础已经不再适应全球自由主义体系。这就是问题所在,但这是自由主义事业的成功而非失败所带来的问题。

在这本书的最后,我就美国在未来一段时期应如何继续从事自由主义秩序的构建提出了自己的看法。我认为,美国应该“以规则来领导”(lead through rules)并寻求与其他国家就霸权契约进行再协商的途径。我还认为,美国需要重新体会自由国际主义(自由主义和现实主义理念的结合)的普遍哲学,这种哲学曾在“二战”结束后的几十年里很好地服务于美国。它将联合国所呈现的自由主义精神与北约和美国的东亚同盟体系所呈现的现实主义精神结合在了一起。一直以来，我都认为，把哈里·杜鲁门(Harry Truman)和迪恩·艾奇逊(Dean Acheson)摆在一起，就可以反映出这种(具有自由主义和现实主义)双重性的愿景。杜鲁门代表了自由主义精神。作为伍德罗·威尔逊(Woodrow Wilson)的信徒，杜鲁门把《洛克斯利堂》(Locksley Hall)这首诗放入了他的皮夹，这首诗是丁尼生(Alfred Tennyson)对全世界人性大同和寰宇和平之梦的著名颂歌。杜鲁门的确相信，可以建立起一个能够驯服国家暴力的全球和平组织。杜鲁门总统的国务卿艾奇逊则是一个现实主义者。他对联合国的怀疑人所共知。他在一次演讲中宣称："阿拉伯谚语有云，去过麦加的驴子还是一头驴子。一项政策不会因为发表它的地点的不同而有什么增益。"虽然这两种愿景看似南辕北辙，但却最终相得益彰。杜鲁门的愿景激励了制度的构建和对秩序普遍原则的探寻。艾奇逊的愿景则促成了同盟的建立并聚合了追求安全和自由的力量。正如我在《大战胜利之后》一书中所指出的，在本书中我将再次重申，权力与规则并非敌人；它们可以成为朋友，在生成自由主义秩序时两者皆不可缺。

我最喜欢的西部片之一就是由约翰·福特(John Ford)导演，约翰·韦恩(John Wayne)和吉米·斯图尔特(Jimmy Stewart)主演的《双虎屠龙》(The Man Who Shot Liberty Valance)，这或许并不是巧合。这部电影是一个经典的道德故事。故事发生在受到一帮不法之徒威胁的一个西部小镇。吉米·斯图尔特所扮演的兰瑟姆·斯多达(Ransom Stoddard)是一位来自东部的初出茅庐的律师，他在这个小镇上设立了律师事务所，紧接着就和李·马文(Lee Marvin)扮演的暴徒利伯蒂·威伦斯(Liberty Valance)狭路相逢。斯多达对小镇居民屈从于这伙暴徒感到惊愕。但他与威伦斯一交手就被打倒在地，暴徒们还准备把他除掉。约翰·韦恩扮演的汤姆·多尼芬(Tom Doniphon)是一个有能力反抗威伦斯的厉害牛仔，他一直在暗处。他告诉斯多达，要是不想被谋害就得离开这个小镇。如果这位年轻律师对法律和公正的诉求缺少支持力量的话，它们就是没用的——“在这些方面需要一把枪”。斯多达拒绝离开小镇（“此战舍我其谁”），反而建立了学校，向小镇居民传授美国宪法所遵奉的民主和法治的优点。在一场与威伦斯展开的不可避免的角斗中，斯多达令人无望地败下阵来。但秘密躲在暗处的多尼芬拿起了他的来复枪，杀死了威伦斯，其他暴徒则四散逃出小镇。这个故事之所以会有这样的结局，律师和持枪的牛仔这两种角色都是不可或缺的。

历史一次次地证明了这一点：只有在一个由规则组成的体系中行使权力，权力才是最持久和最具正当性的；只有出自一个具有共识基础的（consensual）规则制定过程，并以相适应的权力构造作为依托，规则才是最持久的和最具正当性的。美国之所以成为历史上最成功的秩序构建国家之一，是因为它将权力的运用和以规则为基础的秩序的倡导结合在了一起。在未来几十年中，美国所面临的挑战就是继续坚持这种秩序构建的逻辑，即便自由主义国际秩序的更深层基础发生了改变。

为了作出这些结论，本书各章探讨的问题和提出的观点主要涉及：

- 主要国家和国际体系之间的逻辑以及典型化的关系
- 各种等级性国际秩序的性质
- 强国支持以规则为基础的国际关系并在其中行事的动机和所受限制
- “二战”后美国领导的自由主义国际秩序的特性和逻辑
- 美国领导的自由主义国际秩序所面临的挑战的性质
- 威斯特伐利亚体系发生转型的原因和转型的不同层面
- 单极对国际支配与合作模式的影响
- 小布什政府的后威斯特伐利亚大战略及其失败的原因
- 自由国际主义遇到的思想困境、矛盾和模糊性
- 单极美国（unipolar America）的自由主义大战略

于新泽西州普林斯顿
2010 年 12 月 31 日

致　谢

本书所表达的想法已酝酿了多年，在此过程中，诸位朋友和同事在私人生活和职业方面给予我相当多的帮助。我要感谢阿图尔·柯利(Atul Kohli)，他是我在普林斯顿大学的朋友和同事，我和他定期合作开设关于帝国和帝国主义的研究生讨论班。与他在思想上的交流碰撞以及他对我的工作的犀利批评，都使我受益良多。我还要感谢丹尼尔·杜德尼(Daniel Deudney)，我的老朋友与合著者，他源源不断地带给我启发和学识。我们之间长达20多年的合作从很多方面融入了这部书稿之中。此外，我要感谢安-玛丽·斯劳特(Anne-Marie Slaughter)，她以用语言难以形容的方式支持了我的工作，并一直是思想启迪的重要来源。我们在"普林斯顿国家安全项目"上进行合作，并最终完成了《在法律之下塑造一个自由世界》这一报告，它是我关于自由主义大战略思考的结晶。那之后，我们还在伍德罗·威尔逊的思想和遗产这个问题上再度合作，最后与我们的朋友托尼·史密斯(Tony Smith)和托马斯·诺克(Thomas Knock)共著了一本书。*

我还受益于许多朋友和同事的友好和大度，他们对整个书稿或书稿的一部分作出评论，包括杰里米·阿德尔曼(Jeremy Adelman)、巴里·布赞(Barry Buzan)、迈克尔·考克斯(Mick Cox)、克里斯蒂娜·戴维斯(Christina Davis)、玛莎·芬尼莫尔(Mary Finnemore)、安德鲁·

---

* 此书是，*The Crisis of American Foreign Policy: Wilsonianism in the Twenty-First Century*, Princeton University Press, 2011——译者注。

赫里尔(Andy Hurrell)、梅尔文·莱夫勒(Melvyn Leffler)、杰弗里·勒格罗(Jeff Legro)、安德鲁·莫拉维茨克(Andy Moravcsik)、丹尼尔·内克松(Daniel Nexon)和汤姆·怀特(Tom Wright)。我要感谢彼得·卡赞斯坦(Peter Katzenstein)、查尔斯·库普乾(Charles Kupchan)、迈克尔·马斯坦都诺(Mike Mastanduno)、威廉姆·沃尔弗斯(Bill Wohlforth)、约翰·欧文(John Owen)和普林斯顿大学出版社审稿人的细致评论。在达特茅斯学院迪基国际交流中心的资助下,马斯坦都诺和沃尔弗斯慷慨地主办了一次研讨这部书稿的工作会。我感谢会议主办者和参与者给予我的评论和建议,包括史蒂夫·布鲁克斯(Steve Brooks)、本杰明·瓦伦蒂诺(Ben Valentino)、巴里·波森(Barry Posen)、詹妮弗·埃里克森(Jennifer Erickson)、布丽奇特·科金斯(Bridgett Coggins)、詹妮弗·林(Jennifer Lin)、汤姆·沃尔克(Tom Walker)、阿尔伯特·李(Albert Lee)和布兰特·斯特拉斯曼(Brent Strathman)。

我对乔·伯恩斯(Joe Barnes)和丹尼尔·库茨-费伦(Daniel Kurtz-Phelan)表示感谢,他们对书稿提出了编辑方面的专业意见。我也受益于几位普林斯顿大学研究生出色的研究助理工作,包括迈克尔·麦考伊(Michael McKoy)、亚历克斯·兰诺斯卡(Alex Lanoszka)和达伦·林(Darren Lim)。我要特别感谢查克·迈尔斯(Chuck Myers),他是我的老朋友,也是普林斯顿大学出版社的编辑,从书稿到最后出版他提供了耐心指导。

我要对韩国庆熙大学赵正源(Inwon Choue)校长的支持和启迪表示感谢,感谢庆熙大学的朋友和同事们多年来和我进行的有启发性的交流。

我最开始撰写这部书稿是在2007—2008年,那时我以美国国家人文研究基金会研究员的身份在普林斯顿大学高等研究院作学术休假。我对研究院给予的支持表示感谢,对那些使这一年变得如此令人兴奋的同事们表示感谢。

最后,也是最重要的,我要对我的妻子恭香玲子(Reiko Usami)和我的儿子杰克逊·伊肯伯里(Jackson Kan Ikenberry)表达爱意和感激之情,我将这本书献给他们。

目　录

第一章　旧秩序的危机

导言

在过去两百年中，世界政治的宏大戏剧之一便是自由民主国家的崛起并获得全球支配地位。自由主义的支配地位是与西方民主国家不同寻常的发展相伴随的，西方民主国家在 18 世纪晚期还处于软弱无力的少数者地位，但到了 20 世纪晚期，它们却变得富有且占据优势地位。西方民主国家的崛起在现代这样一个历史时期中经历了起起落落。19 世纪，作为首屈一指的工业国家和海洋力量，英国成为当时自由主义崛起的先锋。20 世纪，美国从一个内向、孤立的国家转变为拥有支配地位的世界强国。几十年来，世界大战和地缘政治斗争使自由国家陷入了与独裁主义、法西斯主义和集权主义强国之间的较量。冷战实际上是在不同的统治意识形态和现代发展路径之间展开的一场大搏斗。随着苏联的突然垮台和冷战的结束，自由主义的支配地位在世界范围内达到了顶峰。美国和影响远播的自由民主国家联盟占据了世界政治的中心，它们富有、强大并具有支配力。

西方民主国家不仅变得强大和富有，它们也在不断努力地构建着自由主义国际秩序，相对来说，这是一种开放的、以规则为基础和进步的秩序。在英国和美国的带领下，这些国家倡导自由贸易并逐步创立各种各样的多边规则和机制。开放市场、国际机制、合作安全、民主社群、进步性变革、集体解决难题、共享主权、法治——所有这些自由主义理念的组成部分在过去几十年和数个世纪中，以各种不同组合，并通过变化着的方式悉数登场。

在“二战”结束后的几十年中，美国从事了世所未见的、最具雄心壮志和深远影响的自由主义国际秩序的构建。这是自由主义国际秩序的一种独特类型——自由主义霸权秩序。美国不只是促进开放的、以规则为基础的秩序，它还成为这种秩序的霸权性组织者和管理者。美国的政治体制以及它的同盟关系、科技、伙伴和市场，也与这种更广泛的自由主义秩序融合在了一起。在冷战的阴影下，美国成为这种自由资本主义政治体制的“所有人和经营者”，它在支持自由国际主义规则和机制的同时也享有着特殊的权利和好处。美国组织并领导了一套围绕着多边机制、同盟关系、战略伙伴和受保护国建立起来的政治体制。这种秩序建立在战略谅解和霸权契约的基础上。通过提供安全并对稳定和开放的市场作出承诺，美国向其他国家提供了“服务”。

在“二战”结束后的55年中，美国所领导的这种自由主义霸权秩序获得了巨大的成功。它为几十年来西方和全球的发展与进步奠定了稳固的基础。美国与它的伙伴国洽商协约，建立了使世界经济重获开放的机制，开创了经济发展的黄金时代。美国使联邦德国和日本从敌人变成了战略伙伴，这两个国家后来分别成为世界第二大和第三大经济体。通过体现相互克制和承诺的条约，西方国家将自己联系在了一起，解决了德、法和欧洲诸国如何和平共处这一数百年不解的难题，在20世纪实现了伟大的“轻悄悄的革命”。在后来的几十年里，非西方国家开始向民主和市场经济过渡，并使自己融入不断扩展的自由主义霸权体系。冷战以和平的、对西方有利的方式终结，那些结成联盟的西方国家不仅在与苏联体制展开的竞争中胜出，当苏联领导人作出与老对手结束敌对状态的艰难决定后，西方国家还想方设法展现出克制与和解的姿态。到了20世纪90年代，美国领导的这种秩序进入了它的全盛时期。与美国争夺领导权的那些意识形态和地缘政治对手们都消失了。作为一个单极力量，美国完全站在了世界的中心。在自由国际主义事业这场大剧之中，美国所拥有的充满活力的超凡能力、利益和理想，构成了一种卓著的成就。

本书将探讨美利坚自由主义霸权秩序的内在逻辑和特征。这种秩序的内在机理和使之运作的零件(moving parts)是什么？我们如何在之前那些构建自由主义国际秩序的努力以及更多种类的全球和地区秩序的大背景下，辨识出并理解自由主义霸权秩序所特有的组织逻辑？自由主义霸权秩序与那些帝国主义秩序有什么不同？如果说它是一种带有自由主义特征的等级性秩序，那么我们应如何理解它将统制(command)与互惠、胁迫与赢得同意(consent)相结合的特殊之处？

当前，美国领导的自由主义霸权秩序陷入了困境，各种冲突和争议使其不再稳定。这一秩序所面临的最显著危机出现在小布什执政时期，备受争议的"反恐战"、入侵伊拉克以及对多边规则和协议的质疑致使批评小布什政府的浪潮在全球范围内涌起。反美主义蔓延开来并不断增强，甚至连那些与美国关系紧密的传统盟国也开始对生活在由美国这一单极力量所掌控的世界中的好处表示怀疑。当时的法国总统雅克·希拉克(Jacques Chirac)以一种非常尖锐的方式将这种情绪表达出来，他主张世界必须回到一种多极状态，因为"任何仅为一种力量所掌控的社会总是充满危险的，而且会激起反对"[1]。

如果美国领导的这种旧秩序的危机仅指小布什政府的政策，那么这一危机或许今日已然不在。奥巴马政府将恢复美国的自由霸权主义领导地位(希拉里·克林顿国务卿称之为"多伙伴世界")作为其外交政策议程的中心内容。[2]但是，如果这一危机源于单极权力分配所导致的内在张力和不安全因素，那么危机就肯定会继续存在。这个危机或许是，在一个单极世界中，带有自由主义特征的等级性秩序完全无法持续下去，或是出于他者对这一秩序的不可避免的反抗，或是因为霸权力量将不可避免地变得越发帝国主义。

另外一些分析人士则认为，美国领导的这种秩序所遇到的问题出在其他地方。旧秩序的危机和美国单极地位没有什么关系，问题在于美国占据支配地位的时代已经逝去。冲突和争议不过是那些想要塑造后单极时代国际秩序的国家所展开的斗争。向多极状态的回归，以及那些抱持不同秩序构建方案并相互竞争的全球性力量的崛起，导致国际秩序正在经历一场大变局。[3]由此，2008年发生的金融危机以及接着出现的世界经济衰退（大萧条以来最严重的一次危机），异常鲜明地展现了美国领导的自由主义体系所受到的压力。与“二战”后发生的历次经济危机不同，这场危机起源于美国，并使自由资本主义这一美国模式的光彩大为消退，使外界对美国在提供经济稳定和发展方面担当全球领袖的能力产生新的质疑。[4]随着美国单极地位的下降，我们正在见证一场围绕领导权和支配地位的争斗的开始。

还有一些人士接受了美国力量正在衰落的观点，继而宣称自由国际主义秩序本身也在消亡。与新力量中心的崛起相伴随的，是有关国际秩序基本组织逻辑和原则的新方案。在这场即将上演的宏大剧目中，中国是引人注目的领衔主演。中国不会成为既有秩序的利益攸关方，反而会利用不断增长的实力将世界政治推入一个非自由的方向。[5]作为既有国际秩序深层特征的开放性和以规则为基础正在发生转变。

上述各类见解促使我们思考一个带有根本性的问题，即美国领导的战后秩序所遇到的困境，其性质究竟是什么。小布什政府仅仅是胡乱运用和错误处置了美利坚自由主义霸权秩序的领导地位吗？抑或存在一种更为深刻的斗争，而这种斗争源自对美国以霸权方式组织自由主义国际秩序是非功过的不同看法？抑或反映了更为深刻的问题，即老的西方国家与正在崛起的非西方国家之间的一种共识已经崩塌，这种共识针对的是自由国际主义作为国际关系组织方式所具有的益处？

本书认为，旧秩序的危机超越了近年美国对外政策所引发的那些争议，甚至也超越了当前还未完全结束的经济危机。这是一场关于自由霸权主义秩序内部权威的危机，而不是这一秩序本身所蕴含的那些深层原则的危机。这是一场治理方式的危机。

这场危机源于一个现实，即旧秩序的内在基础已经发生了重大变化。这些变化涉及权力转移、主权规范之争、与非国家行为体有关的威胁以及秩序参与国的范围。在“二战”结束后的几十年里，美国在自由主义国际秩序中的霸权地位之所以获得其他国家的接受，是因为美国能够向众多国家提供安全和其他“体系性服务”（system services）。如今，这种权威不再获得像以往那样稳固的认可。这并不意味着自由主义秩序的必然终结，但的确给这一秩序带来一种根本性的挑战：在旧的权威关系正在销蚀的情况下，确立一种能够代表全球社会进行协调的国际行动的正当权威。

虽然美国领导的霸权主义体系陷入困境，但引人注目的是自由国际主义所具有的持久性。在过去十年中，全球体系经历了不寻常的动荡——新力量的登场、金融危机、全球性经济衰退以及美国盟友对其单极野心的激烈争论。虽然存在这些动荡，但自由主义国际秩序作为世界政治的一种组织逻辑，被证明是具有韧性的，它仍然有市场。还没有形成什么有吸引力的其他选择，可以替代这种开放的、以规则为基础的秩序。相反，非西方国家的崛起以及经济、安全相互依存度的增强，给自由主义国际秩序带来了新的支持者和压力。

矛盾的是某种程度上，旧秩序正是其自身成功的受害者。它成功击败了苏联的扩张主义威胁，而这种威胁也在一定程度上促成了这一秩序。它成功创立了一种相对开放和有力的贸易投资体系。苏联的消亡减弱了美国在西欧和东亚提供军事保障的重要性。中国、印度这些国家的经济发展，使新的全球力量中心得以出现。这些情况以及其他新形势让旧秩序以美国为中心的性质受到了深深质疑。这还没有导致自由主义秩序本身被根本舍弃，而是带来一种在美国和其他重要利益攸关方之间就权威展开重新协商的诉求。简言之，我们需要的是一种新的契约，而非一种新的体系。如果这构成了有关权威的危机，我们便值得铭记，自由主义国际秩序在以往曾遇到多次危机，但最终仍会继续演进。对此，我深信不疑。

本书提出了四大核心观点。第一，“二战”结束后，国际秩序的一种特殊类型被建立起来，从其实质而言，它是一种带有自由主义特征的等级性秩序。在这个秩序中，美国在提供规则和稳定方面发挥了领导作用。这是一种建立在美国实力支配地位和自由主义治理原则基础上的等级性秩序。美国虽然是一个占支配地位的国家，但它的权力优势被“二战”后确立的一系列规则、机制以及互惠的政治安排（以共享的战略利益和政治交易为依托）弱化与调和。较弱的二等（secondary）国家被赋予享用美国力量的机制化权利。美国提供了公共物品，并在由多边规则和机制所组成的松散体系中进行活动。美国的霸权权力和自由主义国际秩序相互融合，实际上，它们彼此依赖。但是，那些战略契约和自由霸权主义秩序的制度基础已经受到侵蚀，结果造成美国在这个体系中运用权力所需的权威也在减弱。

第二，导致这种权威危机的根源在于威斯特伐利亚国家体系的转型。美国单极力量的崛起以及国家主权规范的受损，与全球体系的其他深刻变革一起侵蚀了旧秩序的基础，使这一秩序的基本信条和世界政治的规则受到质疑。在两极和多极体系中，强国在领导国家联盟制衡他国的过程中可以进行“支配”（rule）。当体系变成单极状态时，这种支配逻辑便消失了。支配不再建立在对制衡联盟的领导权或最终实现的力量均衡（equilibrium）之上，而是建立在某个国家的优势地位之上。这是一种不同以往的新情况，并且对较弱的二等国家造成威胁。结果，首强国的权力被置于强光之下。

冷战的终结宣告了一个以单极和全球化为特征的世界体系的到来。极（poles）和边缘地区（peripheries）之间的关系也改变了。冷战时期，自由主义秩序主要被建立在先进的、工业化的西方世界，它在两极化的全球体系中占据了半壁江山。随着苏联的崩溃和两极状态的消亡，西方体系从“内部”秩序变成了“外部”秩序。自由主义秩序的大规模扩展激活了新的参与者和议题。近年来，新的安全威胁的上升已使同盟和安全伙伴关系的逻辑受到质疑。2001 年“9・11”事件发生后，美国不仅没有让自己显得像是令人满意的旧秩序守护者，反倒让自己看上去像是一个受到威胁且充满不安感的国家，并抗拒它自己所拥有的战后秩序中的契约与克制。结果，在新世纪的第一个 10 年中，美国在世界政治中的支配性角色受到了质疑。

第三，为了理解自由主义国际秩序面临的这场危机的性质以及它的未来，我们需要理解国际秩序的各种类型，以及在不同类型秩序中规则、权威、权力和正当性的来源。首先，这意味着要弄清楚自由主义秩序的各种不同逻辑，以及主权、规则和等级是按照何种方式被组合在一起的。我们最常援引的世界政治理论建立在全球体系是无政府状态这一假设之上，也就是说，这一体系是基于相互竞争的主权国家之间的权力扩散(diffusion)和分散(decentralization)形成的。换言之，我们的理论倾向于以“无政府逻辑”为焦点。但是在一种某一国权力如此强大且权力制衡或均衡根本无法实现的全球体系中，就必须理解上层(superordinate)国家和下层(subordinate)国家之间关系的逻辑。实际上，我们需要明白的是，这种体系的运行靠的是“等级逻辑”。

我对帝国主义等级形式和自由霸权主义等级形式作了一种基本区分。之后，我探讨了两极向单极的转化如何改变了大国进行机制化协商谈判并同意受制于以规则为基础的秩序的动机和方式。单极状态的出现改变了(在一定程度上减弱了)美国将自己系于全球规则和机制的动机。但是它并没有完全拒绝这些动机。实际上，当美国看到自己的单极实力地位正在衰落或将要衰落时，它就其霸权地位与他国进行重新协商的动机就会增强。

第四，自由主义的支配地位并未结束，它还在继续发展并呈现出多样的变化前途。的确出现了一种要求对体系内权威和领导权进行再分配的压力，但也有希望看到美国的霸权地位(在重新协商的条件下)持续下去的支持力量。当代全球体系的各方面特征强化了自由主义国际秩序的持续性。大国战争的不复存在消除了推翻秩序的传统途径。世界自由民主国家的经济增长和地缘政治方面的绝对分量为既有的这一秩序带来了可靠的稳定性。此外，自由主义国际秩序，无论是霸权主义形式或是其他形式，都具有不同一般的融合力。这是一种易于加入却难于推翻的秩序。中国和俄罗斯这样的国家虽然没有完全地嵌入自由主义国际秩序，但它们依然从这种秩序中获益。这些国家不会很快或无法彻底转变为自由国家，但是自由主义国际秩序的扩展性和融入性逻辑会刺激这些国家的转变，这排除了创造全球秩序其他替代方案的机会。

总之，塑造自由国际主义的演进性质关键在于美国自己。如果美国还想继续做全球秩序的首要供给者，就需要对自由主义秩序构建的传统战略进行再探索和改良。[6]美国需要就它与世界的关系进行重新协商，这将不可避免地意味着它需要放弃一些在之前的霸权时代所拥有的权利和特权。美国在 20 世纪变成了一个“自由主义利维坦”。美国的全球性权威实际上是以霍布斯主义为理论基础的，即其他国家，特别是西欧和东亚的国家，将权力的支配权转交给了华盛顿，正如霍布斯所说的，自然状态下的个人自愿地创立了一个利维坦，并将权力转交给利维坦。当前，在权力和相互依存的长远转型之下，有一种普遍看法认为，无人将美国推选至它目前所占据的这种特权地位，或至少只有欧洲人和日本人这样做了，但其他力量正在崛起的国家并没有这么做。美国要想再次成为自由主义利维坦，就需要其他国家自愿地授予美国这一地位。为了实现这个目标，美国需要重新找寻并倡导具有操作性、共识基础并能发挥作用的全球规则和机制。在 21 世纪，这需要在由自由民主国家，发达和发展中国家，崛起和衰落国家，西方和非西方国家所组成的更广泛的联合阵线(coalition)中分享权威。正是这种自由主义的国家复合体(complex)才是自由主义秩序的规则、机制和进步追求的终极守护者。

在这一章中，我将对本书要探讨的这些问题和相关争论进行介绍。我会首先考察与国际秩序有关的那些长期存在的问题。接下来，我会论及自由主义国际秩序的兴起和转型。之后，将涉及等级性政治秩序的逻辑以及这种秩序的帝国主义和自由主义变体。然后我会对之后几章的大致情况做一些说明。

国际秩序的兴衰

几个世纪以来，一出出有关秩序创立与毁弃的历史戏剧反复上演成了世界政治的特征。国际秩序其兴也勃，其亡也忽。在每个周期中，主要国家都会寻求和维持符合某种秩序的规则和制度。关于世界政治的最基本问题是：谁来发号施令，谁能得到好处？围绕秩序的斗争首先就是一场关于主要国家如何最好地维护自身安全的斗争，那是对于稳固和平的追求。但从事秩序构建的国家会走得更远，它们试图建立符合某种秩序的一系列更广泛的政治、经济规则和制度。它们寻求创造一种适于实现其利益的环境，界定这一体系的权利、角色和权威关系也会按照这种方式被建立起来。从所有这些方面而言，围绕国际秩序的斗争就是各国针对全球体系被统治方式的角力，如果这一体系可以被完全统治的话。

我们可以更进一步地思考这些关于国际秩序的深层问题。什么是国际秩序？它是如何被创立，又是如何被破坏的？从其逻辑和性质看，国际秩序存在哪些不同类别？

在每个时代，强国都会实现崛起并去构建处理国家间关系的规则和制度，但到头来只会看到这些有序安排最终瓦解或转换。历史上，国际体系的重建常常发生在大战之后。正如欣斯利（F. H. Hinsley）所言："从 18 世纪晚期开始，在每一场战争之后，强国都会相互协调，努力重建体系，以使它们（或它们自以为可以）避免再次陷入战争，而且每一次都比前一次还要激进。"[7]大国战争带来的暴力将旧的秩序撕裂，战争本身让战前体系所包含的规则和安排的最后一丝合法性消失殆尽。实际上，大国战争或许是国际秩序失败的最终标志。修正主义国家谋求通过侵略推翻国际秩序，而维持现状国则要想保护这一秩序，战争之外别无他法。在战争之后，胜利者获得了建立新秩序的力量，新秩序的规则和安排与它们的自身利益是相符合的。停战协议与和平会议为制定国际秩序的新规则和新原则提供了机会。[8]

由此，大国冲突的解决之日也正是带来秩序之时，国际秩序的规则和制度被摆上了桌面以供谈判和修改。大国被迫努力解决难题，就国际秩序的基本原则和安排达成一致。在这些带来秩序的时刻，不仅战争的结果得到承认，共同谅解、规则和预期、解决冲突的程序也受到安排。它们发挥了某种宪法性（constitutional）功能，为国际关系的随后展开提供了一种框架。[9]

国际秩序是通过界定和指导国家间互动关系的那些确定规则和安排体现出来的。[10]当稳定的规则和安排借由协议、强加或其他别的方法被确立下来后，发生在国家之间的战争和动荡，即无秩序，就会变为一种秩序。秩序存在于模式化（patterned）的国家间关系之中。国家会根据可以界定它们角色和互动方式的一套系统性原则来行事。[11]当确定的规则和安排受到争议或使秩序存在的力量不再发挥作用时，国际秩序就会崩溃或陷入危机。

国际秩序可以通过很多方式进行区分和比较。一些国际秩序是地区性的，另一些则是全球性的；一些是高度机制化的，另一些则不是；还有一些是等级性的。国际秩序中的权力分配也是各种各样的。权力可以是集中的，也可以是非集中的。秩序可以围绕不同的权力“极”建立起来——多极、两极或单极。[12]对于学者而言，如何运用各种不同特征或标准来描述不同国际秩序的逻辑和性质是一个挑战。

一开始，从稳定秩序得以维持的不同方式这个角度来定性和比较各种国际秩序是很有用的。总体而言，国际秩序可以通过制衡（balance）、统制（command）以及赢得同意（consent）这三种方式中的任一种得以确立并获得稳定。每一种方式都代表着确立和维持秩序的一种不同机制或逻辑。[13]在不同的时空条件下，国际秩序通过三种机制中的某一种或将这三种机制相结合被建立起来。正如我们将会在下文看到的，美国领导的自由主义霸权秩序在很多重要方面依赖了所有这三种方式。

在基于制衡的国际秩序中，秩序通过大国之间的权力均衡（an equilibrium of power）来维持。没有一个国家可以支配或控制这一体系。秩序来自一种权力的僵持(stalemate)。国家积聚权力,建立联盟,想方设法避免一个强大的、有威胁性的国家获得支配地位。制衡的具体方式可以变化多端。[14]在制衡不断发展的过程中,国际秩序便获得了稳定。建立在均势(balance of power)基础上的秩序体现在18世纪的欧洲,也就是1815年后在欧洲形成的大国协调。在冷战期间,国际秩序通过两极均势体系形成。在每一个这样的历史时期,秩序都是通过大国之间的权力均衡得以确立。大国或国家同盟构成了可以彼此牵制和约束的相抗衡的极。

在基于统制的秩序中,有一个强大的国家负责组织和运行这个秩序。这种秩序是等级性的,并通过首强国的支配地位得以维持。国家按照高低位置被垂直地整合在一起。从秩序的等级性关系通过胁迫(coercion)得以施行的程度而言,或从秩序的等级性关系受到自主性(autonomy)、讨价还价和互惠性(reciprocity)这些因素节制的程度看,基于统制的秩序可以呈现很大的变化。古代和现代的大帝国都是一种等级性秩序,从各种不同的统治方略和"帝国力量的轮演剧目"(repertories of imperial power)中可以体现出来。[15]英国人和美国人领导的国际秩序也是等级性的,正如我们将在下文中看到的,这两种秩序的每一种都以特殊方式混合了帝国主义和自由主义特征。

最后,以赢得同意为基础的秩序围绕着协商而得的(agreed-upon)规则和制度建立起来,这些规则和制度涉及权利的分配和对权力运用的限制。规则和协定所组成的框架被建立起来,为国际关系提供了有权威性的安排。在以赢得同意为基础的秩序中,国家的权力并非不复存在,只是它要受到协商而得的规则和制度的限制。在构建有共识性的、以规则为基础的秩序时,国家之间的权力悬殊(disparities)仍然是要紧的,但规则和制度却反映出国家之间经过谈判达成的具有互惠性的协议。英国和美国领导的自由主义秩序在很多极为重要的方面是通过赢得同意建立起来的。当代的欧盟也属于这一类的政治秩序。

通过这些不同方式，各国在由拥有主权和相互依赖的国家所组成的世界上努力解决创立秩序这个难题。从权力、权威和制度的组合方式看，最终形成的那些国际秩序的确是各异的。在一些情况下，国际秩序通过分散的均势，以最简约的条款得以维持。在另外一些情况下，一个主导国通过对较弱国家和人民的胁迫性控制来建立秩序。还有一些情况是，大国谋求建立以制度化的政治和经济合作为内容的雄心勃勃的体系。正是在这种总的历史性—理论性语境之下，我们来定位和探索自由主义国际秩序的特征与逻辑。

自由主义国际秩序

在过去两百年里，国际秩序受到了自由民主国家崛起的深刻影响。这种自由主义的支配地位体现在自由主义强国之权力、势力和全球影响力的崛起上，还体现在这些国家所建立的国际秩序上。从维多利亚时代直到20世纪，自由民主国家获得了繁荣，随之而来的是这些国家的自由主义精神内核及组织原则的发展和扩展。世界政治逐渐披上了一件自由国际主义的外衣。"二战"之后，自由主义支配地位在美国的手中实现了极大跃进，美国在西方世界内部按照自由主义理念和原则建立了战后秩序，这一秩序后来则向外扩展。[16]

自由主义支配地位在英国和美国分别掌控的两大历史时代之间经历了转移。英国和美国都成了当时的主导国家，将其他国家拖拽到自由主义的方向上来，打理照看着体系的总体稳定和开放。19世纪，英国领导塑造了以大国关系、帝国主义和自由主义安排为标记的国际体系。在拿破仑战争结束后的数十年中，欧洲大国在一整套指导大国关系的规则和预期方面达成了一致。英国和其他大国还在非洲、亚洲和世界的其他地方经营着帝国。与此同时，以1846年《谷物法》被废除为开端，英国管理着围绕开放贸易、金本位和航海自由建立起来的全球商业体系的扩展。[17]

在20世纪，自由主义秩序构建变得更加张扬和雄心勃勃。在这几十年中的不同时刻，美国都努力创造或拓展开放的、以规则为基础的秩序架构。伍德罗·威尔逊为“一战”后的和解带来了自由主义世界秩序的愿景，倡导了建立国联（League of Nations）的提议，即便后来未能如愿。在20世纪40年代，美国又一次发现自己处于构建国际秩序的位置上，富兰克林·罗斯福（Franklin Roosevelt）和哈里·杜鲁门扩展并最终彻底改造了自由主义国际事业。在“二战”结束后的数十年中，美国和其他西方自由国家参与了冷战，实现了社会的现代化，重建和拓展了民主资本主义世界中的经济和安全关系，与此同时，自由主义国际秩序本身也在不断演进。冷战结束后，美国的国际自由主义事业再次实现进化。两极世界秩序让位给西方资本主义国家所掌控的全球体系。如果说“二战”后自由主义秩序主要建立在西方内部的话，那么，冷战的终结就使这种秩序转变为一种向外扩散的全球体系。在世界的所有地区都有国家经历着民主转型，追求着经济发展的市场化战略。贸易和投资在国际体系中实现了扩展。[18]

这种自由民主的扩展以及自由主义国际秩序的适应和延伸与战争和动荡相伴随。在每一个转折期，非自由主义的国家都提出了社会经济发展的替代模式以及为国际政治带来秩序的对抗性方式。从20世纪30年代直到冷战时期，地缘政治并不仅是权力之争，还是关于现代性实现道路的博弈。帝国主义的日本和纳粹德国所体现的是一种独裁资本主义选择。苏联体现的则是国家社会主义道路。从世界政治的深层意义上来说，它是这些不同选择之间的竞争。成功是按照创造权力和财富，建立阵线和联盟以及应对地缘政治挑战者的能力来界定的。随着“二战”中轴心国被打败，这场“大搏斗”就变成了共产主义（或国家社会主义）和自由资本主义之间的斗争。[19]

由此，我们可以就自由国家的崛起和自由主义秩序构建问题提出若干总体看法。

首先，自由主义国际秩序可以被视为国际秩序的一种特殊类型。如前文所言，自由主义国际秩序指的是那种开放的、大体上以规则为基础的秩序。当国家在相互获益的基础上进行贸易和交换时，这种开放性就可以体现出来。规则和制度作为治理机制得以运行，相对于国家权力的使用，它们至少具有部分的自主性。在理想状态下，自由主义国际秩序可以为国家进行互惠和机制化合作奠定基础。因此，自由主义国际秩序与封闭的、不以规则为基础的关系（无论是地缘政治阵营、排他性的地区范围，还是封闭的帝国体系）形成了对比。[20]

在理想状态下，自由主义国际秩序是通过赢得同意而非制衡或统制得以维持。国家自愿加入秩序并在其中根据相互商定的规则和安排进行活动。处理国家间关系的框架是法治而非粗暴的权力政治。然而，真实世界中的自由主义国际秩序当然是更为复杂的秩序，权力平衡和等级制度以各种不同方式介入，塑造和制约着国家间的关系。

其次，自由主义国际秩序的更具体特征呈现了很大的变化。自由主义愿景内容很广泛，与自由国际主义相关的理念在过去两个世纪中不断演化。在19世纪，自由主义国际秩序基本上被理解为一种对开放贸易、金本位制和大国协调（accommodation）的保障。20世纪，按照人们的理解，它需要更加复杂精深的规则和机制化合作形式。在刚过去的这个世纪中，合作安全、民主共同体、集体解决问题、普世权利和共享主权这些概念不断演化，组成了自由主义秩序构建的议程。

总体而言，20世纪的自由主义国际秩序经历了以两次世界大战为标志的两个阶段。“一战”结束后，伍德罗·威尔逊和其他自由主义者推动建立一种以全球集体安全机构为中心组织起来的国际秩序，在这个集体安全机构里，主权国家可以一起行动以维护保障领土和平的架构。开放贸易、民族自决以及对全球进步性变革的信念支撑了威尔逊主义的世界观——建立由民族国家组成的“同一世界”（one world），各国在法律多边体系中展开贸易和互动，从而构建一个有序的国际共同体。1918年7月4日，威尔逊在弗农山（Mount Vernon）宣称：“我们所寻求的是法律之治，以被统治者的同意为基础，靠人类有组织的公意来维持。”除了这一雄心之外，自由主义国际秩序的威尔逊方案几乎没有涉及如何建立制度化体系以及大国如何对这一体系进行正式的管理。这是一种“没有血肉的”(thin)自由主义秩序,各国在其中主要通过对自由主义理念和原则的共同接受来进行合作。[21]最终,这项构建自由主义秩序的尝试失败了,世界后来很快进入了两次世界大战的战间期,出现了多个封闭的经济体系和对抗性的帝国阵营。

“二战”结束后,当罗斯福政府发现自己行将塑造一个全球体系时,他最开始仍寻求沿着威尔逊的路线进行秩序构建。罗斯福政府信奉这样一种愿景:建立一个开放的贸易体系与可由大国来合作维护和平的世界组织。除此之外,战后秩序的美国设计师们吸取了威尔逊的失败教训,并吸收了“新政”(the New Deal)时期的思想,在经济和政治合作方面他们提出了更具雄心的想法,这些想法体现在布雷顿森林机制(the Bretton Woods institutions)之中。但是,战后欧洲的虚弱和与苏联之间紧张关系的增强将自由主义秩序的构建推向一种更依赖美国领导和更以西方为中心的体系。随着冷战的展开,美国在组织和运营这一体系方面占据了支配地位。在安全和经济领域,美国发现自己做出新的承诺并承担了新的功能性角色。美国自己的经济和政治制度实际上成为更大的自由主义霸权秩序的核心组成部分。

从这些例子中,我们可以区分出自由主义国际秩序的各种不同特征。自由主义秩序可以是相对扁平的,就像威尔逊在 1919 年之后所设想的那样,也可以按照机制化的等级性关系来构建,正如 1945 年之后它最终所形成的那种样子。在范围上自由主义国际秩序可以是世界性的,或者是在一个地区性或排他性的集团中运行。它可以在西方民主国家之间建立,也可以在更广的全球体系中建立。自由主义国际秩序可以证实和体现国家主权、民族自决的原则,也支持共享主权(shared sovereignty)这种更具超国家性的形式。它可以通过正式的法制性规则而具有高度的机制性,也可依靠非正式形成的预期和承诺来运转。自由主义国际秩序可以仅仅成为一种安全秩序,正如国联就是与集体安全相关的,它也可以被发展成为一种更具雄心的合作安全及共享权利与义务的体系。[22]

再次，自由主义国际秩序以及自由主义构建的连续几波浪潮都建立在现代国家体系的基础上，成为一种不断演进的大国关系处理框架。也就是说，自由主义秩序，无论是它19世纪还是20世纪所呈现的形式，都建立在现实主义的基础上。这体现在两个方面。首先，大体上，在过去的两个世纪中，开放的和以规则为基础的关系的构建都是由自由主义大国完成的，而这些大国是在一个更大的国家体系中展开活动的。其次，近代以来，在较深或基础层面上，威斯特伐利亚国家体系占据着优势地位，这一体系是指大国以多极或两极方式组织起来并共享国家主权方面的规范。一直是在这种国家体系中行事的大国从事着自由主义秩序的构建。

在过去两个世纪里，威斯特伐利亚体系中的大国不断发展着可以处理和稳定它们彼此关系的原则与实践。从1815年开始，这些国家逐渐意识到，成功的和解要建立在一套体现克制与协调的原则之上。维也纳和解体现了这种处理国际秩序的"国家社会"(society of states)方式，它没有排斥被打败的法国，承认了法国正当的国家和安全利益，并在共享原则和相互理解的基础上开启了解决各种新出现问题的外交进程。[23]最终出现的"欧洲协调"被普遍视为稳定和成功的国际秩序的范本。体现克制与协调原则的1919年凡尔赛和解的失败则被普遍视为不稳定和后来发生战争的重要因素。相反，在"二战"后的安排中，美国将德国和日本全面重建为自由主义民主国家，并将它们融入了战后美国领导的自由主义国际秩序，吸收了大国克制和协调的原则与实践，这些原则与实践是之前在威斯特伐利亚体系中进行秩序构建的时代中被提出的。[24]

总而言之，我们可以看到自由主义秩序构建的若干不同时代，从这些不同时代中我们能够发现不断演化的自由主义国际秩序理念和实践。美国领导的自由主义霸权秩序不过是自由主义秩序的其中一种。自由主义国际秩序本身是在一个国家体系的基础上被建立的，在这个国家体系中大国发展了克制与冲突管理的原则及实践。国际体系的各种不同“浪潮”和“层面”共存于当代全球体系之中。

帝国主义和自由主义统治

在20世纪中期,美国成为世界上最强大的国家。它不仅拥有实现自己利益的权力,还拥有塑造其全球环境的权力。它作出战略选择,施展力量,建立制度,打造伙伴关系,提供向外扩展的秩序。这是一种拥有很多部分、特征和层面的秩序——全球的、地区的、经济的、政治的、军事的、社会的以及意识形态的。但所有部分合起来组成了一种政治型态(political formation),也就是一种带有特定逻辑和特性的条理清晰的政治秩序。正如查尔斯·迈尔(Charles Maier)所言,美利坚秩序虽然很像帝国和以往的其他政治秩序,但却拥有一套特殊的性质或“制度生成器”(institutional makers)。[25]

但是,这是一种什么样的秩序呢?如果美国的战后秩序混合了统制和赢得同意,那么这种混合的性质是什么?它发生了怎样的变化?美国的这种政治型态算是帝国吗?抑或是,它的自由主义特征赋予它与以往的大帝国截然不同的外形和内在组织体系?简言之,美国从事的是帝国主义的统治,还是自由主义的统治?

关于帝国的争论并不新鲜,与美国权力崛起本身形影相随。在战后早期,在20世纪60年代,在冷战结束后的数十年中,学者和评论人士一直在争论美国这种支配地位的性质,就它是不是一种现代形式的帝国进行辩论。[26]英国作家、工党政治家哈罗德·拉斯基(Harold Laski)在1947年谈到了隐约出现的美利坚帝国,当时他说,“美国就像一个巨人一样跨坐在这个世界上;处于权力顶峰的罗马和经济地位至高无上时期的英国都未能拥有如此直接、如此深远和如此普遍的影响力”[27]。后来,在越战期间,批评者和修正学派的历史学家回溯了美国对外政策历史中那种具有深刻根源的对军事主义和帝国的冲动。有些学者认为这种对于帝国的根本动机本质上是经济性的,这种冲动可以追溯到19世纪和20世纪之交的“门户开放”政策。[28]其他人则认为，考虑到冷战的刺激，这种帝国野心实际上根植于一种在安全和地缘政治方面进行掌控的逻辑。正如美国对外政策的一位重要评论人士所言，在这一时期，“自从1945年，这个国家并不满足于成为各国间的同辈中居首位者（primus inter pares），它一直寻求的不仅是那种微妙的均势，而是要在武器技术、国际经济管理和对他国国内政治的操控方面占据一种居高临下的优势地位”[29]。

近年，关于帝国的争论再次出现，聚焦于美国在单极状况下的全球野心。随着苏联的崩溃，美国的地缘政治对手一下子消失了。然而，在日本和德国被占领后的半个世纪，直到日本和德国分别成为世界第二大和第三大经济体，美国仍然为这两国提供着安全。美国的军事基地和航空母舰战斗群将力量投放至世界的所有角落，对于在国际上使用武力，美国的确占据了一种近乎垄断的地位。在这种单极基础上，布什政府上台执政并在2001年“9·11”事件发生后，打响了“反恐战争”，入侵了阿富汗和伊拉克，扩充了军事预算，提出了受争议的《2002年国家安全战略》，这一战略阐述了美国在面临自我界定的威胁时可在军事上先发制人的战略思想。美国的权力再一次如日中天，这也让世界上的很多人都感到深深不安。不出所料，帝国的概念被重新用来描述美国的全球野心以及美国如何在一个一超世界中运用自己的权力。[30]

但是，在战后的几十年里或是在最近这些年里，美国的这种政治型态果真是帝国吗？“帝国”这个概念指的是一个处于支配地位的国家对较为弱小的民众或政治体的内外政策实行政治控制。19世纪晚期的欧洲殖民帝国是最直接、最正式的一种类型。苏联在东欧的“势力范围”需要一种带有同样强制性但却不那么直接的控制。大不列颠帝国既实行直接的殖民主义统治，又是一个非正式的帝国。如果将帝国大致定义为一种等级性的政治关系体系，而最强大的国家可以在这种体系中施展带有决定性的影响力，那么，美国领导的秩序则的确堪为帝国。

美国的战后政治型态与帝国的相似之处在于，它是一种按照支配与服从的等级性关系（至少大体上是这样）组织起来的秩序。但是美国的战后秩序是多面相的。美国在战后时代支配地位的最显著的一个方面就是它的混合特性。美国构建了等级性的关系，但它也建立起相互协商达成的规则和制度。战后，美国领导的这种秩序既体现了以统制为基础的逻辑，也体现了以赢得同意为基础的逻辑。说得更一般一些就是，支配和服从的这种等级性体系在其逻辑和特性方面也存在很大的不同变化。等级性的政治秩序可以带有帝国主义特性，但它们也可以带有自由主义特性，抑或带有一种混合特性。[31]因此，我们可以把等级性的政治秩序认为是处于帝国主义霸权范型（ideal type）和自由主义霸权范型之间形成的连续统一体（continuum）上，这样想会很有帮助。[32]

帝国是一种等级性的政治体系，在这一体系中处于支配地位的国家对下层国家直接或间接地进行至高无上的控制。正如拿破仑的外交部长夏尔·塔列朗（Charles Maurice de Talleyrand）所言："帝国是让子民各居其位的艺术。"这种政治上的控制是广泛的。帝国主义国家对下层国家的内外政策进行控制，或者至少它会维持这么做的权利。与此同时，帝国主义国家会强行实施等级性秩序所具有的规则，但它自己却不会受到这些规则的约束。在一个帝国中，主导国对关系的样式具有最后的决定权，它的控制或许是遮遮掩掩的，但它对该秩序中从属单位的控制却是根本的和至高无上的。从历史上来看，从直接的殖民主义统治到那种更为松散的非正式帝国类型，帝国体系以很多不同的方式呈现出来。[33]与此相对，自由主义霸权是一种等级性的秩序，它围绕着政治契约、广泛互惠、公共物品供给、相互协商达成的制度和有效的关系建立起来。自由主义霸权国家对下层国家的控制更为有限，首要的是塑造这些下层国家的对外政策样式。通过确立和维持规则与制度，自由主义霸权国家控制着秩序，但在这一过程中，它会或多或少地在这些规则和制度之下行事。通过塑造其他国家开展活动的环境，自由主义霸权国家在这种秩序之下确立了它的统治。

说到美国的战后秩序，正如我们将要看到的，较之帝国主义体系，有若干特征赋予了它更大的共识性和协商而得的性质：一是美国发起并支持了一个松散的规则和制度体系，而美国自己也在这一体系中行事；另一方面就是美国在公共物品供给上发挥的领导作用，包括安全和开放经济体系的维持。一个开放的体系围绕着主要的几个自由民主国家建立起来，而在这一体系中展开活动的国家拥有与美国进行咨商、讨价还价和谈判的机会。实际上，下层国家拥有在体系的中心作出决策的权利。在自由主义霸权这幅大图景上，随处可见用于促进联合或协同领导的制度。美国领导的秩序的这些特征并没有消除等级或权力的运用，但是它们柔化了等级的帝国主义形式并使其与自由主义的特性相融合。

的确，在美国占据支配地位的不同地域，这种等级结构会有不同的变体。霸权秩序的自由主义特性在发达自由民主国家组成的世界中展现得最为广泛，特别是美国与西欧和日本的关系。在东亚的其他地区以及发展中世界，美国领导的秩序是等级性的，但带有弱得多的自由主义特性。[34]西方世界中的美国霸权倾向于按照协商而得的多边规则和制度被建立起来，但美国在东亚霸权则是围绕受保护国所组成的“毂辐”(hub-and-spoke)安全体系建立起来的。在发展中世界的一些地区，包括拉美和中东，美国常以粗鲁的帝国主义方式行事。[35]

如果这种自由主义霸权秩序陷入危机，那么，支撑这一秩序的契约和制度能不能被重新协商和重新确立？一定程度上，这是一个关于美国继续在自由主义霸权框架内行事的意愿和能力的问题，包括提供公共物品，维护那些协商而得的规则和制度并受其约束，在一个始终在进行政治上的讨价还价和互惠的体系中调整各方面的政策。这还是一个与体系中其他老牌(established)国家和崛起国家的利益与抱负有关的问题。美国的这种自由主义霸权秩序是漫长的战后时代的历史性人为产物吗？如今，它是不是在瓦解并让位于一种不同类型的国际秩序？

或者说，对世界政治的下一个时代来说，它能不能被重新组织和重新谈判？

本书的设计

本书探讨了美利坚自由主义秩序构建过程这一长“弧”，它的起源、逻辑、发展、危机和即将到来的转型。

第二章处理的是国际关系中的无政府状态、等级结构和宪政主义问题。它探讨了秩序被确立并使其长期存在的三种主要途径，也就是制衡、统制和赢得同意。为理解美国战后秩序的逻辑和特性，就必须探究等级的逻辑。与秩序的无政府形式相反，等级性秩序需要的是政治体之间的支配和服从关系。但是这种支配和服从的等级性体系就其逻辑和组织方式而言可以有很大的变化，就是将支配和赢得同意按照不同方式混合起来。我将对各种不同类型的等级性政治秩序做出区分，特别关注帝国主义的等级形式和自由主义的等级形式之间的区别。

等级性秩序的自由主义形式需要主导国按照制度化的克制与承诺的方式来行事。权力和支配地位是通过或多或少协商而得的规则和制度形成的。第三章探讨国家的权力和以规则为基础的秩序。一个强大的国家有塑造和控制它所在的国际体系的动机。软弱和从属的国家是“秩序的接受者”，而强国常常是“秩序的创制者”。强国在全球体系中的利益和地缘政治地位决定了它所寻求建立的秩序类型。但最后出现的秩序也将反映出主导国家手上可对他国施加控制的那些工具和战略。

就以规则为基础的制度，我提出了一种或许可被称之为“政治控制”的模式。规则和制度是国家用以对全球体系中其他国家的行为进行一定程度政治控制的工具。这么做需要在政策自主性和以规则为基础的承诺之间作出平衡。一个国家通过牺牲一些政策自主性来换取其他国家按照更可预测和更合该国心意(desirable)的方式行事，这一切都要通过制度化的协议使其变得可信。与这种“制度性契约”(institutional bargain)相关的变化着的动机、选择和环境解释了为何国家会对规则和制度作出不同承诺。主导国在以规则为基础的多边关系中进行倡导和活动的程度决定了全球等级体系带有的帝国主义或自由主义特性的程度。

第四章探讨的是以规则为基础的秩序在单极条件下的发展前景，也就是在单极衰落的情况下这一逻辑会如何变化。单极的确会改变主导国在多边规则和制度中行事的动机。单极力量的支配可以有两种战略——“以规则支配”和“以关系支配”。前者需要的是针对以规则为基础的支配的传统的多边承诺，美国与欧洲的关系将这种方式体现得最为全面。后者指的是按照主—从关系来建立秩序，美国与东亚之间的“毂辐”关系将这种方式体现得最完全。在单极条件下，美国会拥有倾向于“毂辐”体系的动机。然而，在主导国认为自己的单极权力在衰落或是因为失去合法性和较弱国家的默许而不能再那么有效地控制自己的环境时，它将会出现通过多边规则和制度继续与其他国家联系在一起的动机。

第五章梳理了美国战后自由主义霸权秩序的逻辑和特性。这种新秩序的核心被确立在西方民主国家之间，但它的理念和制度却可能是普世的。这一秩序背后的愿景通过一系列宣言和协议被表达出来——1941 年的《大西洋宪章》、1944 年的布雷顿森林协议、1945 年的《联合国宪章》、1947 年的“马歇尔计划”以及 1949 年的“大西洋公约”。这些协约合在一起，为西方民主国家之间关系的彻底重组提供了框架，也是战后世界的大部分被更广泛地整合在一起的基础。从 1944 年到 1951 年，美国的领导人进行了世所未见的、最集中的(全球、地区、安全、经济和政治)制度构建工作。美国领导形塑了一个由多边规则、制度、开放市场、民主社群和地区伙伴关系组成的世界，并将自己置于这一世界的中心。

第六章探讨了美利坚秩序的重大转型和危机。它关注的是全球体系的长期变迁，这种变迁已经侵蚀了美国建立的战后秩序的基础。这些变迁带来的是威斯特伐利亚体系的倒转(inversion),在这一体系中,大国是靠权力均衡和国家主权规范来维持秩序。在单极状态和国家主权规范受损的条件下,美国的权力变成了世界政治中的一个问题。实际上,美国支配的特性和方式的混合已经发生了改变。冷战结束后,美国单极的崛起,与全球体系的其他长期变迁一起,已经改变了形成美国战后秩序基础的动机、成本、契约和制度。这些变迁使美国对自由主义霸权和以规则为基础的秩序的承诺遇到更大问题。

我还探讨了小布什政府在后威斯特伐利亚时刻对世界强加新秩序体系的失败努力。小布什政府试图在全球体系转型(单极的出现和威斯特伐利亚秩序的转变)的基础上建立这一新秩序,并清楚提出了一种以美国为中心的秩序的新版本。从根本上讲,小布什政府提出的那套秩序(从很多重要的方面看)就是带有帝国主义特征的霸权。美国准备站出来并在其对权力和权利的单边主义主张下提供规则和秩序。这是一种作为保守的利维坦的美国。这种后威斯特伐利亚的秩序逻辑已经失败了。世界抗拒之,而美国也不能维持之。

小布什政府的经历表明,强国在自由主义国际秩序的规范和制度性框架之外行事的能力是有限的。小布什的经历表明,世界首强之国可以打破制度和规范方面的限制(即便这些制度和规范正是它自己帮助建立起来的),但会为此付出代价。合法性、伙伴关系、合作以及信誉的丧失的确是有重要影响的。

第七章探讨了走出当下危机的可能路径。我找出了三种未来可能出现的不同情况:一是会出现一种重新协商的以美国为首的自由主义霸权秩序;另一种可能性就是,建立一种后霸权的自由主义秩序,在单极衰落的大背景下,美国在这一秩序中会扮演更加“正常的”角色;第三种可能性就是,以美国为首的秩序的危机会让位于秩序的破碎,秩序本身会出现全面衰败。地区性集团、势力范围以及复杂的“毂辐”模式会以一种使国际秩序彻底变得不那么开放和不那么以规则为基础的方式出现。

我认为，若干因素将塑造未来的路径。一是美国将权威让于国际社会并使自己适应于一种由更具约束性的规则和制度所组成的体系的真实意愿。国际实力对比还谈不上彻底改变，在未来几十年里美国仍将是世界上最强大的国家。因此，有理由认为，如果两相合适的话，其他国家会愿意看到美国发挥领导作用并提供功能性的服务。第二个因素就是美国通过安全能力获取更广泛的经济和政治协议的程度。在军事实力方面美国拥有卓越的优势。问题在于，在多大程度上美国可以利用这种优势与其他国家在全球秩序的更广泛的规则和制度方面达成交易？如果可以的话，美国将获得重新协商出一种经过修正的霸权体系的机遇。最后，最重要的那些国家在全球秩序愿景方面的分歧程度对于这场秩序危机会如何演进至关重要。问题在于，像中国和印度这种非西方的崛起国家会不会寻求利用它们增长的实力开启一种本质上不同的国际秩序。

在本书结尾，我提出，虽然美国有帝国欲望，但它并不注定会放弃以规则为基础的秩序，崛起国家也不注定会排斥自由主义国际秩序的基本特性。美国最终仍想要在一个由规则和制度组成的世界，正当地施展它的力量。它会拥有构建和巩固地区和全球制度的动机，从而为一个单极之后的未来做准备。中国、印度和其他非西方国家崛起的力量给美国领导的旧秩序带来挑战，这种挑战要求作出新的、扩展的和共享的国际治理安排。

如果美国足够灵巧并正确地打出了外交政策“牌”，未来二十年中，它将仍是同一世界(one-world)体系的中心，开放的市场、民主共同体、合作安全和以规则为基础的秩序界定了这种同一世界体系。这种未来与那些在历史中所熟知的不那么值得选择的替代方案——大国相互制衡的秩序、地区性集团或两极对抗——可以形成鲜明对比。美国应当寻求巩固一种其他国家“搭车”(bandwagon)而不是与之相抗衡的全球秩序，在这种全球秩序中，美国仍是繁荣、安全的民主—资本主义秩序的中心，这一民主—资本主义秩序反过来会为全球体系提供架构和轴点(axis points)。但是,要想重建这种理想中的世界秩序,美国必须努力重新创建这一体系的基本治理制度,也就是在同盟关系、伙伴关系、多边制度、特殊关系、大国协调、合作安全条约以及民主安全共同体方面进行投资。

注释

1. 参见对希拉克的访谈,James Graff and Bruce Crumley, "France is not A Pacifist Country," *Time*, 24 February 2003, 32—33; James Hoagland, "Chirac's 'Multipolar World'," *Washington Post*, 4 February 2004, A23。

2. 奥巴马政府的《国家安全战略》称:美国"必须寻求一种以规则为基础的国际体系,这种国际体系通过服务于相互利益可促进我们自己的利益",这显示向美国在"二战"后以自由主义为导向的领导地位的回归。Office of the President, *National Security Strategy*(Washington, DC: White House, May 2010).

3. 关于对重返多极状态的预测以及美国支配地位的终结,参见 Charles Kupchan, *The End of the American Era: U.S.Foreign Policy and the Geopolitics of the Twenty-First Century* (New York: Knopf, 2003); Parag Khanna, *The Second World: Empires and Influence in the New Global Age*(New York: Random House, 2008); Paul Starobin, *After America: Narratives for the New Global Age* (New York: Penguin Group, 2009); Kishore Mahbubani, *The New Asian Hemisphere: The Irresistible Shift in Global Power to the East* (New York: Public Affairs, 2009); Fareed Zakaria, *The Post-American World* (New York: Norton, 2009)。

4. 关于这场世界经济危机对美国的新自由主义模式和华盛顿领导能力的影响,见 Joseph Stiglitz, *America, Free Markets, and the Sinking of the World Economy* (New York: Norton, 2010); J.Bradford Lelong and Stephen S.Cohen, *The End of Influence: What Happens when Other Countries Have the Money*(New York: Basic, 2010)。关于经济方面给美国大战略带来的不断增加的限制,见 Michael Mandelbaum, *The Frugal Superpower: America's Global Leadership in a Cash-Strapped Era* (New York: Public Affairs, 2010); David P. Calleo, *Follies of Power: America's Unipolar Fantasy*(New York: Cambridge University Press, 2010)。关于金融危机和世界经济衰退如何加快了中国和其他非西方国家影响力的上升,见 Mathew J.Burrows and Jennifer Harris, "Revisiting the Future: Geopolitical Effects of the Financial Crisis," *Washington Quarterly* 32, no.2(April 2009), 27—38。

5. Martin Jacques, *When China Rules the World: The End of the Western World and the Birth of a New Global Order*(New York: Penguin, 2009).关于世界政治中意识形态竞争的增强,见 Steven Weber and Bruce W.Jentleson, *The End of*

Arrogance: *America in the Global Competition of Ideas* (Cambridge: Cambridge University Press, 2010)。

6. 本书不会就有关美国大战略的国内缘起问题提出一种总体理论。这一观点是从政府在所认知的利益、机遇、动力和限制性因素的背景下对国际秩序的安排所作出的不同选择这一角度形成的。这些相竞争的理论、意识形态和愿景的影响力是由它们对上述利益、机遇、动力和限制性因素的针对性所决定的。国家的政治身份和传统以及关于政治正当性的考量是决策环境的各个方面。关于这些逻辑的互补性的讨论,见 Elinor Ostrom, "Rational Choice Theory and Institutional Analysis: Toward Complementarity," *American Political Science Review* 85, no. 1 (March 1991), 237—243; Martha Finnemore and Kathryn Sikkink, "International Norm Dynamics and Political Change," *International Organization* 52, no. 4 (Autumn 1998), 887—917; Thomas Risse, "Constructivism and International Institutions: Toward Conversations across Paradigms," in Helen Milner and Ira Katznelson, eds., *Political Science*: *The State of the Discipline* (New York: Norton, 2002), 597—623。

7. F. H. Hinsley, "The Rise and Fall of the Modern International System," *Review of International Studies* (January 1982), 4.

8. 关于大战之后的秩序构建的政治和理念,见 G. John Ikenberry, *After Victory*: *Institutions*, *Strategic Restraint*, *and the Rebuilding of Order after Major War* (Princeton, NJ: Princeton University Press, 2001); Kalevi J. Holsti, *Peace and War*: *Armed Conflicts and International Orders*, *1648—1989* (New York: Cambridge University Press, 1991); Andreas Osiander, *The States System of Europe*, *1640—1990*: *Peacemaking and the Conditions of International Stability* (London: Oxford University Press, 1994); Jeff Legro, *Rethinking the World*: *Great Power Strategies and International Order* (Ithaca, NY: Cornell University Press, 2007)。

9. 关于战后安排作为秩序构建的"制宪"时刻,见 Ikenberry, "Constitutional Politics in International Relations," *European Journal of International Relations* 4, no.2 (June 1998), 147—177; Daniel Philpott, *Revolutions in Sovereignty*: *How Ideas Shaped Modern International Relations* (Princeton, NJ: Princeton University Press, 2001)。此外,国际法学者探讨了 1945 年后国际权利、法律和制度体系的类似宪法的特征,见 Jeffrey L.Dunoff and Joel P.Trachtman, eds., *Ruling the World*? *Constitutionalism*, *International Law*, *and Global Governance* (New York: Cambridge University Press, 2009)。

10. 在赫德利·布尔(Hedley Bull)的经典研究中,他对世界秩序和国际秩序作出区分。世界秩序是由所有族群以及他们之间关系的总体所构成的,而国际秩序则是由各国之间的规则和确定的预期所构成的,见 Bull, *The Anarchical Society*: *A Study of Order in World Politics* (London: Macmillan, 1977)。关于这些观念的延伸和进一步探讨，见 Barry Buzan, *From International to World Society: English School Theory and the Social Structure of Globalization* (Cambridge: Cambridge University Press, 2004); Andrew Hurrell, *On Global Order: Power, Values, and the Constitution of International Society* (New York: Oxford University Press, 2007)。

11. 从这个意义上来说，国际秩序包括各国之间关于它们如何进行互动的共享的、稳定的预期，或如贾尼丝·麦特恩(Janice Mattern)所言，它是一种"特定国家之间的关系，这种关系可以使国家就其相互间的预期和行为产生共享的认识并巩固之"。Mattern, *Ordering International Politics: Identity, Crisis, and Representational Force* (New York: Routledge, 2005), 30。

12. 在之后的几章中，我将提及这里所涉及的国际秩序的各种方式，对它们进行定性和比较。关于地区和全球秩序体系，见 Barry Buzan and Ole Waever, *Regions and Power: The Structure of International Security* (New York: Cambridge University Press, 2003); Peter Katzenstein, *A World of Regions: Asia and Europe in the American Imperium* (Ithaca, NY: Cornell University Press, 2005)。关于国际秩序制度化的不同变体，见 Stephen Krasner, ed., *International Regime* (Ithaca, NY: Cornell University Press, 1982)。关于等级结构的不同变体，见 David Lake, *Hierarchy in International Relations* (Ithaca, NY: Cornell University Press, 2009)。关于极性(polarity)和权力分配的不同变体，见 Edward D. Mansfield, "Concentration, Polarity, and the Distribution of Power," *International Studies Quarterly* 37, no.1 (March 1993), 105—128; Barry Buzan, *The United States and the Great Powers* (London: Polity, 2004), chap.3。

13. Ikenberry, *After Victory*, chap.2.

14. 关于均势的理论和实践已经有丰富的论述。如需一种概述，见 Richard Little, *The Balance of Power in International Relations: Metaphors, Myths and Models* (Cambridge: Cambridge University Press, 2007); Stuart J. Kaufman, Richard Little, and William C. Wohlforth, eds., *The Balance of Power in World History* (New York: Palgrave, 2007); Jonathan Haslam, *No Virtue Like Necessity: Realist Thought in International Relations since Machiavelli* (New Haven, CT: Yale University Press, 2002), chap.2; Daniel H. Nexon, "The Balance of Power in the Balance," *World Politics* 61, no.2 (April 2009), 330—359。

15. Jane Burbank and Frederick Cooper, *Empires in World History: Power and the Politics of Difference* (Princeton, NJ: Princeton University Press, 2010), chap.1.

16. 在描述自由主义的支配地位时，丹尼尔·杜德尼(Daniel Deudney)写道："在历史上的大多数时期内，共和都是局限于小的城邦国家，这些国家面对征服和内部篡权是不安和脆弱的，但是在过去两个世纪里，这些国家通过联邦制的联合已扩展至大陆规模，并从 20 世纪的暴力大冲突中成功摆脱出来。"Deudney, *Bounding*

Power：*Republican Security Theory from the Polis to the Global Village*（Princeton，NJ：Princeton University Press，2007），2。威廉·麦克尼尔（William McNeill）认为现代自由主义西方世界的崛起受到18世纪晚期开始的两场相联系的革命（工业革命和民主革命）的推动，“总之，结果便是，把西方生活方式的力量和财富提升至其他文明所熟悉的那些生活方式之上，从而使抗拒西方的侵蚀变得不再可能”。William H.McNeill，*A World History*（New York：Oxford University Press，1967），411.

17. 重要的是，不要去夸大19世纪英国的自由国际主义。英国对国际秩序的取向既是自由主义的，也是非自由主义的。在支持全球自由贸易方面它是自由主义的，即便是这一承诺也是和帝国特惠同时存在的。英帝国占据了几乎半个世界，从根本上来说是非自由主义的，它是由殖民地和其他附属地组成的，而这些殖民地和附属地没有一个是民主国家或是以自由主义方式运作。如加里·贝斯（Gary Bass）所言：“在英国不断增强的自由主义和英帝国的粗暴集权主义之间存在一种巨大的断层。”然而，在他关于英国和欧洲19世纪的人道主义干预的研究中，贝斯的确发现了英国在希腊、叙利亚和保加利亚这类麻烦地区展开阻止屠杀的军事行动背后的自由主义冲动。Bass，*Freedom's Battle*：*The Origins of Humanitarian Intervention*（New York：Random House，2008），343—344。

18. 关于英美自由国际主义的兴起和扩展的探讨，见Mark R.Brawley，*Liberal Leadership*：*Great Powers and Their Challengers in Peace and War*（Ithaca，NY：Cornell University Press，1993）；Tony Smith，*America's Mission*：*The United States and the Worldwide Struggle for Democracy in the Twentieth Century*（Princeton，NJ：Princeton University Press，1994）；Michael Mandelbaum，*The Ideas that Conquered the World*：*Peace*，*Democracy*，*and Free Markets in the Twenty-first Century*（New York：Public Affairs，2002）；Walter Russell Mead，*God and Gold*：*Britain*，*America*，*and the Making of the Modern World*（New York：Knopf，2007）；David Ekbladh，*The Great American Mission*：*Modernization and the Construction of an American World Order*（Princeton，NJ：Princeton University Press，2010）。

19. 对这种突出了西方自由主义胜利的不确定特征的“大搏斗”的描述，见Azar Gat，*Victorious and Vulnerable*：*Why Democracy Won in the 20th Century and How It Is Still Imperiled*（New York：Rowman & Littlefield，2010）。

20. 关于各种（包括非自由主义的）国际秩序类型的概述，见Greg Fry and Jocinta O'Hagan，eds.，*Contending Images of World Politics*（New York：St. Martin's/Macmillan，2000）。

21. Thomas Knock，*To End All Wars*：*Woodrow Wilson and the Quest for a New World* Order（New York：Oxford University Press，1992）；Lloyd E.Ambrosius，*Wilsonianism*：*Woodrow Wilson and His Legacy in American Foreign Relations*（New York：Palgrave，2002）；John Milton Cooper，Jr.，*Breaking the Heart of the World*：*Woodrow Wilson and the Fight for the League of Nations*

(New York: Cambridge University Press, 2001).

22. 对自由主义秩序的这些各种维度的探讨，见 G.John Ikenberry, "Liberal Internationalism 3. 0: America and the Dilemmas of Liberal World Order," *Perspectives on Politics* 7, no.1(March 2009), 71—87。

23. 关于从国家社会角度看国际秩序，见 Hedley Bull, *The Anarchical Society*。关于对该观念的详细讨论，见本书第二章。

24. 关于冷战安排所体现的大国克制和协调原则的讨论，见 Daniel Deudney and G.John Ikenberry, "The Unraveling of the Cold War Settlement," *Survival*(December/January 2009—2010)。

25. Charles Maier, *Among Empires: American Ascendancy and Its Predecessors* (Cambridge: Harvard University Press, 2006).

26. 对这些不同时期的帝国辩论的概述，见 Michael Cox, "Empire in Denial? Debating U.S. Power," *Security Dialogue* 35, no.2(2004), 228—236; Cox, "The Empire's Back in Town—Or America's Imperial Temptation—Again," *Millennium* 32, no.1(2003), 1—27。

27. Harold Laski., quoted in Niall Ferguson, *Colossus: The Rise and Fall of the American Empire*(New York: Penguin, 2004), 68.

28. William Appleman Williams, especially *The Tragedy of American Diplomacy*(New York: Norton, 1959).

29. Richard Barnet, *Intervention and Revolution: America's Confrontation with Insurgent Movements Around the World*(New York: World Publishing, 1968), 25.

30. 历史学家尼尔·弗格森(Niall Ferguson)特意提到了这一被广泛接受的观点并称："作为美国目前正行使的全球权力的先例，大英帝国是最经常被提及的。从两个意义上讲，美国是英帝国的继承人：殖民地时代的产物以及当今的继任者。" Ferguson, *Empire: The Rise and Demise of the British World Order and the Lessons for Global Power*(New York: Basic Books, 2002), xii。关于美国作为全球帝国这个问题的书籍和文章的概述，见 G.John Ikenberry, "The Illusions of Empire," *Foreign Affairs* 82, no.2(March/April 2004), 144—154; Alexander J.Motyl, "Is Empire Everything? Is Everything Empire?" *Comparative Politics* 39(2006), 229—249; Charles S. Maier, "Empire Without End: Imperial Achievements and Ideologies," *Foreign Affairs* 89, no.4(July/August 2010), 153—159。

31. 为把握美国战后政治型态自由主义和帝国主义特征相混合的独特之处，学者们使用"受邀请的帝国""具有共识基础的霸权""赢得了同意的帝国"和"受信任的帝国"这类概念，见 Geir Lundstadt, *The American "Empire"*(Oxford: Oxford University Press, 1990); Charles S. Maier, "Alliance and Autonomy: European Identity and U.S.Foreign Policy Objectives in the Truman Years," in Michael Lacey, ed., *The Truman Presidency*(Cambridge: Cambridge University Press, 1991); John Lewis Gaddis, *We Now Know: Rethinking Cold War History*(New York:

Oxford University Press, 1997); Thomas F. Madden, *Empires of Trust: How Rome Built—and America Is Building—a New World*(London: Plume, 2009)。

32. David Lake, *Entangling Relations: American Foreign Policy in Its Century* (Princeton, NJ: Princeton University Press, 1999); and Lake, "Anarchy, Hierarchy and the Variety of International Relations," *International Organization* 50, no.1(1996), 1—35.

33. 关于帝国的研究汗牛充栋。关于帝国逻辑的研究,见 Michael Doyle, *Empires*(Ithaca, NY: Cornell University Press, 1984); Herfried Munkler, *Empires: The Logic of World Domination from Ancient Rome to the United States*(London: Polity, 2007)。关于近年出版的帝国全史,见 John Darwin, *After Tamerlane: The Global History of Empire Since 1405*(New York: Bloomsbury Press, 2008); Jane Burbank and Frederick Cooper, *Empires and the Politics of Difference in World History*(Princeton, NJ: Princeton University Press, 2010)。

34. 关于美国"帝权"(imperium)的地区变体的重要探讨,见 Katzenstein, *A World of Regions*。他认为,欧洲和东亚作为地区的特性受到作为全球地缘政治存在的美国的影响。特别是,德国和日本作为美国权力和意图的支持者,它们的中间人角色以复杂而不同的方式塑造了欧洲和东亚这些地区的制度和政治组织。我的研究借鉴了卡赞斯坦的若干看法,包括欧洲和东亚的重要性以及美国权力在这些地区被扩展和制度化的不同方式,而这也给美国施加了限制。

35. 本书的研究首要关注的是美国和其他大国所创立的国际秩序。它并没有全面阐明世界秩序的更宽泛特征,包括美国与较弱的、欠发达的和边缘国家之间的关系。

第二章 权力与不同类别的秩序

导言

美国在"二战"后的几十年中所创立的秩序是多种逻辑、制度、角色和关系所构成的不寻常的混合物。这是一种被给予各种名头的秩序——自由世界、美国体系、西方、大西洋世界、民主治下的和平、美国治下的和平、费城体系(the Philadelphian System)。它成型于冷战早期的数十年中,一定程度上是作为抵抗和遏制苏联力量而被组织起来的联盟。在当时新出现的两极全球体系中,美国很快成为一极或曰组织结点(organizing hub)。从这个意义上来讲,美国在战后的秩序构建是地缘政治竞争和两极制衡的自然结果或一个侧面。在这个过程中,美国领导的秩序呈现了等级性特征。在该秩序中,美国比其他国家要强大的多得多。它组织并领导了这个秩序,为安全、稳定和经济开放性提供担保。全球范围内一组较弱的二等国家成为了美国的小伙伴和受保护国。但是,与此同时,这个秩序(至少在其西方核心内部)也是一种由自由民主国家组成的共同体。这些民主国家共同享有一种在冷战前就已形成的自由主义秩序的愿景,它们合作起来组织开放的、大体上以规则为基础的关系,这种关系并不是权力的等级结构的简单反映。日益具有深度和广度的、复杂的和制度化的合作形式成为该秩序的标志——这是一种持续至今的合作。

我们该如何理解美国领导的这种秩序呢?国际秩序是一种政治型态,在这一政治型态中存在着可指导国家间互动的稳定的规则和安排。我们如何在更宽泛的国际秩序类型中描述和定位美国领导的战后秩序?本章为从理论和历史层面描述国际秩序提供了一种框架。

战后美国领导的秩序搅乱了人们对国际秩序的普遍理解。世界政治的传统样貌是，一群在能力上大致相当的国家——所谓的大国——在其竞争、合作和相互制衡之时塑造了这一体系。各国在一种非集中性的(decentralized)体系中行事，该体系中的秩序是通过主要国家之间的权力均衡(an equilibrium of power)被建立起来的。国际体系的无政府特征体现在权力和权威的分散。各国拥有主权且在形式上是平等的。在无政府条件下，没有哪个国家(甚至是强大的国家)可以"支配"全球秩序。由这种无政府状态引起的不安全因素和竞争驱动着国家行为并使国际政治具有了相互区别的、持久的特征。

然而，这种理论视角在理解美国领导的国际秩序方面遭遇了困难。从以下几个方面看，这种情况的确如此。首先，该秩序中的国家间关系并不是基于势力均衡(balance-of-power)逻辑或是在整体上以无政府状态所驱动的权力政治为标志。契约、制度以及深深缠结在一起的政治和经济关系造就了美国领导的秩序的样貌和特征。相互依存的广泛性、功能的专业分工(specialization of functions)以及共享的治理安排不是通过无政府状态和权力制衡这些角度就能容易被理解的。其次，冷战的结束并没有使国际秩序重回一种多极的大国体系，它反而带来了一种单极体系，在这个单极体系中一国独占鳌头并控制了全球政治的运作和模式。各国——包括那些处于美国领导的秩序之内的和那些处于该秩序之外的国家——并没有以明确的、坚定的对美制衡努力来回应这种单极状态。结果是，这几十年的世界政治是以一个首强国的支配性存在和并未出现向多极均势体系的回归为标志的。

实际上，从无政府状态角度看美国领导的秩序之所以存在问题，是因为这一角度忽视了该秩序的两大特征——等级结构和民主共同体。首先，与无政府状态相比，该秩序事实上更像是一种等级结构。在若干重要方面，该秩序是基于上下级关系建立起来的。各国拥有不同的角色和能力。几个主要国家——日本和德国——并不具有传统大国所具备的全面的军事能力。全球体系中的规则和制度为首强国提供了特别的角色和责任。尽管一种正式的治理结构并不存在，但权力和权威以等级性的方式非正式地体现出来。美国位于这个秩序的顶端，其他国家则以同盟、伙伴和受保护国的相应不同方式被安排在美国之下。其次，这个秩序是以自由主义关系的普遍性（pervasiveness）为标志的。至少在该秩序的西方核心之内，其他自由民主国家以互惠的和容许讨价还价的关系与美国进行交往。这一秩序围绕着一系列不断扩展的规则和制度组织起来，而这些规则和制度削弱并抑制了权力政治的盛行。美国与其他国家共担治理之责任。从这些不同方面看，美国领导的秩序出现了带有自由主义特征的等级结构这样一种特点。

为了理解美国领导的秩序以及当前正在发生的转型，我们需要拓展我们的理论视野。我从以下几个方面作出这种努力。首先，我考察了塑造和限制政治型态的体现方式的背景性条件。其关注点在于权力分配方面的各种变体和变化。我辨析了各种不同的权力分配类型，并把它们和在各主要国家具有不同物质实力这一大背景下所出现的政治规则和关系区分开来。正是在这种背景下我们可以发现美国领导的战后秩序从冷战时代的两极向近几十年的单极转变的方式。

其次，我考察了国际秩序被建立起来的三种主要途径。它们便是建立在制衡（balance）、统制（command）和赢得同意（consent）基础上的秩序。每种秩序逻辑都根植于一种丰富的理论传统之中。每种传统都对国际秩序的逻辑和特性提出了一种全面的论述。每种传统都对现代国际体系的兴起和转型问题给出了一种宏大叙述。重要的是，每一种秩序逻辑都对稳定的国际秩序的形成和维护给出其主要观点。

这些逻辑所关注的是在周期性的历史转折点出现的国际秩序的塑造问题，特别是在大战之后。大国战争的战后安排经常会转变为塑造秩序的时刻，在那时国际秩序的规则和制度会被摆上桌面来进行谈判和修改。战后安排的最重要的组成部分是和平会议、全面的条约以及关于秩序原则的战后协议。这种塑造秩序的时刻不仅是要认定战争的结果，它们还要就解决冲突的共同谅解、规则和预期以及程序作出安排。因此，这种战后安排发挥了一种类似宪政的功能，为国际秩序打下基础并遵奉国际秩序的组织逻辑。

最后，我更加深入地考察了这些秩序逻辑在美国领导的战后秩序中是如何得到体现的。特别是，探究了在等级结构和支配的帝国主义形式和自由主义形式之间所存在的变化区间。通过这个变化区间力图去把握首强国对较弱的二等国家的政策进行正式的和胁迫性的控制程度的变化。等级性秩序的若干方面影响了这种秩序在多大程度上体现出自由主义的特性。这些方面包括首强国在多大程度上提供了一套协商而得的规则和制度并在这种规则和制度中行事；首强国在多大程度上为其他国家提供公共物品；首强国在多大程度上为该秩序中较弱的二等国家提供“发表意见的机会”(voice opportunities)。美国领导的秩序的确体现了自由主义特征，这一秩序的总体逻辑和特点可以用自由主义霸权(liberal hegemony)来描述。

权力的分配

国家之间的关系建立在权力基础之上。过去几个世纪以来，国际秩序以很多不同的变体出现，但在每种情况下，国际秩序都是由权力分配塑造的，并受到权力分配的限制。实际上，我们对国际秩序发问时通常第一个问题就和权力有关。权力是如何被分配的？是不是有一个国家或少数几个国家支配着国际体系，或是权力被更加广泛地分散开来？在世界政治中相当重要的物质实力是什么？在出现权力转移时国家之间的关系是如何变化的？在提出这些问题时，我们对权力分配和政治型态进行了区分，政治型态基于实力(capabilities)在国家之间的分配。权力的分配指的是物质资产和实力在国家之间和其他行为体之间被排布的方式。权力分配告诉我们的是谁拥有权力，但并没有告诉我们权力会被如何使用。权力分配为体系中的国家提供了机遇和限制。但它本身并不会决定权力被施展的方式或秩序如何被建立起来。

权力的国际分配可以是相当不同的。力量(power capabilities)可以大致被集中在一国、少数几国或很多国家之手。[1]这些不同变化通常是通过极性这个角度得以描述。多极体系就是权力在若干国家之间分布或分散的体系。在两极体系中，权力被集中在两个国家的手中。单极体系就是一个国家在相当大的程度上比其他国家拥有更多力量的体系。在多极体系和两极体系中，两个国家或更多国家之间的力量大致上处于平衡或均衡状态。这些多个"极"是相竞争的力量中心，总体的国际秩序是由这些极之间所进行的合作与竞争的性质来塑造的。在单极体系中，权力得以集中且不受制衡，单极国家没有可与之平起平坐的竞争者。[2]它独自成为全球力量的一极。

现实主义理论对国家权力和极的问题作出了最系统的特性描述。用现实主义者的话来说，极是一个强大的国家，它的强大依靠其所拥有的各种物质实力（财富、技术、军事实力等）的集成。肯尼思·华尔兹(Kenneth Waltz)为极提供了经典定义。如果一个国家在资源或实力方面拥有不寻常的巨大份额，如果它在国家实力的所有各种组成部分方面都很突出——包括最重要的"人口和领土规模、资源禀赋、经济能力、军事力量、政治稳定性和效能（competence）"，那么，这个国家就可以说是在更大体系中占据了一极之地位。[3]

有关权力和极的上述观点被那些对多个世纪以来物质实力的全球分配做出总体描述的学者所援引。在他们的描述中，现代国家体系自其在 17 世纪的欧洲缘起到 20 世纪中期以来通常是多极的。在这几个世纪之中，一小群主要国家组织起这一体系并为影响力和控制力而展开竞争。在"二战"之后，大国多极时代让位于由美国和苏联掌控的两极全球体系。随着苏联的解体以及美国物质实力相对于其他主要国家的持续增长，权力结构在 20 世纪 90 年代变成了单极。

可以通过综合了经济和军事规模的总体量度方式来把握在权力的国际分配方面所存在的这些广泛差异。这些百分比指标提供了对经济实力和军事力量的量度方式。国民总收入（GNI）——特别是通过总体国民总收入（aggregate GNI）和人均国民总收入——是对国家力量进行量度的唯一最好方式。[4]与之相对，军费开支所体现的是努力，而不是潜力。[5]较早时期的多极与冷战时的两极以及过去二十多年的单极之间形成了鲜明对比(见图 2.1)。

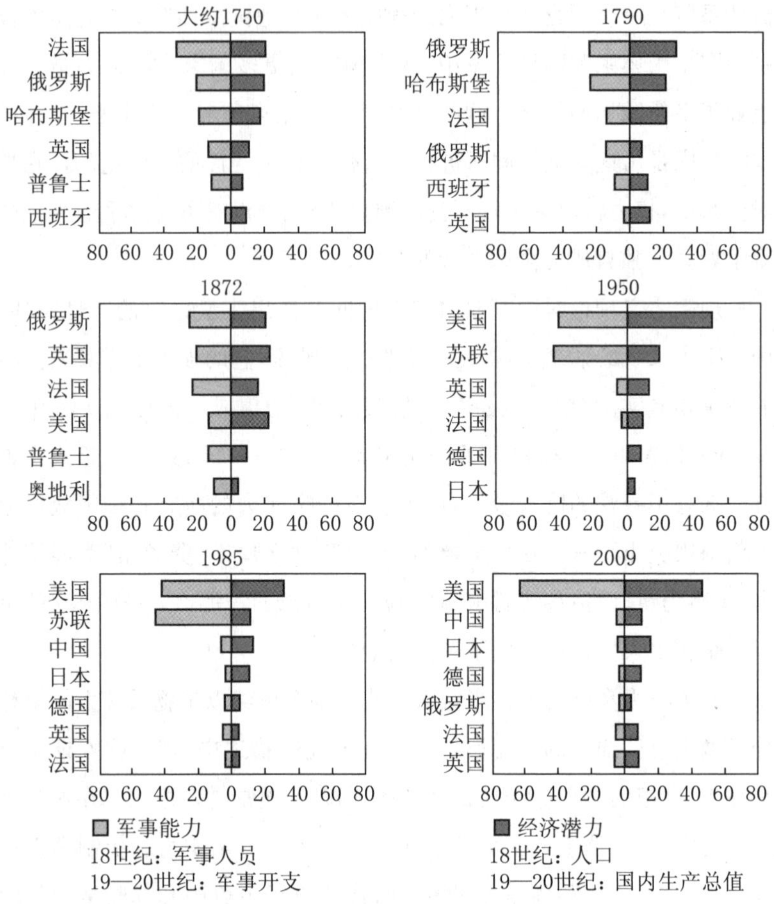

图 2.1　各大国经济和军事实力的分配(17—21 世纪)

注:用俄罗斯指代 1950—1985 年的苏联;麦迪森(Augus Maddison)的估算是以各国的现代领土范围为基础的。1872 年图中的奥地利包括奥地利、匈牙利和捷克斯洛伐克,该图中的俄罗斯包括俄罗斯和芬兰。

资料来源:18 世纪的数据: Paul M. Kennedy, *The Rise and Fall of the Great Powers*(New York: Random House, 1987). 1870—1985 年的国内生产总值: Angus Maddison, *Monitoring the World Economy*, *1829—1992*(Paris: OECD, 1995); 2009 年的 GDP:来源同表 2.1; 1872—1985 年的军费开支:National Material Capabilities data set v.3.02 at http://www.correlatesofwar.org。关于这些数据如何获取的讨论,见 J. David Singer, Stuart Bremer, and John Stuckey, "Capability Distribution, Uncertainty, and Major Power War, 1820—1965," in Bruce Russett, ed., *Peace*, *War*, *and Numbers* (Beverly Hills, Calif.: Sage, 1972), 19—48。2009 年的军费开支:来源同表 2.2。

这些有关整体力量的量度展现了“二战”后的两极和过去二十多年的单极之间的差别。在之前的几个世纪中，权力大致被一群大国平均(evenly)分享。主要国家(leading states)仅是轻微地区别于其他大国。此外，在早期，主要国家要么是商业和海上大国，要么是陆上的军事大国，它们从不会兼而有之。英国在19世纪成为经济和海上力量首强，但其他大国在另外一些领域与英国的实力不相上下或超越英国。如布鲁克斯(Brooks)和沃尔福斯(Wohlforth)所言：“即便是在不列颠治下和平(Pax Britannica)的巅峰时期，法国和俄国的军费、人力和武器总和也还是超过了英国。”[6]与此类似，“二战”后美国成为世界的经济首强，在军事力量的很多方面(包括空中和海上实力)它也是无敌的。但是在冷战期间，在总体军事实力上苏联与美国不相上下，苏联的军事实力因其广阔的领土资产和军事投入而得到加强。在冷战期间，美国和苏联成为一个从地缘政治角度而言被分裂的世界中的两极。

从这个角度看，全球范围内权力的单极分配在历史上是独一无二的。在过去二十多年间，美国独自立于世界权力等级结构的顶端，掌控着特别巨大的物质实力份额，在拥有全面的经济、技术、军事和地缘政治资产方面美国也是独一无二的。[7]只有美国具备了极的各种属性。

单极反映在经济、军事和技术实力的分配之中。[8]2008年，美国占全球国民总收入的份额超过四分之一，占传统大国国民总收入总和的份额高于43%。这比历史上任何国家的经济地位都要更高——暂且不论“二战”后美国自己的相对经济规模，当时其他主要的经济体暂处于萧条之中。[9]大国之中，美国占世界国民总收入的份额在战后的几十年中一直是相对稳定的。1992年，美国在大国国民总收入总和中所占份额大致是41%，2002年是48%。(见表2.1)

表 2.1　大国国民总收入(1986—2008 年)

单位:十亿美元

	1986	1992	1996	2002	2008
法　国	605.605	1 310.153	1 578.624	1 378.321	2 695.615
德　国	810.304	1 927.204	2 457.974	1 895.913	3 506.923
日　本	1 532.028	3 477.065	5 200.504	4 236.594	4 869.121
英　国	499.198	1 043.401	1 208.155	1 556.371	2 827.343
美　国	4 289.871	6 072.35	7 805.278	10 145.806	14 573.576
中　国	315.752	435.424	788.443	1 406.922	3 888.082
俄罗斯	—	435.125	386.295	305.799	1 371.173

注:单位:十亿美元;按三年平均名义汇率方法(Atlas)计算。
资料来源:世界银行,《世界发展指数 2010》。

虽然美国占世界国民总收入的份额略微下降(主要是亚洲和发展中国家经济增长的结果),但美国与其他大国相比仍持续拥有大得多的经济实力。实际上,自冷战结束以来,美国和其他发达工业国家(西欧和日本)之间的经济差距在加深。在过去二十年中,美国的国内生产总值以平均高于 2.7%的速度在增长,而日本的平均增长率是 1.48%,德国和法国则低于 1.9%,英国是 2.37%。[10]

美国在人均国民总收入上的优势拓展了美国在经济规模上的优势。其他民主大国——日本、德国、法国和英国——在人均国民总收入上大致要比美国低 10%—20%,中国——潜在的地缘政治对手——只有美国总量的一小部分。要想量度一个国家在其可支配范围内所拥有的相对的、潜在的应税收入(taxable income),这种比较是有用的。[11]

从军事上看,美国和世界上其他国家之间的悬殊更是显著。在冷战结束时,美国没有像其他主要国家那样大幅度地削减军事开支,而且它还在 2001 年后迅速地扩大防务预算。结果是,当今美国用于防务的开支大约是世界上其他国家的总和那么多。2009 年,美国在世界军费总和中的占比大约是 43%,差不多是大国军费总和的 64%。(见表 2.2)

表 2.2　大国防务支出(2009 年)

单位:十亿美元

		占大国军费总和的比例	占世界军费总和的比例
美　国	661	63.98	43.17
中　国	100	9.68	6.53
法　国	63.9	6.19	4.17
英　国	58.3	5.64	3.81
俄罗斯	53.3	5.16	3.48
日　本	51.0	4.94	3.33
德　国	45.6	4.41	2.98

资料来源:军费数据库 2010,斯德哥尔摩国际和平研究所。

这些结合在一起的经济、军事和技术优势使美国可以“掌控公域”(command of the commons)。巴里·波森(Barry Posen)认为,正是首强国在军事上对全球公域的控制能力——也就是对海洋和太空的控制——成就了单极军事力量的突出特征。他指出,正是这种对全球公域的控制是美国全球力量的关键之所在:

> 对公域的控制是美国全球力量地位的关键性军事赋能手段(enabler)。它使美国能够更加全面地利用其他权力资源,包括它自己的经济和军事力量以及其盟友的经济和军事力量。通过限制美国的对手获取经济、军事和政治援助的权利,对公域的控制还帮助美国削弱了其对手……与任何其他离岸力量所拥有的军事潜力相比,对公域的控制为美国的霸权外交政策提供了更有效用的军事潜力。[12]

显而易见的是,在过去几个世纪中,权力分配以及权力集中于首强国之手的情况有很大不同,从这种比较性—历史性视角看,当前的体系是一种独特的单极体系。美国权力的突出之处在于它是如此之持久且如此之多面。在过去一百年的大多数时间里,美国的国民生产总值差不多要占到世界的三分之一。正如布鲁克斯和沃尔福斯所言，当前或是在较近的未来没有其他经济体“将与美国的财富、幅员、技术能力和生产力之总和相媲美”[13]。无疑，美国的权力优势在军事实力领域是最突出的。这种权力特征是有问题的，因为军费开支反映的是一国政府的政策努力，而不是该国的基础潜力。然而，从整体上而言，权力分配的性质是单极的，而且从世界—历史的角度而言，这种情况是独一无二的。

国际体系的极性在国际秩序的特性这个问题上提供了重要的但却有限的信息。它是对力量分配的描述，仅此而已。它不是对基于和根据实力分配所形成的政治型态的描述。多极权力体系既为稳定的、和平的国家间关系提供了环境，也为不稳定的、受冲突困扰的国家间关系提供了环境。在冷战期间，虽然存在着两极性的权力分配，但美国和苏联之间的实际关系也是变化着的，从激烈的冲突和安全竞争到经过谈判得到的和平时期。后冷战时期的单极时代也为多种不同的美国政策和冲突—合作模式提供了环境。我们需要更深入地考察国家建立国际秩序的多种不同方式。

秩序与势力均衡

国家可以通过很多不同的途径，根据各种不同的权力配置(configurations of power)来建立国际秩序。国际秩序指的是可以指导国家间关系的稳固的规则和安排。这些规则和安排可能在很多方面都是不同的。它们可以是地区性的或全球性的，可以是大体上制度化的，可以围绕着大致是协商而得的规则和制度建立起来。国际秩序可以由一个或几个国家来主导，或是围绕着强国和弱国之间更加深广的合作形式而建立起来。最重要的是，从秩序的基本来源而言，国际秩序可以是不同的；也就是说，从形成秩序并使之稳定的机制而言。在这个方面，存在着三种主要的秩序逻辑：基于制衡、统制和赢得同意的逻辑。每一种逻辑都对现代国际体系的起源和变化着的特性给出了一种总体阐释。每一种逻辑都有其对体系中的政治权威的来源和定位(locations)的理解。[14]表2.3概括了这些逻辑的关键特征。

表2.3　秩序的逻辑

	制　衡	统　制	赢得同意
权威来源	国家主权	物质权力	法治
道义方面目标	保持自主性	主导国的利益	制造公共物品
等级结构/等级结构的性质	不存在/大国同等	存在/统治者和受治者	有时存在/领导者和跟随者

最传统的和受到最多研究的国际秩序来源之一是势力均衡。这是一种要么基于多极的权力分配,要么基于两极的权力分配的秩序。没有哪个国家可以支配国际体系。国家进行竞争并相互制衡。当一国变得越发强大或变得越发具有侵略性,其他国家就会通过集结力量来做出回应。从最后出现的权力僵持中,秩序便产生了。制衡可以通过在一个国家中进行内部的资源调动来实现,也可以通过建立联盟来实现,或双管齐下。通过这种持续的权力集结和制衡过程,国家间的关系变得稳定。实际上,秩序是相竞争的国家间权力相持(equipoise)或均衡的产物。

国际秩序的这种逻辑在现实主义传统中已被充分地理论化了。国家存在于一个无政府的世界。在国家之上没有什么权威或治理机制发挥作用以执行协议或维持秩序。主权国家在一种自助体系中进行竞争。华尔兹对这一观点曾作出极有影响的阐述,国际体系的各部分由在基本特性方面相似的,在功能上无差别的国家("相似的单元",like units)组成。[15]在契约会否得到执行并无保证的情况下,谨慎的行为体要确保,它们能够尽可能多地为它们自己的需求做准备。各国在强大的压力之下要发挥相同的功能。各国要通过它们自己的手段来保障它们自己的安全和保护它们的利益。只有国家权力(被界定为物质实力)说了才算。各国能够保护它们自己并实现它们的目标,在它们拥有这样做的权力的范围内。在无政府状态这一条件下,国家相互之间并不会维持任何固定的、正式的或等级性的关系。在政治权威方面，国家主权才是最大的权威，而主权是对等级的正式的拒斥。

正是在这些条件之下国家才有了进行制衡的动机。国家根本不可能完全确信其他国家的意图，也不可能依靠承诺和保证来获得它们的安全。各国在物质实力方面有兴有衰，引发了其他国家的反应。当强国出现时，较弱国家就会通过可以发挥抗衡作用的联合阵线寻求保护。如果不这么做就会有被控制的风险。华尔兹认为，“二等国家，如果它们可以自由选择的话，会向较弱的一边集结；因为正是较强的一边威胁到了它们”，“加入较弱的一边，它们既会得到更多感激，也会更加安全，当然，设若它们所加入的联合阵线可以获得能劝阻对手进攻的足够的防御或威慑力量”。[16]当权力分配变化时，联合阵线也将发生变化。因此，国际秩序是国家之间进行制衡的产物，通过制衡它们寻求在一个无政府体系中确保它们的生存。

关于秩序和势力均衡的这种看法为全面论述国际秩序的兴衰提供了基础。国际关系以一连串为权力而展开的全球争斗为标志，通过每一次历史循环，国际体系会重归建立在主要国家之间力量均衡基础上的稳固秩序。各国为安全进行着持续的竞争。大国崛起并寻求支配，或是它们与其他国家结盟以防止它们被其他大国支配。当强国寻求推翻这种国家体系并代之以普世帝国(哈布斯堡帝国、路易十四时期的法兰西、拿破仑时期的法兰西和希特勒时期的德国)，战争就会到来，而所有这些帝国都遭受了相同的命运。面对这种帝国野心，受到威胁的国家会聚在一起形成一个联合阵线，约束和抑制想要占据支配地位的国家。当权力再次在相竞争的国家之间分散，而这些国家重新确认了它们保持独立和主权的权利，安全和秩序就会重回这一体系。[17]

欧洲大陆一直是上演这种历史大剧的中心舞台。法国、英国、普鲁士、俄罗斯、西班牙以及其他大国和帝国主义国家都是这个宏大故事的“主人公”。在数个世纪中，想要扩权的国家变得强大，然后被削弱，继而衰落；它们得到了帝国，也失去了帝国；它们走向战争，也缔造了和平。虽然具体的历史情境有很多不同版本，但欧洲的（以及后来的世界）大国都是在依据一种共同的逻辑行事。在每个时代，强国崛起从而挑战势力均衡——可能是寻求支配或仅是在其他国家衰落的时候它们变得更加强大，作为回应，受到威胁的其他国家通过动员它们的国家实力并与他国结盟来应对和反制这种挑战。战争与实现和平的战后安排给这些权力重回平衡的时刻打下了标记。

在这个基本逻辑之上，一些学者探究了国家体系和势力均衡政治的历史演变。温和的现实主义者和"国家社会"（society-of-states）论者已经阐明了有关大国关系的制度安排与实践的长期性变化。[18]从现代早期至今，大国反复上演了战争和缔造和平的戏码。在冲突之后，大国发现它们自己要在战后安排的条款这个问题上进行争斗。无疑，这些战后安排不仅与结束战争有关，还涉及创立和平。它们是"塑造秩序的时刻"，大国在这一时刻针对国际秩序的基本规则和原则进行争斗。其结果是所谓威斯特伐利亚式的国家体系的兴起和演化。大国在一个更大的规则和规范框架内进行竞争、合作并相互制衡。而其背景则是，威斯特伐利亚式的主权规范把国家尊奉起来，这些国家在形式上是平等的和独立的，对它们自己的国民和领土拥有最高权威。[19]

数个世纪以来，作为一套原则和实践，威斯特伐利亚体系发生了演化并从其欧洲起源地向外扩展以至覆盖整个世界。然而，虽然出现了这种扩展，但国家仍然继续主张它们在政治上和法律上的权威。威斯特伐利亚体系的基础性原则——主权、领土完整和不干涉——反映了一种当时新出现的共识，即在确立合法统治方面国家才是正当的政治单位。后来在威斯特伐利亚体系中发展出的规范和原则（诸如自决和非歧视）进一步强化了国家和国家权威的首要地位。[20]无疑，主权和不干涉这些规范和原则并非没有受到侵害。正如斯蒂芬·克拉斯纳（Stephen Krasner）所言，在1648年以来的每个时代，国家主权规范都受到大国的惯常侵犯，它们只是在被破坏后才获得尊重。[21]无论如何，这些规范和原则作为威斯特伐利亚秩序的组织逻辑发挥了作用，并为该秩序中的政治权威提供了观念方面的来源。在主权和自决的旗帜下，为摆脱殖民化和争取独立而进行的政治运动在非西方的发展中国家世界涌起。虽然威斯特伐利亚式的规范曾被违背和无视，但它们是现代以来最重要的并在最大程度上协商而得的国际秩序规则和原则。

一系列的战后安排也为大国提供了发展可以塑造并更新大国关系作用的原则和实践的机会。[22]拿破仑战争之后的维也纳安排是特别具有范式意义的。这一战后安排被普遍认为是特别成功的，因为它建立在大国克制与适应(accommodation)的基础上。维也纳安排吸纳了被打败的法国，承认法国正当的国家利益和安全利益，并在共享的原则和谅解的基础上设立了用以解决突发问题的外交处置方式。作为结果出现的欧洲协调(Concert of Europe)被广泛视为稳定的、和平的国际秩序典型。[23]相比之下，众所周知，凡尔赛安排就不是那么成功。它的惩罚性特征违背了克制原则，而克制原则对于之前的战后安排来说是至关重要的。虽然威尔逊明确提出了有关国际秩序的进步主义的原则，但是凡尔赛安排本身仍是惩罚性的，它体现了英国和法国的报复需求；这一安排强加了巨额赔偿、不对称的裁军以及对德国领土的部分占领；它无视德国正当的国家安全利益。这些惩罚性特征被普遍认为是凡尔赛安排最终失败的主要原因。

“二战”的战后安排比之前的战后安排更加复杂。与被打败的敌手(德国和日本)之间没有什么谈判。在波茨坦和雅尔塔进行的谈判是由战胜国进行的，欧洲基本上被这些战胜国瓜分了。然而，在美国的势力范围内，美国按照自由民主国家的标准对德国和日本进行了全面重建，使它们融入战后美国领导的国际秩序。法国和联邦德国通过煤钢共同体将它们自己联系在一起，在更大的欧洲和大西洋机制中它们则和其他欧洲国家联系在了一起。欧洲的大国和日本被纳入了一种经过重建的国家体系。沿着这一历史性路径——通过战争和战后安排，学习和适应——对于在多极的势力均衡体系中大国如何行事这个问题，就可以看到它的演进。秩序的来源仍然植根于非集权的国家体系，在这个体系中大国相互竞争并彼此制衡。但是,有关竞争和制衡的实践和原则发生了演变,它们吸纳了有关克制和适应的战略理念。

总之,无政府状态和势力均衡这种现实主义理论对国际秩序的性质和作用机理作出了重要阐述。它关注的是威斯特伐利亚体系内的大国关系演化,以及在主要国家建立和重建国际秩序时如何利用和适应势力均衡机制这一问题上的长期变化。正如我将在后文论证的,在大国克制和适应方面的这些创新是 20 世纪自由主义国际秩序构建过程中的重大突破。

然而,在用无政府/制衡理论阐释美国领导的自由主义国际秩序方面也存在若干局限。如前所言,这一秩序中的国家间关系并不像新现实主义者所预期的那样充满了制衡和安全竞争。复杂的和制度化的合作形式将自由民主国家紧紧联系在一起。在冷战两极争斗结束之后的数十年中,美国领导的这一秩序的稳定性愈加显著。在这数十年中,该秩序相对而言仍保持着凝聚力并从其西方核心向外拓展从而将各国整合起来。虽然当前美国领导的这一秩序陷入麻烦之中,各国尚未通过寻求制衡美国来回应单极状态。制衡动力并不像新现实主义理论所表明的那样明确直接或必然发生。在不同历史时期和地区体系中,势力均衡实际上并没有像新现实主义逻辑所指出的那么普遍。[24]或许最重要的是,美国领导的当代国际秩序是作为一种松散的等级体系建立起来的。为了认识这种既有秩序,我们需要就大国如何成为极以及如何与二等的、较弱的国家建立起等级性关系提出问题。

等级结构与统制

国际秩序还可以基于一个强国的支配地位而组织起来。这是建立在统制(command)基础上的秩序。在这种情况下,一国崛起并利用它的领导地位建立和强施秩序。国际秩序则呈现出一种等级结构的样貌。首强国与较弱的二等政治实体之间建立起上下级关系,后者围绕着前者分布开来。秩序可以通过直接胁迫来维持,或是结合更加基于谈判的和协商而得的秩序性安排来维持,从秩序通过这些方式得以维持的程度看,以统制为基础的各种体系之间有很大不同。

纵观世界历史,国家逐渐变得强大并建立等级性的政治秩序。实际上,在过去 2 000 年的大多数时间里,世界政治是由寻求将其统治扩展至他国民众的大国主导的。数个世纪以来的大多数时间,世界人口的绝大部分生活在这样或那样的帝国政治秩序之下,无论好或坏。在古代世界,雅典、罗马、中国和蒙古建立了范围广阔且长期存续的帝国,这些帝国将形形色色的族群整合在一起。在现代,欧洲大国建立了延伸到非洲、亚洲以及美洲的帝国和殖民体系。[25] 在每种情况下,都有一个等级性的政治实体从顶端进行统治。历史学家简・伯班克(Jane Burbank)和弗里德里克・库珀(Frederick Cooper)指出:"对于帝国如何建立以及如何运作来说,暴力和日常的胁迫是十分重要的,但当成功的帝国把它们的征服之地转变为摇钱树时,它们不得不去管理那些非我族类,在这个过程中会产生各种不同的剥削和统治方式。"[26] 等级性体系是以集中了权力和权威的单元与体系中在功能上有差异的单元之间的有序关系为标志的。在一个等级性的国际秩序中,各国按照清楚界定的上下级位置以垂直方式被整合起来。在无政府体系中,一组分散的、相竞争的国家之间进行制衡,这种制衡所导致的均衡(equilibrium)成为秩序。在等级性的体系中,秩序是靠主导国施展被集中的权力和权威而建立或强加的。主导国和二等国家之间的层级(stratified)关系是等级性秩序的特征。[27] 除此之外,从上下级角色靠胁迫性力量、正当性权威、制度化关系和分工(a division of labor)建立和维护的程度看,各种等级性秩序也有很大不同。[28]

由此,国际秩序是由一连串帝国主义的或霸权主义的强国塑造的,这些国家实现崛起进而组织和支配国际体系。它们创立并强制施行了规则和制度,这些规则和制度确保了一种可以借此追求它们利益的稳定秩序。随着大国的崛起和衰落,而且随着它们就有关秩序的规则和制度进行争斗,变革便会发生。罗伯特・吉尔平(Robert Gilpin)从这个角度对国际关系的动力机制给出了一种经典论述，他认为“任何体系的演化都是以强国的相继崛起为特征的，这些强国治理了这一体系，决定了国际互动的模式，并确立了这个体系的规则”[29]。国家间权力分配的稳健的和不可避免的变化造就了新的挑战者国家，它们最终会在霸权战争中遭遇首强国。这反过来造就了新的霸权国，这个新的霸权国利用其支配地位来确立对它的利益有利的秩序。

在霸权秩序下，规则和权利是靠首强国的力量被确立和强制施行的。在该秩序中的遵规和参与最终要靠霸权国可用的各种力量（军事力量、金融资本、市场进入权、技术等）来确保。在强制实现秩序时，直接胁迫总是一种选择，但不那么直接的“胡萝卜加大棒”也可维护霸权控制力。吉尔平还指出，更宽泛的一套资源——意识形态和地位诉求——对于霸权秩序的持久化来说是不可或缺的。[30]但是霸权国的权威和霸权秩序的凝聚力最终是基于首强国的突出力量。

只要首强国保持足够强大从而强制施行秩序规则和制度，等级性体系就可以得到维持。当霸权国衰落时，既有秩序开始崩解和分裂。如吉尔平所言：“政治变革的前提条件在于既有社会体系和权力再分配这两者之间的断裂，这种权力再分配偏向于那些将从体系变革中得到最大获益的行为体。”[31]权力转移会导致最后以霸权战争告终的地缘政治争斗和安全竞争，以及依据新逻辑组织国际体系的新的首强国的出现。

奥根斯基（A.F.K.Organski）对国际秩序的产生和消解这一进程给出了一种相似的描述。“在任何一个给定时刻，都是地球上最强大的那个国家掌管着国际秩序，这一国际秩序包括其他一些二等重要的大国以及一些小国和附属国。”英国和美国在它们各自所处的时代都遵循这种模式：崛起并确立国际秩序，这一秩序被界定为参与国“接受给定的权力和财富分配并……遵守相同的贸易、外交和战争规则”[32]。作为结果出现的国际秩序“是靠着意识形态来得到正当性的，并植根于构成该秩序的各种群体之间的权力差别”[33]。久而久之，权力和财富方面的国际变化造就了挑战者，最终会发生“世界领导地位”的转换。权力转移的这一大进程要么是和平的，要么是伴随着大国战争，取决于崛起国是接受还是拒绝并寻求推翻既有国际秩序的“运作规则”。奥根斯基关于这个问题的重大论述的基本主张与吉尔平是一致的，即当国际秩序被一个主导国掌控时，它就是最稳定的。

在该理论的另一见解中，乔治·莫德尔斯基(George Modelski)认为全球政治体系经历着和大国支配有关的特殊的历史循环。在莫德尔斯基看来，自公元1500年以来有四个国家扮演了支配性或霸权角色：16世纪晚期之前的葡萄牙、17世纪的荷兰、18世纪早期直至拿破仑战争前和1815年至1945年间的英国，以及1945年之后的美国。莫德尔斯基也像吉尔平那样认为，霸权支配的每个循环都是以战争告终并开启一个新的霸权时代。[34]

这些看法全都将国际秩序视为由领头的全球国家所承担的一项事业。秩序通过统制被确立和维持。每个时代都有一个强国实现崛起并组织和支配国际体系。正是首强国所施展的权力和控制力造就了秩序并使之稳定。当首强国衰落时(因为所有首强国都不可避免地会衰落)，国际秩序便开始崩解。[35]失序就会从地缘政治竞争和战争之中体现出来。当一个新的首强国崛起并利用其支配地位组织和经营这一体系时，国际秩序就会复归。当然，并非所有以统制为基础的秩序在范围上都是全球性的。一些大国在相关地区或海洋体系内建立并经营了更有限度的等级性秩序。

如前文所述，19世纪的英国和后来的美国创立并领导了混杂多种等级性特征的国际秩序。每种秩序都需要具有支配性的权力优势——经济的、技术的、军事的——并利用这些优势建立由外交、政治和商业关系构成的全球体系。英国的世界体系突出地包含了各种等级性支配类型：正式的殖民领地、非正式的治理安排，以及势力范围和控制力范围。[36]英国和美国建立起一套大体上得到妥当安排的规则和制度，世界市场和政治则转向了这些规则和制度。这两个国家中的每一个都利用了其内部市场促进海外的贸易并管理着一个开放的商业体系。英国将金本位作为一种可以促进世界范围内的贸易和投资的机制加以倡导。它的海上支配地位被用来保护航运并为英国的朋友和盟友提供安全保护。“二战”后，美国利用它的权力优势使世界经济重新开放并创立了一系列政治和同盟机制，这些机制为战后的安全和对经济开放性的管理奠定了基础。[37]但是美国也利用了它居高临下的地位对较弱国家进行教训和胁迫，特别是那些在拉美和中东的国家。[38]

如何把握首强国和较弱的二等国家之间权力关系的本质和变化是等级结构理论(theories of hierarchy)的挑战。等级结构可通过很多种方式体现，而进行支配的特性可以是具有公然的胁迫性，或是包含更复杂的动机和限制因素。是什么使由这些国家构成的等级结构可以长期存在？就是仅仅靠首强国的支配(胁迫较弱的二等国家在其指挥下行事)吗？或是，较弱的二等国家通过一种更具协商性的妥协过程在这种等级性秩序之中行事？对于无政府状态和制衡这种现实主义理论来说，冷战后单极的兴起是一个谜题。但对于将等级结构视为世界政治的基本和持久特征的理论来说，就不是那么令人费解了。然而，美国领导的国际秩序仅仅是各种以统制为基础的体系构成的长长序列中一种最新近的体现吗？或是它有没有某些极为特殊的地方？它最好被视为一种帝国的现代形式呢，还是有某些不同之处？美国领导的秩序是等级性的，但它也是基于开放的、大体上以规则为基础的关系建立起来的，至少在其西方核心部分。等级结构和自由主义秩序如何共存？我们可以更深入地考察有关秩序的自由主义理论，以及等级体系的逻辑和特性方面的各种变化。

宪政主义与赢得同意

国际秩序还可以围绕着协商而得的规则和制度建立起来。这是基于赢得同意(consent)的秩序。在这种秩序中，各国和各种社会群体对共同建立交换与合作架构的强烈愿望和动机作出回应。特别是自由民主国家被拉入这种秩序，它们会发现自己的安全和社会性(societal)利益是通过开放的、以规则为基础的关系得以增进的。在建立和维护稳定秩序方面，基于制衡和统制的体系从根本上来说取决于国家权力——通过平衡或是突出优势，以赢得同意为基础的秩序依赖的是共享的利益和法治。国际秩序在具有发展得最充分的形式时，它在性质上就是宪政性的(constitutional)。也就是说，国家权力会被嵌入一种规则和制度体系之中，这些规则和制度约束和限制了权力的施展。各国出于开明的自我利益进入这一国际秩序，进行自我克制并将它们自己与协商而得的规则和制度捆绑在一起。通过这种方式，秩序建立在赢得同意的基础上。

关于秩序的这种自由主义理念与一种关于现代国际体系兴起和转型的宏大论说联系在一起。它是对“自由主义兴起”(liberal ascendancy)的一种论说。在18世纪晚期，自由主义国家出现了，并在秩序构建方面开始了长达两个世纪的试验和创新，它们倡导了开放的、以规则为基础的关系。胜利和挫折随之而来。在自由主义兴起的过程中，西方民主国家也变得更加强大和繁荣。这些国家的数量及其占据的世界权力的份额都增加了，随着在20世纪击败法西斯主义和极权主义的挑战者，西方民主国家的势力突飞猛进。这些自由国家还努力构建适意的国际秩序。在战后时刻，自由国家在英国和美国的领导下，就如何组织全球关系提出了进步主义的理念。随着冷战的结束，世界秩序最后一种相对抗的组织逻辑崩解了。[39]

有若干具体理论为这种自由主义的秩序愿景贡献了理念。正如迈克尔·多伊尔(Michael Doyle)所说，自由主义的国际理论至少有三种思想来源。第一种来源是商业自由主义，这种理论要追溯至亚当·斯密。资本主义和市场的扩展会创造经济上的相互依存、共同的收益、共享的利益以及国际合作的动机。第二种来源是民主和平，它可追溯至康德。共和政体或民主政体会寻求彼此之间的密切联系并展现出和平的关系。第三种来源是自由制度主义(liberal institutionalism)，它可追溯至洛克关于权利和法治的著作。国际法和国际制度是自由社会的自然结果，而自由社会在它们之间确立了以规则为基础的预期和义务。[40]对于自由民主国家如何建立国际体系并在其中行事，每一种思想传统都提出了一套论说。

虽然关于秩序的自由主义理念丰富而多元，但它们共享了一套核心假设和预期。自由主义理论假设，各国民众和政府在建立合作性的世界秩序方面有深厚的共同利益，而这种合作性的世界秩序是基于互惠和法治原则建立起来的。自由主义理论中存在一个假设，即各国能够克服竞争性的、权力分散的国际体系的限制因素并进行合作，从而解决安全困境、采取集体行动并建立开放的、稳定的体系。还有一种假设，即强国在施展其权力时会克制而为，并找到向其他国家可靠地表达承诺的方式。自由主义的各种理论都持有一种观点：贸易和交换对国家具有一种使之现代化和文明化的效应，贸易和交换可以压制非自由主义的倾向并强化国际社会的基本结构。自由主义理论还共同持有这样一种观点，即与独裁和威权主义国家相比，民主国家特别善于和愿意在一种开放的、以规则为基础的国际体系中行事，并为了共同收益而进行合作。同样，自由主义者都认为在国家间建立的制度和规则可以促进和强化合作以及集体问题的解决。对于贸易、讨价还价、谈判和为了共同收益而寻求合作，自由国家的政府和国内行为体有种嵌入社会深层结构的动机和念头。[41]

这些假设以及自由主义愿景都和这样一种理念联系在一起，即各国的社会参与了现代化这一持续进程。现代化本身是由深层次的科学和技术力量推动的，科技不断使人类能力发生进化和转型。保持进化的人类能力对于权力、传播、关系、利益、社群和政治潜力的分布方式有着多方面的影响。从这个意义上来说，国家和国际秩序的逻辑与特性有其指向性。现代化往往会将社会带入一种以政治多元性和市场开放性为标志的共同道路之上。不同社会和文化中的现代化往往会产生相似的挑战和反应——总的发展方向是大致趋同的政治经济制度。[42]这种发展逻辑表明，国际秩序并不是静止不变的或是趋于静态。在自由主义的兴起中有一种内在的变化逻辑。现实主义者将战争视为主要的变化引擎，马克思主义者看重的是革命，而自由主义者则强调学习和适应。

自由主义的主张是，现代化力量和现代化运动相互加强，将全球体系推拉着带入一种进步主义的方向。特别是，自由主义国际秩序的三大要素——自由民主政体、经济相互依存性以及国际制度——被认为是可以相互加强。自由民主国家能够克服无政府状态的秩序所产生的不安全因素，至少是在这些国家之间。在自由民主世界中，贸易和其他的交换形式是可以共同受益的，它们为稳定的国际秩序的延续创造了动机和利益攸关方。国际制度则促进了交换与合作。[43] 自由主义理论的预期是，在这种扩展的国际秩序中自由民主国家将会实现繁荣。自由主义国际秩序的开放和以规则为基础的特性给那些在其中行事的国家带来了优势——并使该秩序之外的国家处于劣势地位。[44]

自由主义国际秩序的建立和重建发生在周期性的历史时刻，领头的自由国家在那时处在可以塑造全球规则和制度的位置上。如前文所述，现实主义者和"国家社会"论者强调了大国关系和势力均衡的运作在过去几个世纪中通过有关战后安排的谈判而发生演化的方式。同样，这些战后安排对于自由主义秩序构建来说也是关键的。旧的秩序被摧毁，塑造新秩序的原则和架构安排的机会便出现了。

20 世纪，这些自由主义转折点出现在世界大战和冷战之后。在这些时刻，美国和其他自由民主国家带着有关国际秩序安排的进步主义理念挺身而出。随着威尔逊在凡尔赛会议提出雄心勃勃的方案，20 世纪自由主义秩序构建的第一个重大时刻在 1919 年出现了。从凡尔赛战后安排中产生了国联，国联的那些进步主义支持者期待国联可以开启一种全新的国家间关系体系，这一体系建立在先进的自由主义原则基础之上。尽管凡尔赛安排作为一种国际秩序框架来说基本上是失败的，但是它的自由主义原则在"二战"后被重拾并被改变以适应新的情况。在组织国际秩序方面美国承担了一种更加直接的角色。自由主义秩序的理念和实际安排发生了演化。它变得更加等级性、制度化，并且与人权和经济发展议程更为配合。在冷战结束时，当美国和其他西方民主国家与苏联（以及此后的俄罗斯）就[冷战结束后国际秩序]如何安排进行谈判时，又一次明确提出了自由主义的秩序原则。在20世纪，适应、创新、成功和失败与自由主义秩序构建如影随形。

自由主义理论在西方民主国家崛起而至全球支配地位这个问题上作出了充分的论述。这些理论还阐释了以赢得同意为基础的国际秩序的原则和逻辑，这一秩序是由美国和其他国家在“二战”后所倡导的。但是自由主义秩序的构建也是靠着另外一种塑造秩序的力量而展开的，这种力量被关于无政府状态和等级结构的理论所注意到。随着大国发展了关于克制和适应的规范与实践，西方国家体系也发生了演化。这种威斯特伐利亚体系为自由主义秩序的构建奠定了基础。与此同时，自由主义国际秩序在“二战”后的创新与美国直接和持续发挥的领导作用是分不开的。自由主义理论发现稳定的秩序建立在赢得各国同意的基础上，而这些国家则在这种秩序中行事。但是其他实现秩序的机制——制衡和统制——也潜藏在自由主义国际秩序的边缘。

帝国与自由主义霸权

美国支配地位的混合特性是最突出的。在“二战”后，美国建立起了包含所有上述三种秩序逻辑的国际秩序。在冷战两极条件下，它领导了制衡苏联的联合阵线。在那几十年中出现的以美国为中心的等级性秩序体现了统制和赢得同意这两种特征。在某些领域，美国的支配是赤裸裸的帝国主义；在另一些领域，它则是建立在协商而得的规则和制度的基础上。我们可以更为深入地考察两种典型化的国际秩序——帝国和自由主义霸权（liberal hegemony）。在一个帝国主义的秩序中，主导国采取单边主义方式并凌驾于规则和制度之上行事；在一个自由主义霸权秩序中，首强国确立了协商而得的规则和制度并大体上在这种规则和制度之下行事。首强国是通过谈判实现秩序而不是强加秩序。在帝国主义秩序中，首强国通过统制并最终会通过胁迫来进行支配；在自由主义霸权秩序中，首强国通过塑造各国行事的环境(milieu)进行支配。因此，支配和权威的性质是不同的。[45]

帝国有多种不同的意涵和表现形式，但是从本质上讲，它是一种等级性秩序，在该秩序中强国对若干分散的较弱的二等政治实体进行有组织的统治。[46]这种秩序存在若干特征。首先，它的确是等级性的——体现为一种毂辐构造，在这个构造中核心的部分发挥了控制力。因此，亚历山大·莫特尔(Alexander Motyl)将帝国描述为一种"类似集线器(hub)的结构——一个没有边框的轮子(a rimless wheel)，在这个构造中处于核心部分的精英和国家控制了处于边缘部分并作为核心区与边缘区重要互动中间人(intermediaries)的精英和社会"[47]。处在边缘区的政治实体全都与该构造的核心连结起来，但这些政治实体之间却是没有联系的。所有道路通向罗马，也始自罗马。

其次，帝国需要主导国对较弱的二等政治实体的对外政策和取向进行直接或间接控制。多伊尔指出："帝国……是一种关系，在这种关系之下一国正式或非正式地控制另一个政治社会的实际政治主权。"[48]在这种秩序中，事实上的(有时是法理上的)主权被握在帝国的手中。无论该秩序是通过有权威的法律还是通过胁迫建立起来的，核心国家在帝国秩序的运作方面发挥着控制力并拥有最终的主权权威。不论帝国的统治是直接的还是间接的，二等国家或边缘国家都不会自主地处理对外关系。

再次，等级结构的建立和控制力的发挥是通过各种中心—边缘性的精英网络和关系实现的。查尔斯·梅尔(Charles Maier)认为："帝国是一种政治组织形式，在这一形式中，在主导国——'母国'或是'宗主国'——进行统治的那些社会群体在国外建立了一个精英同盟网络，而这些精英在国际事务上接受了主从关系，反过来他们在其管辖地('殖民地'或是空间意义上的'边缘地带')的地位则会安全无虞。"[49]特别是,正如丹尼尔·内克森(Daniel Nexon)和托马斯·赖特(Thomas Wright)所指出的,帝国的统治要"通过当地的中间人,这种统治会施加于各政治社群范围内的各种行为体"[50]。处于边缘地带的较弱族群和社会依赖着帝国的中心,并被强制地与帝国的中心联系在一起。

在实际运作中,各种帝国主义秩序在它们的制度形式以及等级性支配和控制的程度方面都有很大不同。多米尼克·利文(Dominic Lieven)指出,帝国有两种大的类型。一种类型是现代出现的欧洲海上帝国,它们是由宗主国中心和殖民地边缘之间的关系界定的。文化和政治上的控制以及经济上的剥削都被认为是这类帝国的固有特征。另一种类型包括拥有极大军事力量的、专制主义的(absolutist)陆上帝国,在世界历史上,这类帝国自亚历山大大帝的马其顿开始,到古代的希腊和中国,接着是哈布斯堡和奥斯曼帝国,再到俄罗斯和苏联。[51]

在不同帝国,宗主国和边缘地带的社会之间的互动特性是不同的——在从直接统治到间接统治这个范围内变化。如莫特尔所言:"直接统治意指来自帝国中心的代表治理殖民主义边缘地带。间接统治意指本地的管理者在帝国中心的控制下治理殖民主义边缘地带。"[52]直接的或正式的控制指的是对专属殖民地、兼并而得的领地以及其他无主权的边缘地域的统治。间接或非正式的控制指的是较为松散的统治安排。这种非正式的帝国体系可以基于体系核心的商业控制建立起来,但这种体系以本地精英为支撑,这些精英支持这种排他性的联系并从中获利。在其他情况下,非正式的帝国体系采取军事受保护国(military protectorates)的形式,帝国的核心为受保护国的本地精英提供安全保护以换取其忠诚和支持。这些不同形式的帝国主义控制所体现的是帝国运用权力和确保服从方式的差异。在直接统治方式下,行省总督(proconsuls)和殖民地管理者所用的是强力和权威。在间接统治方式下,则是通过边缘地区的精英和其他中间人实现服从。

帝国的各种形式都与自由主义霸权形成鲜明对比。这里所用的自由主义霸权概念指的是首强国创立的基于规则和基于机制的(regime-based)秩序。像帝国那样,它是一种等级性的秩序形式,但与帝国相对的是,它包含了自由主义的特征。较弱的二等国家在形式上是拥有主权的,对它们进行控制的程度和方式也往往较为松散和不那么正式。霸权秩序是靠首强国的权力优势建立和维持的。当那种权力衰落或转移到另一个国家,秩序最终就会解体,或至少是发生变化从而反映新强国的利益。首强国既向较弱的二等国家提供好处也对它们进行惩治,这使等级性秩序得以稳定。但是这种自由主义霸权秩序的特殊之处在于,它是一种谈判而得的秩序,在这一秩序中首强国提供服务与合作框架。反过来,这会带来较弱的二等国家的参与和服从。19 世纪的英国,从它作为自由贸易和开放航行(open navigation)倡导者这种与帝国无关的身份看,以及“二战”后的美国都是自由主义霸权的伟大历史案例。

凭借其主导地位,自由主义霸权国可以从其长期利益出发采取行动而不是为短期获益与其他国家展开竞争。它可以将更大的体系的开放和稳定视为自己的国家利益。因此,美国在塑造和主导国际秩序的同时也保证给其他国家源源不断的好处以赢得它们的顺从。与帝国不同,这种谈判而得的秩序受制于首强国和其他国家之间关于体系规则的各种协约。[53]从这一点来说,围绕着美国霸权发展起来的规范和制度既限制了美国权力在实际中的胁迫性运用,也将其他国家拉进了对这个体系的管理之中。

在自由主义霸权秩序下,首强国并不仅是基于一系列双边的、毂辐性关系来建立等级性关系。它创立了一种参与国在其中行事的更大的秩序——一个国际体系中的政治和经济空间。[54]通过这样做,它为较弱的二等国家作出自愿加入该秩序并遵守秩序规则和制度这一决定提供了基础。这些多方面的秩序特征改变了体系内的各国所要应对的动机和机遇——它们也改变了与等级性秩序相联系的权力和权威的性质。(见表 2.4)

表 2.4　帝国和自由主义霸权

	帝　国	自由主义霸权
制度形式	无边的"毂辐"	多边主义的
规　　则	强　加	谈判而得
服　　从	通过胁迫	通过赢得同意
主　　权	集中的	分散的

特别是，自由主义霸权的三种制度特征使其与帝国相区别。首先，首强国倡导了一种由谈判而得的规则和制度构成的体系并在该体系之中行事。权力悬殊仍会给予霸权国优势，但权力的武断和肆意运用则受到限制。规则和制度可以采取若干不同形式。在帝国秩序中，核心国强施等级规则的同时并不受这些规则的约束。在霸权秩序中，首强国既倡导秩序规则和制度，而且还会依据这些规则和制度行事。这些规则和制度大体上是正式的，各国大体上也不得不遵守它们。在这种基于规则的体系中，首强国或许有或许没有特别豁免权、特权和与他国有差别的权利。自由主义霸权秩序的特殊之处在于，虽然它存在不同变体，但这些规则和制度总体上是由首强国和二等国家协商而得的。以这种方式建立起来的基于规则的霸权秩序为所有参与方提供了优势——实际上，它是一种交易与合作框架，所有国家都可以利用这一框架建立关系并在国际秩序中追求它们的利益。与此同时，主导国的胁迫性特征也被减弱了。

其次，在霸权秩序中，首强国提供了一些公共物品，以此换取其他国家的合作。这些公共物品包括安全的提供和对开放的贸易制度的支持。因为它在体系中的主导地位，霸权国有安排各国在其中行事的国际环境的动机。这是与霸权稳定论有关的研究所提出的观点：如果一个国家足够大，它就很容易将更大的世界经济和安全体系的利益等同于它自己的个体利益。就算它不能对其他国家"征税"，霸权国通过提供公共物品从长期看也会得到很好的处境。霸权秩序还可以基于霸权国和较弱的二等国家之间的各种"私下"交易建立起来。但是从首强国会支持和维护秩序的总体稳定和开放性这个角度来说,这样的秩序在其性质上会变得不那么帝国主义。

第三,霸权秩序为相互沟通和影响提供了渠道和网络。这种自由主义的“发表意见的机会”体现在对霸权国决策过程的非正式参与以及那些构成国际体系的政府间制度。进行交互性沟通和影响的这种可能性进一步减轻了等级性秩序的强制性特征。发表意见的机会通过多种和多层次的制度渠道得以提供,这些制度渠道在霸权秩序中把各国联系起来。同盟为沟通提供了一种途径,而多边主义制度则提供了另一种途径。该秩序的这些建设性的(architectural)特征的作用在于,它们可以为首强国和二等国家之间的持续“拉扯”(pulling and hauling)提供一个多面的舞台。就算正式的决策并不是得到共同参与,但各国之间的制度性联系提供了介入多种集体决策形式的接点。[55]

综上,自由主义霸权的这些组织特征与帝国的组织特征是截然不同的。[56]这种不同并不仅仅是自由主义霸权秩序的规则和制度更加复杂和更具共识基础,还在于首强国自己要在这些规则和制度之中行事。在帝国秩序中,核心国凌驾于法律之上行事——它处在等级性结构之外,而这种等级性结构影响和限制了较弱的、边缘性的单元。如史蒂夫·罗森(Steve Rosen)所言:“帝国的组织原则——依托于存在一个支配一切的力量,这个力量创造和强制施行了等级原则,但它自己并不为这些规则所束缚。”[57]从根本上赋予霸权秩序自由主义特性的是这样一个事实,即所有参与方或多或少都要处于一个规则和制度体系之中。

帝国秩序和自由主义霸权秩序在权威和支配的特性方面也展现了差异。在帝国之中,帝国中心建立和维持统治要通过胁迫,至少是在不得不这样做的情况下。帝国主义国家的支配是被强制实现的——在可能的情况下是间接的,而在必要的情况下则是直接的。在自由主义霸权秩序中,秩序也是通过首强国的权力运用来建立和维持的,但是权力被用来创建一个较弱的二等国家同意加入的支配体系。霸权国的权力也在“胡萝卜加大棒”中被感受到,为了要建立和维持秩序它会使用“胡萝卜加大棒”。因此，至少从理想化—典型化的形式来说，霸权秩序是建立在二等的和边缘性国家一定程度的默许或同意的基础上。从某些根本的、规范性的层面而言，这些国家中的精英“认可”了这一秩序。[58]也就是说，考虑到它们面对的多种选择，参与该秩序被这些精英认为是有可取之处。的确，重要的依从国的精英们会积极寻求和参与自由主义霸权秩序的创建。无疑，这可能会是有保留的同意——肯定会显现不同程度的同意或赞成，从不情愿的默许到完全彻底的规范层面的拥护。[59]

在首强国和下层政治实体的精英之间的具体联系这一点上，经常是最难辨认出帝国和自由主义霸权之间的区别。帝国秩序和霸权秩序都是建立在按照等级性方式安排的精英网络的基础上。[60]非正式的帝国要依赖本地精英顺从的合作，这些精英的顺从至少部分是基于他们从同意在帝国秩序中行事这方面所获得的好处。同样，在自由主义霸权体系中，二等国家的精英是整个秩序获取支持的极其重要的来源。霸权体系的运作要通过这些精英的自愿参与，他们同意这么做部分是因为霸权国提供公共物品给他们的国家带来的收益，也因为作为霸权国的受保护者，直接流向他们（精英和更大意义上的政治实体）的具体好处。自由主义霸权建立在规则和制度之上，但是也建立在上层国家和下层国家双边谈定的契约之上。这些契约以及更多的规则和制度被建立的方式决定了等级性秩序的特性最终在多大程度上是帝国主义的还是自由主义的。

结语

国际秩序建立在一种多层面（multilayered）的基础之上。权力的分配为秩序构建提供了环境。它决定了哪些国家会进行支配以及哪些国家不会这样做。相比权力集中在一个或两个国家手中的国际体系，权力在多个国家之间分散的国际体系给秩序构建提出了不同的挑战。多极体系中的秩序问题与单极体系中的秩序问题是不同的。同时，一个体系的极性仅是指物质资产在不同行为体之间的分配。它并不是对建立在被分配的物质实力之上的政治秩序的描述。权力的分配给各国带来了机遇和约束。它本身并不会决定国际秩序的特性。

国际秩序可以通过多种不同方式显现出来。本章聚焦于秩序被建立和维持的三种主要逻辑或机制:制衡、统制和赢得同意。这些关于秩序的理念植根于理论和历史之中。每个秩序理念就如何组织国家之间的关系提出了特定的一套假设和预期。对于国际秩序几个世纪以来的兴衰,每种秩序理念都给出了一种总体性解释。大战结束之后,常常会给全球体系带来“塑造秩序的时刻”。在这些时间节点上,大国竭力为稳定的国家间关系确立规则和安排。数个世纪以来,关于秩序的这三种逻辑通过变化着的方式融入国家进行秩序构建的原则和实践。

对于理解美国领导的战后秩序,所有这三种秩序逻辑都有重要意义。美国是20世纪自由主义秩序构建的领导者。但是这种努力是与战后安排一道展开的,大国在战后安排中谈判并使有关克制和适应的原则能够适合新的情况。威斯特伐利亚式的国家体系及其演变了的原则和实践,为建立自由主义国际秩序的努力提供了基础。与此同时,从其性质而言,美国领导的秩序具有很深的等级性。在其权力使其他主要大国逊色之时,美国在西方和西方之外展开了战后秩序的构建。从显著的权力悬殊看,战后秩序在某种程度上注定是具有等级性的。但它是一种融合了自由主义特征的等级性秩序。理解制衡、统制和赢得同意在这个广泛秩序的政治图景之中发挥作用的多样方式,是一种理论挑战。

本章辨明了等级性秩序类型的不同变体。等级性秩序可以通过胁迫性的控制或是通过赢得同意得以确立和维持。等级结构可以从经济交换中发展出来,这种经济交换带来了专业分工以及相互依存的核心—边缘关系形式。等级结构可以仅是建立在实力悬殊的基础上,或是基于更复杂的制度化规则——这种规则要么是强加的,要么是通过谈判得到的。从这些维度看,我们可以区分出等级结构的帝国主义形式和自由主义形式。当主导国强制施加了一种秩序并建立起它的统治，帝国主义取向的等级结构便出现了。自由主义取向的等级结构是一种主导国建立大致上是协商而得的规则和制度并在其下行事的国际秩序。主导国提供了公共物品，并使自己参与由磋商和谈判构成的互惠的政治进程。不同的等级性秩序被排列在由这两大理想化秩序类型构成的区间之上。

带着这些概念和区分，我们现在可以更深入地考察领头的强国按照帝国主义的和自由主义的逻辑建立等级结构的不同情况。主导国组织协商而得的规则和制度体系并在其中行事的动机是什么？权力和战略利益方面的变化又是如何改变帝国主义和自由主义的秩序逻辑？

注释

1. 权力分配是通过国家相对于其他国家所拥有的总的物质实力来界定的。作为物质实力的权力，而不是作为对结果的控制力，这一定义是根据有关权力的研究文献所作出的区分，见 David Baldwin, *Paradoxes of Power* (New York: Basil Blackwell, 1989)。关于量度和比较国际体系中的权力分配或权力集中的方法论方面的挑战，见 James Lee Ray and J.David Singer, "Measuring the Concentration of Power in the International System," *Sociological Methods and Research* 1, no.4 (May 1973), 403—437。

2. 平起平坐的竞争者就是拥有的军事、经济、技术和地缘政治力量可与全球首强国媲美的对抗国。当今，美国的平起平坐的竞争者应是可以将其军事力量以可持续的方式投送至世界任一地区并在全球层面与美国进行竞争的国家。目前还不存在这样的国家。参见 John Mearsheimer, *The Tragedy of Great Power Politics* (New York: Norton, 2001); Thomas S.Szayna, Daniel L.Byman, Steven C.Bankes, et al., *The Emergence of Peer Competitors: A Framework of Analysis* (Washington, D.C.: RAND Corp., 2001)。

3. Kenneth Waltz, *Theory of International Politics* (Reading: Mass.: Addison-Wesley, 1979), 131.

4. 在世界银行对专用术语作出修改之前，GNI 指的是国民生产总值(GNP)。本文引用的 GNI 数据由世界银行按三年平均名义汇率方法(Atlas)计算，根据世界银行的看法，这种方法会"减轻汇率的浮动对国民收入的跨国比较的影响"。World Bank "Methodologies, http://data.worldbank.org/about/data-overview/methodologies(accessed July 14 2010).

5. 在量度权力的分配和集中方面有很多模棱两可之处。一个问题是如何测量军费开支方面的悬殊,军事开支是一种决策的反映,而不是基本能力的反映。还有就是如何对待帝国这一问题。如果我们量度英国的权力,我们需要把印度包括进来吗?最后,还有一个问题,是量度大国之间的权力分配,还是量度首强国(和/或是大国)相对于更大的世界的实力。相对于其他大国,美国比19世纪的英国更有力量,但当今的大国与其他所有非大国的力量总和相比,它们相对而言并不是那么有力量。认识到没有哪种方式是完美的,本研究对各个不同时代的权力分配的量度使用了前后一致的、不作调整的方法,因为这有利于进行最简单的比较,同时也仍然能够把握到主要趋势。

6. Stephen G.Brooks and William C.Wohlforth, *World Out of Balance: International Relations and the Challenge of American Primacy*(Princeton, NJ: Princeton University Press, 2008), 31.

7. 如一位长周期理论的顶尖学者所言,"从若干方面看,美国当前的地位是史无前例的。有两个重要方面可以很快被人们注意到。一是当前的这个体系领导者没有什么大国对手。这种情况可能是暂时的,但它也是史无前例的。它也与单极带来的后果密切相关。一个真正对手的出现会终结美国军事上的单极地位,尽管单极地位可以通过其他方式被终结。第二个有新意的地方就是,美国目前拥有世界体系中最顶尖的军队——并不必然从规模上而言,而是从其破坏力、技术能力和长距离投送军力的能力看。并非所有这些特征都是全新的,但合在一起的这个大包裹是不同寻常的。一般来说,上述两点不可能兼得"。William R.Thompson, "Systemic Leadership, Evolutionary Processes, and International Relations Theory: The Unipolarity Question," *International Studies Review* 8(2006), 14.

8. 对于美国单极的经验性描述借鉴了以下的研究,Wohlforth, "Stability of a Unipolar World," *International Security* 21, no.2(Summer 1999), 5—41; Wohlforth, "U.S.Strategy in a Unipolar World," in John Ikenberry, ed., *America Unrivaled: The Future of the Balance of Power*(Ithaca: Cornell University Press, 2002); and Brooks and Wohlforth, *World Out of Balance*, chap.2。

9. 根据世界银行的数据,2008年美国占世界国民生产总值的20.5%(按购买力平价计算),如果用市场汇率计算,则是25%。按购买力平价计算,其他大国所占份额是:中国(11.5%)、日本(6.5%)、印度(4.8%)、德国(4.3%),World Bank, *World Development Indicators*, http://data.worldbank.org/data-catalog(accessed July 14, 2010)。

10. 世界银行记录的是国民生产总值而非国民总收入的年度增长。粗略估算的话,国民总收入也符合这种趋势。

11. 人均国民总收入作为实力的一种指标是非常重要的:一个国家的人均国民总收入越高,它的经济和技术发展程度就越高,在其他所有条件相同的情况下,该国政府获取资源并投入军事和高技术力量建设的能力就越高。

12. Barry Posen, "Command of the Commons: The Military Foundation of U.S.Hegemony," *International Security* 28(2003), 9.

13. Brooks and Wohlforth, *World Out of Balance*, chap.2.

14. 这三种秩序逻辑是理想化的类型。正如我们将会看到的，国际秩序的实际历史案例中，经常会涵盖若干种逻辑。

15. Waltz, *Theory of International Politics*, 95.按照霍布斯(Hobbes)的经典表述："在没有一个共同权力使大家慑服的时候，人们便处在所谓的战争状态之下。"在这种情况下，个人不能相信他们所签订的契约会得到尊重，他们必须为他们自己提供安全，这阻碍了有力的分工的发展："在这种状况下，产业是无法存在的，因为其成果不稳定。这样一来，举凡土地的栽培、航海、外洋进口商品的运用、舒适的建筑、移动与卸除须费巨大力量的物体的工具、地貌的知识、时间的记载、文艺、文学、社会等都将不存在。最糟糕的是人们不断处于暴力死亡的恐惧和危险中，人的生活孤独、贫困、卑污、残忍而短寿。" Thomas Hobbes, *Leviathan*, in chap.13, para.62.

16. Waltz, *Theory of International Politics*, 127.按照斯蒂芬·沃尔特(Stephen Walt)对均势理论的定义，它是"关于国家会加入联盟以避免被强国支配的理论"。Walt, "Alliance Formation and the Balance of World Power," *International Security* 9, no.4(1985), 5.

17. 关于作为欧洲历史标志的均势政治以及试图建立霸权的失败，见 Ludwig Dehio, *The Precarious Balance: The Politics of Power in Europe, 1494—1945* (London: Chatto and Windus, 1963)。赫伯特·巴特菲尔德(Herbert Butterfield)写道："在 18 世纪回头看罗马帝国，罗马帝国是决不能被允许再次出现的。他们意识到只有两种选择(而这一点在 20 世纪有时却被忘记)：要么是权力被分配从而形成均衡，要么是向古代罗马那样的唯一普世帝国投降。当拿破仑推翻了平衡并试图建立一个新的罗马帝国时，他们的理论所出现的上述发展就变得极为重要了。" Herbert Butterfield, "The Balance of Power," in Herbert Butterfield and Martin Wight, eds., *Diplomatic Investigations: Essays in the Theory of International Politics* (Cambridge, MA: Harvard University Press, 1969), 142.

18. 温和的现实主义者对大国制衡及其实践和原则的演变的阐述，见 Henry Kissinger, *A World Restored: Metternich, Castlereagh and the Problem of Peace, 1812—1822* (Boston: Houghton Mifflin, 1957); Gordon A. Craig and Alexander L.George, *Force and Statecraft: Diplomatic Problems of Our Time* (New York: Oxford University Press, 1981); Paul Schroeder, *The Transformation of European Politics, 1763—1848* (Oxford: Oxford University Press, 1994)。关于从"国家社会"视角看国家体系的演变，见 Hedley Bull, *The Anarchical Society: A Study of Order in World Politics* (London: Macmillan, 1977); Barry Buzan and Richard Little, *International Systems in World History: Remaking the Study of International Relations* (Oxford: Oxford University Press, 2000); Barry Buzan, *From International to World Society: English School Theory and the Social Structure of Globalization* (Cambridge: Cambridge University Press, 2004); Ian Clark, *The Hierarchy of States: Reform and Resistance in the International Order* (Cambridge: Cambridge

University Press, 1989); Andrew Hurrell, *On Global Order: Power Values, and the Constitution of International Society*(Oxford: Oxford University Press, 2007)。

19. 关于威斯特伐利亚国家体系的描述,见 F. H. Hinsley, *Power and the Pursuit of Peace*(Cambridge: Cambridge University Press, 1963); Bull, *Anarchical Society*。

20. 根据基辛格的现实主义阐述,当在大国之间存在一种平衡并且各大国对于秩序的正当性有共享的感知时,稳定的国际秩序就出现了。Kissinger, *Diplomacy* (New York: Simon and Schuster, 1994).

21. Stephen D. Krasner, *Sovereignty: Organized Hypocrisy* (Princeton, NJ: Princeton University Press, 1999).克拉斯纳认为,20 世纪 90 年代对于主权规范受损这种新发展的似是而非的感知建立在虚假的历史比较基准之上。主权和不干涉规范虽然被各国明确提出并确认,但这些规范从未能阻碍强国的干涉,当这种干涉符合这些强国的利益时。克拉斯纳提出了一个重要观点,即威斯特伐利亚式的规范并不是在 1648 年一下子全面出现。实际上,主权和主权平等的概念并没有被正式纳入当时的战后安排。在国家体系的历史上,威斯特伐利亚式的规范一直被争论、忽视和削弱。然而,如我在第六章提出的,20 世纪 90 年代出现的变化在于,关于干涉主义和有条件主权的新的理论和规范的出现,考虑到美国的单极地位和转型中的全球安全环境,这种变化被赋予了特别的重要性。

22. 关于大国权威的演变中的规范,见 Osiander, *States System of Europe*。大国和二等国家的区别出现在维也纳和会时代的欧洲外交之中,当时外交官们就决策过程进行了谈判,Harold Nicholson, *The Congress of Vienna: A Study in Allies Unity, 1812—1822*(New York: Harcourt, Brace, 1946), 137; Charles Webster, *The Congress of Vienna, 1814—1815*(London: Thames and Hudson, 1934), 80。

23. 维也纳战后安排突出了和大国克制与适应有关的演变着的实践,关于维也纳战后安排的记述,见 Paul Schroeder, *The Transformation of European Politics, 1763—1848*(New York: Palgrave Macmillan, 2002); Charles A. Kupchan, *How Enemies Become Friends: The Sources of Stable Peace*(Princeton, NJ: Princeton University Press, 2010), 188—217。

24. 如一项关于历史上各种体系中的均势的重要研究所总结的:"对于 7500 年国际体系历史的梳理表明,平衡的权力分配和不平衡的权力分配大体上是同等普遍的。没有什么要么支持均势要么青睐霸权的历史铁律。" William C. Wohlforth, Stuart J. Kaufman, and Richard Little, "Introduction: Balance and Hierarchy in International Systems," in Kaufman, Little, and Wohlforth, eds., *The Balance of Power in World History*(New York: Palgrave, 2007), 20.面对崛起国家或新出现的威胁时,国家经常是制衡不足或过度制衡,见 Randall L. Schweller, *Unanswered Threats: Political Constraints on the Balance of Power*(Princeton, NJ: Princeton University Press, 2008)。

25. 关于帝国的全景式历史,John Darwin, *After Tamerlane: The Global His-*

tory of Empire Since 1405(New York: Bloomsbury, 2008)。

26. Jane Burbank and Frederick Cooper, *Empires in World History: Power and the Politics of Difference*(Princeton, NJ: Princeton University Press, 2010), chap.1.

27. 关于国际关系中的等级逻辑的概述,见 David Lake, "Escape from the State of Nature: Authority and Hierarchy in World Politics," *International Security* 31, no.1(Summer 2007), 47—79; David Kang, "The Theoretical Roots of Hierarchy in International Relations," *Australian Journal of International Relations* 58, no.3 (September 2004), 337—352; Jack Donnelly, "Sovereign Inequalities and Hierarchy in Anarchy: American Power and International Society," *European Journal of International Relations* 12, no.2(2006), 139—170; Alexander Cooley, *Logics of Hierarchy: The Organization of Empires, States, and Military Occupations*(Ithaca, NY: Cornell University Press, 2005)。

28. 戴维・莱克(David Lake)对国际关系中的等级给出了一个重要的理论阐述。用他的话来说,等级是一种谈判而得的关系,在这种关系中,主导国向下级国家提供服务(诸如秩序、安全和治理)并得到它们的遵从。等级有各种不同的形式,从殖民主义到现代的同盟,它们之间的区别在于向首强国让渡主权的量。莱克从这一观点出发探究了安全和经济领域以美国为首的等级结构的模式,它们依靠的是美国军事基地的存在、汇率联系以及贸易依赖等举措。莱克将等级主要视为国家之间基于"合同"的主权自愿转让。与之相对,本研究力图从上下级关系中胁迫和赢得同意的混合方式的角度区分不同类型的等级——帝国和自由主义霸权。见 Lake, *Hierarchy in International Relations*(Ithaca, NY: Cornell University Press, 2009)。

29. Robert Gilpin, *War and Change in World Politics*(New York: Cambridge University Press, 1981), 42—43.

30. Gilpin, *War and Change*.

31. Ibid., 9.

32. A. F. K. Organski, *World Politics*, 2nd ed.(New York: Knopf, 1969), 354, 361.

33. Organski, *World Politics*, 364.

34. George Modelski, "The Long Cycle of Global Politics and the Nation-State," *Comparative Studies in Society and History* 20, no.2(April 1978), 214—235.另见 George Modelski and William R.Thompson, *Leading Sectors and World Politics: The Coevolution of Global Economics and Politics*(Columbia: University of South Carolina Press, 1996)。

35. 关于对权力转移理论的批评和发展,见 J.DiCicco and Jack Levy, "The Power Transition Research Program: A Lakatosian Analysis," in Colin Elman and Miriam F.Elman, eds., *Progress in International Relations Theory: Appraising the Field*(Cambridge, MA: MIT Press, 2003), 109—157; Jacek Kugler and Douglas

Lemke, eds., *Parity and War: Evaluations and Extensions of the War Ledger* (Ann Arbor: University of Michigan Press, 1996); Woosang Kim and James Murrow, "When Do Power Shifts Lead to War?" *American Journal of Political Science* 36, no.4(November 1992), 896—922; Douglas Lemke and William Reed, "Regime Types and Status Quo Evaluations: Power Transition Theory and The Democratic Peace," *International Interactions* 22, nos.3—4(1996), 143—164。

36. 约翰·达尔文(John Darwin)描述了19世纪英国世界体系中突出的多种关系:"它包含了受支配的殖民地(包括巨大的印度'次帝国')、定居殖民地(在19世纪晚期之前大部分都是自治的)、受保护国、共管国(condominia,如苏丹)、委托统治国(1920年之后)、海上和军事要塞(如直布罗陀和马耳他)、'占领地'(如埃及和塞浦路斯)、条约港口和'租界'(上海是最出名的)、具有商业重要性的'非正式'殖民地(如阿根廷)、'可进行干预的势力范围'(塞拉斯和耶特曼两人发明的一个有用的概念,如伊朗、阿富汗和波斯湾)以及英国国内的叛乱省。对于这样一个无所不包的混合体,实在是没有什么得到一致同意的专门说法。" John Darwin, *The Empire Project: The Rise and Fall of the British World-System 1830—1970* (Cambridge: Cambridge University Press, 2009), 1.

37. 关于英国霸权和美国霸权的研究,Robert Gilpin, "Economic Interdependence and National Security in Historical Perspective," in Klaus Knorr and Frank N.Trager, eds., *Economic Issues and National Security* (Lawrence: University Press of Kansas, 1977); Robert Gilpin, *U.S.Power and the Multinational Corporation: The Political Economy of Foreign Direct Investment* (New York: Basic Books, 1975); Joseph Nye, *Bound to Lead: The Changing Nature of American Power*(New York: Basic Books, 1991); Patrick Karl O'Brien and Armand Cleese, eds., *Two Hegemonies: Britain 1846—1914 and the United States 1941—2001* (Aldershot, UK: Ashgate, 2002); David Lake, "British and American Hegemony Compared: Lessons for the Current Era of Decline," in Michael G.Fry, ed., *History, The White House, and the Kremlin: Statesmen as Historians*(New York: Columbia University Press, 1991)。

38. 关于美国通过干涉推翻敌对政权的历史概述,见 Michael Kinzer, *Overthrow: America's Century of Regime Change from Hawaii to Iraq*(New York: Times Books, 2007)。

39. 关于自由主义国际理论(liberal international theory)的总体阐述,见 Robert O.Keohane, "International Liberalism Reconsidered," in John Dunn, ed., *Economic Limits to Modern Politics*(Cambridge: Cambridge University Press, 1990), 165—194; Mark W.Zacher and Richard A.Mathew, "Liberal International Relations Theory: Common Threads, Divergent Strands," in Charles Kegley, ed., *Controversies in International Relations Theory: Realism and the Neoliberal Challenge*(New York: St.Martin's, 1995); Andrew Moravcsik, "Taking Preferences Seriously: A Liberal

Theory of International Politics," *International Organization* 51, no. 4 (Autumn 1997), 513—553; Daniel Deudney and G.John Ikenberry, "The Nature and Sources of Liberal International Order," *Review of International Studies* 25(Spring 1999), 179—196。

40. Michael Doyle, *The Ways of War and Peace: Realism, Liberalism, and Socialism*(New York: Norton, 1997).

41. 多种相关的理论研究构成了自由主义国际理论。关于权力和复杂的相互依存,见 Robert Keohane and Joseph Nye, *Power and Interdependence*(Boston: Little, Brown, 1977)。关于跨国关系和跨政府网络,见 Thomas Risse, *Bringing Transnational Relations Back In: Non-State Actors, Domestic Structures and International Institutions* (Cambridge: Cambridge University Press, 1995); Anne-Marie Slaughter, *A New World Order*(Princeton, NJ: Princeton University Press, 2004)。关于民主和平,见 Michael Doyle, "Kant, Liberal Legacies, and Foreign Affairs," *Philosophy and Public Affairs* 12(1983), 205—235, 323—353。关于国家偏好的国内原因,见 Moravcsik, "Taking Preferences Seriously"。关于国际制度,见 Robert Keohane, *After Hegemony: Cooperation and Discord in the World Political Economy*(Princeton, NJ: Princeton University Press, 1984); Martha Finnemore and Michael Barnett, *Rules for the World: International Organizations in Global Politics*(Ithaca, NY: Cornell University Press, 2004)。关于安全共同体,见 Emanuel Adler and Michael Barnett, eds., *Security Communities*(New York: Cambridge University Press, 1998); Karl Deutsch, et al., *Political Community and the North Atlantic Area*(Princeton, NJ: Princeton University Press, 1957)。

42. 关于自由主义传统的现代化理论内在基础,见 Edward Morse, *Modernization and the Transformation of International Relations* (New York: Free Press, 1976); James Rosenau, *Turbulence in World Politics: A Theory of Change and Continuity*(Princeton, NJ: Princeton University Press, 1991); Craig N. Murphy, *International Organization and Industrial Change: Global Governance Since 1850* (New York: Oxford University Press, 1994); Deudney, Bounding Power, chap.7。关于美国对自由主义的现代化思维的接受,见 David Ekbladh, *The Great American Mission: Modernization and the Construction of an American World Order*(Princeton, NJ: Princeton University Press, 2010)。

43. 关于这种强化效果的探讨,见 John Oneal and Bruce Russett, *Triangulating Peace: Democracy, Interdependence, and International Organizations*(New York: Norton, 2000)。

44. G.John Ikenberry, "The Universal Claims of Liberal Internationalism," unpublished paper, 2009.

45. 关于帝国和霸权之间的区别的讨论,见 Doyle, *Empires*; Herfried Munkler, *Empires: The Logic of World Domination from Ancient Rome to the*

United States(London: Polity, 2007), 40—46; Daniel Nexon and Thomas Wright, "What's at Stake in the American Empire Debate?" *American Political Science Review* 101, no.2(July 2007), 256—261。

46. 蒙克勒(Munkler)对本书的美利坚自由主义霸权秩序提出了一种挑战性的替代概念。他和我都力图在"霸权的最高地位"(hegemonic supremacy)和"帝国主义支配"(imperial domination)之间画出一条线。用他的话来说,"霸权在一群名义上平等的政治玩家中是占据最高地位的;与之相对,帝国则消除了这种起码是名义上的平等并将下级国家贬至附属国或卫星国的地位上。它们多多少少要通过对中心国的明显依赖而得以立足"。在帝国秩序中,国家的权利和主权平等让位于可渗透的边界以及权力和影响力的等级性辐射。据此,蒙克勒认为美国在主持一个"世界帝国",根据"帝国主义国家的逻辑"行事,这一点从小布什政府在后"9·11"时期进行的军事干预中看得最清楚,Munkler, *Empires*, 6。与之相对,本研究将自由主义霸权视为一种更精细复杂的等级性秩序形式,在这种秩序中,差异化的角色和权威、依附关系以及保护者—受保护者关系在更大的谈判而得的规则和制度体系中体现出来。国家体系及其行动逻辑仍然在幕后运作,为权力的克制和适应提供了机制。同样,我认为,美国在后"9·11"时期的外交政策失误体现了非正当性霸权和帝国的局限,而非其卓越之处。

47. Alexander Motyl, *Imperial Ends: The Decay, Collapse, and Revival of Empires*(New York: Columbia University Press, 2001), 4.另见 Johan Galtung, "A Structural Theory of Imperialism," *Journal of Peace Research* 8, no. 2(1971), 81—117。

48. Doyle, *Empires*, 45.

49. Charles S.Maier, *Among Empires: American Ascendency and Its Predecessors*(Cambridge, MA: Harvard University Press, 2007), 7.

50. Nexon and Wright, "What's at Stake," 253.

51. Dominic Lieven, *Empire: The Russian Empire and Its Rivals* (New Haven, CT: Yale University Press, 2001).关于海上帝国和殖民地帝国,见 Doyle, *Empires*。关于大的陆上帝国,见 S.M.Eisenstadt, *The Political Science of Empires* (London: Transaction Books, 1992)。

52. Motyl, "Is Everything Empire?" 234.

53. 关于霸权稳定论的研究文献对这一逻辑进行了探讨。关于这种逻辑的原创性阐述,Charles Kindleberger, *The World in Depression, 1929—1938* (Berkeley: University of California Press, 1973); Stephen Krasner, "State Power and the Structure of International Trade," *World Politics* 28, no.3(April 1976); and Robert Gilpin, *U.S.Power and the Multinational Corporation: The Political Economy of Foreign Direct Investment*(New York: Basic Books, 1975)。关于这种逻辑的重要阐述和批评,见 Duncan Snidal, "The Limits of Hegemonic Stability Theory," *International Organization* 39, no.4(1985), 579—614; Arthur Stein, "The Hegemon's

Dilemma: Great Britain and the United States and the International Economic Order," *International Organization* 38, no.2 (1985), 355—386; Carla Norrlof, *America's Global Advantage: US Hegemony and International Cooperation* (New York: Cambridge University Press, 2010)。

54. 在第五章,我将这种秩序构建方式称为以环境为导向的(milieu-oriented)大战略,借助这种大战略,首强国通过塑造其他国家行事的环境或战略背景来影响这些国家的行动。以环境为导向的大战略与以地位为圭臬的大战略形成鲜明对比,首强国通过后一种大战略寻求更为直接地应对、遏制或削弱一个大国对手。

55. G.John Ikenberry, "America's Liberal Hegemony," *Current History* 98 (January 1999), 23—28; Ikenberry, "Getting Hegemony Right," *National Interest* (Spring 2001), 17—24.

56. 尼尔·弗格森(Niall Ferguson)将自由主义霸权的这些特征认为是"自由主义帝国",19 世纪的英国和 20 世纪的美国体现了这种通过维护和平、确保海上和空中的自由以及管理国际贸易和金融体系来支持规则和制度的努力。但是,这会使自由主义霸权领导同更传统的帝国相混,而帝国是与殖民主义和直接的帝国主义统治联系在一起的。参见 Ferguson, *Colossus*, 8—12。

57. Steve Rosen, "An Empire, If You Can Keep It," *National Interest*, no.71 (Spring 2003), 51—61.

58. G.John Ikenberry and Charles A.Kupchan, "Socialization and Hegemonic Power," *International Organization* 44, no.3(Summer 1990), 283—315.

59. 关于多种赢得同意的讨论,Michael Mann, "The Social Cohesion of Liberal Democracy," *American Journal of Sociology* 35, no.3(June 1970), 423—439。丹尼尔·艾伦(Danielle Allen)提出了一种从赞成(assent,实际上的确认)到默许(acquiescence,默默地同意但没有发自内心的确认),再到屈从(submission,服从较强国但仍保持一些抗拒)和支配(domination,一直是通过监视和/或惩罚来强迫其服从)的区间(与本书作者的私人通信,2007 年 10 月)。实际上,首强国在建立和强施秩序时所施展的权力形式也是在一个区间变化,即从说服到奖励,再到惩罚,最后是使用武力。胁迫和赢得同意的混用方式也因此是变化的。

60. 关于对社会间等级性网络的不同形式的讨论,见 Nexon and Wright, "What's at Stake"。

第三章　权力和支配的战略

导言

在不同的年代中，强国崛起并塑造全球体系的规则和制度。它们寻求运用其权力优势来改变国际环境，以使国际环境符合它们的利益。通过这么做，它们用各不相同的方式构建了国际秩序。在之前的章节中，我探讨了国际秩序的不同类别，并对两种等级性秩序做了区分：帝国和自由主义霸权。但是问题仍然存在：居于支配地位的国家何时寻求构建帝国秩序，何时寻求构建自由主义霸权秩序？这个问题涉及支配的逻辑和手段。在构建国际秩序时，强国如何并在何种程度上将权力转化为正当的支配？在帝国主义或自由主义秩序的构建过程中，那些主要强国有什么样的选择，需应对什么样的境况？最重要的是，强国何时有动力构建一种由协商而得的多边规则和制度所组成的体系，并在其中行事？这样做或不这样做，是一种战略抉择，它将最终决定作为结果呈现的国际秩序是帝国主义的还是自由主义的。

作为一个国际秩序的建设者，对于国际规则和制度美国一直持矛盾的态度。在“二战”结束后的十年中，美国是全球多边治理最重要的建设者和倡导者。在其领导下，全球制度建设以一种前所未有的方式突起(burst)，创建了联合国、国际货币基金组织、世界银行、北约以及其他一系列制度和管理体制。美国在秩序构建上采取了一种“环境”(milieu)战略，试图塑造其他国家运行的环境。但在当前和过去的多个不同时刻，美国对支持和参与安全、军控、人权和环境等多个领域的国际协议极为犹豫。因此我们必须探讨像美国这样的国家在构建以规则为基础的国际秩序并在其中行事时所面临的权衡(trade-offs)和动机。

这一章将从四个方面展开。第一,我探讨了居于主导地位的国家塑造其国际环境的方式,即它们进行支配的战略。在构建和管理国际秩序方面,强国可以运用不同的手段。在确立霸权主义秩序时,有两种最突出的方式:“以规则支配”(rule through rules)和“以关系支配”(rule through relationships)。“以规则支配”需要提供多边协议,以明确国家行事的规则和制度。这些规则和制度多多少少是正式的、全方位的(encompassing)和有约束力的。“以关系支配”需要在首强国和较弱的二等国家之间形成双边关系。这种受保护国(client-state)关系或“特殊关系”涉及这样的契约和协议,即首强国提供好处或服务(诸如安全保护和市场进入权)来换取其他国家在更大的国际体系中的政治支持与合作。

第二,我就各国为何以及如何利用国际规则和制度做出一系列论断,在这一过程中,我针对制度提出了一种政治性控制(political-control)的解释。规则和制度是国家通过让其他国家的政策行为更具可预测性而对自身环境施加某种控制力的途径。通过承诺在一种规则框架中行事,该国便同意了限制其政策自主性或行动自由——按照不同的方式和程度——以此诱导其他国家也如此作为。一国在其政策自主性方面做出妥协从而使其他国家以更具可预测性和令人满意的方式行事,所有这一切通过制度化的协议而变得可信。围绕这种制度性契约变化着的动机、选择和环境有助于解释国家对规则和制度的不同承诺。

第三,我认为同样的逻辑适用于诸如美国这样的强国。实际上,主导或霸权国家有一系列复杂的动机来利用规则和制度塑造它的环境,包括降低其强制(enforcement)成本,培育正当性以及从长期着眼使一种有利的国际秩序制度化。首强国家应该想要确立一套有利的规则和制度,这些规则和制度可以塑造和限制他国的政策。这样做是为了营造一种更稳定和更具可预测性的环境,在这一环境中国家可以追求其利益。这样做还可以减少使用权力来执行秩序条款的必要性。如果这些规则和制度是各国相互认可的,这个秩序本身就可以变得更具有正当性,降低了强行施加秩序的成本。此外,如果规则和制度深深嵌入更大的政治和经济体系,那么,这个秩序本身就会被变得更具持久性,甚至在将来霸权国家的权力衰落时也可以持续。因此,规则和制度不是强国的敌人——但是以规则支配存在成本和权衡,追求以规则为基础的秩序的动机也会相应变化。

第四,我探讨了与不同的霸权支配工具有关的动机和权衡。强国建立以规则为基础的秩序并在其中行事的动机并不是绝对的。这样的国家也有机会在不作出国际承诺和以规则为基础的承诺的情况下来塑造其环境。它们可以避开规则和制度,也可以围绕着规则和制度行动。它们可以在制度化的关系之中采取单边主义的行为,或是直接与个别国家达成契约。霸权国家在这些不同的可能性中做出选择,关键在于该国对于它对国际秩序的“支配”的效率和正当性的重视程度,以及对其未来权力地位的评估。

总的来说,这一视角使我们理解首强国家寻求建立的不同类型秩序变体的逻辑。美国在“二战”后运用了不同类型的支配战略。与西欧的关系在很多重要方面都是基于以规则为基础的、多边性的协议,而在东亚美国则主要依靠双边性的、附从性的(clientelistic)关系。在拉美和中东,美国更愿意转而依赖传统的帝国主义的控制工具。首强国家何时选择这种或那种战略,其背后的逻辑与该国通过降低其政策自主性换取制度化的合作形式的动机密切相关。在“二战”后的几十年中,美国想要从欧洲得到的很多,它就愿意通过各种多边性的经济和安全协定把自己和欧洲国家联系在一起。在东亚,美国从它的伙伴那里想要得到的较少,就不那么愿意限制它自己的政策独立性。等级秩序的特性来自各国(首强国家和二等国家)如何回应这些与以规则支配和以关系支配有关的动机和权衡。

秩序构建和支配的战略

国家很少会处于可以塑造国际秩序的基本样态的位置上。大国通常会发现自己在一个已确立的国际秩序中行事。但有时也会出现这样的时刻,即首强国家发现自己拥有充分的权利和机遇来决定性地塑造全球秩序的样态。当这种时刻来临时,这些首强国家在如何安排体系规则和制度方面面临着选择。要么单靠自己,要么和其他国家一起;要么通过强加,要么通过谈判——这种国家会处于确立国际体系的治理安排的位置上。若此,它们也就是在进行着国际秩序的构建。但这些国家会寻求建立哪种秩序呢?

在第二章,我们区分了两种理想化的等级秩序——帝国主义的秩序和自由主义霸权秩序。从上层权力的运用和权威得以确立的方式角度来说,这些秩序类型是有区别的。每种理想化的、典型的秩序都围绕着一种支配或治理模式而组织起来。在帝国主义秩序中,规则是被强加的,遵守规则(compliance)最终是通过胁迫性的权力运用来实现的。帝国主义的支配通过胁迫性的控制来体现。在极端情况下,这种支配可以是主导国直接占领附从国家并对其发号施令——实际上,附从国家本身已不再真正是一个国家。最高权威事实上被握在主导国的手中。被占领或控制的政治体(polity)没有独立的对外政策,和其他国家之间也没有直接的外交关系。这种支配形式从“二战”后的占领和殖民主义式的帝国主义(colonial-style imperialism)中可以最清楚地看出来。

在自由主义霸权秩序中,规则是谈判出来的,遵守规则最终要建立赢得同意(consent)的基础上。自由主义霸权的支配基于契约化的和以规则为基础的关系之上。较弱的、二等的国家有发表意见的机会,它们同意在这种秩序中行事是基于主导国愿意约束其权力并就其权力做出承诺,而且在公共物品的提供方面发挥领导作用。在发展最充分的情况下,自由主义霸权秩序会建立在法治的基础上。主导国和附从国都在一套多边主义的规则之下行事,而这些规则可以有效地根除胁迫性的支配。这是一种可能最接近于"宪政化"(constitutional)支配的国际秩序——通过法治而不是权治(the rule of power)来进行治理。[1]没有国家可以凌驾于法律之上。等级结构可能仍将存在以至于规则和制度还会给首强国家提供特别权利和豁免权(exemptions)。然而,秩序内的政治权威还是来自它的法律性—宪政性基础而不是来自实力。[2]在这种情况下,从实质意义而言,霸权体现为以规则为基础的领导。

现实世界中的帝国主义和霸权性秩序通常恰恰存在于这两种极端之间。帝国主义的秩序很少会完全建立在胁迫性支配的基础上,而自由主义霸权支配——至少从美国"二战"后的秩序所体现出来的那样——只是部分地围绕着多边主义规则和制度而建立起来。帝国主义和自由主义霸权国家追求的是不同支配战略的混合,它们所创建的秩序也展现出一种等级性治理安排和权力关系的混合。我们可以将两种最基本的支配战略描述为以规则支配和以关系支配。

表 3.1　首强国和支配战略

	制度形式	变体(variations)
以关系支配	殖民主义统治 新殖民主义统治 受保护国关系 "特殊关系"	由权力的不对称性、主权关系以及交换条款来界定
以规则支配	强加的规则 差异性规则 松散的多边主义 法律上有约束力的规则	由这些规则受到彼此协商同意的程度、规则被应用的程度以及这些规则在多大程度上具有约束力来界定

以规则支配是自由主义霸权力量的主要治理战略。权力通过对规则和制度的倡导而得以施展。以规则为基础的关系基于多边主义规则和制度,这些规则和制度设定了一组国家之间关系的运作方式。因此,可以从若干方面来看以规则为基础的关系。首先,它需要在一组国家之间实现关系的协调,正因此,它与双边性的、毂辐式的、帝国主义的安排形成了对比。其次,一组给定关系的样态是由协商而得的规则和原则(有时是制度)界定的,因此,以规则为基础的关系与基于临时性讨价

还价或露骨的权力政治的互动形成对比。再次，以规则为基础的关系需要在政策自主性方面有所降低，因为相关国家的选择和行为（至少在某种程度上）受到协商而得的规则和原则的限制。[3]

正如我们稍后将在本章谈及的，对于主导国来说，围绕着以规则为基础的关系构建秩序能够成为一种有吸引力的支配战略。如果规则可以被广泛地确立起来——在多国和多个地区间展开并涉及一系列政策领域——它可以成为首强国为追求其利益而确保稳定的、有利的环境的一种有效途径。控制力不是直接通过施展权力来维持；控制力嵌入规则和制度之中。[4]

这种以规则为基础的关系可以采取不同的形式——其变体由规则受到彼此协商同意和被应用的程度以及规则对相关国家施加的有约束力的限制的程度来界定。从极端情况来说，主导国可以将规则强加给较弱国家，但它自己仍保持不受限制。这实际上是对规则的一种帝国主义式的运用。与之不同的是，规则可以是彼此协商而得的，并运用于首强国和其他国家，但提供了基于权力地位的、有差异性的权利和义务。主导国或大国能够在其他国家所不拥有的一套不同规则——体现了权利和权威——之下行事。在另一种极端情况下，规则可以是彼此协商而得的，且平等地运用于所有国家，而不论它们的权力或它们在体系中的地位。

无论规则是否被区别运用，规则本身多多少少是具有约束力的。以其最松散的形式而言，以规则为基础的关系仅是需要国家之间的大致磋商和非正式调解。欧洲协调（the Concert of Europe）的外交实践便是这种类型，在欧洲协调之下，大国遵守着一套有关欧洲大陆均势的不成文规则和规范。在当代，世界贸易组织和其他多边性经济制度需要的是更加正式的、更加以条约为基础的协议，这些协议规定了明确的承诺和义务。但是这些多边协议所带有的具有约束力这一特征仍然是有条件的：例外条款（escape clause）、加权投票（weighted voting）、允许退出协议（opt-out agreements）以及否决权都是 1945 年后主要多边协议的一部分。最具约束力的以规则为基础的协议是那种国家实际上在特定领域将主权让渡给超国家权力机构的协议。欧盟是这种主权转移型、法律上有约束力的、以规则为基础的支配方式的最重要体现。[5]

以关系支配需要的是通过与较弱的二等国家订立一系列双边协议来确立秩序。在任一情况下，权力关系体现在具体的和持续的契约、交换以及工具性（instrumental）协议之中，这种协议在主导国和附从国的精英之间达成。作为结果出现的秩序采取了一种毂辐体系形式，在这个体系中，一系列处于等级之中的国家通过单独的和不同的关系与首强国联系起来，这些关系各种各样，有的是不平等的，有的是互惠的，有的是依附性的。秩序并不是围绕着协商而得的多边主义规则组织起来，而是围绕着一系列双边关系，这些双边关系加在一起形成了由受保护国和政治依附性构成的体系。[6]

从其最宽泛的意义上来说，这种支配战略涉及构建国家之间的保护者—受保护者（patron-client）关系。在詹姆斯·斯科特（James Scott）看来，保护者和受保护者形成了"一种工具性的友谊关系，在这种友谊关系之下，拥有更好社会经济状况的个人（保护者）利用他自己的影响力和资源为处于较低地位的人（被保护者）提供保护和好处，从被保护者的角度来说，他会通过向保护者提供大体上的支持和协助（包括个人服务）来作为回报"[7]。各种不同的概念已被用来描述这种附从性的关系——庇护（patronage）、机器政治（machine politics）、中介人体系（brokerage systems）。正如贾恩弗朗哥·波齐（Gianfranco Poggi）所指出的，这些概念的相同之处在于它们都是不平等的、在等级结构上被安排在不同位置的行为体之间的一种交换；它们指的都是这样一种情形，即权力施展者把提供"帮助和保护"交换出去，反过来，收回的则是"拥护和支持"。[8]正如国际关系所体现的，首强国提供保护和好处（如经济援助、市场进入权和军事援助）来换取合作和政治支持。[9]

这种双边关系处于一个由权力不平等性、主权关系（relations of sovereignty）和交换条件（terms of exchange）所反映的支配程度来界定的变化区间之中。因此,这种双边联系所包括的范围从殖民主义和新殖民主义关系到更具互惠性和契约性的伙伴关系。[10]殖民主义统治是首强国进行控制的最直接形式。这种支配近乎完全彻底——在此情形下,附从国家的主权实际上被主导国所侵夺,背后所潜藏的是胁迫性地实施支配。附从国的统治精英直接处于主导国的政治和行政指挥之下。由此,交换的条件基本上是单方面的,附从国的精英处于一种高度依附和无从谈判的关系之中。新殖民主义关系是一种更为非直接的支配方式,在这种支配方式之下,本地精英在他们自己的政治体系中施展权威,但仍然直接和主导国联系在一起并依附于主导国。[11]本地精英被拉拢来在更大的等级性政治—经济秩序中发挥支持性的作用,而这些精英则被回报以经济上的好处和安全保护。在殖民主义和新殖民主义关系中,其背后都潜藏着主导国胁迫性地实施支配,限制了主权并限定了附从国进行政治选择的界限。[12]

主导国可能也会在更加明确和更具互惠性的交换和讨价还价的基础上,与那些不那么弱也不那么依附的国家建立双边关系。受保护国会保持更大的主权权威,而且交换条件的不平等性也不是那么大。通常,主导国会把这种保护者—受保护者关系作为其更大的地区或全球政治—安全目标的一部分来打造。受保护国是一群小伙伴(junior partner),这群小伙伴巩固和支持了首强国的全球和地区地位。受保护国将它自己的政治和经济命运系于首强国的政治和经济命运,反过来,受保护国可以得到经济上的好处和安全。保护者和被保护者之间的交换可以是多样化的。如一项研究所指出的:"在国际环境中,保护者可以提供军事和情报方面的保护。当受保护者受到失去收入、出现意外成本或其生存方面的威胁时,保护者能够以一种可靠的回应形式来提供物质援助或危机保险(crisis insurance)。它可以在受保护国和外部世界之间发挥中介作用,包括金融和政治制度以及跨国银行和商业。受保护国所能提供的商品和服务包括投资机会、原材料、出口、可支持保护国地区利益的军事基地和服务、在国际场合的投票支持,以及其他和忠诚相关的表现。”[13]

在冷战期间，美国与中东、亚洲、拉美和非洲国家的一些政权建立了广泛的受保护国关系。这种关系常是和特定的领导人建立起来的——伊朗国王、菲律宾的马科斯(Ferdinand Marcos)以及尼加拉瓜的索摩查(Somoza)家族。冷战时期美国所寻求的很多受保护国关系都是它建立全球反共联盟体系努力的一部分，而且这种交易和交换通常包括安全保证和前沿部署(forward-deployed)基地的存在。美国为它的“小伙伴”提供经济援助和市场进入权，作为回报，这些受保护国会成为军事基地的东道主并支持美国领导的国际秩序。[14]

在有些情况下，这种双边性的、附从性的联系会被提升为“特殊关系”。美国与英国和日本的关系经常被用这个概念来描述。这仍然是不平等的国家之间的双边联系，而且那种保护者—受保护者的交易和交换依然存在。但是这种联系被赋予更多的地位平等性，这种关系被视为更为真正的大国间伙伴关系，这些大国一起在更大的国际等级机构中占据领导地位。[15]在特殊关系中，对于主导国及其外交决策来说，“小伙伴”被认为是拥有了特殊的介入权(privileged access)。互惠、磋商、伙伴关系以及地位平等性——这些是和特殊关系相关的规范和预期，它们将这种双边关系与那种更传统的保护者—受保护者安排区隔开来。

以规则支配和以关系支配建立在截然不同的秩序逻辑的基础上。两者都是主导国用以对国际环境实施控制的战略。但是，它们在逻辑上会导致非常不同的秩序类型。一是那种建立在协商而得的规则和多边主义治理基础上的秩序。另一种则是主导国对其他国家实施更直接控制的毂辐秩序。一种秩序是开放的和包容性的——各国基于有共识基础的多边主义规则参与进来，这些规则减弱了武断和歧视性的权力施展的作用。另一种则是一个体系，而在这个体系中，权力不对称性被转化为一系列按照等级结构被组织起来的双边关系和政治依附性。[16]

首强国可以采取这两种战略，实际上，“二战”后的国际秩序带有这两种支配逻辑的印记。在20世纪40年代，美国既采取了以规则为基础的战略,也采取了以附从为基础的(client-based)战略。对于西欧,美国主要采取了以规则支配的战略——在建立多边经济规则和制度方面与战后的欧洲国家密切合作,并最终赞成了多边性的安全合作。在东亚,美国订立了一系列双边安全条约,构建了一个安全合作的毂辐体系。[17]在这两个地区之外,美国确立了众多不同的保护者—受保护者关系——在很多情况下,这些关系是旧式的帝国主义式的控制。[18]

尽管这些战略提供了不同的秩序逻辑,但它们也可以在同一个国际秩序中相互配合。主导国家和较弱的二等国家之间以附从为基础的关系能够为主导国提供一些途径,使它可在更大的以规则为基础的国际秩序中显示自己的克制和承诺并对合作给予报偿和奖赏。总之,正是这些不同支配类型的混合状况赋予国际秩序帝国主义或是自由主义的特征。我们可以进一步考察以规则支配这种逻辑以及主导国在实施这些支配战略时所面临的限制因素和权衡取舍。

国家与国际规则和制度

为何国家(在它们实际所为的程度上)会围绕着多边性的规则和制度来安排国际关系?答案是,制度性的协议可以帮助国家创造一种可预测的、有效益的(cost-effective)的环境,它们可以在这种环境中追求其利益。实际上,作为政治控制的工具,国际规则和制度对于国家来说是可以发挥潜在作用的。规则和制度对于国家的基本价值在于它们可以影响国家自主性和政治确定性的水平。规则和制度改变了各国行事的环境。

制度作为政治控制的工具发挥作用可通过两种途径。一种途径是,它们通过减少承诺的不确定性和交易成本帮助解决集体行动的难题,承诺的不确定性和交易成本阻碍了有效率的和相互获益的政治交易。[19]在这种情况下,国家可以利用规则和制度来减少与其他国家的可靠性和意图有关的不确定性,从而克服了对于欺骗或不守信用的担忧。制度可以发挥很多效用,这些效用可使国家为彼此收益而进行合作变得更加容易。制度促进了可靠信息的流动,从而减少了交易的障碍,而这些交易可增进参与国的利益。通过提供可以衡量其他国家实际政策行为的基准和标尺,制度可帮助一国评估其他国家的信誉。同样,规则和制度的持续存在为交易和交换的进行提供了一种框架。制度能够为各国获取对其他国家的评估性(evaluative)信息提供平台。实际上,制度提供了一种可靠的合作架构,这种架构在没有规则和制度的情况下是更加难以建立的。制度性的安排和途径被建立起来,使各国可以进行相互获益的交易与合作。[20]

第二种途径是,规则和制度可以被用来作为更直接的政治控制工具。正如特里·莫(Terry Moe)所指出的:“政治制度也是胁迫和再分配的武器。它们是政治胜利者用来追求其自身利益的结构性手段,且常以政治失败者为代价。”[21]国会中的获胜政党会试图制定委员会的投票规则以照顾它自己的利益。同样,在国际关系中,强国想要通过将较弱国家紧紧捆入对强国有利的制度安排以使自己的优势系统化和持久。[22]在这种情况下,因其权力而暂时有机会设立规则的国家会如此行事,从而塑造和限制较弱的二等国家的选项和选择。强国可以拥有能够使其塑造规则和制度条款的各种不同优势——或许是赢得了一场战争,或是它拥有规模最大的和最具生产力的经济。因此,它有机会来制定规则和制度。其他国家——那些处于“立规阵线”(enacting coalition)之外的国家——面临这样一种选择:要么不参与该制度并失去合作带来的所有收益,要么按照它们在别的情况下本不会选择的方式参与进来。[23]首强国拥有的优势可以是变化多样的,它颁布的规则和制度被强加的程度或经过讨价还价得到的结果也是变化多样的。在这种情况下,规则和制度算不上是被用来提升效率、促进合作,而是塑造和限制其他国家的政策。

这两种关于制度运用的理论观点取决于制度在塑造和限制国家的选择和政策方面所发挥的作用。实际上,国家寻求利用制度化安排来限制其他国家的行为,并使之更具可预测性。第一种情况是,规则和制度被用来缓解对欺骗和免费搭车的担忧。制度性协议发挥了多种不同效用，这些效用可以增加能够促进合作的信息。在第二种情况之下，首强国会努力去限定（lock into）其他国家的行为模式，而这种行为模式能够给予最强大的国家持续优势。首强国的目标是将暂时的权力悬殊转化为持续产生的获益。但是在这两种情况下，国家寻求制度性协议的原因都是降低其他国家的政策选择的不确定性。国家会努力使其他国家的持续政策行动变得更具可预测性，并且通过这样做来创造一种更具确定性和更加适宜的环境，并借助此环境追求它的安全和利益。[24]

从这个角度观察，国家可以被认为是进行着一种利用制度性协议塑造和限制其他国家政策行动范围的持续努力，其目标就是减少其他国家的政策自主性。[25]反过来，国家也会利用承诺来减少它们自己的政策自主性，以此为动力让其他国家在一套实际上限制了它们政策自主性的规则和制度中行事。当一国作出了一种制度性承诺，它便是在同意减少它的政策自主性。在理想情况下，一国在所有其他国家都与规则和制度相绑定的全球体系中行事的同时，它会想要继续保持不受国际规则和制度性承诺的妨碍。但是为了让其他国家作出制度性承诺，国家需要进行谈判并主动提出对它们自身政策的限制以便实现协议。[26]

因此，在决定是否要签署一项多边协议时，国家面临着权衡。在同意遵守协议的规则和规范的情况下，这个国家必须接受在特定领域内对其行动自由（或决策独立性）的一些限制。但是作为交换，它会要求让其他国家也做同样的事情。如果该国断定通过对各国政策选择施加以规则为基础的限制而实现的各国政策协调所获得的好处大于其失去政策自主性所付出的代价，那么，多边性的契约对于该国来说就是有吸引力的。

一个国家同意加入多边性契约的意愿取决于可以最终塑造其成本—收益算计的若干因素。一个因素是，对于该国（A 国）来说，通过多边性协议对其他国家（B、C、D 国）施加的政策限制是否真的那么重要。如果其他国家不受限制的行为被判定为对 A 国不存在不良影响，那么，A 国将不会愿意放弃它自己的任何政策自主性。参与国是不是能够真正可信地约束它们的政策自主性，这一点也是很重要的。如果 A 国对 B、C、D 国能够真正受到多边规则和制度性安排的限制这一点有所怀疑的话，A 国将会不愿意牺牲它自己的政策自主性。同样，A 国需要使其他国家相信 A 国自己也会受到限制。这些因素都是连续(continuous)变量而非二项分类(dichotomous)变量——因此国家必须就信誉程度和受限制政策的相对价值作出判断。

当多边性契约是由拥有很高的不平等权力的国家所制定的，这个过程中的各种考量会更为复杂。一个强国越是有能力主导或抛弃较弱的国家，较弱国家就越在乎对首强国政策自主性的限制。换个说法就是，较弱国家会更加渴望看到对首强国武断和肆意的权力运用施加一些限制和约束。同样，强国越是能够以一种可信的方式来真正约束它自己，较弱国家就会越发对可以实现这一目的的多边规则和规范感兴趣。当所有这些条件都具备——首强国能够利用其不平等的权力来主导和抛弃较弱国家，以及首强国能够约束它自己并承诺自己遵守协议——较弱国家就会特别渴望实现这一交易。当然，它们也会从正向的角度关心合作可以产生的好处。从强国视角看，较弱国家的政策行为越是不重要，首强国就越不会主动限制它自己的政策自主性。同样，首强国对较弱国家事实上会真正限制它们的政策这一点越不确定，首强国就越不会主动对其政策自主性提出限制。

因此首强国面临一种选择：对它自身政策自主性和权力运用进行多大程度的制度性限制和对较弱国家进行多少政策限定才是等值的？制度化往往像是一条双向车道。一个强国可以试图将其他国家嵌入一套规则和制度之中，但它可能将需要放弃它的一些自由裁量权以得到想要的结果。特里·莫就执政党对政府制度的控制指出："它们可以塑造结构以使其支持的部门和项目免于受到未来公共权威(public authority)得到施展时所具有的影响。当然，若是这样做，它们不仅会降低其政敌在未来进行控制的机会；它们也减少了自己的机会。但考虑到总要有所取舍，这通常是需要付出的一种合理代价。因为它们可以占得先机，所有执政党实际上并没有放弃控制——它们是在通过那种与外部影响相隔绝的结构实施一种更大程度的事前(ex ante)处置举措，一旦这种结构被锁定，它就会使执政党的代理人更易于有适当作为。它们所要远离的正是那种持续的等级性的控制，这种控制是通过一直以来公共权威的自由裁量的决定得以实施的。”[27]

从国家权力和制度的这种模式中可以很快得出若干假说。首先，首强国应会试图将其他国家限定在制度化的政策取向之中，与此同时，试图最小化它自己在政策自主性和自由裁量权方面受到的限制。这正是迈克尔·克罗泽(Michael Crozier)所讲述的有关大规模组织内部政治的故事。在一个复杂的组织化的等级结构中，每个个体都持续地进行着一种双重努力：将他的同事与严格的、以规则为基础的行为联系起来——从而构建一种更加稳定和更具确定性的活动环境——同时，也试图为他自己保留尽可能多的自主性和自由裁量权。[28]同理，首强国会试图尽可能地限定其他国家，同时，试图尽可能地保持不受制度性规则和义务的妨碍。第二，首强国将凭借其自身的力量来限制它肆意和武断使用权力的能力，以此作为赢得其他国家与之进行制度性合作的“货币”。

制度性契约会不会实现取决于若干具体情况，可以将这些具体情况作为假说进行详述。首先，首强国所拥有的赢得较弱国家与之进行制度性合作的“货币”量由两个因素来决定：首强国支配或损害较弱国家利益的潜在能力，以及首强国可信地约束自己不去这么做的能力。尽管所有国家都可能会主动提出约束它们自己并作出相应承诺以换取其他国家的让步，但其他国家尤感兴趣的是强国约束自己并作出相应承诺的意愿和能力。乍得或许会主动提出要把自己限定在一种降低其政策自主性并使其未来的政策取向更具可预测性的制度性协议之中，但没有什么国家会对这种要把自己约束起来的主动提议很在乎，其他国家也不可能会为了要得到乍得的这种主动提议而反过来出高价。但是，如果一个拥有支配和破坏的重要能力的强国主动提出要约束自己，这将获得其他国家的关注，而这些国家也有可能愿意提出一定开价来得到这种约束。此外，并不仅是首强国的支配和破坏潜力可以产生赢取其他国家的制度性合作的“货币”，它实际上兑现约束和承诺的能力也可以产生这种“货币”。如果一个强国不能可信地限制其权力，它所拥有的这种“货币”就会非常之少。

如果它拥有了赢取制度性合作的“货币”的话，还有另外两个因素将决定首强国是否实际上想要这么做。一个因素是首强国对限定其他国家政策行为的感兴趣程度。这个问题和其他国家的行动在多大程度上对首强国利益产生实际损害有关。比如，欧洲国家的安全政策取向在重要程度上来说是有分量的，但欧洲国家的国内政策取向以及世界上其他很多国家的政策取向并没有足够重要到让首强国确保它们稳定和对首强国有利的政策行为的努力变得合理，特别是如果这样做的代价会导致政策自由性的降低。另一个因素就是较弱国家被限定的效力。美国或许想要限定其他国家的政策行为——特别是安全政策行为——但它对于这些制度化的承诺和义务能够被有效限定这一点并没有足够信心。

总之，上述这些考虑使我们能够看到首强国和较弱国家如何就通过多边制度将它们捆绑在一起进行权衡。对四个因素的总结见表 3.2。

表 3.2　非对称的制度性契约的动力和机遇

变　量	影　　响
首强国支配/抛弃的潜力	较弱国家更愿意作出让步以得到对首强国的约束 首强国提升了进行制度性契约谈判的优势
首强国作出约束/承诺的潜力	较弱国家更愿意作出让步 首强国提升了进行制度性契约谈判的优势
首强国进行限定的重要性	首强国有作出约束和承诺的更大动机
较弱国家受到限定的潜力	首强国有作出约束和承诺的更大动机

首强国越有能力支配和抛弃较弱国家，较弱国家就越是在乎对首强国权力施展的约束，它们就越是可能作出一些让步来得到这种约束和承诺。相似地，一个潜在的支配性国家越是能够可信地约束自己并就自己遵守协议作出承诺，较弱国家就越是对追求一种制度性契约感兴趣。当这两个条件都满足时——当首强国能够支配和抛弃其他国家，以及当它可以约束自己并就自己遵守协议作出承诺——较弱国家就会特别愿意寻求一种制度性契约。从首强国视角看，较弱国家的政策行为越是对首强国不那么重要(也就是说，不会产生什么太大影响)，首强国就越不可能就它自己的政策自主性提出约束以实现政策限定。同样，首强国对于较弱国家实际上可以实现政策限定这一点越是不那么确定，首强国就越不可能对它自己的政策自主性提出约束。

从这个意义上讲，矛盾的是，首强国可信地约束自己的权力并就自己的权力作出承诺的能力也是一种权力。[29]它想要把其他国家限定在特定的制度性承诺之中。它可以利用其权力去胁迫这些国家，但这样做是代价高昂的，而且消除了建立一种正当秩序的可能性。如果首强国能够约束它自己并使其权力运用制度化，至少在某种可信的程度上主动提出这样做，这可以成为谈判筹码，它可借此来赢得与其他国家的制度性合作。[30]当权力悬殊造成其他国家感到自己需要这些对首强国的限制和约束，而首强国实际上也能够确立这种限制和约束，它就是一种谈判筹码。正是在这些多样的使之可能的(enabling)情况下的变化可以解释，为何美国有时寻求建立多边主义制度并将自己和其他国家联系起来而有时却不会这样做。

这些考量对于理解美国"二战"后对多边主义制度构建的支持是有帮助的。美国在那场战争结束后成为超群的全球性力量。它对西欧和东亚的命运甚为关切，这两个地区都维系着经济和地缘政治的平衡。美国愿意通过各种不同的制度性协议将自己和这两个地区联系起来——放弃政策自主性——从而在这两个地区的政策取向和政治发展轨迹方面获得一些影响力。与此同时，这两个地区的国家对美国的支配和抛弃感到担忧，因此它们也愿意参与制度性的协议，而这些协议使对美国领导的国际秩序作出长期承诺成为必需。比如，朱迪思·戈德斯坦(Judith Goldstein)和乔安妮·戈瓦(Joanne Gowa)认为，为了鼓励较小国家在市场自由化方面做出冒险性举动，美国必然需要同意将自己与关贸总协定相绑定。[31]这些国家本身的民主特性以及其他更多的具体措施促进了这些国际承诺的可信性，所谓具体措施比如将美国军队驻扎在这两个地区以及订立复杂的制度性协议。[32]

这种逻辑对于解释美国针对西欧和东亚的制度性承诺的不同变化也是有帮助的。美国在欧洲追求了一种多边主义的战略——以北约为其锚，而在亚洲它则推行与日本、韩国以及若干东南亚国家之间的一系列双边安全协议。美国将自己与欧洲更紧地捆绑在一起，将其权力嵌入一种多边主义的安全秩序之中，这一秩序涉及广泛的制度化的约束和承诺。因为美国在东亚更具支配性且想从东亚那里得到的较少，从实际角度而言，美国并不是那么必然需要放弃政策自主性以换取在东亚的制度化合作。相反，美国在西欧有一套复杂精细的方略——团结欧洲的国家、构筑反对共产主义的制度性防波堤以及支持中间主义的(centrist)民主政权。仅仅通过无情的权力施展，这些目标是不可能实现的。为达其目的，美国不得不与欧洲人进行讨价还价，这意味着同意约束其权力施展。在亚洲，美国并没有足够重要的目标，以至于要用同意约束其权力来“购买”。正如加利亚·布雷斯-巴纳森(Galia Press-Barnathan)所指出的，美国军事上的“特定目标就是获取基地权利”，因此“从聚拢地区资源中并没有什么可得的”[33]。双边主义是美国在亚洲想要得到的战略，因为多边主义将会要求对政策自主性进行更多的约束。

与在西欧相比，美国在亚洲拥有多得多的更加不受挑战的霸权权力，因此它没有通过国际制度来确保其支配性地位的动机。如卡赞斯坦所言：“美国愿意在欧洲创建多边主义的制度，这种制度会在短期内约束美国的权力，只是长期而言会提升其权力。它渴望在亚洲建立双边性的制度，在亚洲有约束力的制度这一理念似乎并不像通过双边关系锁定美国超群权力的优势那么有吸引力。”[34]为了实现其在东亚的目标，美国并不需要放弃政策自主性。

当前，其他因素也促成并强化了美国在欧洲和在亚洲的不同制度战略。维克多·车(Victor Cha)认为，美国之所以在亚洲被拉入双边条约，主要是出于对被卷入东亚国家(造成的冲突)和对这些国家相互勾结的担忧。[35]双边安全条约为约束该地区的东亚盟友提供了更为直接的途径。车指出："美国在东亚构建了一系列双边同盟来遏制苏联的威胁，但一个与之相一致的理由则是约束其在该地区的反共盟友，这些盟友有可能对其敌手展开侵略性行为，这将可能使美国卷入一种无用的较大规模战争。”[36]

政权特性也是导致在这两个地区制度化水平和形式存在差异的一大因素。“二战”后的西欧主要是由先进的民主国家组成，而东亚的政权类型却是混杂多样。因此，对于美国来说，它更容易与其西方的伙伴达成复杂的、影响深远的多边主义协议。正如帕特里克所言："这些(西欧)国家的民主政体强化了美国对一种具有共识性的霸权型态(a consensual style of hegemony)和战后多边主义制度的平等性(egalitarianism)的偏好。”[37]

规则和制度的霸权性运用

为何主导国想要围绕多边主义的规则和制度来建立国际秩序？当一个国家足够强大到可以塑造国际关系的安排时，规则和制度能够发挥相当有益的作用，它们可以成为管理国际等级结构的工具。从最宽泛的意义上来说，规则和制度为首强国提供了政治控制的工具。它们在塑造和牢固确立有利的国际环境方面是有用的。规则和制度都是霸权力量的工具，也是对施展这种力量的约束。但重要的是，恰恰是因为规则和制度的约束效应——既对首强国也对其他国家，它们才能够作为政治控制工具而如此有用。然而，成本、收益和权衡问题会再次出现在霸权国的算计之中。

主导国会从以下几个方面发现规则和制度的有用之处。首先，首强国有利用制度来降低不确定性并促进合作和市场交换的动机。如果首强国拥有最先进的和最富生产力的经济，它就会有非常强烈的动机来构建一种稳定的开放秩序——而规则和制度在管理经济开放性方面能够发挥作用。同样，随着全球经济相互依存度的增强，与多边性政策协调相关的动机也在增强。国家之间在经济上变得越是相互联系，它们在实现其目标方面就会越发依赖于其他国家的行动。基欧汉指出："随着相互依存度的上升，缺乏协调的政策的成本与牺牲自主性(作为达成有约束力的协议的后果)的成本形成了对比。"[38]因此，霸权国对于规则和制度存在一种双重的功能性动机。霸权国想要规则和制度成为创造经济开放性的一种工具，它也需要它们成为管理增强的经济相互依存度的工具。[39]

国际规则和制度为国家更加容易地追求共同获益提供了一种契约性(contractual)环境。随着国家之间互动密度在增强，对于可以促进这种互动并应对其影响的规则和制度的需求也在增强。从这个意义上讲，多边主义是自我强化的(self-reinforcing)。一种能够很好发挥作用的契约性环境可以促进更多多边主义规则和制度的出现。

这一观点有助于解释为何一个强国会支持多边主义的协议，特别是在贸易和其他经济政策领域。回到先前讨论过的规则和制度的成本—收益逻辑，首强国在引导较小国家开放其经济并加入被整合的世界经济方面存在重大利益。作为世界上领先的经济体，它的利益所在不只是确立一种开放体系，也要确立一种具有可预测性的体系——也就是说，它想要的是以规则为基础的经济秩序。主导国想从其他国家那里获取的东西会随着该国的经济规模和相互依存度的变化而增多。但是为了使较弱国家对开放的和逐渐复杂的以规则为基础的体制做出承诺，主导国必须确立其可信赖性(reliability)。它必须愿意使自己对同样的规则和制度作出可信的承诺。对于它来说，降低其政策自主性是必然需要做的，而且还要以一种令其他国家相信的方式去做。

其次，霸权国有一种更大的动机，即利用规则和制度维持其权力并构建一种稳定的、正当的国际秩序。这种关于制度性约束和承诺的逻辑在重大历史转折点特别显见——比如1919年、1945年和冷战结束后——当时美国在如何使用权力和组织国家间关系上面临着不同选择。对规则和制度的支持是向其他国家显示克制和承诺的一种方式，从而促进较弱国家的默许支持与合作。通过将自己和其他国家捆绑在一个规则和制度体系之中，首强国使其权力对于其他国家来说变得更可接受，从而为获得支持而不是遭到反对制造了动力。[40]

这一理论观点始于对主导国在其可塑造国际秩序基本特性时所面临的选择的考察。[41]赢得战争或是通过某些其他转折性事件而发现自己处于一种支配性全球地位的国家面临这样一种选择：它可以运用其权力讨价还价并在收益分配的争斗中胁迫他国，或是在明白其权力有朝一日会衰落以及在该秩序内强制执行其路线会付出代价的情况下，它可以朝着一种更加以规则为基础、制度化的秩序而进行努力以换取较弱国家的默许以及遵守规则地参与该秩序。为了寻求一种更加以规则为基础的秩序，首强国同意进行战略克制。它接受了对其施展权力的方式将会有所限制这一点。这种秩序实际上具有“宪政”特性。对于该秩序中的国家利用其权力优势可以做什么是有限制的。正如在宪政政体中，在政治上获得胜利所产生的影响（implications）被降低了。较弱国家意识到它们处于低等地位的影响是有限的，或许也是暂时的。即便是处于劣势，在这一秩序中进行合作也不会危及所有一切，这样做也不会使主导国永远占有优势。无论是强国还是弱国都同意在同一个秩序中进行合作，虽然在权力分配上存在严重的不对称性。

当首强国事实上限制了其行为时，它就是在放弃一些利用其权力获取短期回报的机会——在规则创立的最初时期，在制度性规则和义务之下行事，比起如果不这样做（首强国运用其蛮力）所获取的收益，首强国会勉强接受前者带来的较少收益。它之所以这样做，是着眼于上文阐明的长期性收益。但是较弱国家有理由更早地而非较迟地得到更多收益。对于首强国和较弱国家来说，未来收益的折损率(discount rate)从潜在意义上来讲是不同的，而这会使制度性契约更加令彼此满意。因此，首强国面临着一种选择：对其政策自主性和权力运用的多少限制和对较弱国家的多少政策限定是等价的？

但是为何较弱国家会同意被束缚起来呢？毕竟，较弱国家可能会作出这种算计：不在第一时间点使自己被制度性协议限定起来，等到第二或第三时间点(届时权力的非对称对于首强国不再是那么有利时)再这样做会更好。对于和首强国的制度性协议，较弱国家之所以买账是出于两种潜在动机。首先，如果制度性协议也对首强国的行为施加了限制和约束的话，这是受欢迎的。在一种非制度化的关系之中，这些较小的国家会受制于被强国不受约束和不可预测的进行支配。如果它们认为首强国武断和肆意的行为能够被施加可信的限制，这便是足够的吸引力，证明在第一时间点加入制度性协议是有道理的。

规则和制度成为各国就国际秩序的特性达成契约的途径。主导国利用制度来约束其权力并就自己的权力作出承诺，建立起一种较弱国家会自愿参与的秩序——而不是抵抗或制衡首强国。首强国在如何使用自身权力方面接受了一些限制。被创建起来的规则和制度成为从长期保持首强国权力优势的一种投资。较弱国家赞同了这个秩序的规则和制度，反过来它们得到保证：首强国的最坏暴行——体现为国家权力的武断和肆意滥用——将被避免，较弱国家会得到发挥作用并影响首强国的制度性机遇。

因此，对于规则和制度的霸权性运用的逻辑包括三个方面。第一个方面与降低执行霸权性规则的成本有关。如果霸权国能够使其他国家赞同一套规则和制度，它就不需要不断花费其资源来强制这些国家遵守规则和制度。霸权国肯定是强大的，因此它能够与下层国家展开权力争斗，在大多数情况下首强国都会取胜。在不利用规则和制度的情况下首强国也可以实现支配。然而，通过使其他国家在一种规则和制度体系中行事，霸权国就可以减少为强制实现秩序和让其他国家按其意愿行事所必须付出的时间和精力。通过使下层国家受到以规则为基础的秩序的限定，它可以减少强制的成本。[42]

第二个方面是，通过同意在以规则为基础的国际秩序中发挥领导作用和行事，霸权国提升了该秩序的正当性和它在该秩序中的地位。这个逻辑不言而喻。霸权国对基于规则和制度的秩序的支持显示了克制和承诺，这使该秩序从规范层面而言更易被接受。霸权性秩序越是具有多边主义的、以规则为基础的特征，全球体系中的其他国家就越是有可能寻求加入该秩序或与首强国进行合作，并愿意看到从某种根本性意义上具有正当性的霸权性秩序的运行。霸权性秩序越是具有帝国主义的特征——也就是说，通过对权力的直接和胁迫性的运用来进行统治，这个秩序就越不会被视为具有正当性。[43]

第三个方面是，霸权国会利用规则和制度为其未来的权力地位进行投资。一个持久的规则和制度体系可以在权力分配发生不利于首强国的缓慢变化时帮助保护首强国的利益和维持其地位。这种情况是确实的，至少从制度性协议具有某种程度的黏性（stickiness）而言——也就是说，如果这些协议具有某种独立的实现秩序的能力。如果确乎如此，规则和制度就能够继续为首强国提供有利的结果，即便在其物质实力相对下降之后。[44]制度既可以保持又可以延续首强国的权力优势。如果霸权国的领导人认为该国的超群权力地位将无限期地延续——甚至这种地位可能会变得更加强大——确立一种在该国霸权达到顶峰之后仍将持续的制度化秩序的吸引力就不会那么强烈。但是如若这些领导人认识到霸权的相对衰落将会到来，那么，建立具有深厚根基的制度化秩序的动机就会存在。[45]

这一逻辑与学者们在研究民主化国家中的司法自主和法治运动时所发现的“上保险”（insurance）逻辑是相似的。在迈向民主的国家中，统治精英必然会对如果以及当他们下台后如何保护政治体制感到担忧。这种可能性给这些权力持有者带来一种动机，即支持法治（包括司法制度的独立性)以作为应对未来不测事件的保险。在很多国家,司法部门之所以得到赋权,是出于预计到自己会被替代的统治精英的战略算计。因为受到威胁的统治精英们会面临选举失利,他们会通过加强法庭和宪法来限定其政策偏好并从政治上保护他们自己。[46]

总之,上述具有三方面内涵的这一逻辑表明,首强国拥有与较弱国家达成契约并在协商而得的规则和制度基础上组织一种稳固秩序的动机。一个以规则为基础的环境被构建出来,这个秩序的所有参与者都被赋予了保护和促进它们利益的手段。从这个意义上而言,通过一种持续的利益汇合(confluence),霸权性秩序得以稳定。但是至于更大的体系本身会被认为是具有正当性,那是因为支配和控制的基础发生了变化。对该秩序的规则和制度的遵守并不是直接建立在对自我利益的算计的基础上。相反,它是基于一种更广泛的认识:这个秩序本身从规范层面而言是可接受的和公正的。如尼克·基尔希(Nico Krisch)所言:"一旦控制被认为具有正当性,就会变为权威,遵规不再是基于算计,而是基于必需这样做和这样做是对的这种信念之上。"[47]在秩序中所体现出来的规则、制度、契约和广泛的互惠赋予该秩序正当性。结果,各国从规范层面上都拥护这一秩序——首强国的权力转化为了权威。

主导国有建立这种秩序的动机。但是这种动机也不是绝对的。这些国家是在特定的政治大环境中行事,权力和实现制度性契约的机遇在这些大环境中是多样的和逐渐演化的。我们可以更加深入地来考察这种选择和权衡。

战略选择与权衡

当一个主导国处于建立国际秩序的位置,它在何去何从上面临着选择。如果它是全球体系中的超群国家,它会想要利用其权力来建立一种稳定的、有利的国际环境来追求其利益。在这种情况下,有两种它可以用来对国际秩序施加影响力和控制力的基本战略:以规则支配和以关系支配。作为建立秩序的战略，创立规则和制度有其吸引力。如果能带来秩序的基本规则和制度可以到位的话，首强国就不会被迫与各国进行直接的双边谈判，也不必被迫持续地施展权力来控制结果。这种秩序提供了相对有序的、高效的规则，它也会在未来权力分配变化时给首强国提供一些保护。但是这一战略也存在与作出有约束力的承诺和降低政策自主性有关的潜在成本。因此会出现各种权衡，而首强国和体系中的其他国家必须就如何以及何时进行合作作出选择。[48]

我们可以对首强国将会如何作出这些选择作出大致的预计。第一，主导国将试图把其他国家限定在制度化的政策取向之中，同时努力最小化它自己在政策自主性和自由支配权方面的限制。正如我们之前注意到的，这是所有国家都会玩的游戏。在一个其他国家都被紧紧约束的全球体系中行事时，所有国家都愿意相对来说不受规则和制度的妨碍。因此，首强国在赞同创建一套制度化规则的同时也努力寻求使自己得到豁免或至少最小化这些规则的约束效应对它的影响，看到这种情况并不是什么稀奇事。[49]

首强国必然会提出的战略性问题是：为了得到其他国家对限制它们政策自主性的同意，首强国自己的政策自主性需要在多大程度上受到限制——值得付出多大的成本？这一问题导致一种成本—收益算计。制度化的协议是首强国可以用来对其国际环境实施更大控制的工具。在促进建立一种主要基于协商而得的规则和制度的国际秩序方面，首强国有巨大的动机。但是这种秩序建立在各种特定的规则和制度基础上——在每种情况下，首强国都会寻求用尽可能小的政策自主性丧失来实现尽可能大的控制。

第二，首强国也会试图作出可以给予其不成比例的影响力和决策权的制度性承诺。首强国将寻求机会将具有差别性的规则和义务引入协议。作为主导国，它想要的（至少从其理想而言）是能使它在制度中占据特殊的权威地位并在其遵守规则方面获得更大自由裁量权的协议。实际上，它希望在以规则为基础的秩序中，权力的总体等级结构能通过具有差异性的权利和义务反映出来。首强国想要把自己在维护国际秩序的规则和制度上所具有的独特角色和责任转化为特别的权利和权威。

这些具有差别性的权利和权威是“二战”后以联合国为代表的所有主要多边制度的基本特征。国际货币基金组织和世界银行在其运作和治理方面给予美国和其他主要利益攸关国偏重的投票权。美国对北约的承诺也与其对盟国联合军队的最高指挥权相伴随——在北约这一组织中,美国是“同侪之首”。联合国安理会也给予美国和“二战”后其他大国成员资格和否决权。通过这些不同方式,多边制度明确了霸权国的权利并划定了其义务——从而确保规则和制度在限制霸权力量的同等程度上反映这种力量。[50]

第三,无论面对任何具有差别性的权利和义务,首强国将寻求办法,限制它对规则和制度所作承诺的效力。从承诺在法律上的约束力而言,不同类型或不同程度的承诺处于一个由强到弱的变化区间上。强有力的承诺体现在首强国同意遵守具体的、明确的、有实质性的规则或政策义务。较弱的承诺则通过不那么具体的规则或政策形式表现出来——在这种情况下监督、遵规和执行是不那么确定的。[51]尤其是,当首强国对规则和制度作出承诺时,它会寻求“松散的多边主义”,也就是说,会寻求那种可以提供防护措施(safeguards)、否决权和允许退出条款的规则和制度。松散的程度取决于首强国的具体算计,即通过使其他国家受到规则和协议的束缚它能够得到多少收益以及在这个过程中所引发的首强国自主性丧失的成本。

第四,首强国也可以作出“程序性承诺”(process commitments)而不是实质性的以规则为基础的承诺,或是用前者作为后者的补充。首强国可赞同多边主义磋商的正式程序。在这种情况下,严格来说,它并没有放弃或减少其政策自主性。但是它同意在制度环境中行事,在该环境中其他国家有机会影响霸权国之所为。美国已经使这一点成为其进行霸权性支配的一个特点。通过北约和其他正式的、非正式的安排,美国给其他国家提供了发表意见的机会以换取它们的合作和默许。[52] 在这种情况下，主导国向他者打开了门户——为较弱的二等国家提供了磋商和影响主导国的机会——与此同时，首强国并没有同意对其决策独立性施加正式的限制。

第五，主导国可以通过单边主义的举措来促进以规则为基础的关系，这些举措并不要求它对其他国家作出有约束力的承诺。具体而言，它也可以利用其经济规模以及其他国家对主导国的依赖作为一种工具影响他国政策。主导国的国内规则和规定会成为世界的规则和规定。它的国内管理标准会外化。拥有足够市场规模的国家能够通过利用市场力量和强制手段来影响全球的管理规则。[53] 正如基尔希在谈到美国时所指出的："美国的规则常会超出它们的正式范围并开始作为全球规则而发挥作用。"这不仅是因为美国的压力，也是因为"美国机构的出众专业性、美国国内法律中模式规范（model norms）的实用性、美国公司对市场的控制，特别是在新兴领域的早期发展阶段"。[54]

在一项有关经济管理合作的研究中，丹尼尔·德雷兹纳（Daniel Drezner）提出，随着经济相互依存度的增长，政策协调的收益也会增长。但是，对于一个国家来说，想要调整其国内管理安排以与合作性协议相吻合，就会在国内产生经济和政治方面的成本。与用于协调的协议之间的差异越大，成本就越高。在关于谁要做出调整这个问题的争斗上——也就是说，谁改变其国内管理标准以符合国际协议，大国通常会胜出。德雷兹纳提出，因为主要国家所拥有的更大的国内市场给予它们进行讨价还价的权力，主要国家"更可能在它们所偏好的标准上实现管理协调"。[55] 从更宽泛意义而言，这一逻辑也可以解释支持全球规则和制度的主导国的动机。它会寻求将其国内规则和制度扩展到外部体系之中，将进行调整所产生的成本转移到他国身上。在政策协调方面（特别是在商业和贸易管理领域）达成协议，符合所有国家的利益，但是首强国可以利用它的权力优势使其他国家接受它的规则和规定。[56]

此外，美国已经找到了多种方式利用其国内法律促进国际规则和规范。方式之一是认证(certification)机制,通过这一机制美国政府制定了大量切实的规则并监督世界上的国家是否遵守这些规则——在军控、环境保护、人权、毒品和恐怖主义等领域。来自华盛顿的发展援助或军事援助取决于有关国家是否符合美国设立的标准。如基尔希所言,“认证机制的广泛运用为美国提供了给其他国家创立法律并监督它们守法情况的工具,与此同时,美国自己仍不受约束和监督。由此,对于条约和其他监督机构来说,认证机制是很方便使用的替代品”[57]。美国也可以强行实施单边主义的制裁。为了维护协商而得的国际规则(比如多边贸易协议),它可以这样做,但为了打击某些未对目标国采取相近政策的特定国家——第三方,它也会使用这种制裁。[58]

最后,主导国会发现它们自己要在以规则支配和以关系支配之间进行权衡。以规则支配的吸引力在于,由多边主义规则和制度构成的体系可以创建一种由可预见的和高效的国家关系所构成的更广阔空间。比起双边性谈判,经过谈判实现的多边主义规则体系可以使较弱的二等国家对结果发挥更大的影响力,它也可以为这些国家创造遵守协议的动机。主导国在强制实现秩序方面所付出的成本就会被减少。该秩序多边主义的、以规则为基础的特征所产生的正当性会减弱首强国在该秩序中的主导地位所受到的反对和抗拒。但在这种秩序中,首强国仍会付出成本——在自主性丧失和直接操控他国的能力方面。

而双边性的、保护者—受保护者关系的吸引力恰是在这方面。对于主导国来说,比起多边规则和制度,双边协议通常会使主导国更易于将其权力转化为有利的协议。基尔希解释道:“与多边谈判相比,双边谈判更可能受到谈判中的一方的突出权力的更深影响,在多边谈判中其他国家能联合起来并抗衡主导方——分而治之(divide et impera),如其通过国际法的形式所反映出来的。双边形式更易于让其他国家接受强国的例外规则。在多边手段下,特别是条约法律(traites-lois),强国所享受的例外总是受到质疑且需要被辩护,比如像是美国在《核不扩散条约》和在《国际刑事法院规约》问题上的失败企图所体现出来的那样……因此，与多边条约相比，双边条约是反映和转化主导地位的更容易的手段。”[59]

故而，当首强国判定多边协议在对其他国家发挥控制力方面不像它设想的那么有效时，或是这样做的成本相对于收益而言过高，双边协议就会具有吸引力。首要的考量实际上是一种功能性的考量：首强国到底想要影响或控制什么？如果它想要的结果是相当具体的，就可能会通过双边方式来打交道。如果另一方非常弱，首强国就不太可能会为了得到它想要的而付出将自己与多边规则和制度绑在一起这种代价。正如我之前所提出的，比起与东亚，美国“二战”后更愿意与欧洲谈判有约束力的多边协议，这部分是因为美国想要从欧洲那里得到的更多，且愿意作出代价更大的让步以得其所愿。在东亚，美国相对于其他国家来说要强大得多，它想从这些国家得到的却更少——因此，它不那么愿意使自己和东亚其他国家一起纠缠在多边条约之中。

与此同时，双边和多边协议能够相辅相成。首强国与较弱的二等国家之间以附从关系为基础(client-based)的交往能够为分布资源与显示承诺和克制提供途径。首强国可以利用这些双边关系为这些在多边环境中与之合作的国家提供补贴。

从所有这些方面看，霸权国面对着交叉性的(crosscutting)动机。对于霸权国来说，它有强有力的动机建立起一种规则和制度体系并在其中行事，这些动机包括效率、正当性和为未来优势进行投资。本章的主要观点是，强国有使自己对规则和制度作出承诺的动机。规则和制度能够反映和保持霸权力量，也可以在同等程度上限制和减少这种力量。但是霸权国像其他国家那样也有保护其政策自主性和行动自由的动机。各种具体的动机、权衡和选择塑造了霸权国作出承诺并通过规则和制度将自己与其他国家捆绑在一起的程度——其驱动力是在获取多边主义好处的同时使相应成本最小化的企图。

结论

当强大的国家崛起到可以塑造全球体系的规则和制度时，它们面临着选择。最基本的选择是如何在主权和以规则为基础的秩序之间进行权衡。强国拥有利用其主导地位塑造自身环境的念头，通过讨价还价得来的规则和制度体系达到这一目的是最有效率、最具正当性和最持久的方式。但是为了建立这种秩序，即围绕着制度化合作建立起一种霸权性支配，强国必须放弃它的若干政策自主性。

从这个角度看霸权秩序问题突出了国家选择的务实性、工具性的(instrumental)的特征。要旨在于，主导国家能够在各种不同的支配战略之间拣选，也就是说，在以规则支配和以关系支配之间进行选择。成本和收益考量推动着这种选择。首强国会寻求用与主权和政策自主性限制相关的"钞票"得到最大的支配作用所带来的"巨响"(bang)。它将努力保持自己的主导地位——其权力和主权——以及从其在全球等级结构中占据上层地位所获取的优势。但是，它需要通过各种方式，用自己的一些权力(确切地说，是在权力施展方面的决定权)来换取在全球体系中的长期优势，而这一体系拥有有利于实现该国利益的规则和制度。效率、正当性和持久性，这些是强国所想要的那种国际秩序的特征。问题在于，强国如何能够达到这一目的，而且它必须为此付出什么代价?

在这一框架中有一个变量是最难以讲明白的，那就是正当性。强国有建立正当的国际秩序的冲动。这一秩序就是，居于其中的其他国家愿意进行合作。从某种基本层面来说，较弱的二等国家的领导人接受了这一秩序的逻辑和规范基础。如果这样的秩序被建立起来，强国就不必运用其胁迫性力量来实施支配。这一秩序本身将呈现一种更具合作性、更有效率的特征。在这种情况下，广泛的互惠也更有可能实现。强国可以追求其利益，而无需担心寻求推翻这一秩序的挑战者国家。但问题仍然存在。秩序的哪些具体特征给予其正当性? 如果强国想要建立一种正当的秩序，它需要怎么办?

我的观点的意涵在于，秩序越是以规则为基础，它就可能会越具正当性。随着等级性秩序的特征从帝国主义变为自由主义霸权，在这一变化中的某处，这一秩序将呈现能够使参与者认为其具有正当性的那些特征。但是，多少以规则为基础的特征才足以赋予秩序正当性？如果整个体系在正当性方面有所衰弱（从合作以及支配的效率而言），这会给首强国带来什么代价？对这些问题的回答会影响首强国对于正当性的价值和它们将自己与以规则为基础的国际秩序相捆绑的意愿的判断。随着冷战后美国单极的兴起，这些问题成为了焦点。

注释

1. 关于国际关系中的宪政秩序，见 G.John Ikenberry，"Constitutional Politics in International Relations，" *European Journal of International Relations* 4，no. 2（1998），147—177；Ikenberry，*After Victory*，chap.2。

2. 这种支配基于规则和制度被认知的正当性，这些规则和制度为权力的运作作出安排。实际上，正如韦伯（Max Weber）在描述法律—理性（legal-rational）权威时所言，基于法治建立起来的霸权秩序是"借助'法律性'（legality）进行的支配，借助对法律典章效力的信任，借助对基于理性地创立出来的规则的效用'能力'（competence）的信任"；Weber，"Politics as a Vocation，" in H.H.Gerth and C.Wright Mills，eds.，*From Max Weber*：*Essays in Sociology*（New York：Oxford University Press，1958），79。

3. G.John Ikenberry，"Is American Multilateralism in Decline?" *Perspectives on Politics* I，no.3（September 2003），533—550.对以规则为基础的关系的定义借鉴了有关多边主义组织逻辑的讨论，见 John G.Ruggie，"Multilateralism：The Anatomy of an Institution，" in Ruggie，ed.，*Multilateralism Matters*：*The Theory and Praxis of an Institutional Form*（New York：Columbia University Press，1993），3—47；Stephen Krasner，ed.，*International Regimes*（Ithaca，NY：Cornell University Press，1983）。

4. 这就是权力的悖论：一个强国可以通过自愿限制它的权力和使其权力制度化，增强它的影响力和实力以塑造国际体系方面的结果，至少在某种程度上。权力和规则并不对立，它们反倒是可以通过复杂的途径和相互增强的方式来进行合作。这种悖论是有关社会权力研究中的一个重要主题。如很多学者已经指出的，现代西方国家的崛起——以及它们相对于社会群体和阶层的地位的增强——与绝对主义的（absolutist）统治者一步步地限制国家的权力并将其权威嵌入法律和政治制度之中有关。通过宪政性架构使国家权力制度化具有让国家权力更具权威性、更持久和在社会中更加全覆盖(plenary)的效果。关于现代早期的欧洲国家建设者们支持建立法律和政治制度以促进建立稳定统治、发展资本主义市场、增加财政收入、树立政府权威的方式,见 Jean Baechler, *Origins of Capitalism*(Oxford: Blackwell, 1975 [1971]); Ernest Gellner, *Nations and Nationalism*(Ithaca, NY: Cornell University Press, 1983); Douglass C.North and Robert P.Thomas, *The Rise of the Western World: A New Economic History*(New York: Cambridge University Press, 1973); John A.Hall, *Powers and Liberties: The Causes and Consequences of the Rise of the West*(Oxford: Basil Blackwell, 1985)。关于为何"强大的政治行为体"在不同程度上抗拒和拥护法治的探讨,见 Stephen Holmes, "Lineages of the Rule of Law," in Jose Maria Maravall and Adam Przeworski, eds., *Democracy and the Rule of Law* (Cambridge: Cambridge University Press, 2003)。从这个意义上来说,国内领域和国际领域并不像结构现实主义理论所说的那样,具有根本性的不同。制度在国际领域的重要程度正如权力之于国内领域。

5. Judith L. Goldstein, Miles Kahler, Robert O. Keohane, and Anne-Marie Slaughter, eds., *Legalization and World Politics*(Cambridge: MIT Press, 2001). 对制度形式变化的理性主义解释,见 Lisa Martin, "Interests, Power, and Multilateralism," *International Organization* 46, no.4(Autumn 1992), 765—792; and James Morrow, "The Forms of International Cooperation," *International Organization* 48, no.30(Summer 1994), 387—423。

6. 因此,以关系支配和以规则支配提供了截然不同的和可替代的治理逻辑。基于以规则支配的理想化—典型化的秩序是那种各国拥有主权且在法律之下平等的秩序。基于以关系支配的理想化—典型化的秩序是那种各国被以不同方式排布在主导国周围的秩序,是一种毂辐体系,在这种体系中双边关系是由权力的不对称性程度以及由此导致的特定契约和交换来界定的。

7. James Scott, "Patron-Client Politics and Political Change in Southeast Asia," *American Political Science Review* 66(1972), 1142—1158.关于附从主义(clientelism)和庇护政治(patronage politics)的其他讨论,见 S.N.Eisenstadt and Rene Lemarchand, eds., *Political Clientelism, Patronage, and Development (Beverly Hills, CA: Sage, 1981)*。

8. Gianfranco Poggi, "Clientelism," *Political Studies* 31(1983), 663.

9. Christopher P.Carney, "International Patron-Client Relationships: A Conceptual Framework," *Studies in Comparative International Development* 24, no.2 (Summer 1989), 42—55.

10. 关于弱国和强国之间关系的依附性和谈判模式的讨论,见 Bruce E.Moon, "The Foreign Policy of the Dependent State," *International Studies Quarterly* 27 (1983), 315—340。

11. 有时"买办"(comprador)被用来描述这种非正式的支配形式。"买办"最开始是指 18 世纪晚期开始帮助西方贸易者的中国商人阶层。这些本地的代理者通过合同被雇佣，并对促进贸易和交易的中国职员负责。如今，这个概念被用来指那些在发展中国家协助西方经贸和投资——和剥削——的个人。

12. 在有关发展中国家中的新殖民主义和依附关系的大量研究中都提到了这种等级性支配形式，参见 Fernando Henrique Cardoso and Enzo Faletto, *Dependency and Development in Latin America* (Berkeley: University of California Press, 1979); Jorge Larrain, *Theories of Development: Capitalism, Colonialism, and Dependency* (London: Polity, 1991)。

13. Osita G.Afoaku, "U.S.Foreign Policy and Authoritarian Regimes: Change and Continuity in International Clientelism," *Journal of Third World Studies* 17, no.2(Fall 2000), 13—40.

14. 关于美国的受保护国，见 David Sylvan and Stephen Majeski, *U.S.Foreign Policy in Perspective: Clients, Enemies, and Empire* (New York: Routledge, 2009); Odd Arne Westad, *The Global Cold War: Third World Interventions and the Makings of Our Times* (New York: Cambridge University Press, 2007)。

15. 关于特殊关系，见 John Drumbell and Axel Schafer, eds., *America's Special Relationships: Allies and Clients* (New York: Routledge, 2009)。关于美国和英国的特殊关系，见 Duncan Andrew Campbell, *Unlikely Allies: Britain, America, and the Victorian Beginnings of the Special Relationship* (London: Hambledon and London, 2008); Ferguson, *Colossus*, 216—217。

16. 关于这些不同逻辑的讨论，见 John Gerard Ruggie, "Multilateralism: The Anatomy of an Institution," in Ruggie, ed., *Multilateralism Matters*, 3—47。

17. Galia Press-Barnathan, *Organizing the World: The United States and Regional Cooperation in Asia and Europe* (New York: Routledge, 2003).

18. 关于美国在中东地区建立由毂辐式的受保护国构成的非正式帝国，见 Marc J.O'Reilly and Wesley B.Renfro, "Evolving Empire: America's 'Emirates' Strategy in the Persian Gulf," *International Studies Perspective* 8, no. 2 (May 2007), 137—151。

19. 基欧汉（Keohane）曾就这种关于制度的功能观作出经典阐述，参见 Keohane, *After Hegemony*。关于制度有助于国家应对不确定性所致形势的观点，见 Barbara Koremenos, "Contracting Around International Uncertainty," *American Political Science Review* 99 (November 2005), 549—565; Peter Rosendorff and Helen Milner, "The Optimal Design of International Trade Institutions: Uncertainty and Escape," *International Organization* 55, no.3(Autumn 2001), 829—858。

20. 关于对制度的这种看法的概述，Andreas Hasenclever, Peter Mayer, and Volker Rittberger, *Theories of International Relations* (Cambridge: Cambridge University Press, 1989), chap.3; and Lisa L.Martin and Beth Simmons, "Theories and Empirical Studies of International Institutions," *International Organization* 52, no.4 (Autumn 1998), 89—117。

21. Terry M. Moe, "Political Institutions: The Neglected Side of the Story," *Journal of Law, Economics, and Organization* 6(Special Issue 1990), 213.

22. 关于制度可以被国家用来作为一种政治控制途径的看法源自新制度主义对这其中的因果机制的认识。也就是说，通过在承诺和减少不确定性或交易成本方面提供价值，制度可以塑造和限制国家行为。政治控制是通过对这些因果机制的操纵来实现的，这改变了从制度性协议中所获收益的分配。

23. 这一观点，详见 Lloyd Gruber, *Ruling the World: Power Politics and the Rise of Supranational Institutions* (Princeton, NJ: Princeton University Press, 2000)。

24. 关于国际秩序的作用和局限性的争论，见 Randall L.Schweller, "The Problem of International Order Revisited: A Review Essay," *International Security* 26, no.1(Summer 2001), 161—186; Robert Jervis, Henry R.Nau, and Schweller, "Institutionalized Disagreement," *International Security* 27, no. 1 (Summer 2002), 174—185。

25. 在达成有约束力的国际协议的同时，一国也在降低自己的行动自由，从这个意义上讲，这种协议对国家来说是有很大成本的。阿伯特(Abbott)和史奈达(Snidal)把这种政策自主性的减少称之为"主权成本"，指出"所涉及的成本范围从特定议题结果上的简单差异，到对某个议题领域的决策丧失权威，再到对国家主权的更具根本性的侵蚀"，Kenneth Abbott and Duncan Snidal, "Hard and Soft Law in International Governance," in Goldstein et al., *Legalization and World Politics*, 52。

26. 托马斯·谢林(Thomas Schelling)对承诺的这种战略性作用作出了经典阐述，国家借此寻求"通过影响他国的预期来限制其选择"，Thomas Schelling, *Strategy of Conflict*(Cambridge, MA: Harvard University Press, 1960), 122。谢林近年重申了这一深刻见解，"对于许诺(promises)和威胁、讨价还价和谈判、威慑和军备控制，以及合约关系来说，承诺都是核心影响因素。我强调了这样一个悖论：对于一个关系、许诺获威胁，以及谈判地位来说，承诺要求放弃一些选择或机会，对自我进行约束。承诺通过改变一个合作者、敌对者，甚至是陌生人对自己行为或反应的预期而发生作用"。Thomas Schelling, *Strategies of Commitment*(Cambridge, MA: Harvard University Press, 2006), vii.

27. Moe, "Political Institutions," 227—228.

28. Michael Crozier, *The Bureaucratic Phenomenon* (Chicago: University of Chicago Press, 1964).

29. Thomas Schelling of "The Power to Bind Oneself." Schelling, *Strategy of Conflict*, 22—28.

30. 关于制度性力量这一概念，Michael Barnett and Raymond Duvall, "Power in International Politics," *International Organization* 59, no.1(Winter 2005), 39—75。

31. Judith Goldstein and Joanne Gowa, "U.S.National Power and the Post-war Trading Regime," *World Trade Review* 1(2002), 154—170.

32. 关于国家的民主特性促进制度性承诺的方式，见 Lisa Martin, *Democratic Commitments: Legislatures and International Cooperation* (Princeton, NJ: Princeton University Press, 2000); Charles Lipson, *Reliable Partners: How Democracies Have Made a Separate Peace* (Princeton, NJ: Princeton University Press, 2005)。

33. Press-Barnathan, *Organizing the World*, 61.

34. Peter J.Katzenstein, *A World of Regions: Asia and Europe in the American Imperium* (Ithaca, NY: Cornell University Press, 2005), 50.

35. Victor D.Cha, "Powerplay: Origins of the U.S.Alliance System in Asia," *International Security* 34, no.3(Winter 2009), 158—196.

36. Cha, "Powerplay," *International Security*, 158.

37. Stewart Patrick, *The Best Laid Plans: The Origins of American Multilateralism and the Dawn of the Cold War* (Boulder, CO: Rowman & Littlefield, 2009), 270—271.

38. Robert O.Keohane, "Multilateralism: An Agenda for Research," *International Journal* 45, no.4(1990), 742。另见 Daniel Drezner, *All Politics Is Global: Explaining International Regulatory Regime* (Princeton, NJ: Princeton University Press, 2007), 45。

39. 关于霸权稳定的研究认为，单独一个强国可以拥有促进和支持开放的世界经济的动机。如果这个首强国足够大，它会将组织国际体系认为是自己的利益，并且愿意为组织和维护开放的世界经济提供公共物品，即便是它独自承担相关成本。Charles Kindleberger, *The World in Depression, 1929—1930* (Berkeley: University of California Press, 1973); Robert Gilpin, *U.S.Power and the Multinational Corporation* (New York: Basic Books, 1975); Robert Gilpin, *War and Change in World Politics* (New York: Cambridge University Press, 1981); Stephen D. Krasner, "State Power and the Structure of International Trade," *World Politics* 28, no.3 (April 1976), 317—347。20 世纪 80 年代，出现了对霸权稳定论的进一步探讨、延伸和批评，对这方面争论的概述见 David Lake, "Leadership, Hegemony, and the International Economy: Naked Emperor or Tattered Monarch with Potential?" *International Studies Quarterly* 37(1993), 459—489。关于近年对这一理论的再阐述（强调以自我利益为基础的霸权领导），见 Carla Norrof, *America's Global Advantage: U.S.Hegemony and International Cooperation* (New York: Cambridge University Press, 2010)。

40. 关于霸权稳定的研究中有一种看法是，霸权国因其幅员和权力能够在长期利益基础上行动而不是为短期的分配性获益而进行争斗。用罗伯特·基欧汉(Robert Keohane)的话来说，这个理论认为"对于发展强有力的国际制度(regimes)来说，由一国支配的霸权性权力结构是最有利的，这种国际制度的规则相对而言是精确的且能得到很好地遵守"。通过运用胁迫或主动的制裁，这种国家有能力维护它们所偏爱的制度。霸权国可以获得塑造和支配国际秩序的能力,同时为较小的国家提供一系列足以使它们就范的好处。Keohane, "The Theory of Hegemonic Stability and Changes in International Economic Regimes, 1967—1977," in Ole R.Holsti, Randolph M.Siverson, and Alexander L.George, eds., *Change in the International System*(Boulder, CO: Westview, 1980), 132。

41. 详见 Ikenberry, *After Victory*, chap.3。

42. G.John Ikenberry and Charles A.Kupchan, "Socialization and Hegemonic Power," *International Organization* 44, no.4(June 1990), 283—315; Lisa Martin, "The Rational State Choice of Multilateralism," in Ruggie, ed., *Multilateralism Matters*, 91—124; Lisa Martin, "Interests, Power, and Multilateralism," *International Organization* 46, no.4(Autumn 1992), 765—792.

43. 正当性指的是一种政治关系的规范层面的性质。当行为体认为这种关系在规范层面是可以接受的(不论这种关系的基础条件是什么),正当性就可被认为是存在的。然而,前提是,对这种关系的规范层面的接受与这种关系的实际状况是相关的。也就是说,规则和制度被假设对霸权关系中的上下级行为体之间的相互联系具有某种实际影响,即它会减少支配的帝国主义特性。但是,最终而言,正当性取决于国家如何看这种政治关系。关于国际秩序的正当性的来源和特性,见 Ian Clark, *Legitimacy in International Society*(Oxford: Oxford University Press, 2005)。

44. Keohane, *After Hegemony*; and Stephen Krasner, "Structural Causes and Regime Consequences: Regimes as Intervening Variables," in Stephen Krasner, ed., *International Regimes*(Ithaca, NY: Cornell University Press, 1983).

45. 详见 Ikenberry, *After Victory*, chap.3。

46. Rebecca Bill Chavez, *The Rule of Law in Nascent Democracies: Judicial Politics in Argentina*(Stanford, CA: Stanford University Press, 2004); Tom Ginsberg, *Judicial Review in New Democracies: Constitutional Courts in Asian Cases*(Cambridge: Cambridge University Press, 2003); Jodi Finkel, *Judicial Reform as Political Insurance: Argentina, Peru, and Mexico*(Notre Dame, IN: University of Notre Dame Press, 2008).兰·赫士尔(Ran Hirschl)把这种逻辑称之为"霸权护持"(hegemonic preservation), Hirschl, *Towards Juristocracy: The Origins and Consequences of the New Constitutionalism*(Cambridge, MA: Harvard University Press, 2004)。关于宪政主义和作为政治保护工具的司法权威的进一步探讨,见 Rebecca Chavez, "Rule of Law and Courts in Democratizing Regimes," and Thomas Ginsberg, "The Global Spread of Constitutional Review," both in Keith E.Whittington, R.Daniel Kelemen, and Gregory A.Caldeira, *The Oxford Handbook of Law and Politics*(Oxford: Oxford University Press, 2008)。

47. Nico Krisch, "International Law in Times of Hegemony: Unequal Power and the Shaping of the International Legal Order," *European Journal of International Law* 16, no.3(2005), 374.

48. 关于权力政治（包括霸权）和国际法之间关系的讨论，见 Richard H. Steinberg and Jonathan M.Zasloff, "Power and International Law," *American Journal of International Law* 100(2006), 64—87; Detlev F.Vagts, "Hegemonic International Law," *American Journal of International Law* 95(2001)。

49. 关于美国寻求在国际法中建立等级结构并在不受制于国际法的情况下控制国际法内容的各种方式的讨论，见 Nico Krisch, "More Equal Than the Rest? Hierarchy, Equality and US Predominance in International Law," in Michael Byers and Georg Nolte, eds., *United States Hegemony and the Foundations of International Law* (Cambridge: Cambridge University Press, 2003), 156—166; Nico Krisch, "Weak as Constraint, Strong as Tool: The Place of International Law in U.S.Foreign Policy," in David Malone and Yuen Foong Khong, eds., *Unilateralism and U.S. Foreign Policy: International Perspectives* (Boulder, CO: Lynne Rienner, 2003)。

50. Miles Kahler, "Conclusion: The Causes and Consequences of Legalization," in Goldstein et al., *Legalization and World Politics*, 281—282; and Abbott and Snidal, "Hard and Soft Law in International Governance," in Goldstein et al., *Legalization and World Politics*, 63—66.

51. 关于作为机制强化举措的制度化监督和强制执行，见 Keohane, *After Hegemony*; Goldstein et al., *Legalization and World Politics*。

52. Ikenberry, *After Victory*, chap.3.

53. Scott James and David Lake, "The Second Face of Hegemony," *International Organization* 43, no.1(Winter 1989), 1—29.

54. Krisch, "More Equal than the Rest?" 163.

55. Drezner, *All Politics Is Global*, 59.

56. 关于国内标准的输出，Beth Simmons, "The International Politics of Harmonization: The Case of Capital Market Regulation," *International Organization* 55, no.3(Autumn 2001), 589—620; and David Vogel, *Trading Up: Consumerism and Environmental Regulation in the Global Economy* (Cambridge, MA: Harvard University Press, 1995)。关于强国强迫其他国家"调整"的方式，Beth Simmons, *Who Adjusts? Domestic Sources of Foreign Economic Policy during the Interwar Period* (Princeton, NJ: Princeton University Press, 1994); Michael Mastanduno, "System Maker and Privilege Taker: U.S. Power and the International Political Economy," *World Politics* 61, no.1(January 2009), 121—154。

57. Krisch, "More Equal Than the Rest?" 161.

58. 这是美国通过《赫尔姆斯—伯顿法》所使用的治外法权工具，该法要求制裁那些与古巴所拥有的公司和资产进行贸易的国家，见 Vaughan Lowe, "United States Extraterritorial Jurisdiction: The Helms-Burton and D'Amato Acts," *International and Comparative Law Quarterly* vol.46, 378—390。

59. Krisch, "International Law in Times of Hegemony," 390.

第四章　单极及其影响

导言

当一个国家独居世界最强国地位之时，这便是单极世界，这种情况会如何影响该国的支配战略和世界秩序的特征呢？在现代以来的大部分时间里，首强国都是和其他强国一同进行秩序的构建。"二战"后美国的秩序构建是在当时新出现的两极冷战体系中展开的。但是当主导国家成为单极力量，其他强国无可匹敌之时，它的支配战略会如何变化？当单极衰落时，它的支配战略又会发生何种变化？

物质资源的独特分配造就了单极的全球体系。随着冷战的结束，美国在全球实力分配中的绝对优势（primacy）成为国际体系最显著的特征之一。冷战的结束没有使世界返回多极状态。相反，当时已经是世界主导性力量的美国愈发强大。没有其他大国在（军事、经济、技术、地理方面的）物质实力上拥有如此之优势。其他国家或可在某个领域与美国竞争，但美国权力的多面性使其独领风骚。苏联及其盟友阵营的突然崩溃，20 世纪 90 年代日本和西欧放缓的经济增长，以及美国超高的军费支出都深化了这种差距。虽然在大多数历史时期，大国之间的实力分配一直倾向于是两极的或多极的（出现拥有大体上相同幅员和实力的若干大国），但美国在 20 世纪 90 年代成了一个无可匹敌的全球力量。它变成了一个单极国家。[1]

在过去二十几年中，单极的兴起从两个方面给权力分配带来了变化。变化之一是权力更加集中，首强国和其他国家之间的差距加大。这种强化的权力差距体现在美国经济、军事和技术实力方面的主导地位。另一变化是与首强国相竞争的权力极（poles of power）都消失了。

首强国不再拥有全球性的对手，或者用术语说就是可匹敌的竞争者(peer competitor)。现代以来，总是有若干相竞争的权力极。冷战时期有两极。但从 20 世纪 90 年代开始，只有一极。从这方面讲，美国居于其他所有国家之上。这种居高临下的地位在现代时期是前所未有的。

可以说全球体系是单极的，但这种看法并不特别针对和单极国家相关的政治关系的逻辑。围绕着单极建立起来的政治秩序有可能是胁迫性的，也可能是有共识性的；它可能是正当的，也可能是不正当的。将这一体系描述为单极，并不能回答如下的问题：这个等级结构的逻辑和特征，以及以美国为中心的单极体系的运作方式。在单极的权力分配格局中，进行支配的特征是什么？如果世界政治总是强力(force)和赢得同意兼而有之的话，从双极变为单极会不会消除一些约束从而使世界政治更偏重于强力？单极世界会围绕着规则和制度建立起来，还是建立在单极权力以单边主义方式施展的基础上？单边主义是不是单极力量之所选，这种情况会导致“二战”后美国领导的自由主义国际秩序的分崩离析吗？

为探究单极和自由主义国际秩序之间的关系，我们需要从两个方面来审视其影响。我们需要探讨(从物质实力的角度所界定的)单极对国际秩序的影响。正如我们将看到的，从因果关系讲，权力分配与政治型态的逻辑和特征之间的联系并不紧密。单极可以和各种不同种类的(从等级的帝国主义和自由主义形式这个角度所界定的)国际秩序共存。然而，单极的确改变了与各种支配战略相关的动机和限制性因素。与此同时，我们需要审视自由主义国际秩序对单极的兴起和持久性的影响。重要的是，单极不能仅仅被理解为物质实力集中在一个国家的手中，也要把它视为一套更广泛的政治和制度特性，而这些特性使单极国家转变为其他国家相互联系并围绕其运作的“结点”(hub)。体系中其他极存在与否，不仅取决于该体系中有没有其他的强国，而是取决于其他这些国家能否或愿否成为具有组织性的结点。在过去一个世纪中，通过构建自由主义霸权秩序，美国已经成为世界历史上扩展最广、影响最深远的极。正是美国的这种政治型态，加之其实力，使单极的国际体系得以出现。

本章将从以下五个方面展开。第一，我对单极的性质做出描述并探讨一个核心谜题：为什么美国的单极状态没有引发其他国家的权力制衡反应？美国物质权力的集中是前所未有的，但为什么针对权力集中的传统反应——大国制衡——并没有出现且不可能出现，这是有其理由的。某种程度上，这是因为权力的极度集中。但这也是因为当代国际体系的独特性质，即核武器的存在以及资本主义民主大国的主导地位。多极和（新近的）两极的权力分配的变化对主导和支配模式具有影响。这是因为限制和管束权力的最古老和最经典的机制——权力制衡联盟——在当代国际秩序中并没有出现。

第二，我探究了"二战"后美国领导的自由主义国际秩序对单极兴起的影响。单极状态——可泛泛地界定为唯有一极的全球体系——其本身是自由主义国际秩序所具有的一种效果。单极状态是由物质实力的独特分配所造成的，但它也是由缺少其他极而造成的。极所具有的特性超出了物质实力的范围。极具有制度方面的特性。从这个角度而言，极可以被描述为其他国家相互联系的结点。极提供了其他国家围绕它运作的具有组织性的基础设施。美国之所以是单极，并不仅从其所拥有的不成比例的物质实力这一角度而言。它也是一个极为重要的结点，或曰它是一个更为宽广的秩序体系的组织中心。其他国家将它们与美国和组成自由主义国际秩序的更广泛的规则和制度联系起来。单极状态之所以在冷战后能够出现，是因为其他可供选择的结点要么是消散了，要么是未能出现。

由此，单极秩序——唯有一极的国际体系——是美国领导的政治型态的制成品（artifact）。美国领导创立了一种开放的和大体上以规则为基础的战后秩序。通过支持经济开放性、稳定性和安全，美国提供了公共物品。更广泛而言，自由主义的国际秩序为那些在其中运作的国家提供了好处和服务。这一秩序也有其制度特征，这些特征使它具有了扩展性，使它能够相对容易地将国家融入其中。美国领导的秩序的自由主义特征使它“易于加入而难于推翻”。这一点将其他寻求确立相竞争的极的国家置于劣势地位，从而强化这种单极状态并使之持久。

第三，我认为单极的兴起也为首强国的支配制造了新的两难。从两极向单极的转变对于前一章所讨论的支配战略是有影响的。它影响了首强国提供公共物品，就其政策自主性作出妥协以及利用规则和制度作为支配战略的动机。从两极的权力分配向单极的权力分配的转变致使首强国和附从国家重新评估全球体系中更广范围的契约和制度的成本与收益。单极状态的总的影响就是，它改变了[首强国]战略的调配(mix)。在冷战的两极时代，美国所追求的是两套秩序逻辑：以规则为基础的逻辑和毂辐逻辑。在单极状况下，毂辐这种秩序逻辑变得更加重要。在不存在冷战时的那种共同威胁的情况下，美国想做的就是，在安全方面与他国谈判达成一种双边契约，建立一种有关安全保护的更广泛的、等级性的毂辐体系。说得极端一些，这等同于所谓世界政治的东亚化。美国与东亚之间的那种关系模式被推广至全球。

第四，我认为，虽然如此，单极国家仍然想要在一个由规则和谈判产生的制度所构成的同一世界(one-world)体系中运作。这一秩序的总体特征取决于若干关键变量：时限(time horizon)、正当性以及确立可信承诺和保持克制的能力。作为一个单极国家，美国并不是注定要完全舍弃以规则为基础的秩序。如果恰恰是因为其他可选择的秩序最终都不可持续，便真是那么回事。但美国进行统治的那种帝国主义体系——哪怕是统治东亚的那种毂辐模式——是代价高昂的、充满矛盾的，而且建立在关于未来美国权力优势的不现实的假设之上。仍有一系列诱因和动力促使美国围绕规则和制度来构建单极。在一些全球性领域，美国会想要重新谈判规则和制度，但它最终也想要在一个由规则和制度构成的世界中正当地行使其权力。

第五，立足于这些思考，我认为全球体系应会保留单极状态的政治特征，即便是物质实力的分配从美国那里转移开去。美国与他国权力悬殊的相对下降将并不必然导致新的极的形成或一种多极的均势体系。中国采取步骤加入这个秩序的事实说明了自由主义秩序的逻辑和特性是如何巩固一极(one-pole)体系的。重回多极的进程中会有若干停靠站点:权力的分散、新的极的兴起,以及制衡和安全竞争的爆发。美国单极所孕育的政治型态的自由主义特性将对重回多极产生影响。即便物质实力从美国向外分散,新的全球规模的极的兴起以及制衡和安全竞争的复归也不是不可避免的。

单极和均势

单极对[国家间的]合作模式以及首强国的支配战略会有哪些影响?现实主义理论提供了一种最戏剧性的可能性,也就是较弱的和二等的国家将寻求通过制衡首强国来防止它们受到首强国的支配。根据这一经典看法,权力的集中会对其他国家构成威胁,而制约这一权力的最有效方式就是反制(counterbalancing)它。均势是抑制权力的最持久的机制,因为均势是最可靠的;用权力制约权力。现实主义的预期是,单极的兴起——权力更大程度地集中于一国之手——应会引发权力制衡的回应。[2]

均势现实主义对权力的单极分配做出了一个明确预判:较弱的和二等的国家将抵抗和制衡主导国。安全——实际上是生存——是国家的根本目标,因为它们最终不能依靠其他国家的承诺或保证来确保自己的安全,这些国家对于自己的相对权力地位将会非常敏感。当强大的国家出现时,二等的国家将通过组成较弱国家的联合阵线予以抵抗,从而寻求保护。

反制战略就是形成足够的物质实力来对最强大的国家加以限制。这一目标可以通过单一国家或国家联合阵线的努力得到实现,它们会采取步骤生成新的能力并将其有效利用,从而使首强国的优势受到限制或受挫。人们会期待看到一个对抗国家崛起并寻求成为与首强国相匹敌的竞争者,或是一个国家联合阵线组建起来继而与首强国的能力相较量或抵消它的能力。就美国单极而言，预期就是传统盟友会和美国疏远并扩展它们的自主防务能力。华尔兹提出，当包括中国和俄罗斯在内的大国扩展它们的防务能力且松散的国家联盟想要削弱美国的全球权力地位时，这种制衡的逻辑会大行其道。[3]克里斯托弗·莱恩(Christopher Layne)认为单极是不稳定的，主要是因为美国权力的集中对于其他大国构成了威胁。他预测世界会重新回到一种建立在传统大国和崛起大国之间权力均衡(equilibrium)基础上的全球体系。[4]

美国单极的兴起事实上并没有导致一种反制回应，至少并没有出现现实主义理论所预计的那种反制，这一直是一个有趣的谜题。对于什么才是真正制衡的辩论持续展开。一些学者的确预言会重新出现传统的安全反制，而其他人则认为一种相应于新情况的新的反制形式——或曰所谓软制衡(soft balancing)——正在出现，证实了这一理论的基本内涵。[5]但是，即便软制衡正在出现，这也表明对于权力集中有一种较以往所见极为不同的反应。[6]在美国单极时期，世界上的大多数主要国家寻求与美国靠得更近，而不是远离美国。在冷战结束后的20世纪90年代，先进工业国家之间的贸易与合作得到扩展。美国维持——并通过各种不同方式深化了——它与西欧和日本的同盟关系。[7]至少在2003年美国军事入侵伊拉克引发危机之前，我们难以发现其他大国作出系统性的努力，来积极地反对单极的美国，更不用说对其进行制衡。[8]

华尔兹承认均势的动力机制可以被霸权所压制。比如，对美国霸权领导地位的接受有助于避免了均势在欧洲大陆的回归。但是，从现实主义视角看，单极仍可能是各种国际秩序中持久性最低的。有两个原因来证明这种观点。首先，主导国倾向于承担更多的任务和责任，从长远看，这样做会削弱这个国家。这种论点与保罗·肯尼迪(Paul Kennedy)的看法类似，即美国会最终重蹈所有强国的覆辙——衰落。主导国在施展其权力时容易犯错误，这个问题的直接原因是其权力的集中。[9]单极秩序不稳定的另一个原因与无政府状态这一背景条件直接相关。即便主导国温和行事，其他国家也会担心不受制约的权力集中所带来的不安全因素。在冷战期间，美国和苏联相互抑制对方，但如今美国基本上是不受抑制的。如华尔兹所言："面对不受制衡的力量，一些国家试图提升它们自己的力量或是与其他国家结盟，从而将权力的国际分配带回至平衡。"[10]不管美国有什么好的意图或渴望讨好他国，美国都注定要经历与世界历史上其他主导国相同的命运。

但与这种看法形成对比的是，对于为何针对美国单极的大规模制衡并未发生，也有非常深刻的原因。原因之一在于，即便大国想要制衡，这样做也是困难的。[11]动员组织一个反制联盟代价高昂，特别是在[首强国带来的]威胁并不是那种迫在眉睫的领土征服式威胁的情况下。从某种程度上讲，这是一个集体行动的难题。一国从其理想上讲想要其他国家去进行制衡，从而避免其自身因为动员力量、组建联合阵线和招致单极国家报复的风险而付出代价。也就是说，存在一种"推卸责任"(buck passing)的趋向。[12]因为各国并不是经受着同等的被支配的威胁，因而也很难建立起联合阵线。如沃尔弗斯(Wohlforth)所指出的，各国常常会从非常局限于自身的角度来思考它们的安全，因此，各国的领导人不可能同样强烈地感受到在体系范围内进行制衡的必要性。在这种联合阵线中丧失政策自主性也造成这种进行制衡的联合阵线代价颇大。这样做也是危险的。如果试图制衡但失败了，主导国会对这些国家进行报复性劫掠。这些内在的限制性因素使得制衡难以形成，事实上，在不同的历史时期有很多这样的例子，即哪怕面临崛起国或主导国带来的实实在在的威胁，各国也没有进行足够制衡。[13]

然而，沃尔弗斯的观点超出了这种组织层面的问题，他认为单极的稳定性实际上被单极权力的深层结构内嵌于这个体系之中，这一深层结构带来了一系列明确而持久的成本、收益和限制性因素，它们则巩固了既有秩序。当物质实力被集中以至于处在单极条件之下，很难看到一个具有足够抗衡力量的联合阵线可被组建起来。[14]如果单极国家拥有占主导地位的经济，用于军事力量方面的开支和世界其他国家的总和一样多(且以一种相对低成本的方式实现),并且掌控了公域(commons),那么就很难看到一个传统上的反制联盟能够真正被集结起来以创造一个相对抗的全球权力中心。

这一观点的意涵在于,即便有反制的需求,在如何实现供给方面总会有问题。一旦权力悬殊变得相当之大——也就是说,当单极出现时——对于反制的供给几乎是不可能的,因为那些未来的(would-be)制衡者并没有足够的权力(即便它们能够解决集体行动的难题)。在权力不平衡达到某个阈值水平时,对于其他大国来说,传统的反制就不再是一个战略选项。

在单极条件下对反制施加限制的第二个方面的因素是当今全球体系的显著特征。这些因素降低了制衡的需求。一是一大群民主大国的存在。说到底,反制的逻辑受到面对支配国家时对安全和生存的关切的驱动。有理由相信,民主国家和其他民主国家之间的关系不太可能会对这种逻辑作出回应。民主和平论认为,民主国家常常不将彼此视为能够导致战争的安全威胁。[15]这一理论的意涵是,当单极国家和较弱国家都是民主国家时,对于较弱国家来说,权力悬殊并不是那么具有威胁性,因此民主国家不会针对单极国家采取反制措施。此外,自由民主国家在它们自己之间建立稳定的、和平的以及制度化的合作关系(构建人们所说的安全共同体)方面具有突出的能力。[16]这些复杂的、相互依存的政治关系对于进一步降低采取全面制衡的需求是有影响的。[17]

正如前面提到的,当代国际体系的突出特征之一是民主大国的优势地位。大部分的财富和军事力量掌握在发达的民主国家手中,而这些国家通过密切的经济、政治和安全关系与美国联系在一起。1992年,美国、法国、德国、英国和日本拥有传统大国所持有的国民生产总值(GNP)的96%。[18]与发达民主国家的总和相比,俄罗斯和中国拥有(并将持续拥有)的确实是较少的经济力量。影响就是,没有什么大国联合阵线(对单极有充分担忧的国家)可以组织起一种反制回应。

核武器的存在是当代国际体系的另一个特征,它改变了制衡的逻辑。大多数大国拥有核武器这一事实从两方面改变了权力集中带来的威胁的性质。首先,因为像中国和俄罗斯这样的国家已经确立核威慑,它们不需要担心首强国挑起战争和进行支配。美国的权力变得更加可以忍受,因为在核威慑的时代,美国的军事力量无法被用于征伐其他大国。威慑代替了结盟反制。其次,核武器使这些大国更加难以推翻既有的国际秩序。美国所领导的维持现状的这种国际秩序变得不那么容易被取代。那种由战争驱动的变革是一种被消除了的历史进程。如罗伯特·吉尔平(Robert Gilpin)所指出的,在历史上,大国战争的确一直是被用于重绘(redraw)国际秩序的变革方式。崛起国废黜了居于支配地位但却衰落了的国家,进而强加一种新的秩序。[19]因此,核武器具有上述两方面的影响。与之前的时代相比,大国制衡的需求下降了。而且,如果反制阵线的确出现了,作为一种选项,它通过战争推翻既有秩序的能力也降低了。总的影响就是,削弱了大国制衡的逻辑。

最后,世界地理塑造了美国展现单极力量的方式。美国是唯一不与其他大国毗邻的大国。这种地理上的遥远使美国的权力崛起对于世界上的其他国家来说不那么具有威胁性。美国能够在不造成大国关系不稳定的情况下持续发展。[20]在美国进行领土扩张的时期,它没有直接威胁其他大国。对于新世界,欧洲国家虽然利益攸关,但并非根本利益,至少在19世纪中期之前,欧洲国家在新世界甚至没有什么直接存在。美国是从法国购得领土而不是通过武力征服来获取它。当然,德国在地理上并不是那么幸运,德国的扩张和统一带来了民族主义的对抗、领土野心、军备竞赛,并最终导致世界大战。[21]当欧洲国家的力量增强之时,它们常常会在其所处地区引发由安全困境驱动的冲突和制衡反应。但是美国的遥远减弱了它成为全球重要大国所带来的不稳定影响。[22]

美国权力在地理上的遥远性使其对其他国家不那么具有威胁性,这一点在两极的冷战时代以及在当前的单极状态条件下都很重要。此外,单极出现的方式减弱了其对于大国算计(calculations)的影响。美国并没有通过战争，且绝对没有通过那种领土吞并战争成为单极。两极中的对手崩溃之时，它便成了单极。当苏联这个体系陷入混乱，当西欧和日本与美国比起来发展较慢并且和美国紧密地结为同盟时，单极便静悄悄地出现了。

单极和自由主义国际秩序

一个体系的极性是由权力分配所决定的。但是，精确地说什么是极仍有一些模糊。华尔兹的定义基本是对物质实力的描述，但它也包括诸如能力(competence)这类政治性—制度性特征，大致而言，是指一个大国将其物质资产转化为影响力的能耐(ability)。现实主义者最初使用这一概念时，也包涵这样的想法，即极与磁性(magnetism)相似，每个极都是具有吸引力和排斥力的中心。[23]这种形象化的描述表明，极不只是从物质角度而言具有能力的国家，也是可以塑造和改变国家之间活动和联系的组织性力量。关于“国家社会”的研究文献在讨论极时也超越了权力集聚的层面，认为它们是在更大的“国家社会”中可发挥作用和功能的大国。大国才是极，而且是那种在组织和管理体系方面扮演一定角色的大国。[24]在讨论极时，将它们当作全球体系中的组织性结点，比上述这些想法又往前进了一小步。也就是说，可以从物质实力角度界定极，它也可以被界定为一个结点，指的是在国家之间构建关系的制度性能力。说一个国家是结点，也就是说它在某个地理区域、功能领域，或者说得更宽泛一些，在更大的全球体系中为国际关系提供了组织性基础。[25]

极在若干方面呈现了一种组织性结点的特征。它为与其联系在一起的其他国家提供物品和服务。最基本的服务是安全保护。当一个国家建立了盟友伙伴关系并组织起地区性和全球性的合作安全关系时，这个国家就是一个结点。其他国家为了安全和稳定而变得依赖这个结点。当一个国家提供了其他国家行事的规则和制度性安排，这个国家便体现了作为结点的特征。这一结点促进了围绕在它旁边的国家之间的合作。说得再宽泛一些，这个作为结点的国家能够为商业、外交以及国家间互动的其他形式提供一种政治性—制度性空间。这便是作为地缘政治交汇之处（geopolitical crossroads location）的结点，它为地区或全球治理提供了制度性的联系和服务。[26]

结点不只是一种实力的反映，它也是由更宽泛的组织性特征和作用所界定的。作为权力和权力之间的中心，结点多多少少是具有综合性的。发展得最充分的结点会是一个将所有的功能性领域——安全、经济、政治等——都组织起来的强大国家。结点在其区域或全球规模方面是有区别的。数个世纪以来，日本和中国在东亚从不同方面扮演了这一角色。法国和英国则在西欧扮演了这种角色。其他的结点在全球层面上运作，吸引了不同地域的国家。19 世纪的英国或许是第一个全球性结点。冷战期间的美国和苏联在其组织延展方面更具全球深远性。通过这些方式，结点大致上可以具有扩展性的和整合性的政治—制度特征。在性质上，它们可以是帝国主义的或是自由霸权主义的。它们在范围上可以是相当的有限，只在地区层面和贸易、货币关系等很窄的功能领域中运作。或者它们可以是在世界范围和世界政治的所有功能领域中运作的、影响远播的地缘政治实体。

从这个角度来说，美国创造了世界历史上最具综合性且影响最深远的极/结点。"二战"结束时它所拥有的非凡的物质实力使那种美国将成为更大体系中结点的看法毋庸置疑。但正是美国利用其实力所进行的精心的秩序构建赋予美国这个结点独特的性质，并最终使其如此的具有扩展性、整合性和持续性。与历史上的其他大国或霸权国家（包括 19 世纪的英国）相比，美国更加围绕着制度性的战略关系来构建秩序。这是一个围绕着多边同盟、战略克制、合作安全以及开放的、制度性的和以规则为基础的关系而构建起来的结点。正是这种秩序在"二战"后的几十年里向外扩展，一直在吸纳别的国家，并在冷战结束和其他动荡之下得以存续，从而成为一种单极体系。

正如我们将在下一章看到的，通过它的秩序构建与提供服务和好处，美国把它自己变成了一个组织性结点。安全供给是最为重要的。随着冷战的展开，美国不断承担其对欧洲和亚洲盟友安全的承诺。为使世界经济保持开放并确保有关贸易和货币关系的规则和制度，美国做出了系统性努力。美国所倡导的规则和制度为扩展政治关系网络提供了组织性基础。特定的国家和地区成为这些安全承诺和经济联系的受益者，但由此而得到的整个体系的稳定性和开放性为国家的整合与运作提供了宽广空间。

这种组织特性的影响就是，使美国这一极/结点具有不同寻常的扩展性和整合性。这体现在三个方面。第一，非常密集的、全方位的且受到广泛支持的规则和制度体系减轻了在该体系运作过程中无理性（武断的和随意的）权力的作用。与之前历史上的秩序相比，它是一个更加开放和更以规则为基础的秩序。对于其他国家来说，这使与美国合作并与之相联系变得更加容易。美国是强大的，而且仍握有以符合自身利益的方式施展权力的能力。但是整个规则和制度体系给这种权力划出了界限，使它不那么具有威胁性。通过可以减少这些国家抵抗和制衡首强国动机的方式，美国将自己与盟友和伙伴捆绑在了一起。[27]

第二，进入[这一体系]的障碍相对较低。和过去的帝国主义体系不同，美国所领导的秩序建立在非歧视和市场开放性的规则与规范基础上，这为各国（包括处于秩序边缘地带的崛起国家）创造了在这一秩序中推进其经济和政治目标的条件。历史上，从所获得的物质收益是不均衡地被首强国所累积还是被广泛地共享这一角度而言，各种国际秩序有相当大的不同。在美国所领导的体系中，经济参与门槛低，而潜在收益高。通过采取与开放的世界体系相符合的政治和经济实践，各国都可以参与进来。关于接受还是排斥这些国家的命令决断并不是由体系中心做出的。做出这些决定的权力握在这些国家自己的手中。

美国结点的这种开放性延展到国家体系之外。进入的低门槛为非政府行为体——跨国的活动家、企业家和专业团体——提供了在这一秩序中并和秩序中的其他行为体共同运作的机会。安-玛丽·斯劳特

(Anne-Marie Slaughter)将一国在这方面的素质称为连通(connectivity)能力。[28]由此而言,美国这个极是"易于建立联系的"(network friendly)。它是一个开放的、扩展的、具有组织性的社会和政治体系。它是一个能够吸引伙伴和参与者的结点。

第三,美国的领导地位具有依靠联合阵线(coalition-based)的特征。过去的秩序往往被一个国家所主导。当前自由主义国际秩序的利益攸关方包括了围绕在美国周围的一个国家联合阵线。这是一个重要的区别。这些领头的国家,大多数是发达的自由民主国家,并不总是意见相合,但它们参与了在经济、政治和安全上进行妥协(give-and-take)的持续进程。与帝国主义体系不同,这一秩序的治理发生在不同的正式的和非正式的场合,在这些场合中,多个不同的国家发挥领头作用或是协调行事。所谓的七国集团/八国集团以及更为新近的二十国集团都体现了这种多边性、扩展性治理的开放风格。

通过不同的方式,环绕美国的那种政治秩序的自由主义特性使之成为一个具有不同寻常的扩展性和整合性的结点。其他国家做出通盘决定,要与这一秩序相联系并在其中运作,而不是抗拒和反对它。在这一秩序中实现的经济发展和财富创造使领先的那些国家更加易于为较弱的和较小的国家提供援助和其他好处。这一秩序中的多边主义规则和制度为各国寻求应对经济危机或完成改革提供了途径。协调得以促进,而资源——政治知识、备用资金等——对于参与国也是开放可用的。实际上,自由主义秩序呈现了一种互助(mutual aid)社会的形式。各国参与这一秩序并相应地获益。其他备选的极/结点——既有的或是想象中的——只能提供很少的吸引力。随着其他备选的极/结点崩塌解体或未能形成,单极在冷战后的数十年中便出现了。

单极的影响

如果反制不是针对单极兴起的集中(central)反应,那什么才是?全球体系仍然是等级性的,但在单极条件下这一等级的性质有变化吗?

如果有，是在哪些方面出现变化？特别是，我们有兴趣知道从冷战两极到单极这一变化如何改变了这一体系中美国和其他国家之间制度性合作的限制因素和动机？单极的兴起有没有改变美国构建多边主义框架并在其中行事的动机？单极如何改变了较弱的二等国家与首强国进行合作的动机？以及这些变化如何改变国际秩序的总体性质？

之所以提出这些问题，是为了探究单极国家和其他国家之间制度性契约的变化着的逻辑。正如我在第三章所提出的，一国决定是否要在以规则为基础的制度关系中行事，需要其进行基本的成本—收益算计。要达成有约束力的协议，就需放弃政策自主性。这是国家所不愿付出的成本，除非这么做能生成那些产生的好处大于失去自主性的成本的规则和制度。好处可以来自产生于稳定的、以规则为基础的秩序的物质获益，也可以来自不那么有形的获益，这种获益与一国及其所主导的更大的国际秩序的正当性的提升有关。这种制度性的协商模式使我们能够明白权力和利益的长期性变化如何能够改变首强国的多边主义承诺。

单极的兴起体现在首强国增长的权力优势，它部分地源自与之竞争的极的消失。首强国没有了可匹敌的竞争者或全球性对手。这种在权力和极性方面的变化似乎从若干方面给予单极国家更多讨价还价的优势。首先，因为它不再拥有安全竞争者，首强国获得了更多可自行支配的权力资源。它有的是和之前一样的权力资源——当然它也可以增加这种资源——但是，如今这些力量不再被两极的安全竞争所束缚。其次，就像多次提到的那样，首强国在施展权力时受到的外部约束更少了，因为它不被其他主要大国所制衡。权力并没有被积极有效地利用以反对和遏制首强国，至少没有哪个相对抗的大国在全球层面上这么做。第三，二等的和较弱的国家不再拥有退出(exit)这个选项。在安全保护的全球供给方面，首强国具有一种几近垄断的地位。在这种情况下，谁也逃不出单极条件下的等级结构。可供较弱国家转向加入的相对抗的等级性秩序并不存在。第四，说得更宽泛一些，单极国家对全球体系产生了更加全方位的影响。如果存在秩序和公共物品的供应，单极国家就必会被卷入到生成秩序和提供公共物品之中。与两极或多极秩序相比，绕开首强国家变得更难了。因此，其他国家必会更加担心首强国是否会以促进稳定、开放性和以规则为基础的关系的方式来提供公共物品和使用权力。在制度性契约方面，这些因素给予首强国新的优势。

但是，单极可能也会减少一些首强国在冷战两极之下所享有的权力优势。首先，较弱的和二等的国家不被一个全球性的敌对力量所威胁，因而它们的安全需求会降低，它们在安全保护方面对首强国的潜在依赖也会降低。在某种程度上，这会减少发挥安全提供作用的单极国家进行讨价还价的优势。单极国家有丰沛的军事力量，因而它处于在世界上提供安全保护的地位。但是对于这种保护的需求不和以往一样了，至少对于单极安全保护的需求会变得更加不同且在世界各地会得到不一样的呈现。

更宽泛而言，首强国的正当性也不是那么的不证自明了。对于较弱的二等国家，权力的运用不那么容易被认为是合乎规范地正确或适当。两极下的联合阵线中的小伙伴们将首强国视为安全的保护者和秩序的提供者。每个极的权力被认为是对所有人的福祉有益。在单极秩序中，首强国的权力对于这一秩序之中的其他国家来说，其好处不是那么显而易见。如果单极条件下国际秩序的正当性有所降低的话，首强国面临如何针对其权力加以约束并确立可信承诺的新问题，而这对于维持正当的支配来说是必需的。

权力优势和讨价还价情势方面的这些变化使我们可以看到对首强国的支配战略，对较弱的二等国家的政策反应，对全球规则和关系的总体模式的不同的可能影响。我们可依次对这些影响进行探究。

制度性契约的再谈判

单极的第一个影响和它为首强国创造了通过制度性契约的再谈判

重新获取部分政策自主性的机会有关。这些机会来自于权力优势所带来的获益。如果权力悬殊向有利于首强国的方向变化，首强国就会发现自己获得了新的讨价还价的优势。它可能不那么依赖于其他国家，因此它可以更轻易地摆脱国际协议。其他国家可能会更加依赖于首强国。这种变化了的情势带来了讨价还价的优势方面的变化，将单极国家置于可以坚持或重新得到政策自主性的位置。正是出于这种逻辑，我们可以预计到，单极国家——如果权力的变化足够大并通过这种方式显现出来——将会寻求就制度性契约与其他国家进行再谈判并且对其支配战略作出调整。[29]

正如在本书第三章所论证的，首强国作出制度性承诺——这样做也就限制了其政策自主性——从而在塑造和约束其他国家的政策方面得到它们的同意。首强国想要塑造和约束其他国家的政策，努力构建一种它可以在其中追求其利益的可预测的、适意的环境。为了得到对其他国家和更大的国际体系的政治控制，它作出承诺来限制自己的政策自主性。当权力悬殊朝着有利于首强国的方向变化，它就有机会调整它的承诺和战略从而以实际上更低的代价来实现政治控制。这体现在关于特定制度性契约的再谈判上，也体现在首强国对于支配战略的选择上。

首强国可以利用它增强了的权力优势来作出各种制度性的调整，而这些调整能够让它以最小程度的自主性丧失获得它所寻求的一定水平的国际性的政治控制力。基于第三章的讨论，首强国可以通过若干不同方式来这么做。一是将更具有区别性的规则和义务引入协议之中。否决权、投票份额以及其他决策规则可以被修改，从而给予首强国更大的权利和权威——减少规则和制度对其权力和政策的限制。一个相关的步骤就是，通过使制度性协议变得不那么具有约束力来减轻规则和制度的力量，如体现在关于监督、合规（compliance）和执行方面的更弱的规则。另一个步骤是引入不那么正式的制度性承诺。首强国可以提供程序方面的承诺，而不是正式的、实实在在的以规则为基础的承诺，以给予较弱的二等国家发表意见的机会。最后，首强国可以利用它被增强的权力地位，让规则的提供变得更加单边主义。它试图将其国内规则外化为国际体系。如此一来，首强国利用了它的权力地位——比如，体现在其国内市场的中心性（centrality）和规模——强迫其他国家去适应首强国的标准和做法。通过上述每一种方式，单极的兴起并没有导致以规则为基础的秩序被消除，而是致使其条款和条件被调整。规则和制度通过这样或那样的方式被再谈判以反映权力等级结构的变化。

除了制度性契约的再谈判之外，首强国也可能会针对它的更基本的支配战略做出改变，我已将这种支配战略描述为以规则支配和以关系支配。在冷战两极时期，美国在这两种战略的基础上建立了秩序。作为一种机制，每一种战略在发挥政治控制力方面各有其吸引力。以规则支配涉及对多边协议的谈判，如果这种谈判是成功的话，这些协议可以为可预见的、高效的合作关系提供一种宽广—开放的空间，它们还有助于促进一种对整体国际秩序正当性的共有感知。对于首强国来说，代价在于丧失自主性和直接操纵特定国家的能力——取决于这些规则是多么有力和一视同仁。

以关系支配涉及谈判双边协议和达成保护者—被保护者（patron-client）协定。这种双边关系的吸引力在于，首强国能够在不因达成有约束力、以规则为基础的协议而产生成本的情况下发挥更直接的控制力。正如第三章所提出的，这一逻辑有助于解释"二战"后美国针对欧洲和亚洲的不同的支配战略。美国倾向于对欧洲运用多边主义战略，而对亚洲则是双边主义战略。对于欧洲，美国有一项全面的议程：它想要与其大西洋伙伴进行大量的合作并且愿意作出多边主义的、制度性的承诺。对于东亚，美国想要的更少，但对这些国家的主导程度却更大。因此，它能够通过双边条约，在不失去行动自由的情况下，获取它想要的政治控制力。

随着冷战的两极状态转向单极，这种双边主义支配战略的吸引力似乎变得更大。随着它和其他各国之间权力悬殊变得更大，美国想从这些国家那里得到的就越少，因此它也就不那么倾向于将自己和多边主义的、以规则为基础的协议缠绕在一起。冷战结束本身也是这种以关系支配的逻辑得到强化的原因，至少它和安全有关。在没有了共同安全威胁的情况下（比如苏联构成的那种威胁），各国的安全需求也就变得更加的差异化。一些国家会寻求美国的安全保护，而其他国家则不会这么做。美国与这些国家之间也有了更具差异性的安全关系。[30]对单极国家来说，这种考量似乎使双边关系——和以关系支配——变得更具吸引力。但是也存在有利于多边主义安排的交叉性（crosscutting）动机。我将稍后在本章探讨这种动机。

公共物品的提供

单极的第二种影响在于公共物品的提供。冷战两极时期，美国会发现自己在安全供给、维持经济开放性和稳定性、支持构成这一秩序的规则和制度这些领域是一个公共物品的提供者。首强国愿意代表整个体系采取行动——为该秩序的参与者提供体系层面的服务——是自由主义霸权的一个关键特征。问题在于，朝向单极的这种转变是否以及通过什么方式改变了首强国提供这些物品的意愿和能力。[31]

在行为体不一定必须为生产公共物品或集体物品而偿付全部成本的情况下，这些物品仍可被很多这类行为体所消费。经典的理论看法是，如果足够多的行为体按照其理性的自我利益选择针对别人的努力免费搭车的话，公共物品就会生产不足或是根本就不会被生产出来。[32]要想解决免费搭车的问题，需要追求自我利益的行为体之间的合作。[33]关于霸权稳定论的研究提出这样的假设，即国际关系中的合作需要主导国家发挥领导作用。[34]主导国经济和军事资源的突出优势意味着，它有不成比例的（disproportionately）能力承担提供国际集体物品（如开放的世界经济或稳定的安全秩序）的代价。在承担这些代价上首强国有其利益，因为它会因为促进反映其价值观和利益的体系性结果而不成比例地获益。

在冷战期间，美国的确是挺身而出并提供公共物品。如查尔斯·金德伯格(Charles Kindleberger)所言，它承担起了促进国际经济稳定性所需要的责任，诸如作为最后手段(last resort)的开放市场以及允许使用其货币作为交换和储备之用。[35]西方国家之间的国际经济稳定性强化了它们对抗苏联的安全同盟。美国也不成比例地承担了西方联盟安全所需要的直接成本。在幕后，美国对战后规则和制度基本框架的支持也是一种公共物品的供给。在其所处的国际分立阵营的那一边，苏联最终也不成比例地承担了同盟成本。[36]华尔兹将这一观点向前推进了一步，他提出，美国和苏联在两极体系中或许是对手，但作为两个主导力量，它们在体系稳定方面共享一种相互利益，这促使它们在提供公共物品方面进行了合作，如核不扩散。[37]布尔在他有关国际体系是一种"国家社会"的经典研究中也提出了相似的观点。[38]

从两极体系向单极体系的转变如何影响了当时非常具有主导力的国家提供国际公共物品的倾向呢？两种可能逻辑出现了。一种可能性是它会继续提供公共物品，甚至会提升它对于该秩序稳定性、开放性和安全的责任。单极国家相较于其他大国的实力比两极体系中任一个主导国都要大。它有更大的能力来提供体系性的服务。单极国家的动机应会更强，因为如今它有机会从全球层面影响国际结果，而不仅仅是在它的特定的次体系之中。实际上，自由主义霸权的基本逻辑在单极条件下仍然会通用。首强国应会试图长期锁定这种反映其利益和价值观的国际秩序。[39]

另外一种可能性则是相反的逻辑。冷战的两极状态向单极变化后，我们或许会认为，即便它拥有占据优势的实力，首强国仍会减少公共物品的生产。它不再受到可匹敌的竞争者的威胁，而且相对来说，更不受其他国家的制约，这种事实会促使单极国家追求更狭隘(parochial)的利益，即便是以稳定的国际秩序为代价。它异常强大这一状况意味着它会更加倾向于将调整的代价强加给别国而不是由它自己来承担不成比例的责任。

也有可能这两种逻辑同时发挥作用。单极国家会继续提供公共物品，但在缺少共同安全或相对抗的极的情况下，这一秩序中的国家或许会在什么样的公共物品应被提供以及在何种条件下被提供这一问题上产生越来越多分歧。这种情况在安全领域会更加突显。在提供安全保护方面，首强国会寻求让规则和制度约束变得更少，或者试图修改旧的安全契约。马斯坦都诺提出，一个主导国家可以既是“体系制造者”(system maker)也是“特权持有者”(privilege taker)。它可以在同一时间既提供公共物品又利用其占据优势的权力地位来获取狭隘的利益。在同一时间，它既需要与其他国家的合作，又寻求将作出调整的负担强加到这些国家身上，并获得不同程度的成功。[40]这种向单极状态的转变会改变首强国这两种趋向的混合状况(mix)。

如果首强国确实利用其单极地位变得更像是特权持有者并且将作出调整的代价转移到他国身上，那么问题就出现了。朝着这个方向它能走多远？减少了的和存在竞争的公共物品供给在哪个节点上会改变这种秩序的根本性质？更重要的是，首强国——甚至在单极条件下——提供公共物品并就自由主义霸权秩序的规则和制度寻求共识的压力和动力是什么？

现状 vs.修正主义

从冷战两极向单极的转变改变了首强国对维持这一体系既有规则和制度的稳定性的态度了吗？这不是一个和再谈判特定的制度性契约相关的问题，它与在国际体系的组织安排上进行更基本的改造有关。如果从两极向单极的过渡的确体现出一种有利于美国的权力转移，它会寻求利用这种权力来维持和扩展被普遍接受的规则和制度还是会寻求改造它们？

任何国际体系的稳定性很大程度上取决于主要大国对现状的满意程度。[41]吉尔平认为，主要国家“将试图改变国际体系，如果预计这么做得到的好处超过预期代价”[42]。在两极状态的长时期中,美国对成本—收益的算计是否有利于维持现状这个问题似乎是显而易见的。毕竟,“二战”后的国际秩序——也就是,在更大的两极体系中的西方一极——总体上是由美国组织和领导的。随着冷战的结束,情况似乎是美国将继续是一个满意的首强国——有在单极条件下巩固和扩展美国领导的那一极的巨大动机。但必然是这样的吗?

两种不同的逻辑可能会出现。一种逻辑是单极国将成为一种维持现状的力量。它在国际体系中获得了卓越地位,而这个国际体系是由它的权力和偏好强有力地塑造的。它在既有体系中兴盛起来并处于居高临下的权威地位。人们的预期是,首强国会想要坚持这个秩序中的规则和制度并使它们长期存续。但还存在一种修正主义的逻辑。随着向单极的变化,首强国如今有了按照两极时期并不可得的方式重塑国际体系的新机遇。它拥有无可匹敌的力量,而且似乎在重塑其环境方面也没有什么制约。罗伯特·杰维斯(Robert Jervis)将这种观点向前推进了好几步,他认为单极国家虽有权力和机遇,但也有新的威胁和不安全因素,而这或许会使其对国际体系倾向于采取一种修正主义的态度。[43]

杰维斯认为单极的确创造了倾向于修正主义的动机。一个国家对其利益的界定往往会随着它的权力而扩展。“增长的力量将使追求一整套在过去国家安全不稳定且所有努力都是为了实现首要目标的情况下所不能达成的目标变得可能。”制衡约束和相对抗的地缘政治极的消失给予单极国家“根据它的意向,或是根据它想要的那种自我意向重造世界”的新机遇。[44]同时,单极国家对整个世界都担忧起来。它不再是被一个相对抗的超级强国所威胁,任何地方发生的事情都与其利益攸关。杰维斯指出:“权力和影响力的增长导致了不得不去捍卫的新的地位。”[45]最起码,单极状态给首强国制造了思考(或是重新思考)其支配战略的压力。它不再拥有一个两极对手,它面临的是一系列更加分散的和全球性的烦扰。对于一个在新的程度上强大但也受到新的挑战的首强国家来说,一种修正主义的方略是一种可能会出现的路径。

单极状态,作为一种权力结构,其本身并不必然倾向于保守主义或是修正主义。更多视情况而定的(circumstantial)因素——比如国家的特性、它对于国际秩序和变化的理念以及占优势的体制规则和制度——在塑造其动机和选择时将会非常重要。权力被如此高度的集中且不受制衡这一事实表明,首强国家在选择大战略方面拥有非常大的自主裁量权。正如杰维斯所指出的,“单极状态使国家出离了无政府状态,它改造了(如果不是消解了的话)国际政治”。特别是,“超级强国和它所保护的其他国家的安全关切极大地减轻了(尽管超级强国本身可能既是威胁的来源,也是保护的来源)。因为这种关切是传统国际政治的主要驱动因素,所以这种安全关切极大减轻的影响或许是深远的”[46]。首强国拥有塑造国际体系的力量和机遇,这种情况比在两极或多极体系中更甚。它的选择范围更加宽广了。在单极条件下,无政府状态的压力所产生的制约因素和规训(discipline)极大地失效了。正因为如此,哪些人领导单极国家,以及这些领导人对于安全、利益和什么才是中意的国际秩序的想法,就会变得极为重要。

秩序性质的变化

从冷战两极向单极的变化如何改变了美国领导的国际秩序的总体性质?我在第三章提出,“二战”结束后,美国围绕着两种支配战略——以规则支配和以关系支配——建立起自由主义霸权秩序。两种战略被用于对其他国家和更大的国际秩序施加政治控制力。一种战略是多边主义的、以规则为基础的方式,最充分地体现在美国与西欧的关系和世界经济治理之中。另一种战略或可被称为毂辐双边主义,这种战略在美国与东亚国家的关系中被采取。选择哪种战略是由与这种战略的功能有关的动机和权衡所驱动的。向单极的变化似乎给美国带来了某种采取毂辐双边主义逻辑的动机——但也是代价。

两种战略各有其好处和代价。多边主义的以规则为基础的战略构建了可以确立有秩序的关系的规则和制度，这种有秩序的关系可能是更有效率的和更具正当性的，而双边的毂辐战略给单极国家的政策自主性带来更少约束，对更加直接的利用权力来塑造其他国家的政策也带来更少约束。（见表 4.1）

表 4.1　单极治理的两种逻辑

毂辐双边主义

单极国家与较弱国家建立一系列双边关系，每一种双边关系都是保护人—受保护人关系或是特殊的交易、保护人关系和相互理解得到接受的那种“特殊关系”。

对于单极国家来说，双边主义的好处是：

1. 分而治之的方式削弱了弱国“工会”的兴起。
2. 使单极国家不受多边规则和有约束力的承诺的制约，提升了其行动的自由度和灵活性。
3. 单极权力可更加直接地被用于获取有利的结果。更易于奖赏和惩罚其他国家。
4. 单极状态为弱国带来了针对首强国免费搭车的机会。通过使安全和经济关系分解开来，双边主义为单极国家提供了分担和再分配成本的机会。

多边主义的、以规则为基础的秩序

单极国家在一套多边主义的规则和制度之下行事，这些规则和制度为单极国家和弱国确立了义务和承诺。

对于单极国家来说，多边主义的好处是：

1. 它减少了交易成本。在促进合作性的国家行为方面，广泛的互惠比双边的讨价还价更有效率。
2. 提升了单极国家的正当性。较弱国家更可能接受（engage）而不是抗拒首强国的政策。
3. 这是对未来的一种投资。在单极权力衰落后，规则和制度可以提供有利的秩序。
4. 它可带来国内政治上的好处。以规则为基础的秩序与自由主义政体的自我身份认同相一致，并减少了单极治理的政治成本。

如前所述，这两种支配的逻辑分别体现在美国与西欧和东亚的关系之中。美国同意欧洲建立一种多边主义秩序，因为它判定通过北约和其他多边制度对自己权力的约束与其从中所获收益相比是值得的。从它们也可以制约和管束美国经济和安全行为的角度，英国、法国和其他欧洲国家愿意接受这些多边协议。美国同意在多边经济秩序中行事并且对欧洲作出以联盟为基础的安全承诺是值得的：它确保了德国和西欧的其他国家可被整合到一个更大的、以美国为中心的国际秩序之中。与此同时，借助否决权以及在这些制度中同侪居首的（first-among-equals)地位，对美国政策的实际约束可以被最小化。在东亚，安全关系很快就成为双边性的。美国在东亚居于主导地位但它想从这个地区得到的却不是那么多，因此放弃政策自主性来换取制度性的合作，就不是那么有必要性了。在欧洲，美国有精心设计的方略：统一欧洲、针对共产主义构建制度性堡垒和支持走中间路线的民主政府。这些目标如果仅靠直接施展权力是不会实现的。为了得其所愿，美国必须和欧洲人做交易，这意味着要同意从制度上约束权力并就其权力作出承诺。在东亚，美国更需要的是围绕双边条约来建立秩序，因为多边主义将会给美国的行动自由带来更大的约束。

从某种程度上讲，向单极状态的转变给首强国带来在全球层面采取毂辐双边主义这种动机。单极国家想要的不是与多边性框架相捆绑，而是考虑在世界范围内建立一套扩展了的保护者—被保护者关系和特殊关系。与美国合作并接受其领导地位的国家可以得到特殊的、双边性的安全和经济报偿。[47]单极的若干特点意味着这种支配战略的动机会得到增强。首先是一直存在于“二战”后的亚洲的一个特点。强化了的权力悬殊给从双边施加影响且最小化有约束力的制度性限制因素创造了机会。单极国家能够更加充分地将其权力优势转化为其他国家迅速作出的切实让步，而且是在单极国家不放弃相应的政策自主性的情况下这么做。其次，单极的兴起使相对抗的极消失了。如前所述，这减轻了对共有威胁的感受，而这种感受对于冷战时期的多边安全合作又是如此重要。在一种威胁更具差异性且更加碎片化的安全环境中行事，单极国家会产生与单个国家分别谈判安全协议的动机。最后，鉴于单极状态使各国进一步担忧首强国约束自己权力的意愿和能力，双边性条约可以成为一种使它们安心的工具。双边性的伙伴关系为显示战略克制和承诺提供了一种途径。

但显然，多边主义的支配战略仍然是有用的。如果单极状态对整个治理体系有一种影响的话——如果它改变了“二战”后的自由主义霸权秩序的特征，它是通过影响支配战略的混用方式来实现的。单极本身作为一种独特的权力国际分配，它本身并没有产生一种特别的支配战略。更多视情而定的因素在影响单极国家对支配战略的选择方面也是很重要的，这种选择受到单极国家如何算计自己的利益以及如何判定不同治理安排的成本收益的驱使。

正当性、可预见的权力转移和可信的克制

一个单极国家会在何种程度上寻求摆脱或者重新谈判它的旧的制度性契约？这里提出的观点是，从两极向单极的转变的确为首强国带来了重新谈判旧的契约并改变其支配战略的动机。在冷战两极条件下，美国采取的支配战略混合了以规则为基础的战略和受保护国战略。单极的兴起为它从正式的、以规则为基础的治理战略上退出创造了新的机遇。但是正如我们所看到的，这种动机也具有两面性。在决定首强国在多大程度上会继续依靠以规则为基础的战略方面，有三个因素是最重要的——与正当性有关的压力，对于未来权力转移的考量，以及在不采取制衡的情况下针对权力确立可信的克制的能力。

从两极向单极的转变的确给首强国带来了正当性方面的难题。在两极条件下，首强国积极地提供安全和公共物品，因为它在对另一极进行制衡。首强国作为体系制衡者的功能性角色使其他国家更易于认识到首强国的权力是正当的。首强国有切实的动机来使自己的权力变得具有正当性，因为它与另一极展开了竞争。它想要培养同一阵线的伙伴，并使它们一直成为其两极同盟中心甘情愿的成员。为了这么做，它会利用多边主义的制度和对以规则为基础的秩序的承诺作为其战略的一部分，这个战略是为了维护它的正当性以及确保其他国家愿意参与进来并遵守规矩。[48]随着单极的兴起，首强国要维系他国对其正当性的理解会变得更加困难。如果正当性丧失或减少，首强国将如何回应？也就是说，对于一个单极状态下的首强国来说，正当性的丧失或减少会给它带来多大代价？

如果制衡不再成为对首强国的约束——对其使用权力的潜在制裁——诸如正当性丧失这种更加难以捉摸且更无形的代价会不会作为一种约束和惩治而产生持久的影响呢？在其可能达到的程度，单极国将继续通过在其治理战略中利用多边制度和以规则为基础的关系来寻找优势。这种正当性方面的代价是不易估量的。在如何认识丧失的正当性和计算其代价方面，单极国决策者之间是存在差异的。但是代价越大，单极国就越是可能会发现自己不得不支持自由主义的、以规则为基础的秩序。[49]

单极国内部的领导人对本国未来权力地位所作出的判断是第二个方面的因素。如果这些领导人相信单极的权力分配是半持久的(semi-permanent)，也就是说，在可预见的将来这种权力分配仍会延续，他们就不那么会对把本国嵌入规则和制度这种可能性作出回应。另一方面，如果领导人认为单极将在未来的数十年中让位于一种两极或多极的权力分配，对以规则为基础的治理方式的价值，他们就可能会有不同的看法。对于单极权力持久性的乐观评估将让领导人有理由忽视正当性方面的损失。单极国家所领导的国际秩序在规范方面的受认可度会下降，但是如果单极权力的物质基础还在的话，领导人就会推断他们仍然能够在不得到其他国家全面赞同的情况下实现其目标。与对规则和制度作出约束性承诺相关的自主性缺失的代价就可以被避免——至少从这些承诺之所以被作出主要是为了培育正当性和获取赞同这个方面来说。

但是如果主导国的领导人判断单极的权力分配将会很快或者最终会结束，对于规则和制度的不同考量就可能会出现。这会促动单极国家建立一套能够超越单极状态而持续下去的规则和制度，为首强国在其相对权力下降时创造一种有利的制度环境。对规则和制度进行投资这种动机就会作为首强国思维的一种考量而出现。[50]这种考量不会成为塑造首强国对治理战略看法的一种孤立的因素。在对特定的制度安排作出抉择，以及该国对单极条件下的国际秩序特性决定采取的总体态度方面，这种考量可能会发挥一定的平衡性作用。

最后，对于规则和制度是作出承诺还是要远离这种承诺，塑造这方面动机变化的另一个因素是，这些承诺是否实际上会为单极权力的施展确立可信的约束和限制。制度性契约——不管是在冷战两极状态下还是在单极状态下达成的——取决于嵌入在协议之中的约束和承诺的可信性。如果一个国家对协议将对其他国家产生某种塑造和约束的效应不是相当有信心，它就不会愿意限制自己的政策自主性。在冷战期间，美国的约束和承诺的可信性是由两极的体系结构本身以及美国维持反苏联合阵线的动机所支撑的。当权力结构成为单极时，较弱国家必会提出的问题是：对武断和肆意的权力运用的那种制度性约束仍然是可信的吗？

结论

单极是世界直到近年才看到的一种特殊的权力分配。它是一种物质实力被高度集中的国际体系。某个单个国家居于其他国家之上，控制着各类权力资源。在两极和多极体系中，权力分散在若干大国之中。相反，在单极体系中，一国居于他国之上。在 20 世纪 90 年代，美国成为一个单极国家。它的强大独一无二，处于一极（one-pole）的全球体系的中心。本章探讨了单极的成因和影响。第一个观点是，虽然权力前所未见地被集中在一个国家手中，但反制回应并没有出现。传统的制衡回应的缺失令人费解。从某种程度上讲，美国的绝对优势地位限制了其他大国集聚足够力量挑战单极的能力。世界政治的地理布局对其他大国向美国发起挑战构成了地域上的阻碍，从而增强了对制衡的限制。地区性的均势制约了全球性均势的展开。相反，美国在被大洋与其他大国隔开的情况下，其权力得以增长。

然而，这些对于制衡缺失的解释会假定有一种制衡的需求——而这并非是显而易见的。核武器降低了被大国侵略的威胁，这使单极本身变得不是那么具有威胁性。大多数的主要大国是民主国家这一事实在缓解安全竞争方面也具有重要作用,否则会把该体系推向一种制衡回应。

最重要的是,美国这一极的政治—制度特性对单极的兴起和作用具有影响。围绕在美国旁边的大国积极寻求与美国单极所创造的组织性空间(organizational space)相连结并在其中行事。冷战时期将它们自己与美国捆绑在一起的民主国家在单极条件下仍然与美国联系在一起。亚洲和东欧的其他国家也融入了美国所领导的秩序。这不仅仅是美国的威胁性还不足以引发制衡,而是这个单极的政治型态具有一种开放的和融合性的(integrative)逻辑。美国是一极全球体系中的结点。美国所领导的自由主义秩序为各国提供了其他备选秩序或势力范围所不能提供的好处和服务。从这个角度来说,单极是世界政治中其他备选的组织性结点逐渐消失的结果。

虽然制衡没有出现,单极的确改变了一系列与规则和制度的构建相关的动机和限制因素。重新界定制度性契约的动机是存在的。在负担分享和免费搭车方面出现的冲突与单极有关。对于多边主义的秩序逻辑和毂辐式的秩序逻辑,单极国家可作出选择并且可拥有不同的动机。单极国家的选择取决于它如何估量正当性,如何作出可信的承诺,以及如何回应单极衰落的前景。

单极——被理解为一种一极的全球体系——不只是权力分配的反映,也是自由主义国际秩序的组织性特征的反映。若此,即便是物质实力的分配朝着远离美国的方向变化,全球体系仍然可以维持单极的政治特性。美国与他国之间权力悬殊的相对下降并不会必然导致新的极或新的均势体系的形成。关键问题是处于单极条件下的美国是否会继续支持自由主义的国际秩序。矛盾的是,美国相对权力下降这一前景会为美国重申对开放的、以规则为基础的秩序的承诺带来动力。最终,正是国际秩序的这些自由主义特性迟滞和减轻了重回多极状态这种后果。

注释

1. 如果国际体系"有一个国家，与其他所有国家相比，该国总的实力份额使它毫无疑问地处于唯其存在的一个等级中"时，这个国际体系就是单极的。G.John Ikenberry, Michael Mastanduno, and William C.Wohlforth, "Introduction: Unipolarity, State Behavior, and Systemic Consequences," *World Politics* 61, no. 1 (January 2009), 5.

2. 参见第二章关于无政府状态和均势理论的讨论。

3. Kenneth Waltz, "Structural Realism after the Cold War," *International Security* 25, no.1(Summer 2000), 5—41.

4. Christopher Layne, "The Unipolar Illusion: Why Great Powers Will Arise," *International Security* 17, no.4(Spring 1993), 5—51; Christopher Layne, "From Preponderance to Offshore Balancing: America's Future Grand Strategy," *International Security* 22, no.1(Summer 1997), 86—124; and Christopher Layne, "The Unipolar Illusion Revisited: The Coming of the United States' Unipolar Moment," *International Security* 31, no.2(2006), 7—41.

5. Robert Pape, "Soft Balancing Against the United States," *International Security* 30, no.1(Summer 2005), 7—45; T. V. Paul, "Soft Balancing in the Age of U.S.Primacy," *International Security* 30, no.1(Summer 2005), 46—71; and Stephen Walt, *Taming American Power: The Global Response to U.S.Primacy* (New York: Norton, 2005), 126—132.关于对软制衡的质疑——是否存在、重要性以及如何量度，见 Stephen G.Brooks and William C.Wohlforth, "Hard Times for Soft Balancing," *International Security* 30, no.1(Summer 2005), 72—108; and Keir A.Lieber and Gerard Alexander, "Waiting for Balancing: Why the World Is Not Pushing Back," *International Security* 30, no.1(Summer 2005), 109—139。

6. 关于较弱的二等国家采取的应对和抗拒美国单极力量的各种战略的探讨，见 Stephen M.Walt, *Taming American Power: The Global Response to U.S.Primacy* (New York: Norton, 2005), chaps.3 and 4。

7. Ikenberry, *After Victory*, chap.7.

8. 如希望从总体上把握单极条件下的制衡逻辑，见 Ikenberry, *America Unrivaled*; T.V.Paul, James J.Wirtz, and Michael Fortmann, eds., *Balance of Power: Theory and Practice in the 21st Century* (Stanford, CA: Stanford University Press, 2004)。

9. Paul Kennedy, *The Rise and Fall of Great Powers: Economic Change and Military Conflict from 1500 to 2000* (New York: Random House, 1987).

10. Waltz, *Theory of International Politics*.

11. 沃尔弗斯对这一观点作了最为系统性的阐发，见 William Wohlforth, "The Stability of a Unipolar World," *International Security* 24, no.1(Summer 1999), 4—41; William Wohlforth, "U. S. Strategy in a Unipolar World," in Ikenberry,

America Unrivaled，98—118。

12. 米尔斯海默(John Mearsheimer)在《大国政治的悲剧》这本书中强调了“推卸责任”这个问题，*The Tragedy of Great Power Politics*(New York：Norton，2001)，chap.6。

13. 关于制衡不足(underbalancing)这个问题，见 Randall Schweller，*Unanswered Threats：Political Constraints on the Balance of Power*(Princeton，NJ：Princeton University Press，2006)。杰克·利维(Jack Levy)认为，关于均势的现实主义理论限定了很多条件，因此在广阔的国际历史长河中看不到制衡的逻辑这一点不足为奇，见 Jack Levy，“What Do Great Powers Balance Against and When?” in Paul，Wirtz，and Fortmann，*Balance of Power*，51；Jack Levy and William R.Thompson，“Hegemonic Threats and Great-Power Balancing in Europe，1495—1999，” *Security Studies* 14，no.1(2005)，1—31。关于对世界历史上(包括前现代和非西方的背景下)均势的概述，见 Stuart J.Kaufman，Richard Little，and William C.Wohlforth，eds.，*The Balance of Power in World History*(New York：Palgrave，2007)。

14. Brooks and Wohlforth，*World Out of Balance*，chap.2.

15. 关于民主和平论的研究极为丰富，见 Michael Doyle，“Kant，Liberal Legacies，and Foreign Affairs，” *Philosophy and Public Affairs* 12(1983)，205—235，323—353；Bruce Russett，*Grasping the Democratic Peace：Principles for a Post—Cold War World*(Princeton：Princeton University Press，1994)。

16. 这个观点并不仅是民主国家相互之间不打仗，也是指民主国家拥有的“契约性优势”(contracting advantages)可以使它们发展更彻底的合作关系。这种关系反过来会提供显示克制和承诺的途径，而克制和承诺可以降低不安全因素，否则，这种不安全因素仍会存在于权力关系不平等的国家之间，见 Charles Lipson，*Reliable Partners：How Democracies Have Made a Separate Peace*(Princeton，NJ：Princeton University Press，2003)。关于安全共同体，见 Karl Deutsch et al.，*Political Community and the North Atlantic Area*(Princeton，NJ：Princeton University Press，1957)；Emanuel Adler and Michael Barnett，*Security Communities*(New York：Cambridge University Press，1998)。

17. 关于自由民主国家对美国单极和霸权的相对支持，见 John M.Owen，“Transnational Liberalism and American Primacy：Or，Benignity Is in the Eye of the Beholder，” 239—259；Thomas Risse，“U.S.Power in a Liberal Security Community，” 260—283；both in Ikenberry，*America Unrivaled*。

18. 参见第二章的有关数据。

19. Robert Gilpin，*War and Change in World Politics*(New York：Cambridge University Press，1981).

20. 如泰勒(A.J.P Taylor)所言，那个时期从欧洲的角度看，“美国似乎……不仅是在另一个大陆上，而是在另一个星球上”。A.J.P. Taylor，*The Struggle for the Mastery of Europe，1848—1918*(Oxford：Oxford University Press，1957)，xxxiii.

21. A.J.P.Taylor, *The Course of German History*(London: Hamish Hamilton, 1945).

22. G.John Ikenberry, "American Unipolarity: The Sources of Persistence and Decline," in Ikenberry, *America Unrivaled*, 291—293.

23. 如果一个国家拥有大得不同寻常的资源或实力份额,而且如果它在国家实力的各个组成部分上都是超群的,最重要的是,在"人口和领土规模、资源禀赋、经济实力、军事力量、政治稳定性和能力"方面是超群的话,这个国家就占据了一种极的地位,见 Waltz, *Theory of International Politics*, 131。关于有关极的问题的研究文献的重要综述,见 Barry Buzan, *The United States and the Great Powers: World Politics in the Twenty-First Century*(London: Polity, 2004), chap.3。

24. Hedley Bull, *The Anarchical Society: A Study of Order in World Politics*(New York: Columbia University Press, 1977).

25. 如布赞所言,"极可以被用来阐发有关利益冲突、均势和战争的现实主义假说,它同样可以非常容易地与[下列论说]相适应:国际政治经济学对领导地位和集体物品供给的关注,葛兰西学派对霸权的关注,全球主义者对支配核心(a dominant core)的关注,世界体系对世界帝国和世界经济体的关注,以及英国学派对大国管理和国际社会的关注",Buzan, *United States and the Great Powers*, 32。

26. 我用"极"这个概念指那些拥有综合物质实力的国家,这是一个标准定义。我用"结点"这个概念指国际体系中的首强国的政治和组织方面的特性。极的意涵经常也包括国家的组织性特征——它们建立联盟和势力范围并由此与其他极进行竞争的能力。实际上,一国的权力——以及它成为一极的能力——至少部分地是由其积聚物质力量并在组织方面应对权力政治的能力来界定的。但是在极和结点这两个概念之间作出区分是有用的。见 Emilie M. Hafner-Burton and Alexander H.Montgomery, "Power Positions: International Organizations, Social Networks, and Conflict," *Journal of Conflict Resolution* 50, no.1(February 2006), 3—27。

27. 参见 Ikenberry, *After Victory*。

28. Anne-Marie Slaughter, "America's Edge: Power in the Networked Century," *Foreign Affairs*(January/February 2009).另见 David Singh Grewal, *Network Power: The Social Dynamics of Globalization*(New Haven, CT: Yale University Press, 2008)。关于网络和国际冲突的讨论,见 Zeev Maoz, Lesley Terris, Ranan D.Kuperman, and Ilan Talmud, "Network Centrality and International Conflict, 1816—2001: Does it Pay to Be Important?" working paper, November 2004。

29. 关于从这种角度对美国对外政策的阐释,见 Dan Drezner, "The New New World Order," *Foreign Affairs* 86(March/April 2007), 34—46。

30. 沃尔特探讨了单极条件下的同盟关系的逻辑,关注点是单极国家利用同盟来管理与其他国家关系的方式以及较弱国家影响单极国家的战略。Walt, "Alliances in a Unipolar World," *World Politics* 61, no. 1(January 2009), 86—120。

31. 参见 Ikenberry, Mastanduno, and Wohlforth, "Introduction"。

32. Mancur Olson, *The Logic of Collective Action: Public Goods and the Theory of Groups*(Cambridge, MA: Harvard University Press, 1971[1965]).

33. Kenneth Oye, ed., *Cooperation under Anarchy*(Princeton, NJ: Princeton University Press, 1986).

34. 参见第三章引用的研究文献。

35. Charles Kindleberger, *The World in Depression, 1929—1938*(Berkeley: University of California Press, 1973).

36. Valerie Bunce, "The Empire Strikes Back: The Evolution of the Eastern Bloc from Soviet Asset to Liability," *International Organization* 39, no.1(1985), 1—46.

37. Waltz, *Theory of International Politics*, chap.9.

38. Hedley Bull, *Anarchical Society*.

39. Ikenberry, *After Victory*, chap.3.

40. Michael Mastanduno, "System Maker and Privilege Taker: U.S.Power and the International Political Economy," *World Politics* 61, no. 1(January 2009), 121—154.

41. E. H. Carr, *Twenty Years' Crisis, 1919—1939: An Introduction to the Study of International Relations*(London: Macmillan, 1951); A. F. K. Organski, *World Politics*(New York: Knopf, 1958); Randall L.Schweller, "Bandwagoning for Profit: Bringing the Revisionist State Back In," *International Security* 19, no. 1(Summer 1994), 72—107; Robert Powell, "Stability and the Distribution of Power," *World Politics* 48, no.2(1996), 239—267.

42. Gilpin, *War and Change in World Politics*, chap.2.

43. Robert Jervis, "Unipolarity: A Structural Perspective," *World Politics*, 61, no.1(January 009).

44. Ibid., 199.

45. Ibid., 200.

46. Ibid., 194.

47. Jakub J.Grygiel, "Imperial Allies," *Orbis* 50, no.2(Spring 2006), 209—221.

48. 基尔希认为,在两极条件下,主导国会特别关注其正当性,或至少比在多极和单极体系中要更加关注。"与在多极或单极体系中相比,霸权国在两极国际体系中往往会更加关注它们的势力范围的稳定性,因为背叛通常会给另一个霸权迅即带来收益。因此,在这种背景下,我们可以预计到,相对来说更付出更大努力来使支配具有正当性,很多情况下会利用多边制度。"Nico Krisch, "International Law in Times of Hegemony," *European Journal of International Law* 16, no.3(2005), 369—408.

49. 关于正当性发挥作用从而施加代价以及规制单极力量施展的方式，见 Martha Finnemore，"Legitimacy，Hypocrisy，and the Social Structure of Unipolarity：Why Being a Unipole Isn't All It's Cracked Up to Be，" *World Politics* 61，no.1(January 2009)，58—85；Christian Reus-Smit，*American Power and World Order*(London：Polity，2004)。

50. 该观点详见 Ikenberry，*After Victory*，chap.3。

第五章　美国体系的兴起

导言

20 世纪中期，在经济萧条和世界大战结束之后，以及在冷战的阴影之下，美国成为世界上最强大的国家并开始着手进行国际秩序的构建。通过设计、改良、选择和必要之举(necessity)，美国把西方体系的治理安排塑造成一种靠伙伴关系、条约、机制和大契约(grand bargains)维系的秩序，这种秩序围绕着多层面的协议建立起来，这些协议促进了市场的开放，使民主国家与反对共产主义的专制政权捆绑在一起，创造了一种范围广阔的安全共同体。的确，在 1944 年至 1951 年间，美国领导人进行了世所未见的、最集中的制度构建。他们帮助建立了联合国、布雷顿森林体系、关税与贸易总协定组织、北大西洋公约组织和美日同盟。他们承担了援助希腊和土耳其以及重建西欧这些代价高昂的义务。他们支持了德国和日本的经济重建并将这两个国家纳入当时正在形成的西方体系。通过《大西洋公约》、《联合国宪章》和《世界人权宣言》，他们明确表达了一种关于进步性的国际社会的新愿景。

其结果就是出现了一种带有自由主义特征的等级性秩序，它是以美国与欧洲和东亚国家的一系列政治、经济和安全契约为中心建立起来的。美国提供安全，倡导相互商定的规则和制度，在管理一个开放的世界经济方面发挥领导作用。反过来，其他国家与美国联系在一起并在美国领导更大秩序时给予它支持。美国支配了这一秩序，但美国支配地位所带来的政治空间是围绕着可促进克制、承诺、互惠和正当性的伙伴关系以及协商而得的规则与制度确立起来的。

秩序构建是一项非凡的事业。它是美国的国际主义在经历“一战”

以及两次世界大战战间期的失败之后获得成功的象征。它将自由主义、国际主义、大国政治和国家安全的新的形态融合在了一起。它标志着“长久和平”(现代历史上大国之间不发生战争的最长时期)的开端。它为历史上最伟大的经济繁荣奠定了基础。从几乎所有重要方面而言,我们仍然生活在战后进行国际秩序构建的那些戏剧性岁月中所创造出来的世界。

我们应该如何理解这种秩序呢?这个问题既关系到它的性质(特征和逻辑),也关系到我们如何将它作为一种历史性—政治性结果去解释。从理论和历史视角看,它是一种什么样的秩序呢?如果我们大致称之为自由主义霸权秩序,那么,是什么样的契约和制度赋予其特殊的逻辑和性质?此外,在创建这种秩序方面为何美国成了领导者?历史上,并没有哪个世界强国寻求建立这种秩序。是美国的哪些特殊之处(它的权力、地位和理念)让这项事业得以产生?

为了回答这些问题,我在本章提出了四个观点。第一,美国领导创立了一种特殊的国际秩序,它将制衡、统制与赢得同意这三种可带来秩序的方略结合在了一起。这种秩序为在其中行事的国家确立了正式的或非正式的治理安排,它通过规则和关系确立了一种等级性的统治体系。等级结构和支配与赢得同意和法治相融合。特别是存在三个赋予该秩序自由主义性质的特征:公共物品的提供,以规则为基础的合作,以及表达意见的机会和广泛的互惠性。这不是一个帝国,而是一种由美国领导的、开放而民主的政治秩序。

第二,美国领导的战后秩序实际上是两项秩序构建事业的结合。一项受到了与苏联展开的冷战斗争的推动,围绕着威慑、遏制、联盟和两极均势建立起来。另一项的目标是在西方民主国家间创立一种开放、稳定和可管理的秩序,美国的官员们早在冷战上演之前就开始对此事业进行构想——至少可追溯到 1941 年《大西洋宪章》发表之时——借助和更新自由国际主义的理念。当自由主义霸权秩序出现时,它便处于一个更大的两极全球体系之中。当冷战结束时,它从一种内部秩序变为一种外部秩序，也就是说，自由主义霸权秩序的逻辑扩展到了更大的全球体系。

第三，这一秩序并不是按照某个单一愿景构想的，也不是强加于世界的。它是在摇摆起伏的政治过程中被拼凑到一起的。美国的最初念头是想力促其他国家建立一种更深程度的以规则为基础的开放秩序。但这种愿景的复杂性以及最终呈现的那种秩序的复杂性在美国和其他西方主要国家应对一系列境况的过程中越发增强：欧洲的经济乏力和政治脆弱性，苏联威胁的上升，国内政治限制，以及各国政府之间讨价还价和制度建设的持续进程。在新出现的美国领导的这一秩序中，那些具体的契约和制度也是有差异的，特别是美国和它的西欧伙伴和东亚伙伴建立了不同类型的政治和安全关系。当这个进程展开时，美国逐渐承担起霸权角色和责任。那种最初构想的自立的（free-standing）、自我管理的国际秩序最后变成了一种更像是属于美国人的事业。美国不单单是这个秩序的参与者，美国的经济、政治及其所延展出来的伙伴关系和承诺构成了这一秩序的核心。

第四，一些境况促进和加强了美国领导的这一秩序的自由主义特征。美国对于战后秩序的想法并非帝国主义式的，恰恰相反，最开始的想法就是要建立一种不被华盛顿直接管理的体系。美国也是一个离岸者，即与欧洲和东亚的大国政治所带来的迫近压力和不安全因素撇清瓜葛。这意味着，当冷战出现时，美国在这两个地区的盟友更担心的是被抛弃，而不是受到支配。美国能够在不威胁让地区自主性全然消失的情况下提供安全援助。这一秩序的西方核心建立在民主社会之间和多层面制度的基础上，这些制度有助于增加互惠和发表意见的机会。最后，与多边主义规则和制度共存的受保护国关系创立了补偿给付（side payments）、互惠、讨价还价和相互调整（mutual adjustment）这些机制。

这种秩序的特征和逻辑与之前所存在的任何秩序都不同。它既是等级性的，又大致以规则为基础。它的约定条款更多是来自于协商而非强加。对美国霸权支配需求的满足是通过提供规则和制度并形成一系列保护者—受保护者关系来完成的。

美国和战后秩序的构建

历史上没有哪个国家在大战之后像1945年时的美国那样，处于塑造国际秩序的如此有利的位置。它从历史上最暴力和最具破坏性的战争中脱颖而出，成为前所未有的最强大的国家。当其他主要国家，无论是轴心国还是同盟国，眼见着自己的产业经济被战争破坏和摧毁时，战时动员却让美国摆脱了经济萧条。它的国民生产总值在“二战”期间增长了60%，“二战”结束时美国成为世界上最先进的军事力量，生产的武器数量比所有轴心国加起来还要多，大约相当于苏联武器产量的三倍。正如莱弗勒(Melvin P.Leffler)所称：“1945年，美国的黄金储量占世界黄金储量的三分之二，其用于投资的资本占世界的四分之三，运输船只占世界的一半，生产能力也占世界的一半。美国的国民生产总值是苏联的三倍，是英国的五倍还要多。”[1]这场战争(至少暂时地)减弱了其他强国的权势，但它却把美国变成了一个全球超级大国。[2]

保罗·肯尼迪捕捉到了这一战后现实：

> 鉴于美国所处的非常有利的经济和战略地位，美国的势力在1945年后便向外迅猛发展。这对于熟悉国际政治历史的人来说，是不足为奇的。随着传统大国的衰败，美国稳步地填补了它们撤走后所留下的真空。在变成头号强国后，美国就不会再把自己局限在自己的疆界内，甚至也不会局限在自己所处的半球内……然而，很多美国人(特别是军人)希望在战争结束后能很快回国，将美国武装力量的部署恢复到1941年以前的状况。这种想法会使丘吉尔之辈感到吃惊，也会吸引奉行孤立主义的共和党人的注意力，但要使时钟倒转是不可能的。犹如1815年后的英国人那样，这次轮到美国人发现他们在各地的非正式影响已发展成为无法摆脱的

更加正式的影响了。像英国人一样，每当美国人想画一条安全界限时，他们就会发现“不安全的新边疆”。“美国治下的和平”时代已然到来。[3]

如果说战争可以为秩序构建创造机遇，那么第二次世界大战在这方面简直做到了极致。两次世界大战之间所存在的体系已然崩溃了，处理大国关系的旧的安排混乱不堪、不足为信。美国已成为一个拥有新的和广泛的国际利益的地缘政治巨兽(behemoth)。它的权力触及全球，从而获得了以其他国家不曾有的方式构造世界的机遇。正如杰弗里·弗里登(Jeffry A.Frieden)所言：“美国权力在增长，而欧洲的权力已衰退，这一事实使人们更加清楚，美国可以对世界为所欲为。”[4]

美国的官员们认识到了这种机遇。政策规划者和设计师提出了各种不同想法，但大体上他们都具有一种重构整个国际环境而非仅是保护和推进美国国家利益的念头。也就是说，他们追求的是一种以整体环境为导向的(milieu-oriented)大战略，而不是那种着眼于自身地位的(positional)大战略。着眼于自身地位的大战略指的是，某个大国寻求对抗、削弱、遏制和限制某个挑战国或国家集团的权力和威胁。纳粹德国、帝国主义日本和苏联阵营都曾促使美国实施这种着眼于自身地位的大战略。以整体环境为导向的大战略指的是，某个大国通过构建国际合作基础，促进世界各个地区的贸易和民主以及确立伙伴关系，使国际环境符合其长期安全和利益。[5]

在追求着眼于整体环境的大战略方面，美国处于历史上独一无二的位置。旧秩序的崩溃和新获得的全球实力地位赋予美国一个好机会，去做那些很少有其他国家能够做的事情：塑造战后国家在其中行事的全球框架(规则、制度和关系)。问题在于，美国想要创造一种什么样的环境。

美国战后秩序的构建经历了若干阶段。首先，罗斯福政府努力发展和更新威尔逊的愿景。与威尔逊的观点类似，那将是一个同一世界体系(one-world system),大国在该体系中可以合作保障和平。“美国过去并没有参加什么重塑世界的战争,”历史学家沃伦·金博(Warren Kimball)认为,“但一旦参战,改革世界的思想就成了指导罗斯福行动的前提。”[6]大国要共同努力,在一个新的全球组织中提供集体安全。[7]与威尔逊相比,罗斯福的愿景的确预示了一种更具等级性的体系。这一愿景还包含了一种关于国际制度如何管理经济和政治相互依赖的更成熟的想法。罗斯福战时发表的“四大自由”宣言,《大西洋宪章》对一种可以支持全面就业和经济发展的战后秩序的拥护,赋予自由国际主义一种更为宽泛的议程。如果大国和治理机制能够比威尔逊所想的拥有更多权威,罗斯福倡导的这个体系就会成为一个统一体,在这个统一体中各国会像“一家人”(family circle)那样来管理这个体系的开放性和稳定性。[8]

后来,这种威尔逊式自由主义秩序愿景的更新版让位于一套更具深远影响、更复杂的安排。与最开始所设想的相比,最终出现的结果要更加的以西方为中心,更加的多层面,并具有更加深厚的机制性,它使美国要对这个体系从政治和经济上进行直接管理。欧洲的虚弱,苏联威胁的逼近,以及建立制度并使其发挥作用的现实需要使秩序构建的任务发生了转型。对威尔逊式自由主义秩序愿景的更新版最后变成了真正的自由主义霸权秩序。

在这个过程中,美国领导人(罗斯福和后来的杜鲁门)力求运用这个国家的权力优势来创造一种开放、友好和稳定的国际秩序。一个开放的秩序可以促进不同地域之间的自由贸易;贸易有助于促进美国的经济发展和繁荣,也会给其他国家和整个秩序带来经济和政治上的好处。一个友好的秩序可以确保在欧洲和亚洲不会有敌对的、修正主义大国崛起并在这些地区强加霸权;其他国家对地缘政治势力范围的控制将不可避免地把美国排除在外,威胁美国作为拥有扩展的全球利益的大国的生机。此外,一个稳定的秩序可以保持数十年,作为一种半永久性的政治体系来发挥作用,促进以集体方式解决问题,抵制敌对国家的支配，为美国追求自身利益提供一个适宜的环境。

战后秩序应当是开放、友好和稳定的，美国的官员和政策制定者对此形成了广泛的一致，但是对具体的措施(政策步骤、制度和承诺)仍存在争论，自 20 世纪 40 年代以来，通过一种作用和反作用、谈判和调整的过程，美国的战略发生了相当大的演变。一开始，美国所设想的是一种大体上自我运转的自由贸易和开放市场体系，没有什么国家来主管这个体系。按照罗斯福的设想，战后的安全体系将以联合国安理会作为促进安全合作的中心机制。在建立战后秩序时美国或许还会发挥一种具有决定性的领导作用，一旦秩序被建立起来，华盛顿将不会负责经营它。

美国官员在战后所面临的现实情况使这种目标变得不可能实现。战后欧洲经济和政治上的虚弱，苏联威胁的增强，以及美国和它的未来伙伴之间持续开展的讨价还价都对秩序构建带来了影响。重建西欧以及如何应对苏联侵犯的问题导致秩序构建的过程变得漫长而复杂，而这又反过来改变了美国所同意的契约、机制和承诺。与此同时，世界经济的管理从布雷顿森林愿景变成了以美元和美国国内市场为基础的愿景。安全合作的管理者从联合国安理会变成了北约和其他美国领导的联盟。由此，战后的安全和经济体系变得不那么像是全球体系，而更多是一种西方体系。的确，在很多方面，这一秩序本身成了美国的国际延伸物(international extension)。

这个逐渐发生的秩序构建过程包含了两项美国领导的地缘政治事业。一项是战后最初数十年所进行的冷战事业，这项事业旨在解决苏联带来的问题。另一项事业是将资本主义国家团结在一个开放和稳定的体系之中，旨在解决 20 世纪 30 年代所面临的那种问题。后一种关于秩序的自由主义愿景为战后秩序的美国设计师们提供了最初的灵感，但是随着 20 世纪 40 年代的展开，美国对外政策的所有其他方面都被冷战的阴影所遮蔽，自由主义秩序被静悄悄地建立在两极体系之中。

冷战秩序围绕着两极、遏制、威慑和美苏之间的意识形态斗争而建立起来。与之相比，建立西方自由主义秩序的战略则要更加发散和宽泛。至于这种自由国际主义方略是旨在推进美国国家安全利益的"大战略"，这倒并不是那么明显。挑战并不在于威慑或遏制苏联权力，而在于为一个可使美国繁荣兴盛的国际秩序打下基础。这种动机存在于冷战之前、冷战之中和冷战之后。即便在冷战正酣之时，构建自由主义国际秩序的宏大战略利益仍然受到重视。例如，著名的国家安全委员会"第 68 号"(NSC-68)战略规划文件不仅设计了遏制理论，还明确提出了建立自由主义国际秩序的基本论说。这份文件称，美国需要"建立一个欣欣向荣的国际共同体"，"即便没有国际威胁，我们也将这么做"。目标就是营造一个"美国制度能够生存并兴盛的世界环境"。[9]

到了 40 年代晚期，开放和遏制这两项密切相关的事业交汇在了一起。与西欧和东亚建立的安全伙伴关系和开放的经济关系对于进行冷战来说是绝对必要的，冷战的需要强化了美国与其伙伴之间的合作，并为美国领导人赢得了国内支持。吉尔平认为，苏联威胁对于促进资本主义民主国家的团结和提供使世界经济凝聚在一起的政治粘合剂是至关重要的。在他看来，随着时间发展而出现的，以美国领导的复杂政治秩序建立在两大支柱之上：美国的市场和美国提供的安全保护伞。美国对欧洲和亚洲的军事保障为日本和西方民主国家开放它们的市场提供了国家安全方面的依据。自由贸易有助于巩固联盟，联盟反过来又有助于经济争端的解决。在亚洲，日本和其他较小的东亚国家的出口导向发展战略取决于美国进口其产品并承受巨额贸易逆差的意愿，美国和日本、韩国以及其他东南亚国家之间的联盟关系使这种状况在政治上可以被接受。[10]

自由主义霸权秩序的逻辑

如果说 20 世纪 40 年代美国官员的核心战略目标是建立自由主义国际秩序，那么，建立这一秩序的具体方式和手段是在战后的那些岁月中逐渐发展出来的。在这个漫长的过程中，我们可以看到战后秩序存在着七种逻辑。它们融汇在一起，构成了美国领导的自由主义霸权秩序。

开放的市场

在“二战”期间，罗斯福政府对于如何以最好的方式组织战后体系有各种不同想法，但其中一个想法非常突出，即美国需要促进一个开放的世界经济。这出自一种信念，即美国要想作为一个全球力量生存和繁荣起来，就需要获取世界其他地区的资源和市场。开放的市场对于维持战后的经济发展和就业是必不可少的。如果贸易和资源流动仅限于自己所在的这个半球，美国的经济就无法运转起来。正如罗斯福在1940年宣称的那样，美国一定不能成为“世界的一个孤岛，而这个世界被武力哲学所掌控”[11]。从20世纪30年代得到的经济和地缘政治教训支撑了这种信念。正是世界经济的封闭（保护主义和敌对性地区势力范围的形成）导致了秩序的崩溃和大国战争。副总统亨利·华莱士(Henry Wallace)在1941年曾言：“未来的和平必须考虑到经济问题，否则，经济就会成为发动侵略的温床。”[12]

在20世纪30年代，随着其他大国开始构筑封闭的、对抗性的地区阵营，美国的地缘政治运作空间出现萎缩。德国寻求与东欧国家签署一系列双边贸易协定，以巩固它在该地区的经济和政治势力范围。日本则推行一场更公开的建立大东亚共荣圈的运动。英国采取了不那么张扬却具有侵略性的方式，推行一种与其他英联邦伙伴国开展带有歧视性经济合作的战略，也就是围绕着帝国特惠体系(imperial preference system)建立无固定领地的经济阵营。到了20世纪30年代晚期，世界着实被切分成若干相对隔绝的经济阵营，美国官员认为这些对抗性的集团应为战争的爆发担负部分责任。[13]

至少在最初时，杜鲁门总统也持这样的看法。在1947年3月于贝勒大学(Baylor University)发表的演讲中，他明确提出了“经济和平”这一观点，并为他的低贸易壁垒和战后贸易组织政策吁请支持。在他看来，经济和政治（贸易和治国理政）的不可分割性在 20 世纪 30 年代得到了体现。“30 年代经济战每次开打一场新的战役，不可避免的悲剧性结果就变得越来越明显。从斯姆特—霍利关税政策开始，世界继而走向渥太华会议和帝国特惠制，从渥太华会议再到纳粹德国采取的那种复杂而具体的限制。各国将正常的贸易扼杀，并歧视它们的邻国，整个世界都是这样。”因此，一个开放的贸易体系成了“我们和平规划的基石”之一。[14]

罗伯特·波拉德（Robert A. Pollard）把这种重建开放的世界经济的普遍信念称之为美国决策圈内的“战后共识”。美国的决策者们“一致认为华盛顿应在创立战后国际制度方面发挥领导作用，这些国际制度将稳定各国货币、消除金融危机、促进世界商业，还包括一个能够威慑侵略的新的集体安全组织。一个可以发挥适当作用的世界贸易体系将增强国家之间的相互依赖，它们会前思后虑，这会提高侵略的代价”[15]。一个开放的世界经济（通过合作性的制度安排予以管理）将会给各国提供平等的贸易和投资机会。和平的经济竞争，对资源的非歧视性获取，开放市场所带来的效益将创造可以服务于美国长期和广泛利益的国际环境。

开放的市场可以为建立以法治为依托的更大的多边体系提供必不可少的基础。关于如何组织全球体系的深刻信念将美国决策者们的经济、意识形态和地缘政治各方面思考聚集在一起。[16]使世界经济重新开放的战后努力让罗斯福和杜鲁门政府的不同群体的战略家和决策者联合在了一起。有一派官员支持以开放市场作为战后秩序的组织理念，这派官员是战争期间国务院的自由贸易拥护者，以国务卿科德尔·赫尔（Cordell Hull）为首。赫尔和他的同事们支持以美国领导的经济相互依赖作为确保繁荣和稳定和平的唯一途径。正如赫尔在 1938 年 11 月发表的一次演讲中所言：“我相信，没有国际贸易的扩展，且这种贸易建立在公平交易和对所有人平等相待的基础上，在国家内部和国家之间就不会有稳定与安全……我相信，如果一个国家脱离了与外部世界之间的有序贸易关系，就会不可避免地导致对该国国家事务的全方位严格统一管制，就会导致人权受到压制，所有人都会非常频繁地为战争和对别国摆出挑衅姿态而做准备。”[17]与自由贸易相比，赫尔实际上更强调非歧视和平等的商业机会。根据这种被广泛共享的美国式的想法，开放的市场将同时推进两大目标。它可以确保美国能够获取世界各地的市场和原材料，这是美国官员们自19、20世纪之交采取“门户开放”政策后就一直追求的目标；开放的市场还将有助于经济的发展和相互依赖，这反过来会带来各国在和平的国际秩序方面的共享利益。正如助理国务卿迪恩·艾奇逊在1945年4月所言：“只有各国的共同努力和共同繁荣，和平才有可能，这一点受到广泛的承认。这就是为什么和平的经济方面和政治方面一样重要的原因。”[18]

政府内外的战略规划者是另一群支持开放市场的人。自20世纪30年代，这些智囊人士就开始质疑美国仅局限于西半球能否继续保持工业大国地位。在战争期间进行的一项重要的规划实践中，专家们研究了被称之为“大区域”(Grand Area)的课题，“大区域”即指美国为维持其全球力量地位而需保证进入权利和进行一定程度控制的地理区域。对外关系委员会召集一批经济学家和政治学者组成“战争与和平研究小组”，就何种战后国际体系最符合美国不断增长的经济和战略利益展开了争论。对于这个小组，有一点逐渐变得清晰起来，“唯一足够大的区域就是受美国推动的整个世界经济体。对这一点的认识是一步步产生的，跨越了一系列的障碍”。[19]单单一个美洲半球不够大，美国必须拥有亚洲和欧洲的市场及原材料的安全。[20]实际上，美国需要的“大区域”就是整个世界，或者至少是这个世界的主要地区。如果环欧洲和亚洲地带被一个或若干敌对帝国所掌控，就会给美国带来灾难性的安全影响。为保持自身大国地位，美国不得不谋求欧洲和亚洲的开放、进入权和平衡。

战后的国防规划者也持有这种看法，即美国必须能够获取亚洲与欧洲的市场和资源。当战争行将结束时，防务官员就开始感到，美国安全利益的维护需要在亚洲和欧洲构建一套复杂的前沿基地体系。仅仅在西半球设置防卫力量是不够的。[21]国防官员也将获取亚洲和欧洲的原材料以及防止它们被潜在的敌国所控制视为美国的安全利益。莱弗勒认为:"哈里·史汀生(Henry Stimson)、罗伯特·帕特森(R.Patterson)、约翰·麦克洛伊(John J.McCloy)以及助理国防部长霍华德·彼特森(Howard C.Peterson)都赞同詹姆斯·福雷斯特尔(James V.Forrestal)的看法,即美国的长远繁荣需要一个开放的市场,对原材料的无障碍获取权利以及欧亚大陆上的大部分地方(如果不是全部的话)复归自由资本主义的路线。"[22]的确,体系是否正当合理,部分是从它们对获取原材料的影响以及防止这些资源被对手得到这个角度来判断的。一些防务研究甚至主张,战后对欧亚大陆的开放和进入权的威胁更多是社会性和经济性的,而不是军事性的。正是经济上的混乱和政治上的动荡对美国的安全构成了真正威胁,它们会导致自由民主社会和西方式政府的瓦解。在1947年年中,一份中央情报局的研究作出了这样的结论:"美国安全面临的最大威胁就是西欧经济崩溃并继而加入共产主义势力圈的可能性。"[23]对资源和市场的获取权、社会经济的稳定、政治的多元性以及美国安全利益,所有这些都紧紧地联系在了一起。

经济安全和社会契约

美国官员们还相信,一种新的社会契约应可巩固自由主义经济秩序。新政时期的进步自由主义理念成为美国战后愿景的一部分。民主的工业国家可以为大西洋世界中的社会提供一种新水准的社会支持——安全网(safety net)。如果这些国家的公民要生活在一个更加开放的世界经济中,他们的政府就需要采取措施,通过福利国家(失业保险、退休保障和其他社会保护)来稳定和保护这种市场社会(market society)。通过这样做,战后体系的设计师们寻求获得国内支持并围绕新的国际秩序在各国内部建立一种全方位的政治联合体。自此,国家安全和社会安全紧密地联系在了一起。

这一努力反映了这样一种认识，即开放的世界经济既可制造赢家也会带来失败者。经济学家指出，在一个开放体系中，赢者愈赢，输者愈输，只有存在补偿和调整机制，整个社会才有可能获益。正是这种机制（现代福利国家）的建立为一个在经济上实现整合的自由主义国际秩序提供了基本支撑。[24]这是罗斯福和丘吉尔在1941年《大西洋宪章》中所明确提出的主题思想。这份关于原则的联合声明主张自由贸易、所有国家平等获取世界原材料的权利，以及在经济领域进行国际合作，从而提升劳工标准、就业安全和社会福利。罗斯福和丘吉尔向全世界宣告，他们已经吸取了战争期间的教训，那些教训主要是关于如何合理地组织西方式的世界经济。[25]

在这一背景下，美国和欧洲关于经济安全和社会保护的理念发生了演化。安全的意涵扩展了——国家安全、社会安全、经济安全。大萧条和新政带来了"社会安全"的理念，世界大战的暴力和破坏性带来了"国家安全"的概念。这不仅仅是一个新的专业术语，这是有关安全的新的和更加全面的国际化理念。在之前的几十年中和在第一次世界大战期间，国家安全这个概念还不是很普遍。用得最多的说法是国家防卫（national defense），仅指保护国土不受传统的军事攻击。在"二战"期间，国家安全这个新概念出现了，它是指一种积极的、长期处于动员状态的、涵括经济、政治和军事领域的国家安全新思想。[26]国家安全要求美国通过规划、协调、发掘资源、建立联盟等方式，积极尝试塑造其外部环境。在1944年1月11日发表的"炉边讲话"中，罗斯福阐述了这种更宽泛的国家安全概念，"关于未来的一个最重要目标可以用一个词来概括：安全，这既是针对每个国家，也是针对联合国在这个同一世界中可联系起来的所有国家。安全不仅意味着可以防范侵略者攻击的实体安全，也是指在国家组成的大家庭中的经济安全、社会安全，道义（moral）安全"[27]。

这种对经济安全的新的强调的一个体现就是布雷顿森林协议体系，这一体系赋予各国政府管理经济开放性的新的工具。对于美国毫不掩饰的经济开放性理念，英国在战争期间就表示了怀疑。美国国务院那种鲜明的自由贸易思想使英国官员感到担忧，他们关心的是处于困境中的英国国家经济的稳定。为讨论美国援助英国的《租借法案》条款，1941 年 8 月，约翰·凯恩斯(John Maynard Keynes)对美国进行了一次著名的访问，这次访问使两国之间的分歧更加分明。美国官员想要重建一种开放的贸易体系，而战时内阁的英国官员想要确保充分就业和经济稳定。在接下来的几个月中，分别以凯恩斯和哈里·怀特(Harry Dexter White)为首的英国和美国官员，集中就处理战后货币和金融关系的条款展开了谈判。两国官员找到了共同立场，在一些规则和制度化机制方面达成一致，这些规则和机制将确立可自由兑换货币，并给予政府一些工具，使其以经济发展为导向的调控手段更便利的同时还可以处理汇率不平衡的问题。1944 年，由更多国家达成的布雷顿森林协议反映了这种新的共识，并确立了实施规则和机制。[28]

1942 年，美国一流的经济学家和战后规划者雅各布·维纳(Jacob Viner)谈及这种与之前时代的领导人的看法形成鲜明对比的新思想，“当前存在一种广泛共识，重大的经济萧条和大规模失业是社会魔鬼，对其进行预防是各国政府的义务”。此外，“普遍认为，任何想要单独应对繁荣和萧条循环往复这一难题的国家都会遇到相当大的困难，如果不是干脆不可能的话……而如果有很好的国际合作前景的话，商业周期和大规模失业问题就可以在很大程度上被解决”。[29]英国和美国的专家学者们取得一致的地方在于，需要建立一个合作框架来组织战后的世界经济。这一框架可以提供货币可兑换性和汇率的稳定，可以创造国际储备以使政府能够对国际收支逆差采取扩张性的应对措施。这一框架还可以确立国际经济管理的新手段，使政府能够在贸易和资本活动与促进稳定的和充分就业的经济政策之间保持协调。[30]大西洋两岸的政治领导人接受了这种在开放市场和社会稳定之间作出的妥协。

社会契约的另一方面就是欧洲和美国社会中进步性改革的发展。战前和战后，席卷工业强国的国内社会改革开创了资本主义管理的新时代。针对工人和退休人员的社会保险反映了政府对管理国家经济的新的承诺。西方民主国家的政府发展了制定规划、经济管理和产业政策方面的官僚体制能力。凯恩斯革命为现代国家如何利用财政政策和其他宏观经济调控手段促进充分就业和经济稳定提供了新思想。[31]各国政府寻求在努力实现经济开放性与支持和保护稳定的国内经济秩序之间进行协调。弗里登写道："工业化的西方在民族、阶级、党派和群体之间的妥协基础上重建了它的政治经济体。政府在国际一体化和国家自主性，全球竞争和国内选民，自由市场和社会民主之间找到了平衡……社会主义者和保守主义者，基督教民主派和世俗自由主义分子为建立现代福利国家而共同努力。"[32]

在战争结束后的那些年头里，各国政府增加了用于社会保护的开支。到了20世纪50年代，西方的大部分国家都开展了针对所有各种社会风险（失业、老龄、医疗、残疾和贫困）的事业。战后的经济增长和贸易自由化与现代社会民主体制的建立齐头并进。这种逐渐展开的社会契约使政府能够在开放的世界经济中进行活动的同时，还能在管理和保护国内的社会和经济生活方面获得成功。[33]

新政和国家安全的自由主义理念对战后美国国际主义产生的影响在于，与之前的时代相比，美国国内对构建自由主义秩序的支持更加广泛了。美国希望得到的那种国际秩序需要拥有更多的特征和要件，需要被更加精细和复杂地组织起来。在某种程度上，"一战"结束以来，美国和这种国际秩序之间的利害关系一直在增强，必须要完成的工作变得更多，如果不能建立那种适当的战后秩序，就会有更多东西陷入危险。美国社会和一个成功的美国式的国际主义事业之间的利害关系更深了。

多边主义的机制性合作

在构建战后秩序时，美国也在寻求创立新的常设制度来处理扩大了的政治、经济和安全关系。美国官员认为，仅使体系保持开放是不够的，还需要各种不同的国际制度将各国官员经常性地聚集起来以应对经济和政治上的变革。需要创造政府间合作的新形式。对这方面的强调是不寻常的，之前从来没有哪个大国为国际制度的建设提出了如此广泛的议程。

美国对制度建设的念头受到处理国际关系的实用主义关切的驱使，官员们认为一个单个国家不足以解决经济稳定和国家安全问题的新时代正在到来。国家无法凭一己之力解决难题，需要机制化合作的新形式。而美国是如此之强大，这意味着它可以掌控这些制度。它可以设定合作的条款，在很大程度上各种制度也会按照与美国利益相符的方式发挥作用。美国需要通过承诺和克制来作出某些妥协，但反过来，它也会获得一个稳定的、合作性的战后秩序体系。

战争的结束为这种努力带来了有利的时机。旧的(经济、政治和安全)安排被摧毁了，美国可以挺身而出，按照自己的意愿来塑造这个世界。如果这些规则和制度能为其他国家所赞同，美国就不会被迫付出高昂代价，以直接支配的方式施加秩序。如果这些规则和制度是持久的，美国就是在为其长期的安全和福利进行投资。所有这些想法使制度建设成为实用的必需之举和启人心智的激励。[34]

美国国务院的官员是支持多边主义的重要来源。战间期的会议外交给那些后来参与战后规划的外交官们提供了经验和教训。在20世纪20年代，美国和欧洲国家的政府进行了各种多边努力来解决裁军和债务这类问题，《华盛顿海军条约》、《凯洛格—白里安公约》以及一系列关于债务和赔偿的协议都是凡尔赛和会后多边主义的重要成果。[35]稳定关系的协议与和平倡议完全无法承受最终导致战争的经济和政治形势的恶化。但是国务院的官员们，还有很多欧洲的官员仍然确信，对于管理经济和安全而言，多边主义的合作机制是必不可少的。正如历史学家肯尼斯·威斯布鲁德(Kenneth Weisbrode)所指出的，参与了战间期多边主义活动的美国外交官“带来了多边主义，不仅为它的成就要求赞赏……还要把多边主义传递给他们的继任者，从而促成了1945年后自由主义世界秩序的所谓第二次机遇”[36]。

美国官员以不为人注意的方式将从新政中得到的教训用到了他们针对制度化的战后秩序的愿景之中。在20世纪30年代的经济衰退中,政府作用的增强对于世界经济来说是有重大意义的。在稳定和管理经济秩序方面,政府需要发挥一种更直接的监管作用。把所有一切都交给市场会带来灾难性的结局。在国际层面,这意味着要建立管理和提供公共物品的机制,以避免经济失灵或失败及其向其他国家和地区的传播。[37]

这种想法得到了1944年聚集在布雷顿森林的经济官员们的支持。在稳定和管理经济秩序方面,政府需要发挥更加直接的监管作用。正如美国财政部长怀特在1942年所警示的那样,在战后时代,为防止重归“经济战”,需要“大国之间进行高度的经济合作”。[38]民主国家需要将自己置于密集的政府间网络和大致以规则为基础的制度化关系之中。民主国家需创造常设的治理制度,这些制度也会为它们自己所掌控,并可促进对不断增强的经济和政治相互依赖的合作性管理。[39]

美国是一个建立在法治基础上的自由主义政治体,它的这种身份强化了围绕多边主义规则和制度构建秩序的战后议程。国内社会中的自由主义政治秩序原则对于由国家构成的世界(the world of states)来说具有重要意义。正如帕特里克所言:“多边主义对罗斯福和杜鲁门政府如此不可抗拒的一个原因就是,它与构成美国国家身份核心的自由主义政治文化产生了共鸣。”[40]在就如何构建秩序进行战略选择时,华盛顿的决策者们利用了美国的价值观和政治文化来强调以规则为基础的自由主义关系的原则——开放性、非歧视性和互惠性。

如约翰·鲁杰(John Ruggie)所指出的,美国在组织战后秩序时是存在多种选择的。美国本可以按照势力范围、自给自足的集团或帝国体制来建立各种关系。[41]美国当时是世界上最强大的国家并拥有最大规模和最具竞争力的经济,这一事实给予其实实在在的驱动力来建立一种开放的世界体系。具有开放性的政治架构(对多边主义规则和制度体系的强调)则受到了美国自由主义身份的支持和强化。罗斯福和杜鲁门都赞同威尔逊和其他人所表明的这种观点,即美国是普世政治理念和理想的承载者,这些理念和理想可以将世界带向一个更加和平与繁荣的道路。[42]

安全捆绑

合作安全或曰安全捆绑(security binding)虽然最开始并没有被美国的战后秩序愿景所涵括,但后来却成了这一体系的主要部分。合作安全是一种国家通过可构成相互约束的经济和安全制度将彼此联系在一起的战略。可以说,这是20世纪关于国家安全的最重要的创新。它体现在法国决定与德国建立有约束力的关系,还体现在西欧国家将自己捆绑在一个联合的经济共同体之中,并同时通过北约将西欧与美国捆绑在一起。这些西欧国家并没有把彼此当作潜在的安全对手并进行制衡,而是把自己嵌入很难被破坏的多层的功能性制度之中。

对于美国而言,这一战略意味着同意保持与其他民主国家之间的联盟关系,特别是北约和美日同盟。这一安全体系将确保民主大国不会重返战略对抗和权力政治的危险游戏。当然,冷战的出现有助于这种合作性安全安排的产生。但是,美国与其盟友之间的安全关系对于自由主义秩序的其他要素来说却是绝不可少的。正式的联盟制度所体现的这种合作性安全秩序使美国的权力变得更具可预测性和更为克制。

安全捆绑可以被视为制衡战略的替代方案。国家可以不必积聚力量以抗衡具有威胁性的或是强大的国家,它们可以通过将彼此系于一种共有的(common)安全制度来克服不安全感。通过建立相互约束制度,安全捆绑可以减少与无政府状态和不缓和的(unmitigated)安全竞争相联系的风险和不确定性。它把潜在的、具有威胁性的国家与可预测的、克制的行为模式联系在了一起,从而使对这些威胁进行制衡变得不再必不可少。[43]

通过安全捆绑，各国建立起难以撤销的长期安全、政治和经济承诺。承诺和关系得以锁定，这至少是主权国家可以做到的。最明显的就是通过加入安全联盟。但是捆绑也可以通过其他制度化的合作形式来实现，比如经济协议和共同参与多边组织事务。这些制度和合作安排增大了退出的成本，创造了发表意见的机会，从而提供了缓解疑虑、不确定性和安全困境的机制，它们都是冲突的来源。特别是，安全联盟使国家可以对其伙伴国的国家安全政策保持影响。[44]

这种构建秩序的捆绑战略的最明显例子就是对西德和日本的占领与重整（reintegration）。美国军队成为这两个被打败的轴心国的占领者，并不再离开。美国军队最终变成了保护者，还成为美国支配地位的可感知的象征。谈判达成的驻军协议为美国的军事存在提供了法律基础，有效地限制了联邦德国和日本的主权。联邦德国的重新武装以及政治主权的恢复（20 世纪 50 年代初期冷战的发展使之成为可能和必需之举）只有通过将德国与欧洲捆绑才能实现，这反过来需要美国对欧洲作出安全承诺。通过复杂而漫长的谈判最终借助北约建立了得到整合的欧洲军事力量，达成了关于联邦德国主权和军事力量性质和限制的法律协议。[45]

为将民主国家捆绑在一起，美国和欧洲还采取了其他举措。欧洲联合运动明确地寻求实现德国与其邻国之间的经济相互依赖，从而使战略军事竞争的成本更加高昂，也更加困难。这种努力的第一个成果就是欧洲煤炭钢铁共同体，对一直为发动战争所必需的重工业进行有效共管。通过实施马歇尔计划，美国寻求推动建立共同经济组织，从而构建跨越欧洲国家之间传统敌对界线的经济相互依赖。美国也支持建立欧洲联合的政治制度，从而避免欧洲重返无政府状态，建立与美国而非传统的主权国家形式更加相似的欧洲制度。

西方民主团结

某种程度上，西方民主国家之间特有的团结（solidarity）强化了自由主义国际秩序的美国愿景。自由主义秩序的原则应该是全球性的和普世的，但最重要的承诺与核心制度是在西方内部被确立起来的。1943年，沃尔特·李普曼（Walter Lippmann）阐述了他对西方体系的看法，“大西洋并不是欧洲和美国之间的边界。它是因地理、历史和重大需要而相互结盟的国家共同体的内海”[46]。美国和欧洲似乎越来越多地共享相同的命运以及价值观和身份认同方面的亲近感。

新建立的全球制度（联合国和布雷顿森林机制）在应对战后出现的各种实际的经济和安全问题方面是不足的，这种情况推动了在西方稳定战后秩序的努力。欧洲经济的重建和安全联盟的确立需要一种密切的跨大西洋合作。美欧受到共同威胁危及的这一感受强化了西方团结一致的情绪。自由主义国际秩序存在西方核心这一看法表明，（因为共同的文化和民主制度）在进行合作并构建战后制度方面有着不同寻常的机遇。对于共享的政治共同体的看法与一种预期相伴随，即美国和欧洲之间的实际交往应更多地以共识和互惠为基础，而不是建立在美国以帝国或保护者—受保护者方式运用权力的基础上。[47]

大西洋秩序（an Atlantic order）这一理念受到大西洋两岸政治人士和专家们的支持。大西洋联合的理念可以被追溯至19世纪和20世纪之交，那时不少英国和美国的政治家和智囊持有这一理念，比如海约翰（John Hay）、英国驻美大使布莱斯勋爵（Lord Bryce）、美国驻英大使沃尔特·佩奇（Walter Hines Page）、艾尔弗雷德·马汉（Alfred T.Mahan）将军和亨利·亚当斯（Henry Adams）。[48]这种理念在“二战”期间和“二战”结束后又重新浮现，反映了一种认识：国联的失败揭示了一个不那么具有普世性的安全共同体的效力，而保护使大西洋世界联合起来的共享民主价值观和制度是一种迫切的需要。美国的精英日益将他们自己看作是大西洋共同体的一部分，或者如安德鲁·约翰逊（Andrew Johnston）所指出的，“美国是一个属于由自由主义—资本主义国家组成的政治经济共同体的国家”[49]。

这种共享身份存在若干层面并在战后发挥了影响。一是罗斯福和丘吉尔在1941年签署《大西洋宪章》的会面中所提出的英美特殊关系。他们找出了那些两国共有的原则，并以此作为战后秩序的基础原则。正如当代的一位分析人士所言："为探讨海上战略和供给问题而举行会面，但在海上会面的政治家们还谋划了'英美治下的和平'，就宣言条款来说，就是将大西洋世界的自由主义实践扩展为在战争结束后能更广泛运用的准则。"[50]

美国对这种西方共享身份的广泛认识作出了回应。美国将自己视为西方共同体的一部分，这使其更易于作出承诺并在大西洋地区筑牢战后架构。比如，1948年，国务卿乔治·马歇尔为争取对欧经济援助向国会委员会表示，为了防止"严重的经济困窘，强烈的社会不满和蔓延的政治混乱，以及可能出现崩溃的未来，以至于西方文明的历史源地出现新形式的暴政，而我们曾打击并摧毁了之前出现在德国的这种暴政"，美国的援助必不可少。[51]

在主张战后大西洋安全合作方面，欧洲人也援用了西方文明这一概念。英国外交大臣恩斯特·贝文(Ernst Bevin)指出，欧洲与美国的安全联盟是将大西洋世界联系起来的"精神团结"(spiritual union)的一部分："无疑，必须要有条约或至少是谅解，这种团结首要出自我们共同遵循的基本自由和道德原则的融合。它必须符合平等准则，并且必须包含我们共同坚持的自由的所有要素。"[52]这些官员还表达了一种煽情的政治情绪，欧洲和美国组成了被共同历史和价值观所塑造的单一政治共同体。"一战"后缔造和平的失败，以及美国对由志同道合的国家(与它们建立制度性关系)所组成的稳定群体的寻求，使大西洋两岸的官员易于接受这种对西方民主团结的吁求。[53]

美国对这种大西洋共同体或联合体的支持来自于持各种不同(某种程度上是相互竞争的)愿景和方略的官员。国务院的"欧洲主义者"(Europeanist)关注的是作为终极目标的欧洲联合，他们拥护马歇尔计划，期待看到一个与美国有着松散联系的独立的欧洲。"大西洋主义者"(Atlanticist)极力主张建立一个更具雄心的功能和政治联合体，这个联合体可以让美国和欧洲团结起来。[54]分歧是存在的，比如，美国是否应该推动欧洲的"联合"或"统合"。两派群体都触及了可以体现新的跨大西洋团结的组织原则。正如一位美国外交官所言，挑战在于找到"一种团结的形式，这种形式既可以避免美国—卫星国那种关系，也不是两个主权'平等方'之间的脆弱的双边伙伴关系"[55]。这两种立场最终差不多形成了互补关系。的确，到了20世纪50年代，它们基本上被一个更大的共识所涵括，这种大西洋政治和安全合作共识通过北约盟友关系体现出来。

西方自身可以作为更大的战后秩序的基础和出发点，这是当时出现的美国愿景所隐含的内容。西方不单单是一个拥有固定边界的地理区域。它是一种理念——一种可以向外扩展的普世的组织形式，受自由主义的民主政府和行为原则的传播的推动。从这个意义上讲，战后的西方被视为一种可以增殖和向外扩展的分子复合体(molecular complex)。克莱伦斯·斯特雷特(Clarence Streit)或许是将这一观点表述得最清楚、最彻底的人，他倡导北大西洋民主国家的联合，他认为这些国家可以组成更宽大和更扩展的世界秩序的核心。正如斯特雷特在1939年所言，"这些民主国家足可以成为世界政府的核心，这个世界政府拥有金融、货币、经济和政治权力，从一开始就可以通过压倒一切的十足优势和强固(invulnerability)，以和平方式保障其成员的和平，有效地解决货币不安全问题和当前正肆虐整个世界的经济战"[56]。大多数美国官员都不支持这种大西洋民主国家联合体的想法，但一个团结的西方可以为战后秩序提供稳定和可扩展的核心的想法却广泛传播。

人权和进步主义变革

美国对战后秩序的愿景还有着进步主义的(progressive)抱负。罗斯福和杜鲁门政府的官员共同持有这样一种观念，即他们所设计的秩序最终在范围上将会是普世的。进步主义变革理念有两个方面。第一，自由主义国际秩序虽然最先是在西方确立，但将向外扩展至非西方和发展中社会。世界的新兴地区迟早会被民主所裹挟，会被整合入开放的资本主义体系。第二，这一秩序会推动它所包含的那些社会的社会进步和政治进步。

美国想要通过组织战后体系来推广其所坚持的进步主义价值观，这一点在二战早期非常明显。与之前的威尔逊类似，罗斯福将美国参与“二战”视为理念大碰撞（a grand clash of ideals）的一部分。在战争早期，他清楚地阐述了美国对普世人权的承诺，最有名的就是通过“四大自由”演说和 1941 年在《大西洋宪章》中所提出的许诺。[57]

这些承诺后来被庄严载入 1945 年的《联合国宪章》以及 1948 年 12 月联合国大会所通过的《联合国人权宣言》，这引发了战后的人权革命。在埃莲诺·罗斯福（Eleanor Roosevelt）等自由主义人士的倡导之下，人权宣言阐述了普世的个人权利的概念，这种权利应当受到全人类承认，而且不能简单地交由主权国家政府进行界定和处置。[58]随之而来的源源不断的公约和条约共同构成了关于权利、社会进步和全球秩序的非凡愿景。[59]

这一人权革命深刻地根植于 20 世纪 40 年代出现的进步主义的自由主义愿景。显然，罗斯福和杜鲁门因威尔逊的失败而变得清醒，他们确信一种致力于人权、集体安全和经济进步的新的全球秩序对避免重蹈战争覆辙是必不可少的。此外，美国官员还认识到，自由主义国际秩序可以为进步主义的变革提供一种基本架构。有一种隐含的认识，即美国领导的秩序、西方化、经济整合以及政治发展是相互兼容和相互联系的，它们合在一起，带来了一个可以促进所有人生活条件的世界一体的全球体系。自由主义秩序和社会的现代化是齐头并进的。罗斯福和杜鲁门的自由主义愿景虽然比威尔逊的愿景更为疑世（world-weary），但他们认为历史在经济与安全合作的日益精细的多层框架的助益之下是沿着进步主义的方向展开的。

美国的霸权性领导

这一秩序的最后一个方面就是美国的霸权性领导。按照这一秩序中各国大致相互认同的方式，美国牵头组织和经营了这一秩序。实际上，美国具有特殊的功能性—操作性作用。正如 1947 年年底艾奇逊对一群决策者所言："我们将会认识到，我们在世界上所发挥的作用需要利用我们所拥有的、可自行支配的所有权力、所有思想和所有的冷静。"[60]美国提供了安全保护和市场开放性这些公共物品，倡导了规则和制度。美元成为国际货币，美国的国内市场成为世界经济增长的发动机。同盟制度和一系列正式和非正式的政府间制度为国际秩序提供了协商与合作的机制和渠道。每个国家的安全成为了所有国家的安全。结果出现了一种等级性的秩序——美国是最强大的并领导这一秩序。但是它所颁布的规则和制度赋予这种秩序自由主义特征。[61]

这些霸权性功能的发挥需要美国的持续参与，使这一秩序保持开放、稳定和大致以规则为基础。[62]当霸权国牵头提供规则和制度，它就是在为更大的秩序提供一种公共物品。但是它也会运用这些规则和制度对其自身权力的运用作出克制与承诺。通过遂行这些霸权任务，主导国也在维护它自己的长期利益。它推动建立了一种相对有利于追求其利益的环境。它还向其他国家展现了合作意图。反过来，其他国家同意与主导国进行合作。这些较弱的二等国家得到了一种不受肆意专横的权力运用所威胁的国际秩序。通过互惠性的妥协政治过程，它们也会获得一些对秩序进行综合管理的权利。

主导国建立规则和制度并发挥领导作用的能力是以它所掌握的安全和经济资产为基础的。作为军事上最强大的国家，霸权国能够向其他国家提供安全保护并以此换取它们的合作。这种安全保护可以通过多边安全机构（如北约）提供，或者也可通过双边的安全条约（如美日同盟）。主导国的经济也是一种权力资源。提供进入世界最大的国内市场的权利是美国用以影响其他国家政策和方针的工具。反过来，这些国家通过和美国之间的贸易投资体验到了经济上的好处。

从"同一世界"秩序到美国体系

"二战"结束之后,美国自由主义霸权秩序并非一下子全面迸发开来。并没有哪一个特别的"创建时刻",而是有很多的创建时刻。

自从它开始为和平进行规划,罗斯福政府就想要建立一种战后贸易开放体系,这种体系大体上是依靠自己来运转的。它应是一种经过改革的"同一世界"(one-world)全球秩序。[63]但战后数十年所实际形成的那种秩序却拥有一种更具深远影响和更为复杂的逻辑。它更以西方为中心,更加的多层面,而且要比最初设想的更具制度性。它使美国对这一体系进行了直接的政治和经济管理。美国发现自己不仅是"一战"后新秩序的倡导者和主导性参与方,它还是这一秩序的拥有者和运营方。自由主义秩序的愿景最终变成了自由主义霸权秩序。

美国认识到,自由主义秩序需要华盛顿的持续引导和控制。美国自己的经济和政治制度实际上成为更大的自由主义霸权秩序的核心要素。美国的国内市场,美元和冷战同盟成为建立和管理战后秩序的机制和制度。美国和西方自由主义秩序被融合到了一个体系之中。美国使自己矗立在全球政治等级体系的最高端。与它最开始所预想的相比,美国拥有了更多的权力和控制力,但它也不得不承担更广泛的责任。它拥有了经营战后秩序的更直接的权力,但也更加紧密地与这一秩序中的其他国家联系在了一起。在这个过程中,华盛顿和在美国领导的这一不断演化的秩序中行事的国家达成了默许的(安全、经济和政治)契约。

与它在战后安排中本想要得到的相比,美国最终是既有得也有失。它想要的是一种普世秩序;它得到的却是一种美国体系。

建立经济关系

在经济事务方面,罗斯福政府建立开放的贸易体系这个最初念头在 20 世纪 40 年代经历了很长的外交之路。在关于战后经济规则和制度的谈判不断展开时,开放性特征以及美国的承诺和义务演变成了一种更受控制的、由美国人来运营的体系。关于向英国提供援助的《租借法案》、布雷顿森林协议、“马歇尔计划”以及美元和美国国内市场新近作用的所有这些谈判帮助塑造了战后秩序的样态。

一开始，美国在1941年夏对英国进行的战时援助引发了华盛顿和伦敦之间关于世界经济规则和安排的更广泛的讨论。1932年的渥太华协定确立了英国的帝国特惠网络，这一协定被美国官员视为20世纪30年代经济崩溃的原因之一，也被认为是建立战后非歧视商业体系的主要障碍。如果美国向英国租借资源以打赢战争的话，美国期待英国在战争结束后不要歧视对待美国的贸易。在罗斯福和丘吉尔就《大西洋宪章》举行的会谈中，英国领导人拒绝就撤除其帝国特惠体制作出具体和绝对的承诺。但美国坚持，英国对“消除国际商业中所有形式的歧视性待遇”的承诺应成为两国1942年2月签署的互助协议的一部分，这一协议确立了《租借法案》。[64]

后来持续数年的谈判是两大目标之间的斗争。对于美国方面来说，目标是将世界带入一个开放的贸易体系，在这一体系中，贸易和国际支付方面的壁垒应被降低且不具歧视性。战争已将美国变成了全球主宰(global juggernaut)，它的权力和财富使其他所有国家相形见绌，它还处处占据着讨价还价的优势。另一方面，英国和欧洲大陆被战争削弱，政治领导人担心战后经济衰退和越发严重的失业。与确立社会保护以防止社会和经济不稳定相比，开放的贸易并不是那么重要。在英国，政治左派想要确保战后的经济安排与政府对充分就业的承诺相一致，政治右派则肆无忌惮地坚持维护帝国特惠制。[65]因此，英国寻求从华盛顿那里得到各种保证和政策承诺。它想要的是一种可以促进充分就业、打开美国进口市场、为解决国际收支平衡困难提供援助的战后经济安排。

美国最初的开放贸易立场后来经过几个阶段后发生了偏离。一是凯恩斯和哈里·怀特进行的著名的英美谈判，最终达成了布雷顿森林协议。这些决定设立国际货币基金组织和世界银行的谈判使围绕战后世界经济原则和规则的争论从贸易转向了货币和财政安排。从货币规则确保了货币可兑换性的角度看，最后达成的协议与华盛顿的市场开放目标是相一致的。货币集团不再受到准许。但是英国和其他欧洲国家也得到了保护。虽然债权国并没有像凯恩斯所寻求的那样在援助债务国方面承担什么义务，但也作出了使整个体系更有利于扩张性调控的货币政策安排。英国和美国的货币政策规划者们达成一致是极为重要的，因为这解决了围绕战后贸易体系出现的僵局。布雷顿森林方案代表了一种中间道路，既能获得保守的自由贸易者的支持，也能得到新的经济规划拥护者的赞成。国际经济应当是开放的，但也应受到管控，政府应被给予支持国内充分就业的工具。[66] 1944 年在布雷顿森林达成的这些妥协得到了来自大西洋两岸的政治支持，在这一过程中也重塑了开放的自由主义体系的逻辑。

但是，即便达成了布雷顿森林协议，英国经济的虚弱以及欧洲大陆经济的衰退促使美国采取了进一步的行动。1945 年秋，凯恩斯重返华盛顿寻求贷款以应对英国越发不稳定的金融形势。英国黄金和美元储备余额的下降，削弱了新上台的工党政府推进雄心勃勃的经济和社会福利事业的能力。像过去一样，美国官员将金融援助与英国向贸易自由化和货币可兑换的转变联系在一起。在英国愿意消除货币管制和贸易限制的情况下，贷款要求获得了美国的同意。这也是杜鲁门政府向国会表达的观点，以此为通过贷款协议努力争取国内支持。英国对开放的多边体系的倾向取决于美国的援助。财政部长弗雷德·文森(Fred Vinson)向国会争辩说，没有贷款，英国就会重回易货贸易和货币集团，从而将世界再次分裂，“对抗的集团将意味着经济战”[67]。但国会仍然持怀疑态度。

到了 1946 年初，杜鲁门政府在吁请国会通过对英贷款时增加了国家安全方面的理由。2 月，斯大林发表了著名的“两个阵营”演说，描述了资本主义西方和社会主义世界之间的斗争。之后一个月，丘吉尔在密苏里州的富尔顿发表了“铁幕”演说。[68]一时间，同一世界的开放体系愿景让位于意识形态和地缘政治冲突将持续使世界分裂这一愿景。在这种新情势下，面对新出现的苏联威胁，为加强西方的团结，对英国的经济支援是必不可少的。正如国务院官员约瑟夫·琼斯(Joseph Jones) 1946 年春劝说一位参议员时所言："如果这些领域被容许急速陷入经济的无政府状态，那么最好的结果就是它们将脱离美国的轨道并尝试一种独立的、民族主义的政策；而最坏的结果则是它们转入俄国的轨道。"[69]

美国国会通过了贷款协议，但促使该协议通过的经济情势却继续恶化。1947 年 7 月，英国政府宣布英镑可自由兑换，但发现易汇者大规模地、不断地将英镑兑换为美元。贷款不足以解决问题，英国政府重新实施外汇管制。与此同时，法国也在寻求美国的援助。戴高乐的顾问让·莫奈(Jean Monnet)警告说，如果没有美国的援助，法国不可能恢复"西欧一流工业国家地位"。法国人需要从华盛顿大规模融资，以偿付战后的粮食、原材料和资本货物的进口。[70] 在其后的谈判中，和凯恩斯一样，莫奈发现华盛顿坚持将援助与法国对贸易自由化的承诺联系在一起。反过来，法国人则努力限制贸易开放方面的条件。自由化应随着经济的重建和现代化逐渐实施，要与对社会民主的承诺相一致，还要与法国针对战后欧洲的目标联系起来。与英国和美国之间的谈判一样，对法国的援助协议解决了战后经济稳定和复苏的问题。但是这些协议，至少是间接地，促进了关于贸易和现代民主社会的长远的大西洋共识。

这些战后援助协议最终还是被欧洲进一步恶化的经济状况和随后而来的冷战所压倒。1946 年至 1947 年间，经济复苏的失败给来到欧洲的美国官员留下深刻印象。1947 年春，副国务卿威廉姆·克莱顿(William Clayton)结束其欧洲之行后被严重的经济恶化所惊慌。饥馑和经济混乱蔓延开来，工业生产下降，收支逆差上升。克莱顿写道："如果这一状况(继续发展)，就会出现革命。"[71] 无论是短期的人道主义援助，还是长期的布雷顿森林协议中的稳定和调整机制都不足以解决欧洲的经济紊乱和政治困境。1947 年春，当美苏关系继续恶化时，杜鲁门政府发现它在希腊和土耳其遇到了危机，此前英国已宣布其不再能够维持对东地中海地区的安全承诺。3 月 12 日，美国总统在国会宣布了杜鲁门主义，称美国将致力于援助那些与共产主义进行斗争的社会。

正是在这种完全不同的政治背景下，杜鲁门政府转而公布了针对欧洲的新的大规模援助项目。这一欧洲经济项目（所谓的“马歇尔计划”）向欧洲提供大约 140 亿美元，用于重建那些新出现的美国冷战盟国的经济。另外还向日本提供了援助。这一大规模的援助承诺大致相当于美国 1948 年国民生产总值的 5%。对于大多数处于困境中的欧洲国家来说，这一项目在最初几年大约提供了占这些国家国内收入 3%—6%的援助。

马歇尔计划援助项目将经济和国家安全方面的理由联系在了一起。克莱顿和其他官员认识到，如果不采取强势措施将欧洲带回经济增长和稳定的轨道，向开放的多边主义体系的转变就是不可能的。美国官员还担心，欧洲的经济惨状将加剧政治上的不稳定，并为共产主义的政治侵蚀创造机会。

正如国务卿马歇尔在他的著名演讲中所指出的，援助项目的目标就是“在世界上恢复有效运行的经济，从而使自由制度赖以存在的政治和社会条件得以出现”。马歇尔声称，没有在美国援助下的欧洲的复兴，“就不会有政治稳定，就不会有受到保障的和平”。[72] 正是这种逐渐形成的冷战逻辑为这一代价高昂的计划赢得了国内的支持。美国应当为欧洲的复兴承担责任，以使欧洲重新整合并加入更大的开放的自由主义秩序。

在这一逐渐演变的战略形势下，贯穿整个战后时代的两大信念出现在杜鲁门政府的官员们之中。第一，只有德国能够复兴，欧洲范围内的经济复苏才可能实现。正如凯南所主张的：“一边谈论欧洲的复苏，一边反对德国的复苏，这样做毫无意义。”[73] 第二，在执行马歇尔援助计划时必须把它当成一项欧洲的集体事业。美国援助的不是某个国家而是作为整体的欧洲。按照这种方式实施援助将促进欧洲的合作与整合，削弱双边主义、自给自足（autarky）和政治冲突的倾向。一个团结的欧洲可以为经济和政治重建提供必要的基础。[74]

通过布雷顿森林协商，欧洲人成功地使美国战后对自由贸易的关注焦点转为对一种更宽泛的规则和制度框架的支持，这一框架可以在经济的开放性与政府对充分就业和社会保护的承诺之间实现相互协调。但是在这一过程中，欧洲经济的虚弱和与苏联紧张关系的上升使美国在欧洲重建以及开放和管理世界经济方面发挥了直接作用。经历了“美元短缺”的欧洲国家无法承担布雷顿森林协议所预设的那些责任。在这种情况下，正如吉尔平所言：“始自马歇尔计划，并在一定程度上披着国际货币基金组织的外衣，美国担负起了管理世界货币体系的首要责任。美国联邦储备委员会成了世界的银行家，美元成了国际货币体系的基石。”[75]而后，美元成为最重要的储备货币，美元的外流提供了国际流动性。美国对开放的世界经济的支持使美国组织和经营世界经济成为必要之举。

建立安全关系

在安全事务方面，美国的政策和承诺也经历了类似的过程。罗斯福政府的战时愿景是，建立一个由世界主要大国集体管理国际体系的全球组织。在1941年《大西洋宪章》会议上，罗斯福对是否赞同建立国际安全组织的想法犹豫不决，但在珍珠港事件发生和美国参战之后，他便决心建立一种战后安全合作架构。历史学者沃伦·金布尔（Warren Kimball）写道：“到了1942年年中，罗斯福关于战后政治体系的大部分计划都已被摆到了桌面上。大国应成为和平的‘担保者’，殖民帝国应解体，应为战后重建提供资本，世界应进行裁军。”[76]在接下来的一年中，罗斯福继续完善他关于安全组织的想法，在这一组织中，由四大国组成的执行委员会应共同担当确保和平与稳定的“警察”。

罗斯福之所以坚持美国军队战后应离开欧洲，是因为他认为建立合作性的大国关系体系是可能的。大国不会将世界分裂为不同的势力范围，而是去做1919年之后它们没有做到的事情：建立一个有效的集体安全体系。联合国将是这一体系的具体体现。1944年夏，各国在华盛顿特区的敦巴顿橡树园举行会议，围绕如何组织新的全球机构进行协商，最终商定了建立多层组织的蓝图。联合国大会体现的是会员国和主权平等的普遍原则，大国则通过安全理事会行使特别权利与责任。[77]联合国的设计者们在之前失败的国联的阴影下进行工作，《联合国宪章》反映了适应大国政治现实的努力。与在共识基础上发挥作用的国联理事会不同，联合国安理会仅给予常任理事国否决权，但其作出的决议却对所有国家都具有约束力。通过重申会员国就集体使用武力作出决策的主权权利，宪章将义务的性质限定在维持政治和领土方面的保障。

1945年春，联合国成立大会在旧金山举行。虽然人们担心苏美之间的冲突会损害联合国所依赖的大国合作，但国务卿爱德华·斯特蒂纽斯(Edward Stettinius)在加州大学伯克利分校重申了四大国之间的"基本团结"。"我们在旧金山的工作正是建立在强大而稳固的团结基石之上。"旧金山会议闭幕时，杜鲁门总统肯定了联合国设计背后所蕴藏的大国克制这一重要理念。杜鲁门说道，强国的职责所在就是"为一个和平的世界而承担领导责任……我们所有人都必须认识到，无论我们各自力量有多么的强大，我们必须拒绝容许自己为所欲为"[78]。在他返回华盛顿之后，杜鲁门请求国会迅速批准宪章。他宣称："我急切渴望着使诸君明白，这个世界是连为一体的……我们这个伟大的国家应一马当先，去实现伍德罗·威尔逊和富兰克林·D.罗斯福的那些理念，这正是一种责任。"[79]

宪章后来获得了承认，但并没有带来一个大国协调的新时代，联合国的集体安全体系让位于其他考虑。到了1946年，国务院的一些官员开始主张一种鼓励欧洲团结的政策，将欧洲建成美国和苏联之外的第三股力量。这种想法就是要促进一种多极的战后体系，欧洲将成为这一体系中相对独立和团结的地缘政治权力中心，德国也会被整合进其中。乔治·凯南和国务院的其他政策规划人员清晰阐述了这一看法。1947年10月，凯南称："让其他独立力量尽快在欧亚大陆上发展起来，以分担我们肩上所承担的部分'两极'负担，这应是我们政策的基点。"[80]促进欧洲团结的最初理由更多是为了给欧洲复兴建立一种稳定的架构，而不是抗衡苏联的力量。这是凯南在马歇尔计划发表前数周提交给艾奇逊的那份备忘录的中心思想。美国的政策重点应当"不那么以对抗共产主义为导向，而是以欧洲社会恢复经济上的健康和活力为目标"[81]。正是怀着这样的目标，凯南和政策规划官员们力促马歇尔计划应对欧洲国家进行整体性的援助，从而鼓励它们，如凯南所言："像欧洲人那样而不是民族主义者那样思考解决大陆经济问题的办法。"[82]

促进一个联合的欧洲的另一点理由就是，这是重新容纳德国的唯一道路。对于将德国与西欧捆绑在一起，凯南是最重要的提倡者。"长远看，西欧和中欧的未来只有三种可能性：一是被德国所掌控；二是被俄国人掌控；三是出现一个结成联邦的欧洲，德国被吸收进这个联邦，而联邦中其他国家的影响力又足以使德国处于适当位置。如果没有真正的欧洲联合，如果德国恢复为一个强大而独立的国家，我们就不得不预期德国会再次试图掌控西欧和中欧。"[83]次年，凯南称："在主权国家的框架下我们找不到解决德国问题的答案。如果任由历史在这种框架下继续发展下去，就会不可避免地导致凡尔赛和会后那一连串事态的重演。……唯一的答案就是某种形式的欧洲联合，它可以让年轻德国人的视野更为宽广。"[84]美国驻德国最高代表约翰·麦克洛伊(John McCloy)也表明了相同的看法，他在1950年称一个"联合起来的欧洲"是一种"有想象力和创造性的政策"，它可以将"西德更稳固地与西方世界相联系并使德国人相信其天命即应若此"。[85]如果德国与欧洲捆绑在了一起，那么，欧洲自身也需要团结和整合起来从而提供一个锚固(anchoring)德国的基础。

在美国促进欧洲联合以及容纳德国的同时，英国和法国政府也在寻求将美国与欧洲绑在一起。华盛顿的政策从努力争取欧洲第三种力量的建立演变为同意在北约框架下作出安全承诺，在这一过程中美国方面很不情愿，欧洲方面则不依不饶。在每一个回合，欧洲领导人总是以同意采取进一步整合欧洲的举措来换取美国的相应保证和承诺。北约和美国安全承诺成为相互缠绕的多重难题的解决之道，这些难题包括担心德国重新军国主义化，英国对欧洲经济整合心怀矛盾，苏联危险日益增强以及对美国实力的不确定感。

对于抗拒欧洲和容纳德国，英国和法国政府又各自有其特定缘由。英国想要维持它与华盛顿之间的特殊关系，它并不像把自己的安危系于独立于美国的统一的欧洲。建立欧洲这股第三种力量也会占用需要用于巩固战后英联邦体系的那些资源。像其他欧洲国家一样，英国还害怕德国或是苏联将统一的欧洲置于股掌之中。法国则对一个统一的欧洲更具热情，统一的欧洲可以为法国扩展其对欧洲大陆的领导力提供基础。它们将那些把德国吸收进合作性关系（最重要的就是煤钢共同体）的举措视为对德国在经济上重新融入欧洲进行一定控制的重要途径。但是法国政府坚决要求，只有在一个包含美国的安全框架下，才能容许西德的复兴。美国的安全联系可以为一个复兴的德国提供担保，同时还能使美国变得更可预测、更受约束，并减轻法国在安全开支方面的负担。

如果一个横跨大西洋的联盟能将联邦德国和美国与欧洲捆绑在一起，它就可以强化英国和法国对建立开放和统一的欧洲的承诺。美国不仅想要把德国带入欧洲人的围栏之中，它还想让欧洲自身实现重新定位。重复着威尔逊在“一战”之后对欧洲“旧政治”的批评，“二战”后的美国官员也强调欧洲需革除民族主义和帝国主义的倾向。在他们看来，促进欧洲的整合就会实现这一目标，不仅可以让欧洲不受德国的威胁，也会使世界免于欧洲的威胁。“马歇尔计划”，以及杜鲁门政府对布鲁塞尔条约、欧洲防务共同体（EDC）和“舒曼计划”的支持反映了美国人的这种想法。在1948年就北大西洋公约进行谈判时，美国官员向欧洲人清楚表明,安全承诺取决于欧洲在一体化问题上的态度。有位国务院官员评论道,美国不会"重建一个烈焰陷阱"[86]。艾奇逊在谈及欧洲防务共同体时曾表示,美国的目标是"扭转已在欧洲大陆上冒头的导致分裂的民族主义趋势"[87]。美国国会对"马歇尔计划"的支持也是以促进有利于一体化的政治制度和习惯为前提的,至少在一定程度上是这样。

当从 1948 年开始美国按照"马歇尔计划"向欧洲提供援助时,美国政府要求欧洲人自己要组织起来,共同分配这些援助资金。这使欧洲经济合作组织(OEEC)应运而生,该组织是欧洲共同体的制度先驱。它最终担负起在欧洲范围内监管经济重建的责任,并开始让欧洲人参与到关于共同经济管理的探讨中。正如一位美国官员所忆,欧洲经济合作组织建立了战后国际合作的一种重要新方法,即系统性国家审议(the systematic country review),担当相应职责的政府负责人受到其他国家相应负责人和高级国际职员的盘诘。在这样的审议中,被提出的那些问题在战前会被认为是对一国内部事务的粗暴而不可接受的干预。[88]美国支持欧洲的一体化并将之作为防止欧洲内部冲突的保障,即便美国并不是那么愿意将自己对欧洲的安全承诺制度化。正如马斯坦都诺所言:"马歇尔计划受到了直接而持续的安全关切的推动,这些关切包括西欧内部发生共产主义颠覆或苏联从外部侵入西欧脆弱的经济和政治体系的危险,以及通过将西德和法国与更统一的欧洲和大西洋共同体相捆绑从而解决法德之间长期难题的需要"[89]。

大西洋国家之间制度性契约的各部分相辅相成。"马歇尔计划"和北约是更大的一套制度包裹中的一部分。正如劳埃德·加德纳(Lloyd Gardner)所言:"每一个都是整体的一部分。它们被一起设计出来以'塑造(大西洋国家的)军事特性',防止欧洲防务体系的巴尔干化,创造一个足够大的内部市场使西欧的资本主义可以持续下去,并将德国锁定在铁幕的西方一侧。"[90]北约是一个安全同盟,但它同时也作为一个稳固大西洋地区政治和经济关系的工具为人们所接受。在大西洋安全条约被签署之后，参议员克劳德·佩伯（Claude Pepper）问艾奇逊国务卿北约是否已经“让西欧国家在面对复兴的德国和俄国时获得了几分信心”，艾奇逊回答道，“是的，北约充分发挥了作用”。[91]

就这样，美国关于开放的自由主义秩序的愿景被转变成了一种以美国为中心的霸权秩序。美国最初要建立开放的自由主义秩序的事业让位于另一种关注，即重建且重构欧洲以创立以西方为中心的秩序。随着冷战的出现，与他国结盟并构建一种遏制性的秩序成了美国的另一项事业。到了20世纪40年代晚期，这两项事业融汇在了一起。开放与遏制并行不悖。美国被拉着参与建立的那种开放体系需要比华盛顿之前预计的影响更深远的承诺和制度性协议，冷战带来的紧迫性催生了对这些承诺和协议的必不可少的政治支持。同时，冷战联盟体系和安全承诺为“自由世界”国家之间的合作提供了更宽、更深的基础。美国后来所领导的战后秩序比任何人预计的都要更具等级性，但它也更加制度化，并与一系列复杂的契约和协议融合在一起。

霸权契约

当美国领导的战后秩序形成时，它依托于华盛顿和它的欧洲、东亚伙伴之间达成的一套战略契约。把这些协议捆绑在一起，就组成了一种霸权契约。美国通过提供安全、支持经济的开放、保障规则和制度来领导和管理国际秩序，其他国家则同意在这一秩序中行事并默许美国的领导。美国应提供一系列的服务，其他国家则应依附美国，而不是抗拒美国。美国将成为老大，并进行带有等级性的政治控制，以使秩序发挥效用。它将获得特权和自由裁量权，如果美国仍在一定限度内行事，其他国家就应支持美国的霸权权力。

在具体方式上，美国与欧洲和东亚之间的霸权契约是不一样的。这种情况历经几十年的演变。美国输出安全，进口别国的物品，并维持秩序的规则。它会施展自己的权力，但会按照制度并通过与其他当事国进行积极互动的政治过程予以施展。这些制度和关系的互惠性与协商性赋予霸权主义秩序自由主义的特性。

两大契约支撑了自由主义霸权秩序:安全契约和政治契约。安全契约因冷战而来,它涉及美国在自身领导的秩序中建立战略伙伴关系的大框架下提供军事保护、支持贸易和经济增长、提倡并维护整体规则和制度的方式。政治契约则源自美国与其伙伴之间在权力上的不对称。也就是说,美国同意按照协商而得的规则和制度行事,借由制度来施展权力,而这些制度又确立了针对这种权力的克制和承诺,并提供了在美国领导的秩序所包含的政治等级体系中表达意见和实现互惠的机制。

安全契约

通过安全契约,美国同意提供安全保护以及在一个开放的世界经济中进入美国市场、获取美国技术和资源的权利。反过来,美国的伙伴同意成为在美国领导这一秩序时为美国提供外交、经济和后勤支援的可靠伙伴。戴高乐在当时曾不情愿地表示,“面对近在眼前的危险,自由世界除了接受华盛顿的‘领导’之外,别无其他可为”[92]。美国与欧洲和东亚之间的安全同盟关系是安全契约最明显的体现。在这两个地区,从作出安全承诺到驻扎军队,再到确立战略伙伴关系,美国一步步地展开行动。

美国对安全的供给是多方面的。美国最初的目的在于针对处于美国领导的秩序之外的威胁(最主要的是来自共产主义世界的威胁)确立安全保护。但是,正如前文所指出的,美国在欧洲和东亚的安全存在还旨在确保同盟伙伴国之间的稳定关系。一定程度上,美国对欧洲的安全承诺是为了促进联邦德国的重建,帮助联邦德国融入欧洲和大西洋地区。一定程度上,美国与日本的安全条约旨在确保日本能够在不在该地区引发冲突和对抗的情况下实现经济复兴。日本应在美国领导的地区安全秩序中实现复兴。美国在这两个地区的安全存在有助于解决安全困境,提供一种保证,即德国和日本的军国主义将不会复活,从而促进地区的稳定与合作。反过来，日本和西欧国家会与美国站到一起，以合作的态度支持美国更大的全球领导地位。

安全契约还有经济的维度。美国维护世界经济的规则和制度并促进经济的整合；反过来，欧洲和东亚的伙伴国应支持美国。除此之外，美国还积极寻求促进它的伙伴国的发展和稳定，并将它们整合起来。在最初的岁月里，美国主要通过“马歇尔计划”的援助帮助欧洲恢复经济，而后是帮助欧洲扩展贸易和投资。它利用经济援助和同盟承诺作为促进欧洲范围内的经济整合的杠杆。从这个意义而言，北约条约应该被看作是“马歇尔计划”那种做法的延续。后来出现在欧洲和大西洋地区的秩序促进了欧洲的经济恢复，扩展了大西洋两岸地区之间的贸易和投资。

在东亚，美国采取了系统性举措将日本整合进西方世界经济。对日本的占领最初聚焦于引入民主制度和市场改革。当 1948 年后冷战在亚洲定型，美国将重点转移到促进日本经济增长和政治稳定的政策上来。日本经济改革的失利，对政治不稳定的担忧，共产主义者在中国的胜利，以及日本不断增强的战略重要性，导致美国出现了一个新的政策取向，即强调日本的经济复苏和将日本融入世界经济。国务院带头强调日本在该地区的战略重要性，并将东亚置于遏制共产主义影响力的全球背景之中。在接下来的数年里，日本被带入美国的安全和经济轨道。在帮助日本在东南亚建立新的商业关系和寻找原材料来源以替代失去的中国和朝鲜市场方面，美国发挥了领导作用。[93] 像德国一样，日本成了美国的小伙伴，被解除了军事能力，并被重新构造为世界经济增长的引擎。美国在亚洲的遏制建立在日本实现经济发展并被纳入更广阔的亚洲非共产主义地区经济这一基础之上，这块地区被艾奇逊国务卿称之为“大新月地带”(great crescent)，指的是从日本到东南亚再到印度这些国家。历史学家布鲁斯·柯明斯(Bruce Cumings)阐述了这一政策背后的逻辑：“在东亚，美国的战略规划者们所设想的是由复苏的日本工业所推动的地区经济，而且日本的出口能够确保获得这一大陆的市场和原材料。”[94]该战略可以将这一地带受到威胁的非共产主义国家联系起来，在美日之间建立强有力的经济纽带，削弱这一地区残余的欧洲殖民领地的重要性。在重新确立在亚洲的地区经济势力范围方面，美国积极地扶助日本，让日本繁荣起来并使其在更大的秩序中发挥地区领导作用。日本的经济发展，地区和世界市场的扩张以及冷战的争斗，三者齐头并进。

在建立安全伙伴关系的进程中，为促进其冷战盟国的发展并将它们拉入美国领导的体系，美国开放了自己的国内市场并容忍了经济上的不公平待遇。正如马斯坦都诺所言：“美国鼓励，实际上也需要，西欧经济体的整合以及欧洲关税联盟的形成，即便后者通过共同对外关税对来自美国的出口予以歧视性对待……就日本来说，美国的官员不仅容忍日本的高关税和非关税壁垒，还顺应了日本政府希望美国对外直接投资能够最小化的要求，从而在‘贸易之外的竞争’中赋予日本极大的优势。”[95]对美国市场的进入支撑了西欧和日本的经济发展和政治稳定，并使这些国家的政府更紧密地与美国联系起来。加深的经济联系反对来又增强了美国安全承诺的可信度。[96]

美国对西欧和日本的安全承诺带来了华盛顿和驻在国之间的具体协议。美国在海外的军事部署给这些国家提供了保护，但两者之间的协商还牵涉到分担支出和义务的问题。“驻军地位”协议详细规定了关于基地、部队驻防和防务合作的条款。除此之外，美国这些地位稍低的安全伙伴们还被期望支持华盛顿更大的经济—政治领导地位。尤其是，西德和日本(在“二战”后的最初数十年中，在安全上对美国高度依赖)感到有义务去支持美国在贸易和货币方面的领导地位。从20世纪50年代到70年代，面对不断加剧的国际收支平衡问题，联邦德国支持了美国的货币政策以及美元的作用，德国将此看作是同盟关系下的一部分义务。[97]

美国在维护经济稳定性和开放性方面的霸权角色赋予它一些特权。只要美国继续提供公共产品，它的特权就会被接受。这一点可以从美国在战后货币秩序中占有的优势看出来。如本杰明·科恩(Benjamin Cohen)所指出的,美国与它的欧洲和日本伙伴“敲定了一桩没有言明的买卖”。出于经济和政治的原因,西欧(特别是联邦德国)和日本同意帮助美国解决国际收支逆差问题。“美国的盟友们默认了这一霸权体系,该体系给予美国在海外进行单边行动以推进美国利益的特权。美国则反过来容许它的盟友们利用该体系促进它们自己的经济繁荣,即便这种繁荣在很大程度上要靠美国付出代价才能实现。”[98]

政治契约

政治契约是更加含蓄的,它解决的是美国超群实力地位的不确定性问题。美国实现自我的开放并将自己与伙伴国相捆绑;反过来,欧洲和东亚国家接受美国的领导地位并在自由主义霸权秩序中行事。通过这一契约,美国建立了让伙伴国参与华盛顿外交决策的渠道,从而使自己“方便易用”(user-friendly)。秩序仍然是等级性的,但与胁迫相比,它变得更加具有共识基础,更具合作性和一体性。在这种情况下,其他国家愿意与美国合作而不是抗拒美国。

美国和它的主要伙伴国的特性——全都是自由民主国家——有利于自由主义霸权秩序围绕多边主义、同盟伙伴关系、战略克制、合作安全以及制度性的和以规则为基础的关系而建立起来。这一秩序的制度性基础使美国的权力地位更加持久,对其他国家的威胁性也更小。这一秩序的制度性构架使霸权支配和控制更易于以一种具有共识性的方式进行。

从这个意义上来说,有三大要素使政治契约成为可能。第一,美国是一个幅员辽阔且开放的民主国家,它的主要伙伴国也都是民主国家,这使霸权拥有了一种互惠和具有共识性的样式。作为一个政治系统,美国的自由主义性质有助于创立一种共享的、过程开放的决策体系。此外,通过带来有关美国政策的信息和确保美国意图的严肃性,美国活跃的媒体和竞争性的政党体制也帮了其他国家的忙。

第二，通过创造发表意见的机会，这种开放的、去集中化的政治过程减轻了对美国权力的担忧，盟友和伙伴国通过这些机会能实现政治参与，并借此评议和影响华盛顿施展权力的方式。[99]外国政府在华盛顿虽然没有被选举出来的官员，却拥有自己的代言人。通过让其他国家参与华盛顿的决策过程，美国把这些国家拉入一种积极的、持续的伙伴关系，而这种伙伴关系服务于美国的长远战略利益。

促成政治契约的第三个要素就是国际制度。如前所述，这些制度为美国确立约束和承诺，将各国联系在一起，提供参与和交流的渠道规定了方式。多边制度和安全协定不仅仅是形成集体行动的功能性机制，它们也是为各国在秩序内相互交往所提供的政治框架的组成要素。将霸权秩序连结起来的这些政治、经济和安全制度支撑着政府官员和其他精英人士所组成的网络，为持续进行的发表意见和具有共识基础的决策过程创造了途径和机制。实际上，这一政治框架赋予战后秩序独特的自由主义霸权性质——各种网络和政治关系使美国的权力更加广布且持久，还更具可预测性和韧性。[100]通过倡导这些战后制度并同意在这些制度之下行事，美国实际上就是同意全面参与和其他民主国家之间持续展开的政治进程。

美国的战后军事同盟体系（作为安全捆绑机制）为这种持续展开的政治进程提供了重要的场合。同盟关系与基地网络和前沿军事部署一道，为政治关系提供了沟通和管理的机制。肯特·卡尔德（Kent Calder）指出，“在‘二战’后，基地发挥了一种新的政治—经济功能，通过政治—军事同盟关系稳定了跨大西洋和跨太平洋的国家间联系”。[101]这一延展开来的同盟体系为政治谘商和讨价还价提供了制度性框架。

北约同盟关系这一基本契约是美国霸权秩序下更宽泛的和内在的政治契约的一种体现。构成秩序的多边制度将民主国家捆绑在一起，并提供发表意见和介入霸权主义决策过程的权利。[102]马斯坦都诺指出：“多边决策程序或许效率较低，而且强国经常倾向于采取单边主义行动。但是多边程序有助于使其他国家安心并让它们感到自己并不仅是被胁迫或被命令跟从主导国家的指令。”[103]政治上的这种讨价还价赋予美国“同侪首强”的地位，但也使其他国家能够参与持续展开的政治进程，这一进程可以为整个霸权秩序带来互惠性、发言权以及(最终的)正当性。

当美国在欧洲实施以北约为依托的多边主义战略之时，它与日本、韩国和一些东南亚国家则签署了一系列双边安全协议。[104]实际上，这种与日本和东亚伙伴国之间的政治契约采取了一种稍许不同的形式。美国与东亚安全和政治关系的毂辐性质意味着美国不会服从像北约内部那样的多边约束和承诺。协商而得的地区规则和制度也不太能降低美国与东亚关系的这种等级性。在一定程度上，东亚地区多边安全秩序的缺失是该地区的情况使然。与欧洲内的西德不同，日本在东亚并没有什么做好准备的伙伴与之共同建设多边关系。欧洲有一群国土面积和情况差不多相同的国家，它们能在与美国相联系的多边安全制度中被捆绑在一起，而日本在东亚却是孤零零的。[105]

总之，即便在欧洲和东亚存在差异，华盛顿和它的伙伴之间的安全和政治契约构成了自由主义霸权秩序的支柱。美国同意将安全保护伞延展至东亚和西欧，并且支持一种开放、融合的世界经济。它采取措施刺激欧洲和日本的经济发展，推动欧洲经济整合并促进日本进入美国市场开展贸易。美国在生产、贸易、资本和技术方面占有如此大的优势，以至于它能够容忍非对称的歧视性待遇并运用其部分经济资产，在体系范围内实施促进经济发展、融合与开放的政策。它向伙伴提供安全，而其伙伴反过来与美国建立紧密联系并对作为霸权领导的美国给予支持。作为安全伙伴，日本和西欧国家在美国领导的国际经济中可以获得贸易和投资上的经济好处。美国也同意在同盟和多边制度框架内行事，这一框架使美国对权力的施展更为克制且更具可预测性。这些制度性框架为各国在秩序内就美国的政策进行磋商并影响美国政策提供了途径和机制。

结语

美国在1945年后的数十年中确立了一种国际秩序。在冷战的笼罩下,西方大国之间的关系发生了一场革命。一种围绕着合作安全、受管制的开放市场、多边治理和美国自由主义霸权领导地位建立起来的西方秩序出现了。冷战促进了这种秩序的构建——特别是美国和欧洲之间的战略契约——但这项秩序构建事业起始于冷战之前,并在冷战结束后仍旧存续。的确,冷战之所以终结,在很大程度上是因为这种西方秩序是如此的具有统合性,如此的具有活力与合作性。

美国在"二战"后的秩序构建经历了若干阶段,在这一过程中,它本身的自由国际主义性质也发生了演变。这是一种被逐渐拼凑起来的秩序,在这个过程中,华盛顿与西欧和东亚新出现的伙伴进行讨价还价并作出妥协。在这一过程中,自由主义秩序的性质从美国在战时所设想的那种"自立的"的体系转变为一种霸权秩序,在这一霸权秩序中,美国自己的政治和经济制度成为总的自由主义国际秩序的一部分。在安全和经济领域,美国承担新的许诺,发挥了新的功能。美国的国内市场、美元和冷战同盟成为战后秩序得以建立和管理的关键机制。美国和西方自由主义秩序被连结到一个体系之中。美国在经营战后秩序方面拥有了更多的直接权力,但它也发现在这一秩序中自己更加紧密地与其他国家捆绑在一起。美国成为公共物品的提供者——维护了一套限定美国权力施展的规则和制度并提供了可以相互施加政治影响的机制。在20世纪40年代晚期,安全合作从联合国安理会转移到北约和其他美国为首的同盟。受大国管理的集体安全的全球性体系成了建立在合作安全之上的以西方为导向的安全共同体。同样,对世界经济的管理也从布雷顿森林愿景转变为美元和美国市场体系。实际上,华盛顿的盟友们将提供全球治理的工作"外包"给了美国。

自由主义霸权的关键特性是其西方基础。当威尔逊式的集体安全转变为以跨大西洋地区的民主团结为基础的同盟安全时,美国发现自己可以作出有约束力的安全承诺。这种转变是两方面的。一方面是变为更受限定且明确的安全承诺。同盟伙伴关系需要有义务，但它也是一种有限责任协定。承诺并非包打天下和无限延伸的；这种承诺对角色和责任有着以条约为基础的认识，并与具体的安全威胁相联系。其次，这些承诺是以西方安全共同体这一政治愿景为支撑的。那种美国和欧洲被共同威胁所危及的感受增强了西方的团结感。但是自由主义国际秩序拥有西方核心这一点也表明，缘于共同的文化和民主制度，秩序内的这些国家在开展合作和构建战后制度方面存在着难得机遇。

美国领导的战后自由主义秩序在主权和相互依赖上有着更为复杂的观念，这使它超越了威尔逊式的愿景。威斯特伐利亚式的主权仍然是杜鲁门时期的自由国际主义的核心。但是对经济和安全上的相互依赖所带来的危险和机遇有了新的理解。20 世纪 30 年代的经济灾难和新政时期管制和治理的成功鼓舞了这些新的观念。在面对国际经济衰退和其他国家所实施的坏政策方面，发达国家的社会被认为都是非常脆弱的。各国需要进一步介入对全球体系更加密集和更加制度化的共同管理体制。各国需要通过的新的制度持续进行肩并肩的合作，以管控和减少各国社会之间相互依赖度日益增大所蕴藏的危险。

通过这些方式，这一秩序的等级性特征就变得更为自由主义而非帝国主义。美国从事着公共物品的提供，支持那些协商而得的规则和制度并在其下行事，对其他国家发表意见的机会也持开放态度。无疑，这种等级结构的自由主义特性在不同的地区和时期是不一样的。相比其他国家来说，美国更愿意对西欧的伙伴国作出多边主义承诺。在东亚，美国签署了一系列毂辐式的安全条约，这使东亚的地区秩序更多的是以受保护关系为基础而非以规则为基础。总之，美国的支配性全球地位实际上使这种等级结构成为战后秩序不可避免的特征。但在冷战两极对抗的情况下，美国的支配性全球地位也从战略上促动华盛顿与盟友建立合作关系，共享资本主义和现代化的好处，接纳日本和德国，并大体上以相互可接受的方式管理这一体系。

注释

1. Melvin P.Leffler, "The Emergence of an American Grand Strategy, 1945—1952," in Melvin Leffler and Arne Westad, eds., Cambridge History of the Cold War, vol.1(New York: Cambridge University Press, 2010), 67—89.

2. "二战"结束之时,持续半个世纪的美国非凡经济增长达到了它的顶峰。1870年,美国的国民生产总值占世界的8.8%,1913年是18.9%,1944年增至35%, Angus Maddison, *The World Economy: Historical Statistics*(Paris: OECD, 2003), 258。此外,战争还留给美国一个由基地、机场和通讯站组成的庞大体系。1945年,按照助理海军部长斯图·亨塞尔(Strue Hensel)的估计,美国在"二战"期间建成443个基地和其他设施,包括太平洋地区的195个,大西洋地区的228个,印度洋和中东地区的11个,Robert E.Harkavy, *Great Power Competition for Overseas Bases*(Oxford: Pergamon, 1982)。

3. Kennedy, *Rise and Fall of the Great Powers*, 359.

4. Jeffry A.Frieden, *Global Capitalism: Its Fall and Rise in the Twentieth Century*(New York: Norton, 2006), 262.

5. 我曾在《自由主义秩序构建》(*The Liberal Order Building*)这篇文章中区分了这两种大战略,见 Melvyn P.Leffler and Jeffrey W.Legro, eds., *To Lead the World: American Strategy after the Bush Doctrine*(New York: Oxford University Press, 2008)。这种区分发展自阿诺德·沃尔弗斯(Arnold Wolfers)对"财产"(possession)目标和"环境"(milieu)目标的经典区分。在沃尔弗斯看来,财产目标指的是一个国家"力图增加或保护它认为有价值的东西",但环境目标指的是努力改变更大的国际秩序,这种国际秩序可以影响更具体的国家利益被实现的环境,见 Arnold Wolfers, "The Goals of Foreign Policy," in *Discord and Collaboration*(Baltimore: Johns Hopkins University Press, 1962), 67—80。

6. Warren F.Kimball, *The Juggler: Franklin Delano Roosevelt as Wartime Statesman*(Princeton, NJ: Princeton University Press, 1994), 17.

7. 1945年3月1日,在其参加完雅尔塔会议回国后,罗斯福在向国会联合会议的报告中表达了这种想法。罗斯福称,战时盟友的这场峰会"应该带来单边主义行动体系、排他性的联盟、势力范围、均势以及其他所有在过去几个世纪尝试过的权宜之计——它们总是失败的。我们提议要用一个普世性的组织替代所有这一切,所有爱好和平的国家都有机会加入这一组织",转引自 Robert Dallek, *The Lost Peace: Leadership in a Time of Horror and Hope*(New York: Harper Collins, 2010), 59。

8. 关于对威尔逊式的和罗斯福式的自由国际主义的讨论,见 G.John Ikenberry, "Liberal Internationalism 3.0: America and the Dilemmas of Liberal World Order," *Perspectives on Politics* 7, no.1(March 2009), 71—87。

9. Ernest May, ed., *American Cold War Strategy: Interpreting NSC-68*(New York: St.Martin's, 1993), 40.

10. Robert Gilpin, *The Challenge of Global Capitalism: The World Economy*

in the 21st Century(Princeton, NJ: Princeton University Press, 2000), chap.2.

11. Samuel I.Rosenman, ed., *The Public Papers and Addresses of Franklin D. Roosevelt*, *1940*(New York: Macmillan, 1941), 261,转引自 Leffler, "Emergence of an American Grand Strategy," 68。

12. 华莱士的讲话转引自 Alfred E.Eckes, Jr., *A Search for Solvency*: *Bretton Woods and the International Monetary System*, *1944—1971*(Austin: University of Texas Press, 1975), 34。

13. 关于开放的资本主义秩序与各种地区性的、自给自足的挑战者之间在20世纪中期的这场大争斗,参见 Bruce Cumings, "The Seventy Years' Crisis and the Logic of Trilateralism in the New World Order," *World Policy Journal*(Spring 1991), 00—000; Charles Maier, "The Two Postwar Eras and the Conditions for Stability in Twentieth-Century Western Europe," in *In Search of Stability*: *Explorations in Historical Political Economy*(New York: Cambridge University Press, 1987), chap.4。

14. Harry S.Truman, Address on Foreign Economic Policy, Baylor University, Waco, TX, 6 March 1947.

15. Robert A.Pollard, *Economic Security and the Origins of the Cold War*, *1945—1950*(New York: Columbia University Press, 1985), 7.

16. 正如帕特里克所言,这种建立开放、多边的世界经济的愿景是与自由国际主义原则相融合的,"简言之,(罗斯福和杜鲁门政府)寻求一种开放的、非歧视性的、自由主义的、私营的、合作的、遵守规则的、受到管控的全球经济秩序,开放即阻止封闭集团的形成;非歧视性即指使参与者能够平等地获取市场、原材料和投资场所;自由主义即指使贸易和偿付的国家壁垒最小化;私营即指由私人企业而非国有企业所控制;合作即指强调协作而非经济民族主义;遵守规则即指为行为制定规范性准则;受到控制即指由能够体现和执行共享规则的国际制度予以管治"。Patrick, *Best Laid Plans*, 106.

17. Cordell Hull, "The Outlook for the Trade Agreements Program," speech delivered before the 25th National Foreign Trade Convention, New York, 1 November 1938.

18. Dean Acheson, "Bretton Woods: A Monetary Basis for Trade," address before Economic Club of New York, 16 April 1945.

19. Carlo Maria Santoro, *Diffidence and Ambition*: *The Intellectual Sources of U.S.Foreign Policy*(Boulder, CO: Westview, 1992), 94.

20. 对这场争论的高潮和新的共识的最有力的阐述,见 Nicholas Spykman, *America's Strategy in the World*: *The United States and the Balance of Power*(New York: Harcourt Brace, 1942)。

21. Melvyn P.Leffler, "The American Conception of National Security and the Beginning of the Cold War," *American Historical Review* 48(1984), 349—356.

22. Leffler, "American Conception of National Security," 358.

23. CIA, "Review of the World Situation as Its Relates to the Security of the United States," 26 September 1947,转引自 Leffler, "American Conception of National Security," 364。

24. John Gerard Ruggie, "International Regimes, Transactions, and Change: Embedded Liberalism in the Postwar Economic Order," in Stephen D.Krasner, ed., *International Regimes*(Ithaca, NY: Cornell University Press, 1983); and Robert Gilpin, *The Political Economy of International Relations*(Princeton, NJ: Princeton University Press, 1987), 131—134.另见 Mark Blyth, *Great Transformations: Economic Ideas and Institutional Change in the Twentieth Century*(New York: Cambridge University Press, 2002)。

25. Douglas Brinkley and David R.Facey-Crowther, eds., *The Atlantic Charter*(London: Macmillan, 1994).

26. 丹尼尔·叶金(Daniel Yergin)描述了"二战"期间"国家安全"这个说法在华盛顿出现的时刻。"在1945年秋,不同军/兵种的文职和军事领导们接连来到国会,就军/兵种的联合问题在参议院委员会作证。虽然在之前的几轮类似听证会中,会偶尔出现'国家安全'这个说法,但直到一年半之后的1945年的听证会上,政策制定者们才经常使用该词作为讲话的出发点。'只有建立一种非常广泛和全面的战线,我们的国家安全才能得到保证,'这一概念的最有力的支持者,海军部长福雷斯特尔(James Forrestal)说,'我在这里一以贯之地使用安全这个词而不是防卫。'参议员埃德温·约翰逊(Edwin Johnson)对福雷斯特尔说,'我喜欢你所用的国家安全这个词'。"见 Daniel Yergin, *Shattered Peace: The Origins of the Cold War and the National Security State*(New York: Houghton Mifflin, 1977), 194。

27. 转引自 Julian E.Zelizer, *Arsenal of Democracy: The Politics of National Security—From World War II to the War on Terrorism*(New York: Basic Books, 2010), 55。

28. 关于这些谈判,见 Richard Gardner, *Sterling-Dollar Diplomacy in Current Perspective*(New York: Columbia University Press, 1980); Armand Van Dormael, *Bretton Woods: Birth of a Monetary System*(London: Macmillan, 1978); Eckes, *Search for Solvency*。

29. Jacob Viner, "Objectives of Post-War International Economic Reconstruction," in William McKee and Louis J.Wiesen, eds., *American Economic Objectives*(New Wilmington, PA: Economic and Business Foundation, 1942), 168.

30. G.John Ikenberry, "Creating Yesterday's New World Order: Keynesian 'New Thinking' and the Anglo-American Postwar Settlement," in Judith Goldstein and Robert O.Keohane, eds., *Ideas and Foreign Policy: Beliefs, Institutions, and Political Change*(Ithaca, NY: Cornell University Press, 1993), 57—86.

31. 关于在战后的西方工业民主国家中国家经济管理的发展,见 Andrew Shon-

field, *Modern Capitalism: The Changing Balance of Public and Private Power* (Oxford: Oxford University Press, 1966); and Frieden, *Global Capitalism*。

32. Frieden, *Global Capitalism*, 279.

33. Tony Smith, "National Security Liberalism and American Foreign Policy," in Michael Cox, G.John Ikenberry, and Takashi Inoguchi, eds., *American Democracy Promotion: Impulses, Strategies, and Impacts*(New York: Oxford University Press, 2000); and Ikenberry, "Creating America's World: The Domestic Sources of Postwar Liberal Internationalism," unpublished paper, 2006.

34. 对这一逻辑的展开论述参见本书第三章,另见 Ikenberry, *After Victory*。

35. 在其对 20 世纪 20 年代欧洲—大西洋会议外交的详尽研究中,帕特里克·卡尔斯(Patrick Cohrs)指出,"从很多重要方面(当然绝不是所有方面)来说,20 世纪 20 年代出现的这些情况预示了在'二战'后的欧洲重建中的霸权和平、集体安全和协调努力的规则和基础,这些促进了'二战'后实现的更持久的稳定",Patrick O.Cohrs, *The Unfinished Peace after World War I*(Cambridge: Cambridge University Press, 2006), 619。另见 David E.Kaiser, *Economic Diplomacy and the Origins of the Second World War: Germany, Britain, France, and Eastern Europe*(Princeton, NJ: Princeton University Press, 1980); Robert A.Divine, *Second Chance: The Triumph of Internationalism in America during World War II*(New York: Atheneum, 1971)。

36. Kenneth Weisbrode, *The Atlantic Century: Four Generations of Extraordinary Diplomats Who Forged America's Vital Alliance with Europe*(Cambridge, MA: Da Capo, 2009), 20.

37. Anne-Marie Burley, "Regulating the World: Multilateralism, International Law, and the Project of the New Deal Regulatory State," in John G.Ruggie, ed., *Multilateralism Matters: The Theory and Praxis of an Institutional Form* (New York: Columbia University Press, 1993), 125—156.

38. 引自 Van Dormael, *Bretton Woods*, 45。

39. 1941 年 5 月 18 日,科德尔·赫尔(Cordell Hull)在一次电台演说中提出了这种制度化合作的基本逻辑,认为多边制度将"为一种独立国家为相互获益而进行自由合作的国际秩序确立基础",引自 Patrick, *Best Laid Plans*, 51。

40. Patrick, *Best Laid Plans*, xx.

41. Ruggie, *Multilateralism Matters*.

42. 关于美国自由主义身份和理想对战后秩序构建的重要性,见 John G. Ruggie, *Winning the Peace: America and World Order in the New Era*(New York: Columbia University Press, 1996); Jeff Legro, *Rethinking the World: Great Power Strategies and International Order*(Ithaca, NY: Cornell University Press, 2005); and Patrick, *Best Laid Plans*。

43. 关于安全捆绑或制度性捆绑的讨论,见 Ikenberry, *After Victory*, chap.3。

关于安全共同捆绑(security co-binding)的主要理论阐述,见 Daniel H.Deudney, “The Philadelphia System: Sovereignty, Arms Control, and Balance of Power in the American States-Union, 1787—1861,” *International Organization* 49, no.2(Spring 1995), 1191—1228; Daniel H.Deudney, *Bounding Power: Republican Security Theory from the Polis to the Global Village*(Princeton, NJ: Princeton University Press, 2007)。另见 Patricia A.Weitsman, *Dangerous Alliances: Proponents of Peace, Weapons of War*(Stanford, CA: Stanford University Press, 2004); Jeremy Pressman, *Warring Friends: Alliance Restraint in International Politics*(Ithaca, NY: Cornell University Press, 2008); Andrew G.Long, Timothy Nordstrom, and Kyeonghi Baek, “Allying for Peace: Treaty Obligations and Conflict among Allies,” *Journal of Politics* 64, no.4(November 2007), 1103—1117。

44. 保罗·施罗德(Paul Schroeder)认为,欧洲协调是这种捆绑逻辑的早期体现,从这个案例以及后来的案例看,同盟是被当作与约束有关的条约建立起来,它们成为国家管理和约束同盟伙伴的机制。Paul W.Schroeder, “Alliances, 1815—1945: Weapons of Power and Tools of Management,” in Klaus Knorr, ed., *Historical Dimensions of National Security Problems*(Lawrence: University Press of Kansas, 1975), 227—262.

45. 1952 年,新德国和英国、法国、美国共同签署了一项处理彼此关系的条约,明确了英法美三国的“权利和责任”,“Convention on Relations between the Three Powers and the Federal Republic of Germany, 26 May 1952, as modified by the Paris Accords of October 1954,” reprinted in Department of State, *Documents on Germany, 1944—1985*(Washington, DC: Department of State, 1986), 425—430。

46. Walter Lippmann, *U.S.Foreign Policy: Shield of the Republic*(Boston: Little, Brown, 1943).在美国参加第一次世界大战的几个月前,李普曼首次使用了“大西洋共同体”这个概念,见 Walter Lippmann, “The Defense of the Atlantic World,” *New Republic*, 10, no.120(1917), 59—61。相关讨论,见 James R.Huntley, *Uniting the Democracies: Institutions of the Emerging Atlantic-Pacific System*(New York: New York University Press, 1980), 5。

47. 罗纳德·斯迪尔(Ronald Steel)指出,对这种以共识基础的关系的期待是欧洲人接受大西洋共同体这个概念的一个原因,以共识为基础的关系削弱了政治上的等级性,见 Ronald Steel, “How Europe Became Atlantic: Walter Lippmann and the New Geography of the Atlantic Community,” in Marco Mariano, ed., *Defining the Atlantic Community: Culture, Intellectuals, and the Policies in the Mid-Twentieth Century*(New York: Routledge, 2010)。

48. 在 19、20 世纪之交,将美国和西欧联系在一起的“大西洋体系”这一理念被亨利·亚当斯(Henry Adams)反复提及,亚当斯是国务卿海约翰的亲密朋友,见 Henry Adams, *The Education of Henry Adams*(Boston: Houghton Mifflin, [1907]1918)。关于 19 世纪晚期英美接近(rapprochement),见 Lionel M.Gelber,

The Rise of Anglo-American Friendship: A Study in World Politics, 1898—1906 (London: Oxford University Press, 1938); Charles S.Campbell, *From Revolution to Rapprochement: The United States and Great Britain, 1783—1900* (New York: Wiley & Sons, 1974); Charles Kupchan, "Atlantic Order in Transition: The Nature of Change in U.S.-European Relations," in Jeffrey Anderson, G.John Ikenberry, and Thomas Risse, eds., *The End of the West? Crisis and Change in the Transatlantic Order* (Ithaca, NY: Cornell University Press, 2008)。

49. Andrew M.Johnston, *Hegemony and Culture in the Origins of NATO Nuclear First-Use, 1945—1955* (New York: Palgrave Macmillan, 2005), 10.

50. Forrest Davis, *The Atlantic System: The Story of Anglo-American Control of the Seas* (New York: Reynal and Hitchcock, 1941), 303.

51. George Marshall, congressional testimony on the European Recovery Program, *Department of State Bulletin*, 18 January 1948, 71.

52. Ernst Bevin, speech before House of Commons, 22 January 1948, col.407—408. Quoted in Patrick Thaddeous Jackson, "Defending the West: Occidentalism and the Formation of NATO," *Journal of Political Philosophy* 11, no.3(2003), 241.

53. 关于战后时代西方文明这个概念在美欧关于重新整合德国的谈判中被援用的方式的重要研究，见 Patrick Thaddeus Jackson, *Civilizing the Enemy: German Reconstruction and the Invention of the West* (Ann Arbor: University of Michigan Press, 2006)。另见 Mary N. Hampton, "NATO at the Creation: U. S. Foreign Policy, West Germany, and the Wilsonian Impulse," *Security Studies* 4, no. 3 (1995), 610—656; Mary N.Hampton, *The Wilsonian Impulse: U.S.Foreign Policy, the Alliance, and the Reunificataion of Germany* (New York: Praeger, 1996)。

54. 关于这些分歧的描述，见 Huntley, *Uniting the Democracies*, 15—16; Weisbrode, *Atlantic Century*, chap.5。

55. 转引自 Weisbrode, *Atlantic Century*, 160。

56. Clarence Streit, *Union Now: A Proposal for a Federal Union of the Democracies of the North Atlantic* (New York: Harper and Brothers, 1939).

57. 1946 年 1 月 6 日，罗斯福在国会发表演说时呼吁要建立一个基于"人类思想基本自由"的世界，即言论自由、信仰自由、免于匮乏的自由和免于恐惧的自由。罗斯福称，这将是一个"有道德的秩序"，这一秩序基于"自由国家以友好、文明的方式共同进行的合作"。

58. Mary Ann Glendon, *A World Made New: Eleanor Roosevelt and the Universal Declaration of Human Rights* (New York: Random House, 2002).

59. Jack Donnelly, *Universal Human Rights in Theory and Practice* (Ithaca, NY: Cornell University Press, 2002).

60. Dean Acheson, "Formation of National Policy in the U.S.," lecture, Washington, DC, December 1947.

61. Ikenberry, *After Victory*, chap.6.

62. 参见第三章的讨论。

63. 关于罗斯福在战时制订国际主义的外交政策的努力，见 Divine, *Second Chance*; and Robert Dallek, *FDR and American Foreign Policy, 1932—1945* (New York: Oxford University Press, 1979)。

64. Kimball, *Juggler*, chap.3.

65. Robin Edmonds, *Setting the Mould: The United States and Britain, 1945—1950* (New York: Norton, 1986), 96—97.

66. Ikenberry, "Creating Yesterday's New World Order."

67. 转引自 Gardner, *Sterling-Dollar Diplomacy*, 242—246。

68. 关于这些朝向冷战发展的早期事态，见 Melvyn P.Leffler, *For the Soul of Mankind: The United States, the Soviet Union, and the Cold War* (New York: Hill and Wang, 2007), 48—57。

69. Lloyd Gardner, *Architects of Illusion: Men and Ideas in Foreign Policy, 1941—1949* (Chicago: Quadrangle Books, 1970), 219.

70. 莫奈的话转引自 Patrick, *Best Laid Plans*, 162。

71. Memorandum by Undersecretary of State for Economic Affairs Will Clayton, "The European Crisis," 27 May 1947, in *Foreign Relations of the United States, 1947*, 3, 230—232.

72. Secretary George Marshall, commencement address, Harvard University, 4 June 1947.

73. 转引自 Charles Mee, Jr., *The Marshall Plan: The Launching of the Pax Americana* (New York: Simon and Schuster, 1984), 90。

74. 关于马歇尔计划在支持欧洲一体化方面的作用，见 Ernst H. Van Der Beugel, *From Marshall Plan to Atlantic Partnership* (Amsterdam: Elsevier, 1966); Michael J. Hogan, *The Marshall Plan: America, Britain, and the Reconstruction of Western Europe, 1947—1952* (Cambridge: Cambridge University Press, 1987); Hogan, "European Integration and the Marshall Plan," in Stanley Hoffman and Charles Maier, eds., *The Marshall Plan: A Retrospective* (Boulder, CO: Westview, 1984)。关于德国被吸纳以及欧洲一体化这两个相伴随的问题，见 Greg Behrman, *The Most Noble Adventure: The Marshall Plan and the Time When America Helped Save Europe* (New York: Free Press, 2008), 56—57。

75. Gilpin, *Political Economy of International Relations*, 133—134.

76. Kimball, *Juggler*, 85.

77. 关于起草《联合国宪章》的记述，见 Paul Kennedy, *The Parliament of Man: The Past, Present, and Future of the United Nations* (New York: Random House, 2006); Townsend Hooper and Douglas Brinkley, *FDR and the Creation of the U.N.* (New Haven, CT: Yale University Press, 1997)。

78. President Harry S.Truman, address at the closing session of the United Nations Conference, San Francisco, 26 June 1945.

79. 转引自 Divine, *Second Chance*, 299—300。

80. 转引自 John Lewis Gaddis, "Spheres of Influence," in *The Long Peace: Inquiries into the History of the Cold War* (New York: Oxford University Press, 1987), 58。

81. "The Director of the Policy Planning Staff[Kennan] to the Under Secretary of State[Acheson]," 23 May 1947, *Foreign Relations of the United States, 1947*, 3:225.

82. George Kennan, *Memoirs, 1925—1950*, 337.

83. "Report of the Policy Planning Staff," 24 February 1948, *Foreign Relations of the United States, 1948*, 1(pt.2):515.

84. "Question of European Union," policy planning staff paper quoted in Klaus Schwabe, "The United States and European Integration: 1947—1957," in Clemens Wurm, ed., *Western Europe and Germany, 1945—1960* (New York: Oxford University Press, 1995), 133.

85. Thomas A.Schwartz, *America's Germany: John J.McCloy and the Federal Republic of Germany* (Cambridge, MA: Harvard University Press, 1991), 95; "A Summary Record of a Meeting of Ambassadors at Rome," 22—24 March 1950, *Foreign Relations of the United States, 1950*, 3:817.

86. "Minutes of the Fourth Meeting of the Washington Exploratory Talks on Security," 8 July 1948, *Foreign Relations of the United States, 1948*, 3:163—169.

87. "The Secretary of State to the Embassy in France," 19 October 1949, *Foreign Relations of the United States, 1949*, 4:471.

88. Lincoln Gordon, quoted in David Ellwood, ed., *The Marshall Plan Forty Years After: Lessons for the International System Today* (Bologna: SAIS Bologna Center, Johns Hopkins University, 1989), 48—49.

89. Michael Mastanduno, "Economics and Security in Statecraft and Scholarship," *International Organization* 52, no.4 (Autumn 1998), 192.

90. Lloyd Gardner, *A Covenant with Power: America and World Order from Wilson to Reagan* (New York: Oxford University Press, 1984), 81.

91. Senate testimony, 1949, quoted in Gardner, *Covenant with Power*, 100.

92. Charles de Gaulle, *The Complete War Memoirs of Charles de Gaulle*, vol.3, *Salvation, 1944—1946*, trans. Richard Howard (New York: Simon and Schuster, 1960[1959]), 906.

93. Michael Schaller, "Securing the Great Crescent: Occupied Japan and the Origins of Containment in Southeast Asia," *Journal of American History 69* (September 1982), 392—414.

94. Bruce Cumings, "Japan's Position in the World System," in Andrew Gordon, ed., *Postwar Japan as History* (Berkeley: University of California Press, 1993), 38.

95. Michael Mastanduno, "Economics and Security in Statecraft and Scholarship," *International Organization 52*, no.4(Autumn 1998), 192.

96. Robert Gilpin, *U. S. Power and the Multinational Corporation: The Political Economy of Foreign Direct Investment*(New York: Basic Books, 1975), chap.6.

97. 在近年的一项研究中,卡拉·诺勒夫(Carla Norrlof)称,美国的战后货币霸权促进了合作并为其他国家提供了收益,但它也使美国将进行调整的代价转移到这些国家身上,如果美国没有这些"地位优势"的话,这些代价会由美国承受,见 Carla Norrlof, *America's Global Advantage: US Hegemony and International Cooperation* (New York: Cambridge University Press, 2010)。关于美国驻军承诺和伙伴关系之间的联系,见 Hubert Zimmermann, *Money and Security: Troops, Monetary Policy, and West Germany's Relations with the United States and Britain, 1950—1971*(Cambridge: Cambridge University Press, 2002)。

98. Benjamin Cohen, *Organizing the World's Money: The Political Economy of International Monetary Relations*(New York: Basic Books, 1977), 97.马斯坦都诺对战后美国和它的德国、日本盟友之间的"大契约"作出了有启发性的定性描述,在中国崛起并替代这些盟友成为世界经济中的关键伙伴之时,他追溯了这一"大契约"的演变,见 Michael Mastanduno, "The Financial Crisis, U.S.-China Relations, and the End of the Grand Bargain," in Daniel Drezner and Kathleen McNamara, eds., *The International Politics of the Financial Crisis*(forthcoming, 2010)。

99. 关于"表达意见的机会"的讨论,见 Joseph M.Grieco, "State Interests and Institutional Rule Trajectory: A Neorealist Interpretation of the Maastricht Treaty and European Economic and Monetary Union," *Security Studies 5* (Spring 1996), 176—222。

100. Daniel Deudney and G.John Ikenberry, "The Sources and Character of Liberal International Order," *Review of International Studies 25*, no. 2 (1999), 179—196.

101. Calder, *Embattled Garrisons: Comparative Base Politics and American Globalism*(Princeton, NJ: Princeton University Press, 2007), 8.

102. Steven Weber, "Shaping the Postwar Balance of Power: Multilateralism in NATO," in Ruggie, *Multilateralism Matters*, 233—292; Thomas Risse-Kappen, "Collective Identity in a Democratic Community: The Case of NATO," in Peter J. Katzenstein, ed., *The Culture of National Security* (New York: Columbia University Press, 1996), 356—371; Thomas Risse-Kappen, *Cooperation among Democracies: The European Influence on U.S.Foreign Policy*(Princeton, NJ: Prin-

ceton University Press, 1997); Patrick, *Best Laid Plans*, chap.9.

103. Michael Mastanduno, "Preserving the Unipolar Moment: Realist Theories and U. S. Grand Strategy after the Cold War," *International Security 21*, no. 4 (Spring 1997), 61.

104. 在战后早期,美国的确提出过在亚洲建立一种与北约相对应的多边主义安全制度的想法。

105. 关于美国在亚洲和欧洲实施不同的秩序构建战略的探讨,见 Peter J. Katzenstein, *A World of Regions: Asia and Europe in the American Imperium* (Ithaca, NY: Cornell University Press, 2005); Galia Press-Barnathan, *Organizing the World: The United States and Regional Cooperation in Asia and Europe* (New York: Routledge, 2003)。

第六章　大转型与非自由主义霸权的失败

导言

美国战后秩序赖以建立的地缘政治基础正在发生大的改变。全球体系的长期变化——在实力对比、主权规范、相互依赖的范围和性质这些方面——正转换着与秩序有关的这一问题。从冷战中走出的美国成了唯一的世界力量。与大国竞争相关的旧的威胁和不安全因素让位于暴力和不安全因素的新来源。世界经济扩展了并更加深化，还经历了衰退和金融危机，包括近年出现的自大萧条以来最严重的世界经济衰退。诸如中国和印度这些发展中国家的崛起正使日益强大的非西方国家进入这个体系。那些由西方国家掌控的长期存在的治理机制，如七国集团或八国集团，已经开始让位于更具包容性的组织。美国领导的自由主义霸权秩序的旧契约、旧制度已经被削弱和受损。

在美国领导的战后秩序的基础方面，最戏剧性的变化就是冷战的终结。一个历史时代结束了，另一个时代开启了。但是它和历史上的其他转折点不一样，如 1815 年、1919 年和 1945 年这些重大的战后节点。而且，与过去的这些战后节点不同，全球体系（至少是美国所领导的那个体系的主导核心要素）并没有被推翻。恰恰与之相反，美国和它的盟友在“二战”后所创立的那个世界完好无损并稳固地屹立于世界政治的中心。冷战的终结不过是使这一秩序得到了巩固和扩展。在半个世纪中与西方相疏远的苏联集团崩溃了，并开始缓慢且不均衡地融入西方的秩序。因此，冷战的终结并不是一个新的世界秩序的开始，不过是旧秩序完结时的最后一丝喘息。

冷战的终结使美国领导的战后秩序得到巩固，但是更加深刻且更加彻底的改变（并不是马上显现的）当时也已经启动。世界经济的全球化和发展中国家不断增强的市场取向是这种变化的动力。所谓华盛顿共识出现了，它强调的是让市场扩展和撤除管制的政策。全球体系中安全问题的性质也改变了。与过去数个世纪不同，对国际秩序的威胁不再是大国战争，而是来自于那些羸弱、失败且怀有敌意的国家的暴力和不稳定，这些国家处于世界体系的边缘。2001 年的"9·11"事件戏剧性地表明了这种变化。与此同时，美国在冷战后独步天下，或者说成了单极，在 20 世纪 90 年代结束之前，它在全球体系中的权力和地位是对世界政治起决定性作用的因素。由相互对抗的大国组成的世界（要么是冷战的两极对抗，要么是先前时代的多极竞争）让位于一个由单一国家掌控的体系。

冷战后国际关系的重构是一个关于两种秩序的故事。冷战期间，这两种秩序是共存的。一是冷战的两极秩序；二是存在于两极全球体系之中的美国领导的自由主义霸权秩序。当冷战结束时，后者这种内部秩序变成了一种外部秩序，也就是说，自由主义霸权秩序的逻辑扩展为一个更大的全球体系。一方面，这可以被视为美国式的自由主义国际秩序的胜利。苏联集团的崩溃意味着对这种秩序的最后一个重大挑战者的崩溃，而且，冷战结束以来的 20 多年中，还没有出现什么可与之抗衡的秩序逻辑。但另一方面，冷战的终结也可以被看作是一种缓慢启动的危机，即自由主义霸权秩序权威和治理的危机。冷战时期，美国维护了自己的权威，并通过在两极制衡和经营自由主义秩序（围绕着战略契约、制度和公共物品的供给建立起来）方面的领导作用确立了其统治。这一秩序从冷战中活了下来，但是它的统治特性（一直与美国的霸权地位相联系）受到了质疑和争论。

本章提出四个观点。第一，冷战的终结是一个具有保守性质的世界—历史事件，是美国领导的战后秩序获得胜利、得以存续和巩固的故事。如今看来，很显然，美国和它的民主盟友在冷战的阴影之下创建了一种具有深刻根基的、充满活力的且在历史上独一无二的政治秩序。在20世纪90年代以至新的世纪，这一本来存在于冷战体系内部的秩序得到扩展和深化。它的关键词就是全球化、融合、民主化以及自由主义国际秩序的扩展。北美自由贸易协定（NAFTA）、亚太经济合作组织（APEC）和世界贸易组织（WTO）是这一扩展和深化进程的要素。北约的扩展和对美国在东亚盟友的重新确认也相当于是美国领导的战后自由主义国际秩序的一种巩固。核武器和先进的工业国家社会的民主性质为这一全球化的体系增加了稳定性，前者使大国战争（及这种战争具有的改造性的影响力）变得不太可能出现，而后者则赋予这一体系由自由民主国家组成的内核，这些国家是在民主的和平地带中展开活动的。

第二，后冷战时代全球体系中更深刻的变化——特别是单极的出现和处于演进中的主权规范——破坏了美国领导的自由秩序的稳定性。过去，自由主义霸权秩序是在一个由两极力量和传统国家主权构成的更广的世界中存在的。自由主义霸权秩序被建立在威斯特伐利亚体系的基础上，各大国在这一体系中通过均势和受到控制的国家主权规范维持着秩序。但在冷战结束后的数十年里，在单极状况和国家主权规范受损的情况下，这种威斯特伐利亚体系被完全改变了。这种变化了的情况改变了美国领导的体系的治理逻辑和方式。随着这一体系的改变，构成美国战后秩序政治基础的动机、成本、契约和制度也已改变。这些变化使美国对自由主义霸权秩序的领导和其他国家的默许和支持变得更加问题重重。

第三，全球体系的其他变化加深了美国自由主义霸权遇到的这种新的困境。在后冷战时代的国际体系中，暴力和不安全因素的来源已经从大国战争威胁转变为来自世界羸弱国家和动乱地区的更加分散和更不集中的威胁。建立在冷战分立和大国威胁基础上的旧的利益联盟不再能够塑造美国以霸权性方式提供安全的条款。此外，与军事干预和武力使用相关的规范的长期性变化改变了美国运用权力的限制和成本。与此同时，世界经济相互依赖的性质和美国的领导地位也在发生变化，从近年的金融危机和全球经济衰退中就可以看出来。来自发展中世界的崛起国家成为世界经济中更加积极的参与者，并且在世界经济治理方面寻求更大的发言权。国际体系的这些宏大变化合在一起，严重破坏了旧的美国霸权契约和制度。

第四，在这种背景下并在“9·11”恐怖主义袭击之后，小布什政府对美国的大战略进行了自冷战早期以来最为雄心勃勃的重新思考。实际上，小布什时代的大战略想要努力重新确定美国组织和领导全球体系的方向。小布什政府试图利用后威斯特伐利亚体系（单极和受损的国家主权）重新建立美国进行全球支配的方式。但是小布什政府的努力是不可持续且注定失败的。美国提出要向一个单极力量那样提供全球安全和发号施令，以各种不同方式凌驾于多边规则和制度体系之上展开行动。美国领导的霸权主义秩序开始带有帝国主义的特征。但是，这种单极治理战略是不可持续的，在美国内外都出现了对这种战略的反对和抗拒。

全球体系中权力、主权和相互依赖性质的变化使美国式的自由主义秩序体系遇到了难题。这是事实，但矛盾的是，在很多方面这些变化受到了以美国为中心的战后自由主义秩序的促动，或正是因为这种秩序而成为可能。正是美国的超群地位（体现为冷战后的单极）而非这个首强国的虚弱或失败动摇了这个体系。正是因为自由主义秩序的吸引力和它在西方核心地带之外进行扩展和整合的能力，冷战时代处于两极体系内部的自由主义秩序向外扩展成全球性的自由主义秩序。国家主权规范的受损是多种力量发挥作用的结果，但在这些力量中，美国和其他自由民主国家对于人权和自由主义干涉的抱负并非最不重要的。从这些不同方面看，美国的自由主义霸权秩序或许陷入了一种僵局，但这种僵局至少部分是它自己造成的，而且是自由主义事业的成功所导致的。本章描述了这些变化并探讨它们对于美国自由主义霸权秩序的影响。

冷战的终结

冷战并不是所谓战争，而是两极对抗的一段持续时期，一种军事化的地缘政治僵持。实际上，当苏联集团的领导人叫停这种竞争时，冷战便和平地结束了。它最初始于苏联总统米哈伊尔·戈尔巴乔夫提出苏联对外政策的"新思维"，这一"新思维"旨在缓和东西方关系的紧张并为内部改革创造政治空间。美国驻苏联的最后一任大使认为，"在终结冷战方面戈尔巴乔夫进行了合作，因为他明白如果冷战继续下去，苏联是不可能被改革的"[1]。1988 年年底，戈尔巴乔夫命令单方面撤除 50 万苏联驻军，其中一半是苏联在东欧和其西部地区的驻军。此外，戈尔巴乔夫对东欧自身的政治变革也展现出一种新的容忍，宣称"武力的使用"不能也不应被当成一种"外交政策手段"，"选择的自由"是一种既适用于资本主义制度也适用于社会主义制度的普世性原则。这一声明事实上等于否定了勃列日涅夫主义，这一主义曾宣称为保护社会主义苏联有权利和责任对东欧国家进行干涉。1989 年，苏联从阿富汗撤军。戈尔巴乔夫向美国主动提出了建立伙伴关系的愿景，这种愿景使冷战的"消极和平"被追求共同利益的超级大国之间的合作所替代。冷战的意识形态基础很快不复存在了。

冷战终结于 1989 年共产主义统治在东欧和中欧的惊人垮台以及两年后苏联的解体。冷战本可以在苏联不发生内部破裂的情况下结束的。这也正是苏联总统戈尔巴乔夫所希望的。他的目标就是在美国和苏联之间实现和解，这种和解可以使共产主义在苏联的统治和超级大国之间的关系都不受损伤。但是冷战的终结是通过两极本身的瓦解这种方式实现的。苏联阵营的国家选出了新的政府，德国实现统一并继续留在北约，而苏联则不复存在了。旧的两极国际秩序消失了，新的权力分配格局出现了。

正如罗伯特·哈钦斯(Robert Hutchings)所言，冷战的终结"与军事胜利、部队复员和庆祝无关，而是未放一枪，对方便出人意料地投降了"。[2]历史上，在大战之后，旧的国际秩序受到破坏并被摧毁，从而为围绕战后国际秩序基本规则和原则的全面谈判扫清障碍。但这次却并非如此，美国领导的秩序体系不仅在冷战结束后依然存在，还被广泛地视为西方获得胜利的原因所在。西方的对苏政策被证明是正确的，而且先进的工业化民主国家之间的关系仍旧是稳定的、合作性的。从这个角度而言，冷战的终结是一种具有保守性质的历史事件，也就是说，苏联和平地投降了，这种投降来得有些迟疑且没有按照戈尔巴乔夫之前所希望的那种方式实现。但是苏联这一极的瓦解使美国这一极安于其位，冷战期间建立起来的由美国领导的规则、制度和关系成了后冷战世界秩序的新的内核。

冷战终结的方式很大程度上体现了美国所领导这一体系的特征，该体系是在美苏争斗的几十年中发展壮大起来的。美国这一极具有生成财富和力量的超凡能力，这使西方在与苏联的竞争中占得优势。[3]然而同时，在苏联陷入困境且其领导人愿意推进国内改革和重新定位对外政策时，西方民主国家组成的这一群体却向苏联展现了丝毫不具威胁性的面孔。西方确是充满活力的，但根本上还是防御性的。[4]戈尔巴乔夫和其他苏联领导人被说服并相信，美国和西欧不会乘人之危。这些国家的多元、民主性质(使大西洋联盟得以形成)，这些国家内部和之间多样化和不一致的对苏立场，反对对苏实施强硬政策的跨国力量和一国内部力量的共同作用，使苏联在面向西方时看到的面孔得以软化。而这一联盟本身，因其存在同意一致的规范，使单个国家难以采取对苏强硬政策。西方秩序的这些性质使戈尔巴乔夫的历史性赌博变得不是那般危险。[5]

如果说冷战的终结本身令很多分析人士感到惊奇的话，那么其后所出现的情况亦是如此，即美国领导的秩序出奇的稳定且这一秩序内的合作能够得以持续。几乎没有什么分析人士会预料到这种结果。当时的普遍预计是，西方秩序逐渐解体并向着一种更具竞争性的多极体系演变，而不是继续存在且得到巩固。[6]一个突出的看法是，随着冷战的结束，两极状态和苏联威胁的消失，全球体系会重回那种多极均势的旧模式。当然,这是从 1648 年到 1945 年,差不多在数个世纪中所盛行的国际政治模式。没有什么国家可以单独掌控这一体系,同盟义务也变动不居。对于传统的现实主义学者来说,两极体系是一种历史异常。人们的预计是,全球体系会重回它的旧模式,而不是以一种更为异常的单极体系模式继续存在。华尔兹就这一逻辑提出了经典论述,即国家会制衡强权,因此,单一主导国的出现将刺激其他大国的崛起或是它们结成国家联盟去制衡首强国。[7]约翰·米尔斯海默(John Mearsheimer)在 1992 年预言:"两极体系将随着冷战的逝去而消失,多极状态将会成为新的国际秩序。"[8]华尔兹还推测将会有一组大国重新浮现,包括日本、德国、中国、欧盟和再生的俄罗斯。[9]克里斯托弗·莱恩(Christopher Layne)提出,美国权力的极度优势将会激发其亚洲和欧洲盟友的制衡行为,或者至少是冷战时期的那种政治和安全关系会松动。[10]有人还预计,东亚会重回那种对抗性的多极状态。[11]

此外,其他人虽然也认为冷战后的世界将变得不稳定和充满冲突,但他们指出那将主要是一种地缘经济上的竞争。特别是美国、欧洲和日本将成为三大相互竞争的经济集团,每一个集团都是按照不同的资本主义类型和地区秩序组建的。新的安全竞争会凌驾于经济收益之上,并使资本主义国家出现分裂,全球经济体系也会破碎开来。理查德·萨缪尔斯(Richard Samuels)和何理凯(Eric Heginbotham)称,国际竞争会呈现出一种"重商主义的现实主义"形式,强大的国家将采取"经济制衡",并以牺牲较为传统的政治和安全目标为代价追求地缘经济利益。[12]莱斯特·梭罗(Lester Thurow)从另一角度也表达了这种看法,他认为后冷战世界将会被三大地区性力量所掌控:以北美自由贸易区为中心的美国所领导的集团、德国所领导的欧洲集团以及日本所组织的亚洲集团。[13]

当时,美国政府的一些官员也对世界重回对抗性的多极体系感到担忧。在小布什第一任期的最后几年中,保罗·沃尔福威茨(Paul Wolfowitz)领着一批国防部官员,制定了一份战略规划文件——《1992

年防务规划指导报告》，描绘了冷战后美国的全球安全挑战。这一报告的初稿提出，美国安全政策的核心目标就是必须阻止对抗国或同等竞争国的崛起。正如孟慕捷(James Mann)所言："虽然话语模糊，但这似乎指的是日本、德国或统一的欧洲，以及中国和俄罗斯。""这一报告的初稿称，美国应阻止'先进的工业国'挑战美国的领导地位，美国可以通过照顾这些国家的利益来实现这一目标，但也可以通过保持无可匹敌的军事实力。"[14]这份被泄露了的报告引发了欧洲和其他国家的非议，它们被那种美国应努力阻止自身盟友的强大的建议所触怒。这份报告虽然在后来修改后的版本中舍弃了那些文字，但其核心观点依旧是美国必须保持自己在军事上的至高地位，用这份报告的话来说，"阻止任何敌对力量掌控对我们的利益至关重要的地区"。[15]

这类及其他观点所反映的是一种假设，即冷战是将先进的工业国家拢在一起的最根本的凝结剂，冷战抑制了这些国家之间的冲突并促进了它们的合作。大国之间的冲突和不稳定将会重新出现。西方的秩序和凝聚力是合作抗衡苏联这一外部威胁的结果，同盟伙伴关系与合作将随着威胁的消失而衰弱。一种估计是，苏联威胁不再存在之后，西方(特别是像北约那样的安全组织)将会受到削弱，并会重回那种战略对抗模式。[16]

但是这些预言都未成现实。在冷战结束后的那些年里，先进工业国之间的关系仍然是稳定的和开放的。在 20 世纪 90 年代，冷战同盟关系得到了重新确认。北约的成员国增加了，美日同盟也得到了深化。这些地区之间的贸易和投资获得增长，在某些领域的机制性合作也实现了扩展。关于后冷战时代的权力分配及其所带来的反应，确实有诸多令人惊奇之处。在 20 世纪 90 年代，美国成为单极国家，世界并没有重新出现那种多极的权力分配。在接下来的十年中，美国是唯一的超级大国，它发展得比欧洲和日本还要快。关于大国对抗和安全竞争等无政府状态所带来的难题会重新出现这一现实主义预言并没有成为现实。欧洲和日本继续通过安全同盟关系与美国捆绑在一起，而俄罗斯和中国也没有进行大国制衡。

自由主义秩序的扩展与整合

在冷战突然终结之后，自由主义秩序这种西方内部的秩序继续存在下来并成了后冷战时期全球体系的组织逻辑。20 世纪 90 年代这十年成为“自由主义的时刻”。民主和市场在世界各地蓬勃发展，全球化被奉为一种进步的世界—历史性力量，意识形态、民族主义和战争则陷入低潮。俄罗斯成为西方世界的准成员，中国则是华盛顿的“战略伙伴”。既有的制度得到强化，新的制度也被建立起来。同盟得到了重新确认和扩展。欧盟得以创立并进行了扩员。新出现的以市场为导向的发展中国家（它们被称为“新兴市场国家”）逐渐融入世界经济体系之中。美国所倡导的新自由主义模式，即支持金融去监管化和市场整合的“华盛顿共识”的影响力得到增强，并在世界范围内扩展。

20 世纪 90 年代早期，老布什政府在后冷战时期的最初念头就是按照这套西方秩序的逻辑添砖加瓦。在安全和经济方面，美国寻求建立和扩展地区和全球机制。在对欧关系方面，国务院的官员们明确地提出了一整套制度性举措：促进北约与其以东地区的国家建立联系，与欧共体建立更加正式的关系，让欧洲安全与合作会议进一步发挥作用。在民主德国瓦解后，联邦德国领导人与苏联、法国、英国和美国的领导人展开谈判。建立一个统一德国的不同方案竞相被提出，包括建立一个存在于北约之外的德意志联邦以及在更广的、包括苏联在内的泛欧安全架构之下实现德国统一。继之展开的折冲樽俎表明，要想在所有大国间建立约束、保障和整合机制，西方的架构是最有用的。老布什政府倡导了这一逻辑，正如国务卿詹姆斯·贝克（James Baker）在柏林的一次演讲中所言，欧洲的三大机制（北约、欧共体和欧安会议）应被重组，以便提供一种能够承受未来变化的多层面框架。“新时代的新大西洋主义”成了当时的口号。[17]最后，正是北约、欧共体和更广意义上的国际自由主义秩序塑造和促进了一系列大事件，为德国和其他原苏联阵营国家融入欧洲打下了基础。[18]

在西半球，老布什政府推动了北美自由贸易协定，促进了与南美之间更加紧密的经济关系。在东亚，亚太经济合作组织为该地区带来了更具制度性的联系，展现了美国对该地区的承诺并且确保亚洲的地区主义沿着泛太平洋的方向前行。这些后冷战时期的地区贸易倡议被视为将推动世界经济扩展，增强其自由化及持续开放性的举措。[19]

这种在既有秩序基础上添砖加瓦并实现扩展以将其他国家吸纳进来的战略在克林顿时期得以延续。克林顿政府的想法就是，利用多边机制实现新兴市场民主国家的稳定并将它们吸纳进西方民主世界。在关于这种“扩展主义”(enlargement doctrine)的一篇早期表述中，国家安全事务助理安东尼·莱克(Anthony Lake)称，这一战略是为了“强化市场民主国家共同体”并“在一切有可能的情况下，促进和巩固新的民主国家和市场经济体”。美国会帮助“民主国家和市场经济体扎下根来”，反对来，这也会扩展和加强更广意义上的西方民主秩序。[20]这一战略主要针对的是那些当时正开启向市场和民主转型进程的中东欧国家和亚太地区国家。通过新的贸易协议和安全伙伴关系，这些国家对国内改革的承诺受到了鼓励，在一切可能的情况下，这些承诺会得到巩固。1994 年，克林顿政府就这一“接触与扩展”战略作出了正式表述，提倡要对重大的外交政策挑战采取多边主义的应对方式，“无论这个问题是核扩散、地区不稳定、遥远的苏联帝国的改革逆转，或者是不公平的贸易做法，我们所面临的威胁和挑战需要合作以及多边主义的解决方式。因此，美国唯一的负责任战略就是寻求确保美国在越来越多的情况下对集体决策的影响和参与”[21]。

到了 20 世纪 90 年代末期，美国所领导的国际自由主义秩序的重要的巩固和扩展工作已然完成。冷战时期建立起来的西方秩序的组织逻辑被延展到全球层面。北约完成了第一轮扩展，为稳定并将新成员嵌入西方秩序提供了制度性基础，在同盟伙伴之间带来更大的安全感且强化了民主和市场体制。此外，作为可加强和巩固 20 世纪 80 年代晚期世界范围内的经济和贸易自由化的途径，北美自由贸易区和亚太经济合作组织继续受到推动。最后，1995年世界贸易组织的建立成为扩展和从制度上增强自由主义国际秩序基础的进一步尝试。世界贸易组织建立在旧的关贸总协定(GATT)的基础上，在为国际贸易法确立审查机构方面，它的成立是一大进步。这是一个拥有独立秘书处的正式组织，一种正式的争端解决机制，是关于国际贸易合作的被扩展了的制度性框架。[22]

老布什政府和克林顿政府的外交政策举措的背后有一个重要的念头，那就是确保美国不在全球领导地位方面有所退缩。老布什政府决意让北约继续在欧洲大陆上忙活，并且要在美国的领导下忙活，以使其成为长期发挥稳定局势作用的存在。老布什政府在“欧洲一体和自由”(Europe Whole and Free)的名目下所进行的机制建设是为了确保20世纪早期的那些冲突不再重新上演。克林顿政府推进了这些战略。此外，如德雷克·夏勒特(Derek Chollet)和詹姆斯·戈德盖尔(James Goldgeier)所认为的，克林顿时期的国务卿奥尔布赖特所说的“不可或缺的国家”是针对国内民众讲的。他们担心美国会转向内部，他们想要促使这个国家继续介入世界事务。[23]在这些年中，构建自由主义秩序这套逻辑成为一以贯之的导向。

在美国的领导下，世界经济的广度和深度都增强了。在20世纪80年代受到里根和撒切尔倡导的市场导向理念被克林顿政府所采纳并在世界范围内传播。发达的经济体继续沿着开放贸易以及消除货币和资本流动剩余壁垒的方向前行。亚洲、拉美的中等发展中国家以及前共产主义世界的国家也强调贸易和金融自由化，并且进一步融入全球市场。1997年爆发的亚洲金融危机展现了新兴市场国家向国际投资开放其金融体系的程度。这场危机后，在亚洲和其他地方出现了关于不受管制的和高度融合的金融市场之危险的政策辩论，但各国政府总体上仍坚持市场取向。通讯和计算机新技术便利了金融、经济的交流与融合。金融和公共部门的去管制化和私有化政策将多国更加彻底地拉入世界经济。自由市场和国家融合的赞成者们获得了胜利。[24]结果是，到了20世纪90年代晚期，新自由主义的“华盛顿共识”已然成为后冷战时期世界经济的组织理念。[25]

实际上，在20世纪90年代，贸易和投资在发达国家和发展中国家间扩展，新兴国家也更加充分地融入更大的体系。随着多国从社会主义和专制主义的过往中转变，民主世界自身也得以扩展。与此同时，大国之间仍旧保持和平。日本和西欧继续与美国联系在一起，中国和俄罗斯向美国靠得更近而非离得更远。在冷战结束的头十年里，世界并没有分裂为敌对的阵营或是对抗性的集团。在很大程度上，这是一个世界一体的体系，在这个体系中美国和冷战时期西方秩序的组织逻辑占据了中心位置。虽然关于美国在冷战后是否有一个大战略还存在很多争论，但克林顿政府的确坚持了一种自由主义导向，也就是对市场导向的全球化的世界体系进行多边主义管理的战略。[26]

进一步而言，美国居高临下的实力地位强化了其所领导的后冷战秩序的稳定和特性，这种实力地位也就是使它能够施展霸权性领导力的多种优势。这些实力优势主要有以下几个方面。一是它在全球力量中的超群地位。在20世纪90年代之初，美国是世界上最大的经济体，在那个十年中，它一直把其他发达经济体甩在后面。这些经济优势部分要归因于其他传统大国的相对衰弱——俄罗斯衰败了，欧盟发展缓慢，日本则陷入十年的经济停滞之中。

此外，在表面因素之下，美元作为储备货币的地位在经济实力方面赋予华盛顿一种特殊地位——铸币权，这种权利可以支撑美国的赤字，也可以使其开打战争，增加国内支出，在不用担心其他国家会经历的那种痛苦的情况下举债。正因为它的这种支配地位，美国无须通过提高利率来保护自己的货币，可以不因长期的贸易不平衡受到压力。在20世纪60年代，法国总统戴高乐就明白了美国霸权的这一隐性要素，并进行激烈的抱怨。[27]在后冷战时期，中国和日本等亚洲国家以及石油输出国组织成员国而非欧洲成为美国的主要债权人，然而华盛顿的优势依然得以存续。这些优势在小布什执政时期再次发挥了作用，美国可以在维持预算赤字和减税的同时在伊拉克展开一场耗费颇巨的战争，这种对外政策之所以成为可能，就是因为美国能够向中国和日本这样的国家借债。

在经济支配地位之外，美国还是唯一的全球性军事力量，也就是说，是唯一一个能够向世界任一角落投送军事力量的国家。在20世纪90年代末，美国的军费开支占世界的36%。在"9·11"恐怖主义袭击发生后，华盛顿增加了其军费开支，其占世界军费总额的比例升至40%以上，差不多等于排在它后面的14个国家军费的总和。到了2005年，美国的军费支出占全世界的一半。此外，美国保持了大多数冷战时期的同盟伙伴关系以及广布在欧洲和亚洲的基地。如表6.1所示，在"二战"后，美国一开始有21个盟友，这一数字在之后的几十年中不断增长，冷战结束后也没有萎缩，反倒是在扩大。北约向东欧和原苏联地区的扩展推动了美国盟友数量的增长。结果是，一种全球性的同盟体系在世界范围内稳步扩张，与那些非民主大国的数量有限的盟国逐渐形成对比。

美国的这些权力优势是从冷战时期继承下来的。20世纪90年代时的新情况是，对美国来说，并没有像样的大国挑战者。即便没有大国能够制衡美国，甚至连大国对美国进行制衡的意图也不明确。俄罗斯和中国的核威慑能力意味着这些国家不担心任何传统意义上的大国入侵。而其他大国——德国、法国、英国和日本——是与美国建立了很好的合作安全关系的民主国家。这些民主的大国组成了一个安全共同体，即一个动武是不可想象的和平地带。可与美国竞争的意识形态和大国挑战者无处可寻。[28]

因此，20世纪末的世界政治展现出一种极为异常的性质——美国成为一个单极力量，处于一个稳定的和拓展的自由主义国际秩序的中心。其他传统大国既没有能力也没有意愿直接挑战——更不用说推翻——这种单极秩序。这种秩序建立在物质实力的国际分配现实的基础上。但是它也建立在有关国家之间如何打交道的规则、制度、伙伴关系和政治规范的基础上，这套体系的很多方面都是在冷战期间构建起来的。

表 6.1　美国、中国和苏联/俄罗斯的同盟伙伴*

年份	美国	中国	苏联/俄罗斯**
1946	21	—	8
1951	37	1	10
1956	42	1	10
1961	43	2	11
1966	43	2	11
1971	45	2	10
1976	47	2	10
1981	50	1	9
1986	52	1	9
1991	53	1	8
1996	52	1	10
2001	55	1	9
2003	62	1	8

资料来源：Brett Ashley Leeds, Jeffrey M.Ritter, Sara MaLaughlin Mitchell, and Andrew G.Long, "Alliance Treaty Obligations and Provisions, 1915—1944," *International Interactions*(2002)28, 23—260.

*：在所观察的年份中，如果一个国家对另一个国家拥有防卫义务，那么这个国家就是一个同盟伙伴(这一变量关注的是这个国家是不是已承诺保卫另一个国家，而不看防卫义务是否是相互的)。

* *：除了朝鲜之外，苏联与俄罗斯的同盟伙伴是不同的。1989 年时苏联的同盟伙伴有民主德国、波兰、匈牙利、捷克斯洛伐克、保加利亚、罗马尼亚、芬兰、蒙古和朝鲜，1995 年时俄罗斯的同盟伙伴有白俄罗斯、亚美尼亚、格鲁吉亚、阿塞拜疆、土库曼斯坦、塔吉克斯坦、吉尔吉斯共和国、乌兹别克斯坦和朝鲜。

威斯特伐利亚秩序的转型

冷战后美国单极的出现是过去数十年中权力和主权的性质发生深刻且多层面变化的一部分，这是一种对美国的自由主义霸权具有重要意义的转变。从根本上说，这是威斯特伐利亚体系基本逻辑的一种转变。也就是说，围绕多个相互竞争的力量中心组织起来的国际秩序(通过确保不出现一个支配性国家而得以维护的秩序)以及对国家主权规范的遵奉发生了改变。它向另一种秩序变化，即一个支配性国家在一个国家主权规范日益受到质疑和削弱的全球体系中行事。

近代以来，国际秩序一直是以权力在主要国家间的分散与均衡为标志的，体现为两极或多极。实力大致等同的多个国家（所谓的大国）展开相互制衡或协调相处。秩序就是一种权力的大致均衡。从国内角度看，各国是拥有主权的，也就是施展德国社会学家马克斯·韦伯所说的“在给定疆域内合法使用物质性强力的垄断权”[29]。这便是对现代的、拥有主权的民族国家的经典认识。总之，以下两方面构成了威斯特伐利亚体系：国际层面的权力制衡与均衡，以及在其疆域内拥有至高法律权威的主权国家。[30]

上述是威斯特伐利亚体系理想化和典型化的特性，而不是对过去五个世纪以来这一秩序逻辑的确切反映。但这些特性的确抓住了这个秩序的深层逻辑。权力在几个主要国家之间的分散意味着国际秩序不会有某一个“中心”。会有若干强大且相互竞争的中心，或曰权力之极。大国或许会有势力范围、附庸国，甚至会是疆域广袤的帝国。但从更大的世界范围来看，它们还是在一个权力分散于若干大国的体系中行事。同样，大小国家都声称拥有主权权利。国家主权是一种规范或共同谅解，国家借此声索主权并承认其他国家作为一个政治实体所具有的自主和独立的权利。国家对其主权领地内的事务负责。国家之上没有什么政治实体有法律上的权利或权威插手一国内部的事务，或针对一国内部事务声索权利。[31]

在最近数十年中，尤其是冷战结束后，这种威斯特伐利亚体系已被极大地改变了。在过去十年中，这一体系的两大基本特性——权力在大国间的分散与均衡以及在其疆域内具有垄断性权威的主权国家——被颠覆了。在单极条件下，美国差不多享有在世界范围内使用军事力量的垄断权，与此同时，随着对干预一国内部事务接受度的上升，威斯特伐利亚体系的主权规范遭到侵蚀。[32]国际体系根本性质的这种双重转变将美国权力置于国际秩序的中心，引发了新的不安全因素以及关于权力和权威的争议。让我们来看一看威斯特伐利亚秩序逻辑的这种双重变化。

对美国单极的权力制衡

如前所述，冷战的终结并未将世界重新带入多极体系。美国的超群实力地位反倒是得到了强化。这部分是由于其他传统强国的相对无力，俄罗斯衰落了，欧洲国家发展缓慢，而日本则陷入经济停滞的十年。在这一体系中，美国的经济规模最大且最具活力。美元是世界的储备货币。美国也是唯一的全球性军事力量——唯一能够将军事力量投送到世界各个角落的国家。它保持了大多数冷战时期的同盟伙伴关系以及广布在欧洲和亚洲的基地。可与之匹敌的意识形态和大国挑战者无处可寻。[33]

权力的国际分配对美国这个剩下的最后一个超级大国有利。与此同时，自由主义特性（见第四章的讨论）使美国这一单极力量不仅仅是一种高度集中的权力聚合体。有约束力的安全伙伴关系以及美国霸权“无孔不入”（penetrated）的特性使这一单极力量对其他国家来说更能被接受并更具正当性。权力悬殊被制度化的、互惠的交往过程所调和。美国的确提供了一些公共物品，如同盟安全、对石油流通的保护、市场以及从中斡旋以帮助解决地区争端的意愿。美国是这一体系的规则和制度的首要发起者，而且它差不多也是在这一有共识基础且大体上有序的治理体系中行事。从各个方面来看，美国似乎被置于一个独一无二的位置使世界政治保持在稳定与合作性的进程之上。[34]

然而，在克林顿政府的最后几年中，关于美国会如何行使其单极权力的担忧就已经散播开来了。1999 年美国所领导的北约对塞尔维亚的轰炸让人们得以一窥后冷战时期世界政治的新模式：边缘地区的暴虐国家和敌对政权构成威胁，挑战了“二战”后西方秩序的旧有规则和制度并激起美国有争议的武力使用。国务卿奥尔布赖特把美国描述为“不可或缺的国家”——唯一能在世界政治的所有地区和领域提供进步、坚强和领导的全球力量。[35]但是，世界上的其他人感到担忧，如法国外长于贝尔·韦德里纳（Hubert Verdrine）将美国称为一个“亢奋强权”（hyper-power）。当他在接受《法国快报》（*L'Express*）采访时被问及如何抵抗美国的傲慢权力，韦德里纳说道：“要通过沉着、坚韧的努力，以真正的多边主义反对单边主义，为了以平衡的多极主义反对单极主义，为了用文化多元反对文化同一。”[36]

即便美国没有那些使形势恶化的政策和主张，冷战多极向美国单极的转变本身也孕育着风险和不确定性。在冷战结束后的十年中，这种转变开启了一直持续至今的全球性地缘政治调整进程。正如前面在第四章所论及的，这种向单极转变的首要影响是美国实力地位的提升。这种情况的出现有若干原因。因为其不再面对势均力敌的竞争者，单极国家便较前拥有更多可自行支配的资源——更多未耗费的实力。同样，大国并未联手制衡美国，这减弱了对美国权力的外部限制。较弱和较小的国家基本没有什么退离美国的选择。总体上，单极国家对全球体系具有一种更加无所不包的影响力。如果这一体系想要井井有条且国际公共物品得到供给，美国就需要发挥领导作用。

但是冷战威胁的消失也消解了单极国家的影响力。较弱的国家以及长期存在的那些同盟伙伴国不再受到一个敌对的全球大国的威胁。一些国家（如日本）仍围绕与美国的紧密同盟关系来构造自身的安全，但是美国作为安全提供者的全球角色并不像在冷战时那样得到一致的认知和广泛的赞誉。冷战时统帅一切的安全难题——体现为两极竞斗——消失了，安全难题不可避免地分散为地区性的问题。美国继续在很多这些地区安全难点上发挥作用，但是它作为全球安全提供者的总体影响力式微了。

引发最多忧虑的是单极状态对西方和全球规则及制度的基本框架的影响。最起码，权力优势向美国的转移可以解释为何美国想要就旧有规则和制度展开重新谈判。从这个意义上来说，冷战结束后，美国第二次进入了它的“霸权时刻”。在“二战”后，美国将其权力优势转化为一整套全球和地区性制度；它创立了一种自由主义霸权秩序。到了20世纪90年代末，美国的单极优势使其能推展与“二战”后相类似的调整进程。在克林顿时期，这种调整和对自由主义霸权秩序的重新协商首先需要的就是自由主义国际秩序的扩展和深化。但是全球体系的扩展与融合——旧秩序的一种副产品——也带来了新的问题、对规则和制度的新需求以及新的争议和冲突。在这种情况下，对一些观察人士来说，美国似乎成了一个改变现状的单极国家——在权力优势的驱动下实施着野心勃勃的全球改造方略。[37]

冷战时的两极向冷战后的单极的转变促使美国与其他国家重新协商其霸权契约。但是，更重要的是，单极状态创造了一些条件，这些条件减少了美国在商定的规则和制度框架内行事的意愿。美国所拥有的无可匹敌的全球地位使其要求从多边规则和制度中获得特殊身份和豁免权。比如，美国不能加入《反地雷公约》，因为美国部署的军队（如在朝韩非军事区）会受到伤害。美国还声称它不能签署《国际刑事法院规约》，因为美国的全球安全存在使美国人容易受到政治驱动的起诉的伤害。结果就是，单极状态导致主导国家要求获得与他国不同的待遇，这减少了其在多边规则和制度下行事的意愿。[38]

对于主导国家来说，这种单极状态还带来了在不对多边规则和制度作出承诺的情况下影响或控制他国政策的更多机会。权力优势为主导国创造了对他国展开调控的机会。在一些领域，美国能够设立它自己的国内管理标准，并且对其他国家和地区施压以使其接受类似的标准。美国不需要损害自身的政策自主以获得他国的同意。同样，美国的市场力量可以被用来影响或控制他国的政策。利用第三国实施制裁就是一个例子。如果有些国家不对某个对象国采取类似的政策，美国就会威胁对这些国家实施制裁。[39]

单极兴起的根本影响是，它带来了世界政治中的秩序和规则的基本逻辑的改变。在两极或多极体系中，强国通过领导国家联盟来制衡其他国家而进行支配。当体系转变为单极状态，这种支配逻辑就消失了。权力不再以制衡和均衡而是以某一国的优势为基础。这是一种新的、不同的情况，并且会对较弱的二等国家造成潜在的威胁。结果，主导国的权力变得突出而令人担忧。单极力量本身变成了世界政治中的一个问题。正如约翰·盖迪斯(John Lewis Gaddis)所言，冷战期间美国力量之所以为其他国家所接受，是因为有“更坏的东西”存在。[40]随着单极的兴起，那种“更坏的东西”不见了。

受损的国家主权规范

“二战”后人权革命的展开以及国家主权规范的受损是威斯特伐利亚体系一种更为平缓和静悄悄的转变。我们逐渐看到，国际社会对国家的内部事务拥有正当的利益。主权变得更加视情而定，逐渐成了一种必须认真博取(earn)的法律权利。[41]

人权革命被深深嵌入“二战”后的自由主义国际事业。正是自由主义者——将自由主义理解运用于世界秩序——推动了人权受到国际承认这一运动。1948 年 12 月，《世界人权宣言》在联合国大会获得通过便是突破性进展。在埃莉诺·罗斯福及其他自由主义者的倡导下，这一宣言清楚表明了一种观念，即普世的个人权利应受到全人类的承认，而不能只是留给拥有主权的各国政府来界定和执行。[42]其后，源源不绝的各种公约和条约共同构成了关于权利、个人、主权和全球秩序的非凡愿景。[43]

在 20 世纪 40 年代，国际人权运动被有力地发动起来。美国的战后规划者们以新政时期在美国国内形成的安全、正义和治理方面的理念来处理他们的任务。国联的失败显然让罗斯福和杜鲁门清醒冷静，但是他们也相信为了避免重蹈战争，就必需一种致力于人权、集体安全和经济发展的新全球秩序。在战后的各种制度倡议中——联合国、布雷顿森林体系以及人权公约——一种关于安全、人权、国际法和制度性合作的新的理念集合体鼓舞着美国的努力。[44]由此，一种观念被确立起来，即威斯特伐利亚式的主权并不是绝对的，国际社会在保护国家内部的个人方面具有道德和法律上的应得权利。

在20世纪90年代，主权的这种不定性被进一步推进。国际社会被认为有权——甚至是一种道德义务——对陷入动乱的国家进行干预以防止种族屠杀和大规模杀戮。北约在巴尔干地区的干预以及针对塞尔维亚的战争就被看作是这种类型的行动。1998年，当联合国安理会围绕科索沃危机展开外交磋商时，俄罗斯拒绝同意对针对所谓内部冲突采取的军事行动给予授权。在没有获得联合国同意的情况下，以美国为首的北约却采取了干预行动。在构想这一行动时，联合国秘书长科菲·安南明确表达了联合国宪章所遵奉的主权和不干涉规范具有不定性的观点。斯特普·塔尔博特（Strobe Talbott）这样表述安南的看法：

> 如果一个政权对本国民众的行为是极其恶劣的，外人不仅是要表示反对，他们还有责任介入进来，阻止这种犯罪，甚至是改变这个政权。安南说："国家的边界不应再被认为可以对战争罪犯或大规模谋杀者给予无懈可击的保护。冲突是'内部的'这一事实并不能给予当事者任何漠视人类行为最基本准则的权利。"他承认"联合国宪章保护国家的主权"并禁止联合国干涉"本质上属于国家国内管辖权范围内的事务"。但是，他补充说，这一原则"决不等于是政府践踏人权和人类尊严的许可证，主权必须包含责任，而不只是权力"。[45]

在作出上述表态一年后，安南又指出"国家主权，从其最基本的意义上来说，正在被重新界定"。他认为，现代国家"被普遍认为是服务于其国民的工具，而不是正相反……当我们今天读联合国宪章时，我们比以往更加清楚其目标是保护个体的人权，而不是保护那些侵犯人权的家伙"。[46]在对国家主权的意涵逐渐进行重新界定方面，这种关于主权意味着责任、权利和对权利的保护的看法走在了前沿。"干预和国家主权国际委员会”(International Commission on Intervention and State Sovereignty)进一步阐发了这一看法,它提出了“保护的责任”理念。[47]在保证基本人权在各国受到保护方面,特别是面对大规模暴行和其他有组织暴力行为时,国际社会承担起了新的义务。[48]

“9·11”事件发生后,国家主权规范受到进一步侵蚀。美国在阿富汗领导的干涉行动——利用外部军事力量推翻一个积极保护恐怖主义袭击者的政权——被普遍认为是出于自卫的合法行为。如果某个国家为跨国暴力行动提供策源地、温床或保护区,那么,外部世界就对这个主权国家的内部事务拥有正当的干涉权利。小布什政府在入侵伊拉克的行动中推进了这一原则的边限。如今,对一个国家所带来威胁的预期——这个国家想要获得大规模杀伤性武器的野心——就可以为干涉提供理由。

当时美国国务院的一位官员阐发了这一新思维。理查德·哈斯(Richard Hass)提出,存在“一种新出现的全球性共识,即主权并不是一种空白支票。相反,主权是随着每个国家对某些基本义务的履行情况而定的,既包括对本国公民的义务,也包括对国际社会的义务。当一个政权不能承担起这些责任或者滥用其权利时,它就有丧失主权权利的危险,包括在最极端的情况下无法免于武装干涉”。[49]哈斯认为,在三种情况下,不干涉规范可出现例外:当一个国家进行或未能阻止种族屠杀或反人类罪;当一个国家煽动、支持或庇护国际恐怖主义分子或不能够控制在其境内活动的恐怖主义分子;当一个国家采取对全球安全构成明显威胁的举措,如试图获取大规模杀伤性武器,尤其是有侵略历史并支持恐怖主义的国家。

这些有关干涉理念的进展具有如下影响。首先,受损的主权规范为强国干涉弱小国家和动乱国家的内部事务提供了新的许可证。主权规范在世界政治中拥有更小的“阻动权”(stopping power)。实际上,在近代早期的欧洲,主权作为一种法律原则和国际规范,它的诞生是为了阻止跨国的宗教和帝国主义势力侵入当时新出现的民族国家。主权规范在世界范围内传播并在很大程度上成为国际政治中唯一最具普世性和共识性的规范。它成为国际法、联合国以及宏大的反殖民主义和民族自决历史性运动的基础。因此，当这一规范受到削弱时，各方面影响的出现也不足为奇。的确，随着威斯特伐利亚式的主权规范受损，在国际层面对干涉和越境使用武力的法律和政治上的抑制就越发的少了。

其次，在主权规范受损的同时，对于谁来进行以及如何进行侵犯主权的干涉行动并没有什么新的规范和协定出现。国际社会比以往拥有更多权威在动乱国家的内部展开行动，但谁才是真正的国际社会？某种意义上，在理想的情况下答案是联合国。但是对于强国以国际社会名义所展开的干涉行动的合法性和正当性标准仍然存在无法化解的分歧。

结果，主权规范的受损开启了关于国际社会中权威来源的新的全球性争斗。美国单极的兴起使这个问题变得更加糟糕。只有美国才真正拥有在世界上全面大规模使用武力的军事力量。联合国没有属于它自己的部队和军事能力。关于如何确立正当的国际权威的难题仍在延续。

暴力、不安全因素与民主合法性

另一个侵蚀或挑战威斯特伐利亚式的秩序逻辑的深刻变化是暴力和不安全因素的来源。大国战争是处于威斯特伐利亚体系中心的安全问题。但如前所述，现代全球体系的各种进展已经削弱了大国战争这种安全威胁。核威慑以及大多数大国都是自由民主国家这一事实使这些国家开打战争的可能性变得更小。如今，正是出自弱小国家的暴力威胁——非国家行为体所使用的暴力——影响了发达国家如何将它们自己组织起来并进行安全合作。

这一新的进展可以被称之为战争的私人化（the privatization of war）或非正式暴力的兴起。在过去，只有国家——主要是强国——才能够获取可以威胁其他国家社会的暴力手段。如今，我们展望未来，可以看到会有那么一些小的组织——或者是由个人组成的跨国团伙——或许能够获得大规模杀伤性武器。这方面的技术和知识几乎将不可避免地传播开去。下定决心的极端主义团体逐渐可以获得越来越多的使用致命暴力的能力。

这是国际政治中集体暴力方式和手段的转型,这种转型受到技术和国际体系自身的政治架构的推动。这一转型的影响就是使关于主权和使用武力的旧规范更加成问题。它给国内政治和国际关系之间的联系带来了令人烦扰的新问题,使世界上一些之前被忽略的地方在国家安全上变得更加重要。这一转型还带来新的功能性挑战,这种挑战将不可避免地影响安全合作的模式。

显然,战争的私人化改变了国家对安全的认识以及各国合作防范新的威胁和不安全的合作方式。"非国家行为体对大规模暴力的有效运用反映了新的非对称相互依赖的模式,使我们关于地理空间可作为屏障的一些假设成了问题,"基欧汉指出,"当代的世界政治学者面临的挑战——在如赫兹(Herz)所言国家的'硬壳'已然破碎之时,理解世界政治的性质以及世界政治与国内政治之间的联系,这种挑战与之前那一代学者所面临的挑战(他们不得不去理解核革命)是类似的。曾被视为天然屏障和人工屏障依存的地理空间现如今必须也被视为一种载体(carrier)。"[50]对于如何应对这种新型的扩散的非国家威胁还没有什么全球性共识。但是这种威胁动摇了关于威慑、同盟和自卫的既有理念,也动摇了《联合国宪章》第51条(该条款确认了个人和集体自卫的权利)。

全球体系的最后一种背景性变化是大西洋世界中以及大西洋世界之外的民主社会的兴起与成熟。如前所言,这是自由主义优势地位的决定性特征。这种世界民主共同体可以有很多称谓,比如西方安全共同体、民主复合体或简单称为民主共同体。这一联盟在20世纪的大部分时间都存在,但它一直在演化、扩展和深化。实际上,如今世界上最强大和最富裕的国家都是民主国家。

民主共同体的存在对世界政治有两方面重要影响。首先,它使主要国家之间形成了一种稳定的、合作性的以及相互联系的核心关系。通常来说,民主国家愿意且能够开展合作,至少是和其他自由民主国家。正如我在第五章所阐述的,美国和其他西方民主国家围绕多边主义、同盟伙伴关系、战略克制、合作性安全以及制度化和以规则为基础的关系建立起一套国际秩序。这一秩序的制度性基础使美国的实力地位既是更加持久的,又对其他国家(无论是崛起的国家、衰落的国家还是其他国家)具有较小的威胁性。正是这种秩序支配全球体系长达半个世纪,并在冷战终结以及其他剧变后仍得以存续。

其次,民主国家共同体对强国在这一共同体中如何行事设定了若干限制。简单说,在民主国家组成的世界中,胁迫性的控制以及权力政治(realpolitik)行为会受到限制和阻碍。欺侮或向其他民主国家施加暴力可能会导致事与愿违的结果。正如罗伯特·库珀(Robert Cooper)所言:"在民主时代,没有深思熟虑和克制的权力不再是可持续的。曾是国际体系稳定来源的以强力施展霸权也是不可持续的。对于一个民主国家来说,通过武力的无情使用而进行控制在国内事务中不再是一个选项,在国际层面也是如此——当甘地开启瓦解英帝国的进程时他便很好地认识到了这一点。"[51]这种民主共同体的大环境给美国的对外政策带来矛盾的影响。一方面,它使美国可以很容易地找到伙伴并且能够开展复杂的合作。美国的权力本身被看作是更加温和且更易接近,美国被富裕的、有能力的和友好的国家所环绕。另一方面,这些民主国家可能不会对美国的支配或胁迫无动于衷。实际上,它们期望美国能够在民主共同体的规则和制度下行事。

总之,全球体系已经从威斯特伐利亚秩序演化开来。它不再是建立在大国均衡和制衡基础上的一种体系。单极的权力分配和民主的扩展使这种作为组织逻辑的旧模式成了问题。自由主义国际秩序的构建——包括在冷战期间,很大程度上这被忽略了——要比20世纪40年代所能想到的任何可能的秩序都要成功。但是主权旧规范的受损、人权国际规范的传播以及新型集体暴力威胁的兴起已经使这种自由主义秩序在发挥作用时出现了问题。

从根本上说，当前的自由主义秩序陷入了一种权威危机。国际社会是新的人权和国家安全规范的贮藏库(repository)，但是谁能够正当地以其名义行事呢？冷战期间美国对自由主义国际秩序的领导之所以被其他国家所接受，是因为它提供了安全保护——在目之所及，存在“更坏的东西”。美国的权力和权威不再是一体的和一码事了。如何代表全球社会为协调一致的国际行动确立正当的权威性——而且是在旧的秩序规范逐渐消却的情况下——是国际秩序的重大挑战。“9·11”事件和小布什革命使这种围绕权力和权威的新出现的后威斯特伐利亚争议具体化了并加剧了这种争议。

小布什革命的兴起与落败

“9·11”事件之后，小布什政府开始对美国的大战略进行雄心勃勃的重新思考，这是自冷战早期以来最为彻底的。预防性战争、“志愿联盟”(coalitions of the willing)和霸权支配这些有争议的理念被奉为教条。小布什政府官员还就美国战后针对武力使用、威慑和同盟伙伴关系的国家安全政策的基础性改变向世界发出了信号。小布什总统宣布开打“反恐战争”，并表明了“与敌人进行战斗、瓦解他的图谋、在最坏的危险露头之前就予以应对”的决心。[52] 2003 年春美国对伊拉克的入侵——在众多西方盟友的反对之下开打的一场预防性战争——就是这种战略转向最清晰的表现。

小布什政府接受了演进中的后威斯特伐利亚秩序(以单极、受损的主权以及暴力和不安全因素的非国家来源为标志)，并提出了与世界的一项新的霸权契约。但是在接下来的几年中，小布什政府想要改变美国霸权领导方式的大战略提议遭到了盟友和世界上其他国家的反对，从很多方面看，遭到它们极为断然的反对。小布什政府提出的是一套具有较少自由主义性质、具有较多帝国主义性质的霸权秩序体系，很大程度上，整个世界拒绝接受这一体系。在小布什政府结束任期之后，这种对美国如何掌控单极世界的全球性忧虑（主要是围绕着“反恐战争”）仍会发生作用。我们可以研究一下小布什大战略的各种要素以及这一大战略最终失败的原因和影响。

小布什的单极大战略

小布什主义的中心内容在于，它提出，为了应对美国自己所确定的全球安全威胁，美国可以直接行动（如有必要，可以单独行动），在这一斗争中，其他国家要么是与美国站到一起，要么就是与美国为敌。美国应当成为全球安全的提供者，但它也应较少地受到规则和制度的妨碍。小布什政府对单边主义的更大欲念和对国际规则、制度、条约和承诺的抗拒强化了美国全球地位的这种影响深远的转变。美国凌驾于全球秩序之上并运用其无可匹敌的权力实现安全和秩序。在一个后威斯特伐利亚式的无政府世界，美国打算向前迈进并像可以创造秩序的利维坦那样来行事。小布什政府声称，那些在之前只能通过均势来解决的秩序难题，如今可在美国的支配之下予以解决。无政府和均势的危险被以美国为首的全球等级架构的稳定所替代。[53]

实际上，小布什政府是在给世界上的其他国家提供一种很大的好处。美国成为全球安全的单极提供者，但反过来世界应对美国给予不一样的对待。美国不应像其他国家那样按相同规则游戏。世界必须为美国提供秩序与和平这种全球公共物品而付出代价。

“9・11”事件向美国和世界其他国家揭示了新的威胁。这是一个令人痛苦的矛盾之事。美国在其权力处于巅峰之时开启了新的世纪。但 2001 年发生的恐怖主义袭击却戏剧性地揭示了一个充满威胁和不安全因素的全新世界。在小布什政府看来，美国不能仅是满足于维护全球体系的旧有规范和制度。它需要重新定义和改变美国的地位以及发挥领导作用的方式。对美国和全球安全的新的威胁来自于小型的恐怖主义分子网络，其获取大规模杀伤性武器并对文明世界造成打击的能力在增强。按照小布什政府官员的看法，这些新的威胁需要对美国的大战略进行一种激进的重新思考——美国应如何配置力量，如何与其他国家合作，如何努力寻求塑造其安全环境。

小布什的这种单极大战略具有六大构成部分。[54]小布什大战略的第一个方面是其从根本上致力于维持一个单极世界，而在这个世界中美国没有势均力敌的对手。没有任何缺少美国的大国联盟应被容许实现霸权。[55]在2002年6月于西点军校发表的演说中，小布什总统使这一点成为美国安全政策的中心意涵："美国拥有并打算保持不受挑战的军事力量，从而使引发动荡的军备竞赛变得毫无意义并将对抗限制在贸易和其他方面。"[56]美国应管理一个全球等级结构，在这个等级结构中没有什么国家或国家联盟能够挑战美国全球领导者、保护者和执法者(enforcer)的地位。美国应比其他大国强大得多，以至于大国之间的战略对抗和安全竞争不复存在，从而使每个国家(不仅是美国)得到好处。因此，美国的单极力量被小布什政府视为一种全球公共物品。美国的权力被用来改变国际政治本身，使旧的均势对抗变得过时。

如当时许多观察人士所指出的，这是美国全球抱负的不同寻常的宣示。它和美国过去的自由主义愿景一样，都想要将均势的秩序体系转变为一个不被地缘政治阵营和相对抗的大国所分割的世界。法里德·扎卡里亚(Fareed Zakaria)认为，自从威尔逊自己宣称美国的权力应被用于"创造正义之统治"，小布什总统的愿景是最具威尔逊主义的表态了。[57]但是一个新的观念将小布什与威尔逊区别开来，即美国在全球权力结构中应凌驾于其他国家之上，积聚并部署单极军事力量以维持秩序。与威尔逊不同，小布什愿景并不包括强化国际秩序以规则为基础的这种性质的努力。

小布什大战略的第二个要素是美国安全领域的范围是遍布全球的。美国应做好在世界范围内运用军事力量准备，也应有这种权利。这种需要源自新安全威胁的性质。这一无情的新的现实是，小型的恐怖主义分子团体——或在敌对国家的帮助下——能够很快获取具有高度杀伤性、可造成灾难性破坏的核武器、化学武器和生物武器。这些恐怖主义团体既不能被绥靖也无法被威慑，因此它们必须被剿灭——这需要具备无论这些人在哪都能对其进行追剿的能力。在这种情况下，小布什政府宣称拥有在任何地点以及在全球层面运用军事力量的权利。2002 年发布的《国家安全战略报告》称："针对全球恐怖主义分子的战争是一项没有确定期限的全球性事业。"[58]这是一场需要美国向恐怖主义分子掀起的战争，不仅是保卫自己和盟国，而是要找出并摧毁那些伺机而动的敌人，因此，美国必须能够在全世界范围内展开军事行动。小布什 2002 年在西点军校说得直截了当："军队必须做好准备，以便一声令下即可在世界上的任何一个黑暗角落发起攻击。"[59]

这种世界是美国能够自由和有效地展开行动的全球性战场的宣言超越了之前的官方观念。如伊恩·沙裴罗（Ian Shapiro）所言："在小布什主义出现之前，美国政府从来没有宣称拥有在世界上的任何地方展开军事行动的权利。"[60]以往，美国政府对于使用武力的权利和承诺的确具有扩张性的（expansive）理念。自从 19 世纪早期，美国宣称拥有在西半球使用武力以抵抗域外大国侵犯的权利。冷战时期，美国则在世界的所有角落部署了军事力量并在国外展开隐蔽性的干预行动。对于世界各个地区的不少国家，它一直有重要的军事承诺。小布什战略理论的不同之处以及更具扩张性的地方在于，它认为美国必须能够一声令下即可在任何地方展开行动，在敌人进行致命的暴力行动前对其发起攻击。

小布什大战略的第三个要素是，美国必须拥有先发制人地甚至是预防性地展开行动的权利和能力，以便在敌人行动前挫败它们。新的安全威胁不是那种聚集在边境前沿地区的有组织的军队，而是潜伏在暗处的恐怖主义团体。因为这种新的危险不能被绥靖或威慑，故而它们必须被剿灭。过去那种装备导弹和其他武器以在第一波袭击中生存下来并运用这些武器展开报复性打击从而惩罚攻击者的防务战略，将不再能够确保安全。正如 2002 年《国家安全战略报告》所宣称的，"在这个人类文明的敌人一心只想寻获世界上最具杀伤性技术的时代，美国不能坐以待毙”[61]。因此，唯一的选择就是进攻。

先发制人就是在敌人准备发动袭击时对其予以打击。但是小布什政府超越了这一观念，它宣称拥有发动预防性战争的权利。如小布什总统所言：“出于常识和自我防卫，美国将在那些新出现的威胁完全形成之前对其展开行动。”[62]在“9·11”事件发生后的安全环境下，什么是“迫近的威胁”(imminent threat)需要被重新定义。如果等到威胁全面形成，就太迟了。小布什政府主张：“威胁越大，不行动的风险就越大，就越是有理由采取预先行动保卫我们自己，即便敌人发动袭击的时间和地点仍不确定。”[63]国家在面临“迫近的威胁”时有权进行自卫的观念在国际法和外交中受到广泛承认。小布什政府所寻求做的是调整和重新定义在一个“杀伤性技术”被“流氓国家和恐怖主义分子”所掌获的世界中何谓“迫近的威胁”，这种情况要求在这些威胁全面形成之前就采取行动。

小布什大战略的第四个要素是，确信美国在必要时可以单独行动或与“志愿联盟”一道追剿威胁。与美国领头的较为非正式的努力相比，安全条约和同盟伙伴关系的作用变小了。小布什政府的官方战略报告表明，“虽然美国将持续努力争取国际社会的支持，但在有必要采取单独行动时我们也不会犹豫”[64]。正如杰维斯所指出的，美国应寻求其他国家的援手，但小布什政府讲得很明确，他们会“放弃对某个特定国家参与行动的念头而不是作出妥协”[65]。

这种单边主义倾向在一定程度上缘自新型威胁本身：如果在反恐战争中危险程度上升且犯错空间在减少，那些制裁和限制武力使用的多边规范和协约就会成为行动的障碍。在回应这些威胁时，美国需要发挥直接而不受限制的作用。[66]另外，单边主义倾向这种信念部分地以一种判断为基础，即没有其他国家或联盟(哪怕是欧盟)在应对恐怖主义者和流氓国家时拥有在全世界投射武力的能力。冷战后十年间美国的国防支出和现代化已把美国的盟友远远甩在后面。在战斗行动中，同盟伙伴发现越发难以与美军相配合。这种信念还基于联合行动以及通过联盟使用武力常会妨碍有效行动这种判断之上。对于一些观察人士来说，这一教训在对科索沃实施联合轰炸的行动中变得很明显。这种情绪在美国与其盟友在阿富汗联合展开的军事行动中也有所表露。国防部长拉姆斯菲尔德在2002年说出的一段话中阐明了这一观点："使命必须决定联盟；联盟绝对不能决定使命。如果联盟决定使命的话，使命就会降低为最小公约数"。[67]小布什的大战略并不赞成让同盟或多边安全机制失效，[68]而是认为这些安全合作形式在对抗新型威胁时不是那么有用。[69]

这种单边主义冲动在小布什的对外政策中得到更广泛的体现。众所周知，小布什上台后，其政府对一系列悬而不决的多边协议采取了往后撤的做法，包括应对全球变暖的《京都议定书》、国际刑事法庭以及禁止生物武器的议定书。小布什政府还退出了《反弹道导弹条约》，而这一条约被很多分析人士视为全球军控体系的中心内容。在国家安全领域，小布什政府的官员对军控和多边安全协定表现出普遍的怀疑态度，正如一篇报道所言，他们反而主张："美国必须依靠自身的能力而非条约来保护它的利益和主权。"[70]正如我们后来所发现的那样，这种对于安全保护的单边主义取向与小布什政府对以规则为基础的多边主义合作的更广泛的抗拒是一致的，而且前者受到后者的强化。

美国不仅要控制和领导既有的秩序，它还必须积极地改造这一秩序，这种观念是小布什大战略的第五个要素。为了全面地实现安全，美国必须按照关于国家建设和民主推广的一份雄心勃勃的议程行事。布什总统在其第二任期就职演说中对这一观点作出最透彻的表达，当时他声称，"自由在我们这片土地上的生存越来越取决于自由在其他土地上的成功"[71]。小布什在同一年发表的国情咨文中进一步阐述了这一观点，他说："从长远看，只有清除了滋养激进主义和诱人杀戮的意识形态的那些条件，我们所寻求的和平才能得以实现。如果这个世界的各地区仍然是绝望之地并活在仇恨之中，它们就会成为恐怖势力的策源地，而这些恐怖势力也将会向美国潜近。”[72]小布什政府的国家安全战略号召利用一系列手段和努力推动全世界向民主的转变，至少转向守规则和负责任的政权。之前的美国总统也倡导自由和民主。小布什政府的构想之所以与众不同，是因为它将其与国家安全联系起来。在后“9·11”时期，美国“受到的威胁更多来自处于失败中的国家而不是要征服美国的国家”[73]。(对国际秩序进行)改造的全球议程被直接与美国的国家安全联系在一起。

恐怖主义团伙之所以成为威胁，部分是因为处于世界上麻烦地区的国家是衰弱的且陷入失败境地，它们为那些恐怖主义团伙提供了避风港。其他专制独裁国家——如侯赛因·萨达姆统治下的伊拉克——既会构成直接威胁，如果它们掌握了大规模杀伤性武器的话；也会成为间接威胁，设若它们将武器或制造武器的原材料交给恐怖主义团伙。政权改造的议程正是出于对新型安全威胁的这种担忧。要应对这些恐怖主义分子和敌对的专制独裁国家，只能通过改造这些国家本身的性质。[74]2006年1月，国务卿赖斯在乔治城大学发表演讲时点出了小布什政府这种新观点的要义：“自从350多年之前被创立，现代国家体系一直依赖于主权观念。人们总是假设每个国家都能控制和管理出现在其领土内的威胁。人们总是假设软弱且受到糟糕治理的国家仅是其民众的负担，或至多成为国际社会的人道主义关切，但从来不会是一种真正的安全威胁。然而，如今，这些过去的假设不再成立了……现在，政权的根本性质比权力的国际分布更加重要。”[75]在既有体系中美国无法使自己安全。国家需要被修理，需要被强化，需要被民主化。

最后，小布什政府将他国对美国反恐战争的支持作为决定全球秩序中国家关系的质量和性质的首要因素。小布什总统在“9·11”事件发生后很快就宣称，“对于各国来说重要的是，它们会逐渐明白自己要为无所作为承担责任”，“在反恐战斗中，你们要么和我们站在一起，要么就是与我们为敌”。[76]那之后不久，在华沙召开的国际反恐会议上，小布什称：“在这场冲突中，没有国家可以是中立的，因为在一个被恐怖所威胁的世界中，没有哪个文明国家会是安全无虞的。”[77]实际上，各国不会被允许仍置身局外。美国会对其他国家是不是支持由美国领导的新的全球安全秩序，特别是反恐战争作出判定——要么是盟友，要么不是。各国面临着一个简单的选择：与美国合作或者是成为问题的一部分，相应地，奖赏和惩罚也会随之而来。

这是一个向世界传递的极为重要的外交政策讯息。美国是占主导地位的全球力量，它与这一体系中的几乎所有国家有着广泛的、普遍的、多层面的关系。“9·11”事件之后，美国声称各国是友是敌取决于它们对华盛顿的反恐行动的忠诚度。[78]反恐战争是在“文明”和“无序”之间展开的斗争，没有哪个国家可以是中立的。各国会被要求服从美国或付出代价。

总之，小布什的大战略试图重新定义美国的全球角色。在这一战略愿景中，美国应占据单极世界的中心，提供安全、判定威胁、使用武力并改造这一体系。在这一愿景中，主权对于美国来说变得更加的绝对，对于其他国家来说则变得更加视情而定。小布什政府所信奉的是一套后威斯特伐利亚式的世界秩序逻辑，这套秩序围绕着单极、受损的国家主权以及适于应对恐怖主义和敌对国家这些新型威胁的安全体系建立起来。美国应既要控制这一体系，又要积极地去改造它。美国与其他国家之间那种旧有的霸权契约让位于一种更加直接的支配形式。在这个被重新界定的等级秩序中，体系中的国家会得到安全的好处，但要付出代价，即与美国之间更加严苛的主从关系。

保守民族主义 vs.自由国际主义

当小布什政府明确提出其单极安全秩序的愿景时，它也使美国对外政策的总体取向从自由国际主义转变为更加保守的民族主义理念。这是对过往的偏离。如我们所看到的，在1919年、1945年和1989年这些重大的转折点，美国的领导人倾向于唤起自由国际主义的理念并将国际秩序当成一种进步的、自由的事业来进行讨论。美国的权力被用来构建可处理全球问题的规则和制度，被用来增强国际社会的根基，以及将美国与其他民主国家更加紧密地捆绑在一起。国际规则和制度被视为将美国理念和权威投送至全球体系并使两者相互嵌合的工具。在某种程度上，国际社会被视为拥有若干分量和重要性的集体组织——规则和规范的载体。美国在保护其主权的同时，它也会作出将自己与其他国家联系在一起的承诺。

与之相反，小布什政府抗拒这些自由国际主义理念。小布什执政期间美国对外政策的制定使针对国家秩序的保守主义和民族主义取向占据最显著的位置。[79]

首先，最无疑的是，小布什政府轻视国际制度和规则作为美国对外政策手段的作用和重要性。从小布什政府的新单边主义中就可以看出这一点。在一系列广泛的政策领域，小布什政府都显示出它对国际条约和协议采取了新的且更加严于成本算计(cost-accounting)的考量。由此，它展现出新的决心以抗拒近年在气候控制、国际司法以及军控领域达成的多边协议。在小布什政府看来，每个协议都存在特定的缺点，但这种抗拒也体现了一种更具总体性的倾向，即认为所有这些老的和新的多边协议对美国的主权、利益和行动自由强加了不可接受的限制。[80]

小布什政府在施政中所具有的这种倾向被描述为“新单边主义”。保守主义学者查尔斯·克劳萨默(Charles Krauthammer)曾写道：“在过去八年中，对外政策的成功基本上通过总统签署的条约数量和参加的峰会次数来衡量，如今我们拥有了一个愿意坚持美国行动自由和美国国家利益绝对优先的政府……与把权力限定在一个由有约束力的国际条约所组成的巨大网络中不同，新单边主义寻求增强美国的权力并毫无羞愧地按照自我界定的全球目标来动用这种权力。”[81]按照这一看法，规则和制度主要是对那些想要限制强国(特别是美国)的弱国有用。最露骨的评论之一来自小布什政府的官员约翰·博尔顿(John Bolton)，他在成为副国务卿之前称，一场大的斗争正在他所谓的“美国主义者”

和“全球主义者”之间展开。“全球主义者”被认为是那些寻求“通过不断扩展的有关环境、人权、劳工、卫生和政治—军事事务的协议网络强化全球治理并以使美国陷入损害国家主权的国际法律和制度之中为议程”的精英激进分子团体。[82]“二战”后多边条约和协议的发展——所谓全球治理运动——被看作主要是自由主义议程的结果，而这种自由主义议程威胁了美国的主权和自治(self-rule)。因此，博尔顿和其他人倡导一种谨慎避免卷入多边协议和制度的议程。冷战后，美国权力的上升为恢复美国的政策自主性和对自己事务的主权控制创造了机会。[83]

其次，[小布什政府]对所有或被称为“国际社会”的东西都具有一种深刻的怀疑。那种试图利用美国的对外政策巩固国际社会或通过调整政策以遵守规范和规则的做法都是被误导的——甚至是危险的。美国是在一个权力政治盛行的国家体系中运转。康多莉扎·赖斯在2000年总统竞选活动期间清楚阐述了这种保守主义的现实主义观念，以说明共和党政府的政策与克林顿的自由国际主义有多么不同。赖斯说，很多美国人都对“权力政治、强权和权力平衡这些说法感到不舒服”。“简言之，这种不舒服反倒导致了对国际法和国际规范理念的反向吁求，还导致一种信念，即对许多国家的支持——更有甚者，是对联合国那种制度的支持——对于权力的正当运用来说是必要的。”在她看来，这种看法深深植根于威尔逊主义的理念并且“在克林顿政府得到了强烈的支持”，与之不同，共和党的对外政策也会是国际主义的，但会“从国家利益的坚实基础出发，而不是从虚幻的国际社会的利益出发”。[84]国际社会的概念是一个客客气气的虚构(polite fiction)。

最后，保守主义的论调表明美国对外政策的正当性来源是在国内，植根于人民主权(popular sovereignty)和宪法。美国行动的正确性是由国内民主程序的合法性而非其他国家政府的意见赋予的。世界上的国家也许赞同或不赞同美国的所作所为，但它们并不是有关正当性的一些模糊的国际标准的代言人；相反，它们的看法只是反映了它们自己的国家利益，没有那么高尚或正直。在2004年发表的国情咨文中，小布什总统表明了这种看法,“美国决不会为保卫我们自己民众的安全而寻求什么批准单”。[85]这是对美国追求其利益和国家安全的正当性来源的法律主张和宣言。

从实际角度看,这一看法不过是重申了基本上被接受了的现实。在使用武力方面,美国保住了它的主权。但在更加广泛的意义上,这一看法反映了与美国对外政策和国际秩序的自由主义理念相反的立场。约翰·博尔顿对自由主义理念从根本上提出批评,“正当性的问题常常被提起,隐含的企图是要限制美国采取单边主义行动或在国际组织之外采取多边行动的自由权,甚至是通过宪政体系的操作,我们的行动已被其赋予正当性。然而,事实是,这种批评会使我们自己的宪政体系的运转变得不具正当性,同时对于应对我们所面临的威胁也无济于事。在符合宪政原则的情况下,我们的行动不需要单独的、外部的批准以使这些行动具有正当性”[86]。

在美国的历程中,对于国际秩序的保守性的民族主义理念一直与自由主义的理念并存,但在20世纪最关键的秩序构建时期,这种保守性的民族主义理念并不曾指导华盛顿的政策。[87]在小布什政府时期,这些理念沿着共同的方向导向一种旧式的保守的民族主义的对外政策。在一个竞争性的国家体系中,美国试图在保护其国家主权的同时守卫自身并获取其所能得到的。它把自己当成一个自顾自地(self-regarding)行为体展现给世界。在维护国际秩序、提供公共产品或遵守全球规范方面,美国没什么特别义务。像所有其他国家一样,它的举动皆是为了自己。美国就是由竞争的大国所组成的世界中的一个大国而已,这些大国为自己寻求安全和优势。总之,美国的单极大战略和这些保守的民族主义理念显示出美国在这个世界上一种新的、具有挑衅性的行事方式。而最终,这种方式只不过是不可持续的。

小布什革命的失败

在2001年恐怖主义袭击的刺激下,小布什政府明确表示要对世界安全秩序进行一种剧烈的重组。这一秩序愿景正是建立在全球体系所发生的深刻的、持续的后威斯特伐利亚变革的基础上。小布什政府发现自己处于这样的一个世界中，即美国实力地位超群，主权规范已然受损，而且新的安全威胁似乎使威慑和大国制衡的旧有逻辑变得过时。面对这样一个包含威胁和机遇的新世界，小布什政府明确提出了一种美国从体系的中心提供秩序和安全的大战略。美国要成为全球利维坦。也就是说，它将成为全球安全的提供者，在全世界范围内找出威胁并部署力量。它还会居于他国之上，较少地受到多边规则和制度的约束。美国将会拥有一张无限期有效的许可证以在全世界部署力量并进行干预，而且它在这样做的时候几乎没有什么阻碍和制衡。伊拉克战争以及美国领导的“反恐战”是这一新的全球安全秩序的最新发展。实际上，美国向世界提出了一套新的霸权契约。但最终，世界并没有接受这一新契约的条款。这套重组世界秩序的大设想是根本不受欢迎的和不可持续的，随着小布什政府的下台它也便消解了。[88]

小布什大战略的失败是多方面的，涉及内聚力、能力和合法性方面的问题。首先，小布什的想法建立在一种政治矛盾基础之上，即其单极安全事业和其保守的民族主义欲念之间的矛盾。实际上，小布什政府想要双管齐下。它想让美国成为全球安全的提供者——为国际体系提供“体系性功能”——同时还想要维护作为强国的保守的民族主义主张。但是，这种双重举动是不可能持续的，除非美国愿意且能够通过系统性的胁迫来强施秩序，在很少或没有赢得同意和正当性的情况下在一个单极体系中行事。

根据小布什的单极逻辑，美国向世界提供安全。作为一种公共物品，它维护和强施秩序。反过来，外部世界接受美国的支配。毕竟，对于大多数国家来说，本质上这并不是什么坏交易。但是当与有关秩序的保守理念相融合时，就会导致出现一个凌驾于法律之上并只为它自己着想的全球霸权。这种想法就是，通过美国的单极力量用单一、统一的秩序所形成的和平与稳定去替代均势体系带来的风险和危险。永远不会喜欢均势体系的自由主义者们能够理解这种愿景的吸引力，特别是当这种愿景还包含着推广民主和人权的承诺。这种愿景与威尔逊式自由主义的进步主义国际性抱负相距并不是那么远。但是当它与关于运用美国权力的保守的民族主义理念合在一起时——体现为对国际社会、多边制度和正当性的深刻怀疑——它就会变为一个不受丝毫限制的单极。这是一个霸权契约，而这个契约并不是通过什么协商而达成的。美国主动提供了一种带有更多统制和更少认同的霸权秩序。这是一种保守的利维坦的愿景，在思想上和政治上它都是站不住脚的。

小布什对外政策的矛盾在于，它向世界提供了一个美国支配世界但却不遵守规则的体系。实际上，这就是帝国。因此，在国内它是不可持续的，在国外它也是不能被接受的。单极秩序在不包含与其他国家之间存在着一套规则和契约的情况下，就会变成一种胁迫性的、单极的、由美国支配的体系。正如伊拉克战争所表明的，在这种情况下其他国家将不会充分提供合作。它们之所以这么做，是因为它们决定针对美国提供的安全免费搭车，是因为它们抗拒美国使用与相互协商而得的规则和制度毫不相干的武力，或是因为它们从一开始就认为美国使用武力是错误的。因此，如在小布什执政时期那样，美国会发现自己差不多是在单打独斗并招致其他国家的反对和抗拒。就在这一时刻，保守的单极愿景在美国国内也会变得不可持续。在其他国家免费搭车和抵制抗拒的情况下，美国民众将不会愿意为保护世界而埋单。

其次，小布什的单极安全秩序愿景是以对可用的权力现实的错误解读为前提的。无疑，美国的（大规模的、便于使用的、持久的）权力优势导致了小布什的大战略野心。但实际上，如果美国想要在实施单极支配战略的同时减轻全球规则和制度对它的影响，便需要更加突出的权力。为使其他国家就范于其目标，美国必须能够成功地威胁、引诱、胁迫和惩罚其他国家——而且在其他国家拒绝合作时它必须能够单打独斗。对于小布什政府的官员来说，美国成为一个没有对手的全球力量这一事实并没有使他们有信心完全靠他们自己来领导全球秩序。[89]

不靠在具有共识基础的规则和合作性框架中行事，华盛顿可以做到这一点，但它却需要依靠挥舞一根大棒。[90]

尽管美国是强大的，但仅是依靠权力来维持它的支配却是令人怀疑的。威斯特伐利亚体系的大转变（flipping）确实给予美国不同寻常的全球影响力。它的军事力量无可匹敌、史无前例，但是在经济和政治领域，这个世界决不是单极的。[91]在开打伊拉克战争前夕，小布什政府未能成功获得土耳其和俄罗斯的合作，这一点是很说明问题的。说到底，美国对于俄罗斯和土耳其的影响力还是相当有限的。与和美国之间的贸易和经济关系相比，这两个国家与欧盟之间的经贸关系更为重要。它们还是初具雏形的民主国家，对那种施予重压的策略反应敏感。美国的单极权力只是如此之少地转化为可用的外交和政治影响力，对于这一点，哪怕是小布什政府的官员们也会感到吃惊。更宽泛而言，小布什政府对于美国权力的过高估计强化了小布什的大战略中单极愿景和民族主义愿景之间的矛盾之处。如果回到大国过度扩张这个经典问题上来说，对于美国权力的自负导致了明显的帝国主义—霸权主义野心，而这种野心之所以遭遇失败，是因为美国的权力并不足以解决国外的抗拒和逐渐减少的国内支持这些问题。这种失败反过来会增强美国的民族主义和在全球问题上的脱离接触（disengagement）。

再次，在与先发制人和政权更迭有关的小布什大战略方面存在更具体的问题。如伊拉克战争所体现的，运用武力来消除大规模杀伤性武器的力量或是推翻危险的政权绝非易事，无论是通过单边主义的行动还是靠大国协调。在军事干涉结束之后，被干涉的这个国家必须要得到重整。维和以及国家建设是必不可免的，这些长期性战略需要联合国、世界银行和主要大国一道来筹谋援助和其他形式的合作。这是代价颇巨的，而且在军事干涉时常被抛在脑后。在很多年时间里都需要驻扎维和部队，甚至在新的政权被建立之后。由外部军事干涉燃起的地区冲突也必须得到关注。这便是与每一次大规模军事行动相伴随的与负担和承诺相关的“长尾”问题。美国有没有能力要么为这些事情自己掏腰包，要么与其他国家合作共担，在这方面是不确定的。

此外，小布什的单极大战略能不能形成解决广泛的全球性挑战所需要的合作也是不确定的。在打击恐怖主义问题上，美国在情报、执法和后勤保障方面需要欧洲和亚洲国家的合作。在安全领域之外，实现美国的目标更加受制于美国与世界大国的持久的友好工作关系。在贸易自由化、全球金融稳定、环境保护、对跨国有组织犯罪的威慑、应对中国崛起以及一系列其他棘手挑战上，美国需要伙伴。但是，期待未来的伙伴会在默认美国自封的全球安全保护者之后在其他所有领域照常行事是不可能的。[92]

最后，小布什的单极安全秩序在获得其他国家的同意方面存在根本性的问题。这个问题尤其出现在与其他民主国家的关系中，特别是欧洲的国家——讽刺的是，那些国家是美国最亲密的盟友。在这些民主国家，反对旧式权力政治和使用武力的民众情绪对这些国家的领导人与美国合作的能力施加了一种限制——这种限制有时大有时小。小布什单极安全秩序愿景的失败在于，这是一种在更大的民主世界范围内无法使自身具有正当性的秩序。在民主国家公众眼中，正当性需要对法治的尊重。毕竟，外国人是不会受到美国宪法的限制的。并不是使用武力本身或美国对权力的施展让人反感，而是因为在军事力量和权力将如何使用方面缺少一种共同协商而得的框架或一套规范。

如我在第四章所言，在“二战”结束后的几十年中美国做到了使其巨大的权力优势具有正当性。美国领导人认识到，通过建立一种全球规则和制度框架，美国的利益会得以促进，这种框架可以锁定一种有利的国际环境和具有正当性的美国权力。当权力通过秩序本身的规则和原则体现出来，权力才是最深厚的和最持久的。对于小布什的大战略，欧盟外交人士哈维尔·索拉纳(Javier Solana)试图提醒美国的官员们：“以规则为基础的做法并不是限制美国的阴谋。在‘二战’后的时代，美国对国际法的主体部分贡献良多，而这很好地服务了我们大家。维护和加强法治是美国维护其温和的世界大国地位并继续保护其价值观的最好方式。”[93]

在伊拉克战争期间，靠以规则为基础来赢得同意这一点被体现出来。绝大多数欧洲舆论都强烈地反对小布什政府侵略伊拉克的决定。而这种反对使欧洲领导人也去抗拒小布什的政策变得具有政治上的吸引力。但是舆论调查表明，如果美国能从联合国得到使用武力的授权，公众的态度就会变得更为支持。[94]民众的反对并不是那么和使用武力相关，而是与使用军事力量的原则和程序更有关。从美国为使用武力而寻求他国政府(特别是传统盟友)的同意这方面来说，美国有在联合国和其他多边主义组织中行事的动机。

由此，对伊拉克战争的大量反对并不是直接和战争本身的对错相关，而是和这场战争从世界秩序的规则和原则角度意味着什么有关。这种战争体现了美国全球战略的一种帝国主义转向，而很多国家的领导人所反对的正是这种转向。当时一位法国外交官的话反映了这种看法，“法国对于和美国争吵并不感兴趣。这是一个原则问题。这和当今世界的游戏规则有关。这和将安理会置于国际生活的中心有关。不能容许一国在其希望的时间和地点为所欲为，无论这个国家是谁”[95]。如果伊拉克战争只是一种一次性的冒险，世界的反对——至少是来自欧洲国家和其他大国领导人的反对——就很可能不会那么强烈。但是因为这场战争与小布什重新界定美国的全球安全角色的宏大努力有关，于是，这其中的利害关系就变大了，反对也就更强了。

总之，美国单极权力的兴起是存在悖论的：苏联的垮台和冷战的结束确实让美国成为一个没有对手的超级强国，但这种情况也消除了一个使欧洲和东亚国家完全依赖美国安全保护的地缘政治威胁。回到我们那个后威斯特伐利亚式的城镇：美国是该镇唯一一位治安官，住户的门也没有上锁，此外，这个城镇中对公共安全的最大威胁也消失了。因此，这个城镇非常担心的是这位治安官的行为，而同时，它们在获得保护方面对治安官的依赖也降低了。旧的契约和约束受到损害。美国之强大足以对他国进行阻碍、破坏和惩罚。但是在没有其他国家与之合作的情况下，华盛顿注定要陷入一种外交政策失败和公众支持式微的循环之中，这会进一步降低可用的美国权力的有效性——而整个大战略愿景也陷入危机之中。

结语

冷战的结束更多的是一个旧时代的完结，而不是一个新时代的开始。它是始于两个世纪之前并在20世纪与世界大战和两极对抗的搏击中胜出的自由主义支配地位的延续。随着苏联的垮台，在冷战阴影之下建立起来的西方体系成为更大的全球体系的组织逻辑。处于内部的自由主义秩序变成了一种外部的秩序。美国领导的体系为民主、市场和自由主义国际秩序的扩展提供了组织逻辑。在20世纪末，可以将全球视为一种世界一体的体系，而这一体系是靠多边主义规则和制度、全球化形式的资本主义以及美国的政治领导建立起来的。

与此同时，在更深层次上，全球体系当时也在进行着转型。矛盾的是，使美国领导的自由主义霸权秩序发生动摇的这些变化大都是符合这个秩序的逻辑的一些新发展。西方的自由主义秩序向外扩张，但它也在发生着演变。通过与威斯特伐利亚体系的比照，我们就可以把握这种转型逻辑。旧的秩序逻辑(威斯特伐利亚式的秩序)是通过若干大国之间的权力平衡和均衡来界定的。它要么是一种多极体系，由五六个大国所塑造；要么是一种两极体系，通过两个超级大国之间的对抗来界定。在冷战之后，这一逻辑让位于一种单极体系。与此同时，经过几十年，国家主权规范也慢慢发生了演变并受到损害。对主权的既有规范性保护并没有完全不复存在，但是它们已经让位于人权革命以及关于“保护的责任”和弱国的有条件主权的新理念。国家构成的世界已经演变为一种拥有一个中心以及一套更复杂的正当性和权威规范的政治型态。

正是在这样一个时间点，小布什政府于“9・11”事件后启动了对全球安全体系进行大修的努力。新政府接受了一种后威斯特伐利亚世界的逻辑并提出与世界之间的一种新的霸权契约。正是这一愿景不仅把美国置于全球体系的中心,而且还使它凌驾于全球体系的规则和制度之上。美国运用其无可匹敌的力量强施秩序并寻找安全威胁。其他国家则有义务跟随。这种新的安全体系也是更大的世界秩序的压顶石。美国与各国在其他领域(经济、社会、政治)的关系之性质取决于这些国家是“跟着我们还是反对我们”。结果是出现一种统一的全球体系,但这一体系是由中心和从顶端进行有效支配的。

小布什的愿景综合了后威斯特伐利亚式的单极思维和保守的国家政策理念,在这种愿景之下,美国的权力被直接运用于对新的威胁发起攻击。但是这一战略是基于一种可导致其他国家免费搭车或抵制抗拒(或两者兼而有之)的矛盾。这一战略的最大吸引力在于,它针对安全威胁提供了一种简易的单边主义解决方案。但是,它最终是一种不受欢迎和不可持续的秩序愿景。对于外部世界来说,这种秩序愿景看起来像是现代帝国。它不能得到其他国家民众和政府的同意。它不具备成为一个正当的全球支配体系的必要条件。而且即使小布什政府的单极安全秩序被其他国家认为具有正当性,美国是否有能力负担将该体系引向未来的代价仍然是不清楚的。小布什时代的改造议程所隐藏的代价可能是无限的。然而,小布什抛出的支配逻辑肯定是不正当的。它不是一个得到其他国家民众和政府同意的支配体系,即便是美国的盟友和朋友。因此,使美国支配永久化的代价会是更高的——这种代价已经超出了即便是一个实力超群的美国可以负担的范围。

国际体系所发生的变化的多样性使美国的大战略受到困扰。重建给予国家主权再确认的威斯特伐利亚均势秩序,这种传统的现实主义战略并不是一个轻而易举的主意,尤其是考虑到持续性的单极权力分配和新的安全威胁。某种程度而言,已经回不到过去了。把使用武力的问题抛给联合国或其他国际组织,这种全球治理大战略虽然符合对正当性的获取以及完成转型的主权性质——实际上,自由主义者一直在倡导对主权规范进行再审视,但这种战略在应对美国单极权力方面面临巨大困难。美国有主导的能力但无支配的正当性。换言之,美国有权力但没有权威。我们似乎需要超越均势和帝国而移向一种新的国际秩序,这种国际秩序将美国的单极权力与经过普遍协商而得的规则和制度结合在了一起。

注释

1. Jack F. Matlock, Jr., *Reagan and Gorbachev: How the Cold War Ended* (New York: Random House, 2004), 316.

2. Robert Hutchings, *American Diplomacy and the End of the Cold War: An Insider's Account of U.S. Policy in Europe, 1989—1992* (Baltimore: Johns Hopkins University Press, 1997), 343.

3. Stephen G. Brooks and William C. Wohlforth, "Power, Globalization, and the End of the Cold War," *International Security* 25, no.3 (Winter 2000/01), 5—53.

4. 1990 年老布什总统向苏联民众发表新年讲话时明确称,对于苏联面临的困难美国和西方进行了表达克制的努力,"西方并不寻求从东方正在发生的巨大变革中渔利",President Bush, "New Year's Message to the People of the Soviet Union," 1 January 1990, *Weekly Compilation of Presidential Documents* 26 (8 January 1990), 1。

5. Daniel Deudney and G. John Ikenberry, "The International Sources of Soviet Change," *International Security* 16, no.3 (Winter 1991/92), 74—118; Deudney and Ikenberry, "The Unravelling of the Cold War Settlement," *Survival* 51, no.6 (December 2009—January 2010), 39—62.

6. Michael Mastanduno, "A Realist View: Three Images of the Coming International Order," in T. V. Paul and John A. Hall, eds., *International Order and the Future of World Politics* (New York: Cambridge University Press, 1999), 19—40.

7. Waltz, *Theory of International Politics*.

8. John Mearsheimer, "Disorder Restored," in Graham Allison and Gregory Treverton, eds., *Rethinking America's Security* (New York: Norton, 1992), 227; John Mearsheimer, "Back to the Future: Instability of Europe after the Cold War," *International Security* 15 (Summer 1990), 5—57; John Mearsheimer, "Why We Will Soon Miss the Cold War," *Atlantic Monthly*, no.266 (August 1990), 35—50.

9. Kenneth Waltz, "The Emerging Structure of International Politics," *International Security* 18, no.2 (Fall 1993), 45—73.

10. Christopher Layne, "The Unipolar Illusion: Why New Great Powers Will Arise," *International Security* 17 (Spring 1993), 5—51.

11. Aaron L. Friedberg, "Ripe for Rivalry: Prospects for Peace in a Multipolar

Era," *International Security* 18, no.3(Winter 1993/94), 5—33.

12. Eric Heginbotham and Richard Samuels, "Mercantile Realism and Japanese Foreign Policy," *International Security* 22, no.4(Spring 1998), 171—203.

13. Lester Thurow, *Head to Head: The Coming Economic Battle Among Japan, Europe, and America*(New York: Morrow, 1992); Fred Bergsten, "America's Two Front Economic Conflict," *Foreign Affairs* 80, no.2(March/April 2001), 16—27.关于美国这一时期在日本和亚洲方面的考虑,见 Michael Mastanduno, "Models, Markets, and Power: Political Economy and the Asia-Pacific, 1989—1999," *Review of International Studies* 26(2000), 493—507。

14. James Mann, *The Rise of the Vulcans: The History of Bush's War Cabinet*(New York: Viking, 2004), 210; Barton Gellman, "Keeping the U.S.First: Pentagon Would Preclude a Rival Superpower," *Washington Post*, 11 March 1992, A1; and Barton Gellman, "Pentagon Abandons Goal of Thwarting U.S.Rivals," *Washington Post*, 24 May 1992, A1.

15. Secretary of Defense Richard Cheney, *Defense Strategy for the 1990s: The Regional Defense Strategy*(Washington, DC: Office of the Secretary of Defense, 1993), 3.转引自 Mann, *Rise of the Vulcans*, 212。关于1992年防务规划文件引发的思考和反应的回顾,见 Eric S.Edelman, "The Strange Career of the 1992 Defense Planning Guidance," in Melvyn P.Leffler and Jeffery Legro, eds., *When Walls Come Down: Berlin, 9/11 and U.S.Strategy in Uncertain Times*(Manuscript, Miller Center of Public Affairs, University of Virginia, forthcoming)。

16. 有些学者的确认为自由主义国际秩序是后冷战体系的核心,Michael McFaul and James M.Goldgeier, "A Tale of Two Worlds: Core and Periphery in the Post—Cold War Era," *International Organization* 46, no.2(Spring 1992), 467—492; Daniel Deudney and G.John Ikenberry, "The Logic of the West," *World Policy Journal* 10(Winter 1993/94), 17—26。

17. James A.Baker III, *The Politics of Diplomacy: Revolution, War, and Peace*(New York: Putnam, 1995), 172—173.

18. 关于德国统一进程的其他备选的制度性方案以及它们的最终命运,见Mary Elise Sarotte, *1989: The Struggle to Create Post—Cold War Europe*(Princeton, NJ: Princeton University Press, 2009); Philip Zelikow and Condoleezza Rice, *Germany Unified and Europe Transformed: A Study in Statecraft*(Cambridge, MA: Harvard University Press, 1995)。另见 G.John Ikenberry, "German Unification, Western Order, and the Post—Cold War Restructuring of the International System," unpublished paper, 2009。

19. C.Fred Bergsten, "APEC and World Trade: A Force for Worldwide Liberalization," *Foreign Affairs* 73, no.3(May—June 1994), 20—26.

20. Anthony Lake, "From Containment to Enlargement," *Vital Speeches of the*

Day 60, no.1(15 October 1993), 13—19; Douglas Brinkley, "Democratic Enlargement: The Clinton Doctrine," *Foreign Policy*, no.106(Spring 1997), 116.

21. White House, A National Security Strategy of Engagement and Enlargement (Washington, DC: White House, July 1994), 6.

22. 关于20世纪90年代美国对外政策的细致记述,见 Derek Chollet and James Goldgeier, *America Between the Wars: From 11/9 to 9/11: The Misunderstood Years between the Fall of the Berlin Wall and the Start of the War on Terror*(New York: Public Affairs, 2008)。

23. Chollet and Goldgeier, *America Between the Wars*, 146—148.

24. Jeffry A.Frieden, *Global Capitalism: Its Fall and Rise in the Twentieth Century*(New York: Norton, 2006), chap.17; and Daniel Yergin and Joseph Stanislaw, *The Commanding Heights: The Battle for the World Economy*, rev. ed.(New York: Free Press, 2002).

25. "华盛顿共识"这一概念由经济学家约翰·威廉姆斯提出,John Williamson, "What Washington Means by Policy Reform," in John Williamson, ed., *Latin American Adjustment: How Much Has Happened?* (Washington, DC: Institute for International Economics, 1990), 7—20。

26. Robert Wright, "Clinton's One Big Idea," *New York Times*, 16 January 2001.

27. 美元作为国际储备货币的角色给美国带来的优势,见 Gilpin, *Political Economy of International Relations*, 77; Carla Norrlof, *America's Global Advantage: U.S.Hegemony and International Cooperation*(New York: Cambridge University Press, 2010)。

28. Ikenberry, *America Unrivaled*, 288—299.

29. Max Weber, "Politics as a Vocation," in H.H.Gerth and C.Wright Mills, eds., *From Max Weber: Essays in Sociology*(London: Routledge, 1970), 78.

30. 关于威斯特伐利亚体系的逻辑和演变的讨论,见 Keo Gross, "The Logic of Westphalia, 1648—1948," in Richard A.Falk and Wolfram Hanreider, eds., *International Law and Organization*(Philadelphia: Lippincott, 1968), 45—67; Hedley Bull, *The Anarchical Society*(London: Macmillan, 1977); Hedley Bull and Adam Watson, eds., *The Expansion of International Society*(Oxford: Clarendon, 1984); F.H. Hinsley, *The Pursuit of Peace* (Cambridge: Cambridge University Press, 1963); K.J. Holsti, *Peace and War: Armed Conflicts and International Order, 1648—1989*(Cambridge: Cambridge University Press, 1991)。

31. 克里斯·布朗(Chris Brown)对威斯特伐利亚式的规范作出总结称,"威斯特伐利亚体系中的行为体是主权国家——拥有领土的政治体,这一政治体的统治者在国内无人与之平等,在国外无人比之更高;除了在非常例外和有严格限定条件的情况下,个人在国际社会中并无身份。在法律上各国是平等的,实力上则有差异(大国、中等国家和小国)，但是它们在国际社会中拥有相同的地位，这意味着不干涉的规范是至关重要的——主权国家无权干涉其他主权国家的事务，" Brown, *Sovereignty, Rights and Justice: International Political Theory Today*(Cambridge: Polity, 2002), 35。

32. 意大利学者维托里奥·帕西(Vittorio Parsi)将这种转变称之为从"均衡带来的和平"(peace of equilibrium)到"霸权和平"(hegemonic peace), Parsi, *L'alleanza Inevitable: Europa e Stati Uniti oltre l'Iraq*(Milan: Universita Bocconi Editore, 2003)。

33. 对美国权力优势的阐析，见 William Wohlforth, "The Stability of a Unipolar World," *International Security* 21, no.1(Summer 1999), 5—41; Barry Posen, "Command of the Commons: The Military Foundations of U.S.Hegemony," *International Security* 28, no.1(Summer 2003), 5—46; Paul Kennedy, "The Eagle Has Landed," *Financial Times*, 2 February 2002。

34. Ikenberry, *America Unrivaled*.

35. 奥尔布赖特的原话是，"如果我们不得不使用武力的话，这是因为我们是美国！我们是不可或缺的国家。我们站得高，我们可以看到更远的未来，" NBC "Today" Show, February 19, 1998。

36. "To Paris, U.S.Looks Like a 'Hyperpower,'" *International Herald Tribune*, 5 February 1999, 5.

37. Robert Jervis, "The Remaking of a Unipolar World," *Washington Quarterly* 29, no.2(2006), 7—19; G.John Ikenberry, "Global Security Trap," *Democracy: A Journal of Ideas* 1, no.2(September 2006), 8—19.

38. John Gerard Ruggie, "American Exceptionalism, Exemptionalisim, and Global Governance," in Michael Ignatieff, ed., *American Exceptionalism and Human Rights*(Princeton, NJ: Princeton University Press, 2005), 304—338.

39. 比如，2000 年美国国会通过的《不扩散法案》列出了对那些向伊朗提供武器技术的国家和公司的制裁(2005 年，适用范围扩展到包括叙利亚在内)。

40. John Lewis Gaddis, *Surprise, Security and the American Experience* (Cambridge, MA: Harvard University Press, 2004), 66—67.

41. 如贝茜·西蒙斯(Beth Simmons)所言，"从 19 世纪其发展的最高点开始，排他性的内部主权这一理念就受到国内民主运动、国际和跨国的私人行为体，甚至是主权国家它们自己的挑战。如今的结果便是，比起人类历史上的任何时刻，关于个人权利保护的国际规则、制度和期待都要日益密集和更加有力", Simmons, *Mobilizing for Human Rights: International Law in Domestic Politics*(New York: Cambridge University Press, 2009), 3。

42. Mary Ann Glendon, *A World Made New: Eleanor Roosevelt and the Universal Declaration*(New York: Random House, 2002).

43. 关于"二战"后人权革命的展开及其对威斯特伐利亚式的主权的影响，见

Jack Donnelly, *Universal Human Rights in Theory and Practice*, 2nd ed.(Ithaca, NY: Cornell University Press, 2002)。

44. Elizabeth Borgwardt, *A New Deal for the World: America's Vision for Human Rights*(Cambridge, MA: Harvard University Press, 2004).

45. 1998年6月,安南在迪奇庄园(Ditchey Park)发表了这一讲话,Strobe Talbott, *The Great Experiment: The Story of Ancient Empires, Modern States, and the Quest for a Global Nation*(New York: Simon and Schuster, 2008), 313。

46. Kofi Annan, "Two Concepts of Sovereignty," *Economist*, 18 September 1999.

47. International Commission on Intervention and State Sovereignty, *The Responsibility to Protect*(Ottawa: International Commission on Intervention and State Sovereignty, 2001).

48. 关于这一新理念的设计者之一对这些观点的阐述,见 Gareth Evans, *The Responsibility to Protect: Ending Mass Atrocity Crimes Once and For All*(Washington, DC: Brookings Institution Press, 2008)。

49. Richard Haass, "Sovereignty: Existing Rights, Evolving Responsibilities," lecture at Georgetown University, 14 January 2003.

50. Robert Keohane, "The Globalization of Informal Violence, Theories of World Politics, and 'The Liberalism of Fear,'" in Craig Calhoun, Paul Price, and Ashley Timmer, eds., *Understanding September 11*(New York: Norton, 2002), 78, 80(emphasis in original).

51. Robert Cooper, "Imperial Liberalism," *National Interest*, no.79(Spring 2005), 12—13.

52. "Remarks by the President at 2002 Graduation Exercise of the United States Military Academy," White House Press Release, 1 June 2002.

53. 关于小布什大战略的正式阐述,见 *The National Security Strategy of the United States*(Washington, DC: White House, September 2002)。关于国家安全战略报告和小布什的国家安全战略,见 John Lewis Gaddis, "A Grand Strategy of Transformation," *Foreign Policy*(November/December 2002), 50—57; Philip Zelikow, "The Transformation of National Security," *National Interest*(Spring 2003), 17—28; Robert Jervis, "Understanding the Bush Doctrine," *Political Science Quarterly* 118(Fall 2003), 365—388; G. John Ikenberry, "America's Imperial Ambition," *Foreign Affairs* 81, no.5(September/October 2002), 44—60。

54. 这是对小布什大战略的综合性描述,旨在阐析小布什政府的思维和政策背后的假设和信念,我尤其借鉴了罗伯特・杰维斯(Robert Jervis)和伊恩・沙裴罗(Ian Shapiro)的观点,Robert Jervis, "Understanding the Bush Doctrine," *Political Science Quarterly* 118, no.3(2003), 365—388; Robert Jervis, "The Remaking of a Unipolar World," *Washington Quarterly* 29, no. 3(2006); Ian Shapiro, *Containment: Rebuilding a Strategy against Global Terror*(Princeton, NJ:

Princeton University Press, 2007)。

55. 实际上,小布什的愿景展现的是冷战结束后老布什政府初期五角大楼官员们提出的想法,他们认为美国必须行动起来,防止在欧洲和亚洲出现平起平坐的竞争者。这些想法助理国防部长保罗·沃尔福威茨(Paul Wolfowitz)在之前撰写的一份五角大楼备忘录中也曾提及。参见 Mann, *Rise of the Vulcans*, 363。

56. "Remarks by the President at 2002 Graduation Exercise of the United States Military Academy," White House Press Release, 1 June 2002.

57. Fareed Zakaria, "Our Way: The Trouble with Being the World's Only Superpower," *New Yorker*, 14 and 21 October 2002.

58. Letter accompanying *The National Security Strategy of the United States* (Washington, DC: White House, September 2002), i.

59. "Remarks by the President at 2002 Graduation Exercise of the United States Military Academy," White House Press Release, 1 June 2002.

60. Shapiro, *Containment*, 17.

61. *National Security Strategy*, 2002, 15.

62. Letter accompanying *National Security Strategy*, 2002, ii.

63. *National Security Strategy*, 2002, 15.

64. Ibid., 6.

65. Jervis, "Understanding the Bush Doctrine," 374.

66. 如杰维斯所言,小布什政府的预防性战争理念强化了美国的单边主义,"因为很难就这一如此强有力的行动获得共识,其他国家有足够理由让主导国承受全部的负担," Jervis, "Understanding the Bush Doctrine," 373—374。

67. Donald Rumsfeld, remarks on *Face the Nation*, CBS, 23 September 2001.

68. 2002 年的国家安全报告的确从口头上表达了对美国同盟体系的支持。关于小布什政府的大战略从本质上讲并不是单边主义的这一观点,见 Philip Zelikow, "The Transformation of National Security," *National Interest* 71 (Spring 2003), 24—25。

69. 小布什大战略中的这种单边主义倾向被小布什政府官员对条约和多边合作形式的那种更为普遍的质疑强化。这种更普遍的倾向将在下文讨论。

70. Nicole Deller, Arjun Makhijani, and John Burroughs, eds., *Rule of Power or Rule of Law: An Assessment of U.S. Policies and Actions Regarding Security-Related Treaties* (New York: Apex, 2003), xvii.

71. President George W. Bush, Second Inaugural Address, 20 January 2005.

72. President George W. Bush, State of the Union address, 2 February 2005.

73. *National Security Strategy*, 2002, 1.

74. 除非造成威胁的那些专制国家加入民主世界,否则美国不会是安全的。杰维斯如此阐述这一新的逻辑,"只要很多国家仍是不民主的,包括美国在内的任何地方的民主国家都不会是安全的。威尔逊总统想要使世界对民主国家来说变得安全。

小布什则把这一观点扩展和颠倒过来，提出只有在一个由民主国家构成的世界上美国才能是安全的”。参见“Remaking of a Unipolar World,” 13。

75. Condoleezza Rice, “Transformational Diplomacy,” speech at Georgetown University, 18 January 2006.

76. President George W.Bush, “You Are Either with Us or against Us,” CNN.com, 6 November 2001.

77. 转引自 Shapiro, *Containment*, 27。

78. 沙裴罗提出，“小布什主义实际上宣布了关于中立的国际法失效，而关于中立的国际法可追溯至 19 世纪并在 1907 年的《海牙公约》中被确立——而美国则签署了《海牙公约》”，Shapiro, *Containment*, 27。

79. 关于这些理念及其在美国外交政策精英中的兴起，Peter J.Spiro, “The New Sovereigntists: American Exceptionalism and Its False Prophets,” *Foreign Affairs* 76, no.6(November/December 2000), 9—15。关于对主权理念和美国单边主义的有力辩护，见 Jeremy A.Rabkin, *Law without Nations? Why Constitutional Government Requires Sovereign States*(Princeton, NJ: Princeton University Press, 2005)。

80. Jonathan Monten, “Primacy and Grand Strategic Beliefs in U.S. Unilateralism,” *Global Governance* 13, no.1(January—March 2007), 119—138.

81. Charles Krauthammer, “The New Unilateralism,” *Washington Post*, 8 June 2001, A29.

82. John Bolton, “Should We Take Global Governance Seriously?” *Chicago Journal of International Law* 1, no.2(2000), 205—222.

83. 新保守主义专家马克斯·布特(Max Boot)提出了这一看法，他认为美国权力在 20 世纪 90 年代的增强不可避免地减轻了其在多边主义秩序中行事的动机。“拥有如此多权力的任何国家总是会倾向于单打独斗。权力滋长单边主义。就是这么简单。”Max Boot, “Doctrine of the ‘Big Enchilada,’” *Washington Post*, 14 October 2002, A29。

84. Condoleezza Rice, “Rethinking the National Interest: American Realism for a New World,” *Foreign Affairs*(July/August 2008), 2—26.

85. President George W.Bush, State of the Union address, 20 January 2004.

86. John Bolton, “‘Legitimacy’ in International Affairs: The American Perspective in Theory and Operation,” remarks before the Federalist Society, Washington, DC, 13 November 2003.

87. 沃尔特·米德(Walter Russell Mead)将这种对外政策取向称为杰克逊式的(Jacksonian) Mead, *Special Providence: American Foreign Policy and How It Changed the World*(New York: Knopf, 2001)。这种杰克逊式的或保守民族主义的取向应与传统的现实主义取向区分开来，传统的现实主义取向实际上可以是相当国际主义的，比如尼克松—基辛格的“缓和”政策所体现的。

88. 如很多观察人士注意到的，在其任期结束之前，小布什政府在其单极大战略这一强有力的愿景上就开始向后撤了。

89. 如孟捷慕(James Mann)所指出的,小布什政府中的重要人物"对美国的力量普遍持有异常乐观的估计……他们已经叫嚷了三十多年,称美国并没有衰落,而且与外界认为的相比,美国在国际事务上具有多得多的储备权力"。Mann, *Rise of the Vulcans*, 362—363。

90. 关于小布什政府对权力现实的误读,见 Joseph Nye, *The Paradox of American Power: Why the World's Only Superpower Can't Go It Alone* (Oxford: Oxford University Press, 2002); Michael Mann, *Incoherent Empire* (London: Verso, 2003)。

91. Nye, *Paradox of American Power*.

92. 各国应对单极和单边主义的美国的关键政策工具就是与美国维持日常的合作关系。美国是单极的军事力量,但经济和政治权力在全球的分配更加平均。大国或许在直接约束美国的军事政策方面没有很大影响力,但它们可以让美国在其他领域付出代价。

93. Javiar Solana, "Mars and Venus Reconciled: A New Era for Transatlantic Relations," Albert H.Gordon Lecture, Kennedy School of Government, Harvard University, 7 April 2003.

94. 欧洲的民意调查显示,如果伊拉克战争得到了联合国的全面授权,对这场战争的反对本会减轻。

95. 转引自 Maggie Farley and Doyle McManus, "To Some, Real Threat Is U.S.," *Los Angeles Times*, 30 October 2002。

第七章　自由主义国际秩序的困境与前途

导言

“二战”后数十年中建立起来的美利坚自由主义霸权秩序已处于一个转折点。这一体系的基础性变化——在权力、主权、安全来源以及相互依赖的程度和范围方面的变化——已侵蚀了这一秩序的稳定性，也破坏了美国作为霸权领导者的权威。旧秩序的契约和制度面临压力。这种自由主义霸权秩序是在冷战期间两极分立的情况下在西方内部创建起来的。出人意料的是，这一秩序在冷战终结后仍能存续并向外扩展。这种在冷战两极分立的时代中处于(西方)内部的自由主义秩序变成了一种外部秩序——成为整个全球体系的组织逻辑。但是，正如我们已经看到的那样，美国所领导的这一体系的胜利也正在缓慢地松动。

在这些变化之下，小布什政府选择向一种新的以美国为首的秩序愿景迈进。这就是单极秩序，在此秩序中，美国较少地受到规则和制度的妨碍，凌驾于其他国家之上并为这一体系提供安全和指引。这种秩序逻辑更多是帝国主义的而非自由主义的。但最终，这种后威斯特伐利亚式的以美国为首的秩序愿景是无法被接受的，也是不能获得支持的，即便是对于亲密的盟友和伙伴来说。

未来会如何呢？答案取决于美国领导的这一体系所遇到的危机到底有多深。小布什政府的单极安全秩序愿景的失败在更广泛的意义上是否等同于美国所领导的自由主义霸权的基本组织逻辑的失败？如果是的话，美国所领导的自由主义霸权的失败是否是自由主义国际秩序本身处于更深危机的征兆？这里提出的观点是，美国所领导的自由主义霸权秩序已陷入一种僵局，这是自由主义国际秩序下的权威危机，但并不是自由主义国际秩序本身的危机。世界范围的自由主义国际秩序中的等级架构和支配方式的性质引起了争议。也就是说，困扰美国所领导的秩序的问题要比小布什政府的失败努力更为深刻。美国自身在全球秩序中的角色受到质疑，霸权条款也引发了争议。在发生这场危机的同时，其他某种自由主义国际秩序将会出现。问题在于，自由主义秩序的下一个时代会不会继续被美国所塑造和领导，如果是的话，美国将采取何种方式。

美国在这一秩序中的支配地位一定会让位于一种更加分散和更具共享性的权威和支配体系。但是美国会继续发挥决定性的作用吗？自由主义秩序能从一种等级化的、美国支配的体系转变为一种更加扁平且更具共享性的治理体系吗？美国的霸权角色要被降低多少才能使这一体系重新具备正当性并发挥效用？美国的霸权角色被降低多少会使这一体系*更少地*具有正当性和发挥效用？自由主义国际秩序是否需要某种以等级化方式组织起来的权威和控制举措？如果是这样的话，多少会是太多，多少又会是太少？这些是我们在本章试图回答的问题。

本章按照四步展开论证。首先，我提出，自由主义国际秩序在组织上存在一系列困境。这些困境或曰张力存在于以规则为基础的秩序和均势之间，霸权和民主共同体之间，自主性和普世人权之间，主权和国际权威之间。在任何一个自由主义占优势地位的伟大时代中，这些困境从未能得到全面的调和。它们总是潜伏在表面之下。而且，这些张力的确在历史上推动了各国——美国与它的盟友和伙伴们——就规则和制度进行协商谈判。但随着美国所领导的自由主义霸权秩序陷入危机，近年来这些困境或张力已显著地暴露出来。自由主义国际秩序的下一个时代必将需要通过就规则和制度展开的新一轮协商和谈判来尽力解决这些困境。

其次，我认为，从当前时代看，美国所领导的自由主义霸权秩序未来面对三大基本前途：一种就是重新协商的以美国为首的体系。这是既有秩序的一种演化，美国将继续对这一秩序发挥一种独一无二的体系性作用，但同时它也会转而在更具包容性和更加以协调为基础的大国机制下行事；第二种前途实际上就是转向一种后美利坚自由主义国际秩序。这是一种由共享的权威和支配所构成的更加扁平得多的体系。集体制度和普世规则处于这种演化而成的秩序的中心；第三种前途就是由对抗的势力范围或阵营组成的更加碎片化的体系。这不仅意味着权力和权威从美国分散，还会在全球层面导致规则和制度的崩溃。

再次，我提出，全球秩序在多大程度上仍会以美国为中心并仍是统一的、世界一体的，取决于若干关键因素。这包括美国运用其支配性的全球军事地位与地区力量在安全、经济和政治领域达成契约的能力。关键是美国是否能够提供——并被认为提供了——安全领域（或许还有其他领域）的公共物品。如果能够这样做的话，美国将可继续发挥体系性效用并就全球规则和制度方面达成自由霸权主义的契约进行协商。如果安全成为一种越来越借助双边方式提供给个别国家的物品，以美国中心的秩序就会越发向一种轂辐体系变化，而这种体系会较少具有普世性并进一步碎片化。第二个关键因素是美国能不能真正同意削减其权利和特权并共享支配和权威。这既是一个国内政治的问题——美国在政治上能否愿意成为一个在规则和制度方面更加普通的国家，也是美国能不能可信地作出承诺并展示克制的问题。第三个关键因素是其他大国——诸如中国和印度这些崛起国家——在多大程度上愿意在（这样或那样的）自由主义国际秩序中行事。就它们针对体系的要求主要在于权威和权利的分配而非自由主义秩序的根本原则而言，未来更可能出现的情况是：可维持既有体系基本框架的新的契约和协定能够得以达成。

最后，我重新回到美国在以规则为基础的秩序中行事方面是否拥有根本利益和动机这一问题。有理由认为它拥有这种利益和动机，理由就是保持其霸权地位，出于经济利益建立可发挥效能的体系，在其身份认同和国际秩序的原则与逻辑之间寻求一种契合。

美国所领导的自由主义秩序体系正演化为一种新的、不同的事物。

我们不知道这种演化会有多么困难，或者更准确地说，不知道这一体系的自由主义性质会不会得以存续。但是有理由认为，这种自由主义性质会得以留存。毕竟，自由主义秩序虽然首先在西方出现，但它已经扩展到整个世界。在这一秩序所具有的合作性框架内，世界上的资本主义民主国家开展着史无前例的合作——政策协调、投资和交流、社会和文化联系以及战略伙伴关系。这是20世纪的自由国际主义思想家们所憧憬的，这也是他们所实现的。但困境和张力也出现在这一秩序中。从很多方面来说，它们是自由主义本身所未解决的思想和政治张力所固有的。但是，“9·11”事件发生后美国的单极战略以及在世界上的行径引发了争议和政治上的质疑，在这片争议和质疑中，自由主义秩序的困境和张力再次鲜明地显露出来。

自由主义国际秩序的困境

自由主义国际秩序被其开放和以规则为基础的性质所界定。开放性反映在国家之间相对较低的贸易和交流障碍。在一个自由主义秩序中，各国以及它们的社会能够相互交往。商品、人员和思想能够跨国流动。秩序是建立在协商而定的规则和制度的基础上，从这个意义上讲，自由主义国际秩序是以规则为基础的。规则和制度本身或许会带有权力悬殊的印记，这种权力悬殊使一些国家在塑造和经营这些规则和制度上更有影响力。但是，规则和制度仍大体上是具有共识性和正当的。它们来自于各国之间的讨价还价和协议，它们（至少在很大程度上）独立于国家权力而运行。总体而言，从这种开放性和规则是包容的和非歧视的角度来看，自由主义国际秩序是多边主义的。自由主义国际秩序中的所有国家理应得到近乎平等的交往和对待。

正如我们在之前章节中所看到的那样，在过去两个世纪中，占据领导地位的自由主义国家在若干不同时期倡导了这种自由主义国际秩序愿景。这种秩序愿景在某些时期要比在另外一些时期得到了更加全面的实现，这种秩序逻辑在世界上的某些地区要比在另外一些地区得到了更好的反映。自由主义秩序的构建方略也是不断改变和演化的。威尔逊的愿景与杜鲁门的愿景就不相同，当代的方略也和较前的不同。自由主义秩序——作为一种愿景和现实世界中的一项事业——与其他愿景也曾共存。同样，自由主义秩序的组织逻辑与其他秩序组织逻辑也曾共存。如果从其核心意涵来说，自由主义秩序是建立在赢得同意基础上的开放的、以规则为基础的秩序，那么，在现实世界中，它也曾利用其他的秩序组织逻辑并与之共存，这些秩序组织逻辑就是制衡和统制。

因此，困境和张力与自由主义愿景及其在现实世界中的政治型态相伴随就不足为奇了。这些张力是思想上的，但也是政治上的。这些困境和张力一直都存在。但在过去十年中，它们以新的并且特别明显的方式浮出表面，已致使自由主义国际秩序的逻辑和可行性受到质疑。自由主义秩序在下一个时代的型态和性质将部分地取决于各国如何解决这些困境和张力。

自由国际主义与均势

从其所有的各种表现形式来看，一种建立以规则为基础的、世界一体的秩序体系的愿景赋予自由主义事业以生机。但在现代，法律的出现和制度性合作也要仰赖由相制衡的力量和主权国家所构成的威斯特伐利亚体系。对于自由国际主义者来说，这些现实主义国际秩序的传统支柱既是幸事也是苦痛。如今，这一体系的均势基础已经被削弱，对于自由国际主义而言这也是一个问题。从历史来看，均势的国家体系从两个方面为国际法和以规则为基础的秩序奠定了基础。一是通过大国之间的权力均衡解决了权力方面的问题。以均势为中心建立起来的国际体系限制了任何一个国家支配整个体系的能力。二是国家寻求利用法律和规则来加强自己在国际秩序中的地位和能力。当以均势为基础的国家体系消失，而且国家主权规范受损时，这种基础性的支撑就消失了。[1]

国际法在近代作为保护和尊奉主权和国家之至高法律权威的方式出现。过去几个世纪以来，条约、法律学说以及更广泛的国际规则和制度在西方和全球体系中出现，国家通过它们来显示克制、义务和相互承认。[2]与此同时，这种法律和规则组成的基础结构建立在变动的大国体系的基础上，在这一体系中，权力分散在大国之间并形成制衡。实际上，法律和规则并没有牵制权力，正是这种作为基础的均势体系发挥了牵制的作用。当权力受到牵制并处于一种稳定的均衡状态时，建立一个大体上以规则为基础的秩序并在其中行事的条件便具备了。

当然，自由主义秩序本身具有一些补偿性特征。如果大国自身是民主国家，那么权力悬殊就变得没有那么重要。有约束力的安全合作战略能够降低威胁，这些威胁是非均衡的权力悬殊所固有的。[3]但是，在一个国家变得绝对强大且源自制衡的那种保护已然消失的情况下，这个单极国家对法律和以规则为基础的秩序的承诺就会变得不确定。体系本身并不会像它在一个均势秩序下那样形成各种保护。这些保护并不是以体系自身发挥作用为前提，而是建立在主导国家以克制而开明的利己主义方式行事的意愿和能力的基础上。这是一种不同的逻辑，毋庸置疑，对于法律和以规则为基础的秩序来说这是一种较弱的基础。至少，自由主义秩序下的这些国家会重新评估体系中的新的风险和报偿，在这个体系中，权力不再受到制衡，克制与保护反倒是靠单极国家提供的。

从第二个方面看，自由主义秩序的基础也是被削弱了，至少是受到了质疑。在“二战”后的时代，国际法和制度在西方和整个世界发展起来，这部分是因为最终出现的这一自由主义秩序创造了可以增强国家能力的规则和制度。比如，战后的经济规则和制度——从布雷顿森林协议开始——提供了各种机制，西方国家的政府可以借此加强其稳定和管理经济的能力。当下的很多国际规则和制度也是这样——可以促进国家开放应对商品和投资流动并管理复杂交往的能力。

但是，在国家主权受损以及国家自身高度渗透进和嵌入更广泛的国际网络的情况下，对可以促进能力提升的规则和制度的普遍欲念便消失了。战后的规则和制度体系之所以被先进工业国的政治领导人接受，是因为这一体系增强了政府实现其自由主义目标的能力，这一点要超出自由国际主义者所承认的。当自由国际主义的议程将其关注点转向管理后威斯特伐利亚式的全球关系时，这种对以规则为基础的秩序的根本性政治支持就不再起作用了。[4]近年出现的全球金融危机和经济衰退已经将这些导致动荡的风险暴露出来，并再次揭示了国家间的开放性和国家的稳定性之间的紧张关系。植入自由主义霸权安排基础的社会契约已让位于一种更无约束的(freewheeling)、新自由主义的世界市场体系。[5]在这种近年出现的情况下，自由主义秩序——或至少是这种秩序的市场方面的特征——似乎削弱而非支撑了国家在国内社会和政治责任方面获得成功的能力。

如果这一观点是正确的话，自由国际主义秩序的最好前途就是突出那些能够使国家变得强大的规则和制度。如果规则能够提高而非损害国家保护其领土以及治理其经济和社会的能力，那么，这种以规则为基础的国际秩序将会更加稳定。

国家主权与普世权利

自由国际主义是国家主权和自决(self-determination)的伟大拥护者。同时，它也提供了一种关于全球秩序的宏大愿景，这种秩序是靠普世权利和保护(protections)凝聚起来的，而普世原则对于有关国家主权的法律和政治主张来说，潜在地具有一种非常大的颠覆作用。张力于是在此出现。从根本上来说，自由主义国际秩序是不是要致力于保护那些争取主权自决的民族和民众的权利？或者，它是致力于更加超然(transcendent)的政治权利和志向，即使国家主权变为一种有条件的、根据情况而定的安排？国家主权从法律和规范上限制了国际社会干预和干涉国家内部事务的能力。相反的是，普世权利和保护——存在于国际社会之中——限制了国家关于主权不受干涉的主张。如何让上述这些有分歧的愿景实现协调是自由国际主义事业的一种挑战。

在19世纪，甚至是在20世纪更是如此，自由国际主义是一整套思想以及一项政治事业，旨在赋予全世界民众政治独立和自决的权利。在第一次世界大战结束时，自由国际主义接受了威斯特伐利亚式的国家主权，民族国家受到支持。在这一时期，进步性的自由主义秩序思想与反帝国主义运动和争取民族自决的斗争紧密相联。威尔逊和其他自由主义者并不认为自由主义事业需要作为主权法律单位的国家自身进行一种深刻转型。民族主义是世界政治中一股占支配地位的力量，威尔逊对民族自治权利的支持体现了这一点。比如，1916年2月，威尔逊声称："每一个人都有权选择他想要生活在其中的主权国家"。他提出"小国"和那些"大国和强国"一样，应当享有免于侵犯的主权和领土完整。[6]无疑，在巴黎和平会议上，威尔逊对承认新的国家，特别是欧洲之外的那些新的国家是犹豫的。如历史学家劳埃德·安布罗修斯(Lloyd Ambrosius)所言："正如之前在菲律宾问题上的态度，他（威尔逊）在运用民族自决原则时相当慎重。他没有破坏英国在爱尔兰、埃及和印度的统治，也没有破坏法国在印度支那的统治。威尔逊只承认了那些从俄国、德意志、奥匈帝国和奥斯曼帝国的崩溃中所出现的新国家。"[7]威尔逊关于民族自决的思想绝对是变化着的，也是具有施惠色彩的(patronizing)。主权自治需要一个"有机的"国家，在这个国家中，民众在政治上足够成熟从而可以独立地自我治理。因此便出现了委任统治制度，用以在落后地区维持秩序直至民族自治变得可行，这是国联用于替代外国殖民统治的一项创新之举。

在世界上的一些地方，主权自决的政治现实和先决条件并没有完全发展起来，但是自由主义的愿景却是明确的。建立在自由主义原则之上的世界秩序最终应是一个由主权国家组成的世界。国际社会不应施展权力和权威。主权国家应在一个以开放贸易和基于规则的集体安全为特征的体系中进行互动。

正如我们在第五章中所指出的，在"二战"结束后的几十年中，一种更具普世性和干预色彩的权利和保护观念出现了，这提供了一种更复杂和更具约束性的国家主权观念。这些变化之一是针对有关经济和安全相互依赖的危险和机遇的新的理解。20 世纪 30 年代的经济灾难和“新政”式管理方式的成功促进了这些新的观念。先进国家的社会被认为在面对国际经济衰退和其他国家的坏政策时都是非常脆弱的。这种新的紧迫情势导致在战后时期出现了关于规则和制度建设的广泛议程，以管理复杂的相互依赖。另一种挑战旧的主权规范的变化是全面展开的人权和“保护的责任”(responsibility to protect)方面的革命。国际社会被认为其对一国的内部事务拥有正当的利益。如前所述，国际社会在国家国内治理实践方面所具有的不断增长的利益受到了人权和安全两方面考虑的推动。[8]结果就是，主权规范被认为是更加的视情而定。

显然，对于国家主权，自由国际主义并没有一个简单而原则性强的看法。在不同的时期和背景下，自由主义者既接受也拒绝国家主权。主权和自决这些规范对于国际自由主义的重要性至少在于两个方面：第一，一个国家或一国民众的主权似是实现个人权利的必要步骤，民众应当得到拥有他们自己的政府的权利，以及自己决定他们将如何生活并被治理的权利；第二，国家主权为一国民众免遭外部控制提供了法律—规范层面的保护，这是构成既有克制又有保护的威斯特伐利亚体系所必需的。力量均衡限制了一个国家控制其他国家的能力，国家主权则创造了针对外部干涉的法律—规范层面的壁垒。同时，自由国际主义对其原则和实践抱有一种普世性的看法。国家可以促进和保护个人权利，但是它们也能够忽视和伤害这些权利。如果权利是普世的，那么，全球政治秩序必须通过一种可以保护并促进这些源自人性的深厚且必不可少的各种权利的方式被建立起来。经济和安全相互依赖度的增强只是强化了主权规范这种视情而定的性质。自由国际主义的困境在于要找到一种办法，以调和或处理这些相互冲突的主张和规则。

干预主义的限制与危险

自由国际主义面临的另一个困境直接来自于它对普世权利和保护的承诺。这与干预主义(interventionism)和武力使用方面的限制和诱惑(temptations)有关。如果存在能促使国际社会使用武力跨越主权国家的国境进行干涉的普世权利,那么,谁来代表国际社会发声和行动?国际社会如何能够确保各国以其名义展开的行动实际上是在伸张普世权利和保护?这是自由国际主义能否避免被滥用以致进步性的干预变为帝国主义的问题。这其中有两方面问题:作出选择和行动能力的问题,以及与帝国主义有关的机会主义(imperial opportunism)的问题。

第一个问题是,确立国际社会在问题国家进行干预的合法性和道义责任的那些规范和原则远远超出了各国作为一个集体同意何时以及如何展开行动的能力。国际社会本身——或是作为其行动代言人的联合国——并不拥有展开行动的能力。因此必须由各国来实现这些普世权利和义务,但各种棘手问题也马上出现了。一个问题是国际社会如何就何时何地展开行动作出决定。联合国安理会是国际社会的权威代言人,它也是大国政治的角力场,它经常无法解决分歧以通过得到认可的决议案。如果联合国无法授权采取行动,国家究竟能够或应该展开行动吗?还有一个集体行动的问题。国际社会或许可以找到它的代言人并敦促展开行动,但旷日持久的军事行动耗费颇巨,因此并不能确定各国在所有正当且紧迫的情势下都会作出反应。原则和权利没有受到保护。危险并不仅仅在于民众将继续遭受苦难。当确立各国展开行动的合法性和道义责任的规范和原则超出了各国展开行动的能力或意愿时,这种情况会损害支撑这些规范和原则的自由主义秩序的合法性。[9]

没有什么中立和独立的全球政府来决定何时何地展开干预,因此主要大国自己来作出决定,它们不可避免地只在其更褊狭的或战略性利益受到危害时才展开行动。波斯尼亚和科索沃在欧洲的大门口,因此北约展开了行动。虽然卢旺达也发生了大屠杀,但国际社会并没有作出反应。那些应对人道主义紧急事件的软弱无力的国际协议以及进行干预的选择性,使干预的规范和原则本身受到威胁。

第二个问题就是存在自由国际主义变为“自由帝国主义”(liberal imperialism)的危险。从历史上看,自由主义者经常会表现出这两方面的冲动——这种棘手的二元性在如今的自由主义愿景中也继续存在。[10]对于威尔逊来说,这种自由主义的帝国式冲动体现在他于 1914 年和 1916 年对墨西哥的干预中。威尔逊称美国军队的部署是为了帮助墨西哥“调教她不守规矩的家庭”。对于拉美,威尔逊曾言:“我们是美洲宪政政府的朋友;我们不仅是朋友,我们是捍卫者。我将会教南美的这些共和国怎么把好人选举出来。”的确,为了教育这些南美的共和国,威尔逊动用了武力,在古巴、多米尼加、海地、洪都拉斯、墨西哥和尼加拉瓜展开干预。之后在“一战”期间威尔逊发布的十四点演讲以及集体安全和国联的提议中,这种自由国际主义的冲动被清楚地表达出来。这种情绪或许在 1918 年夏战争达至高潮时被最为明确地表达出来。1918 年 7 月 4 日,威尔逊在弗农山发表演说,描绘了他对战后秩序的愿景:“我们所寻求的是法律的统治,建立在被统治者同意的基础上,并靠人类有组织的舆论而得以延续。”[11]

在两种冲动之间有一条纤细的界线,危险在于自由国际主义的原则和规范可以成为强国剥削弱国的幌子。[12]戴维·里夫(David Rieff)认为,人权运动无意间会为帝国主义式的干预行动提供思想和政治上的支持,在里夫看来,最明显的就是小布什政府对伊拉克的侵略。里夫写道:“如此之多的人权积极分子所设想的那种没完没了的利他主义的战争(无论什么‘维和’、‘人道主义干预’、‘维护国际法’或是他们所喜欢使用的其他委婉说法),或是美国的新保守主义者所号召的没完没了的(在他们看来的)解放战争——伊拉克被当成仅是第一步——只会导致灾难。”[13]托尼·史密斯(Tony Smith)也认为,对于美国的政策制定者来说,自由国际主义在当代的新自由主义化身成了一道滑坡,它建立在关于推广民主与和平的乐观主义假设的基础上,会不可避免地导致帝国主义的冒险行径。史密斯认为,可追溯至威尔逊的自由主义传统有很多地方值得赞赏，但问题在于它无法抑制自己的过分之举。他指出，那些为伊拉克战争摇旗呐喊的新保守主义者虽是自由国际主义传统的继承人，但却歪曲了它的理念并用其为先发制人的战争辩护。[14]

自由国际主义者认为，国际社会能够在好的和坏的干预之间做出区分。毕竟，伊拉克战争一开始并不是被当作人道主义干预被赋予正当性的，它是预防性战争。安妮-玛丽·斯劳特认为，戴维·里夫、托尼·史密斯以及其他人所指出的危险并未触及自由国际主义的核心。的确存在(或者是可以被设计出)一种办法来区分好的干预和坏的干预。她提出，这个办法自威尔逊式的愿景中来，即在主要的民主国家之间展开持续的、机制性磋商。[15]但这样一来，问题又回到了美国身上，它有没有能力和意愿与其民主伙伴进行合作，并倾听它们的意见。挑战依然在于要为干预建立协商而得的标准和实践以及支撑这种标准和实践的能力。干预是否能够以一种既可以实现自由国际主义规范和原则又不会导致灾难和滥用的方式来进行，仍然是有待解决的问题。

民主与国际权威

自由主义国际秩序的组建所遭遇的另一困境在于，国内的民主体制和被增强的国际制度权威之间的紧张关系。问题是，国际秩序如何在不损害自由民主国家内在的民治(popular rule)和问责(accountability)情况下在国际层面建立权威和能力？国际社会行动的权威和能力能在不牺牲国内宪政民主的情况下得到加强吗？

这是自由国际主义事业中一个没有解决的问题。在使全球体系发挥作用方面，自由主义者期待国际社会扮演更大角色。在“二战”之后的时代，以国际社会名义提出的规范和发起的合作努力被认为是显著增加的。人权方面的革命以及与军控和安全合作相关的国际规范的兴起和一种期待相伴随，即认为当政府无法适当行动之时外部世界会有所作为。此外，国家间不断增长的经济相互依赖抬升了对治理规范和制度的需求。但是，国家如何使其国内和国际层面的自由主义愿景相一致呢？也就是说，它们如何将建立在人民主权（popular sovereignty）基础上的国内自由民主体制与国际层面的自由主义愿景——存在一种置于民族国家之上的不断增长的权威以及主权可共享与合用——实现相互协调？[16]

当然，这是一个老问题。正如我在第三章中所言，国际合作是一种过程，在这个过程中，国家向其他国家作出承诺以换取相类似的承诺，而这些承诺会致使该国放弃一些政策自主性。规则和制度是这些会限制国家行动自由的互惠性承诺的体现。[17]在“二战”之后的时代，世界经历了制度性合作的大规模扩展，而这种合作需要的正是这些承诺。在需要具有法律约束力承诺的程度上，这些制度性协议之间存在很大不同。总的来说，国家越是想要其他国家按照可预测的和以规则为基础的方式行事，它们把自己与一套多边规则和制度捆绑在一起的自我要求就会越大。这个逻辑正是自由国际主义愿景的中心内容。

无疑，一些国际协议和制度的确可以给予国家更大的能力来实现国内的民主治理。因为国际协议能规制其他国家并为该国提供进行经济调节的资源，发达国家因此能够实现更大程度的稳定并为应对经济衰退提供更多保护。实际上，国家可以利用国际协议增强它们向本国民众提供社会经济服务的能力。[18]此外，国际条约和协议还需要政府对维护国内的法治作出承诺，这样就有助于强化自由民主制度。比如，世界贸易组织的成员资格取决于国家在商业、贸易和投资领域维持其国内法治的能力。反过来，这就增强了那些对于自由宪政治理极为重要的国家机制，如行政管理机构和司法机构。[19]对于向自由民主体制正迈出小步的转型国家来说，国际协议能够促其迈出更多步伐并增强其以规则为基础的治理。[20]

但是，当这些协议将国家与具有施展自主权威领域的那些国际机构结合在一起的时候，失去国家自主权的代价就会上升。实际上，欧盟成员国已经作出了这种必要的不同一般的妥协。当欧洲法院正式宣布要求成员国政府修改其国内法律裁定之时，这个国家国内的司法治理——国内的民主治理也间接地——就会受损。国外的法院和法官为国内的法院和法官设定了界限。“二战”后的人权革命将民主国家推向了跨国司法和超国家司法权威这一方向。这正是《联合国人权宣言》所蕴含的具有颠覆性的进展，在这一宣言中，民众的权利被认为是置于国际社会之中而不能仅由国家政府来界定和保护。[21]自由国际主义事业所预见的是这样一种未来，即普世权利和正义标准得到更加全面的实现，国家政府的义务和承诺也会予以相应调整。国际权威——通过法院和集体治理机制的形式——将得到扩展。国家自主权和人民主权与以规则为基础的全球秩序之间的平衡这个老问题会更加深化，与之相关，失去民主问责和人民主权这一问题也会更加严重。

霸权与民主共同体

自由主义国际秩序的组建遇到的最后一种困境或许是最重要的，至少从塑造当今自由主义秩序建设者所面临的选择这个角度而言。这一困境就是一个强国在经营自由主义秩序方面的主导地位和民主共同体的共享规范之间的紧张关系。一方面，美国已运用其占据优势的权力组织和管理着这一体系。自由主义的国际秩序并不是自发形成的。它必须被创建出来和被管理起来。承担这一角色已经赋予美国一种在该秩序中的特权地位。另一方面，自由主义秩序也是由西方民主国家所组成的一个核心团体所建立起来的，这些民主国家共有和共享关于尊重、互惠和共识性管理(consensual rule)的规范和期待。所形成的这种秩序在性质上既是等级性的，也是自由主义的。但是如何在等级结构和自由主义规则之间进行困难的协调，或至少是应对两者之间的紧张关系，在这个方面一直存在着矛盾冲突。正如我在前文所言，在最近这十余年中，随着单极的兴起和国家主权规范的受损，这种紧张关系已然深化了。

“二战”后美国所领导的自由主义国际秩序是基于等级结构和民主共同体这两者建立起来的。我们在本书的第五章已经指出，在“二战”

期间——正如在“一战”后那样——人们努力建立一种既是全球性的又相对“扁平”的战后秩序。大国会协调行事，以维持一种建立在开放贸易和集体安全基础上的秩序。但是战后那些年头里的危急事态改变了自由主义国际秩序建设这项事业的性质和重心。结果，秩序建设变成了以西方为中心——围绕着大西洋世界——并且由美国来组织和领导。自由主义秩序被变为自由主义霸权秩序，这一秩序的核心制度和承诺被固定在先进的民主国家之间。霸权和民主共同体都被纳入更加单薄的和难以维持的，由开放贸易、集体安全和大国协调所组成的全球体系框架之中。由此，这一体系的内在张力和矛盾被植入其基础之中。

后来，在半个世纪中，美国领导了自由主义国际秩序。正如我们所知，这一秩序有其独特的逻辑。它的基本理念是，如果美国能够在适当程度上作出承诺和克制——通过伙伴关系、同盟、多边制度、特殊关系和治理机制来锚固（anchor）其权力——国际体系整体就会趋向于保持稳定、开放与和谐。实际上，世界被“外包”给了美国，以提供全球治理。美国提供公共物品、合作框架、“服务”以及一种开明的但以美国为中心的规则体系和处理地缘政治事务的模式。反过来，世界“搭美国的车”而不是抗拒或制衡它。比起其他可以得到的选择来说，这种特殊型态的、开放的或自由主义的美国霸权对那些主要的民主国家（以及西方世界之中或之外的其他国家）来说更具吸引力。因此，没有什么可与之匹敌的民主国家或地区集团有要挑战或推翻这种自由主义霸权秩序的动机。

这一美国领导的自由主义秩序背后存在一个大契约。美国提供全球服务——比如安全保护和支持开放市场——这使得其他国家愿意与美国合作而非抗拒美国的突出优势。对于这些国家来说，被提供的公共物品使得容忍被美国支配的那股日常怒气是值得的。美国在一套规则和制度体系中行事，而这些规则和制度降低了它武断和歧视性地使用权力的能力。在这一霸权体系中行事的国家是西方民主国家这一事实，也使那种具有共识性的、互惠的互动特征被融入这一秩序的运作之中。通过这些方式,等级结构和民主共同体实现了相互协调,至少在使这一秩序大致稳定和具有正当性方面。

我们已经发现,这种平衡似乎正在改变,由此暴露了等级结构和民主共同体之间的紧张关系。如今,美国提供的公共物品似乎更少了,与此同时,对于被美国支配的那种怒气似乎正在增长。从这一角度思考改变着的态势是有用的。美国既是全球治理的提供者——通过在过去那种倾向于施展自由主义霸权的方式,又同时是一个追求自身国家利益的大国。当美国倡导世贸组织,参与国际规则和机制的创建时,它的这种自由主义霸权角色便彰显出来。举个例子,当它寻求保护本国的钢铁或纺织业时,它的大国角色就会显露。当它以一个自由主义霸权行动时,它所寻求的是领导或是管理由规则和制度构成的全球体系;当它以一个民族主义的大国身份行事的时候,它就会努力顺应其国内利益和其相对实力地位。当前的危险是,自由主义霸权和传统大国这两种角色之间的冲突在增加。维持自由主义霸权秩序的那种大契约存在消解的危险,暴露出隐藏在这一秩序中的旧有紧张和矛盾。[22]

因此,自由国际主义面临的危险在于它的最大倡导者。当前,对于倡导具有共识性的、以规则为基础的秩序体系并在这一体系中行事,美国似乎并不像它过去做的那样多。2008 年的金融危机和全球经济衰退揭示了美国已然改变的地位。在之前"二战"后的时代发生的经济危机中,美国直接或间接地扮演了稳定全球市场的角色。而最近的这场金融危机之所以是独一无二的,在于不稳定之源正是美国。美国是否能够重回全球经济领袖的地位仍然是不确定的。这个问题既关系到美国管理这一体系的意愿,也关乎其能力。美国较前不那么愿意扮演自由主义霸权角色的原因是复杂的,而其根源在于国内政治。这其中的一些原因与如今已经下台的小布什政府有着特别的关系。但是美国的全球地位以及这一情况所产生的动机结构(structure of incentives)也是一部分原因。此外,美国的单极地位,主权规范、安全和相互依赖性质方面的更宽泛的一系列变化也为美国如何思考国际规则、制度和公共物品的提供创造了新的环境。

自由主义国际秩序的三种前途

旧有的美国领导的自由主义霸权秩序正处于转型之中。这一秩序的改革和转型压力与动力正在增大。一如既往，自由主义国际[秩序构建]这项大事业处于演变之中。但是，哪种新的秩序将会出现呢？在霸权性的自由主义国际秩序之后出现的那种秩序的组织逻辑会是什么呢？将要出现的这一秩序会不会是一种新型的自由主义国际秩序，抑或是一种完全不同的秩序？比起找出促进秩序改变的压力和动力，明确指出演变后的或转型后的世界秩序的组织逻辑是更加不容易的。然而，我们能够找出对于塑造下一个秩序很重要的那些问题，而且我们可以大致描绘出发生这种改变的几种可选路径。

一个方面的问题与规模和等级结构有关。改革后的自由主义国际秩序将需要变得更具普世性（更少以西方为中心），且等级性较前减少。也就是说，美国需要将权威和支配手段让渡给范围更大的一组国家，并放弃自己的一些霸权权利和特权。而一个更加扁平的国际秩序也会是这样一种秩序，即美国在提供功能性服务（制造公共物品、稳定市场和促进合作）方面扮演着较前不那么具有中心性的角色。由此，若干问题就出现了。一个后霸权性自由主义秩序的逻辑是什么？这个秩序能够生存下去吗？功能性的服务能不能以集体方式来提供？美国会让出那些内植于过去的霸权性自由主义秩序的特别权利和独享权益吗？当然，远离自由主义霸权的更具渐进性的改变是有可能出现的。美国可以继续为自由主义秩序提供功能性服务，但要通过与其他主要国家更广泛的协调来实现。如果有过多的等级性——等级性的最极端形式是帝国，自由主义秩序就会陷入危险。但如果等级性过少，它也会陷入危险，正如威尔逊时期在自由主义秩序上的尝试所揭示的那样。

第二个方面的问题与正当的权威（legitimate authority）和后威斯特伐利亚式主权（post-Westphalian sovereignty）有关。改革后的自由主义国际秩序将需要找到可以让更多强入性(intrusive)规则和制度与正当的国际性权威实现相互协调的方式。人权革命使国际社会日益关切一国的内部运作。新的国际威胁环境也带来这种影响,所谓国际威胁环境指的是这样一种情势,增长的安全相互依赖使每个国家的安全日益受制于其他地方的情况,包括其他国家内部的情况。国际社会需要能力和正当的权威来干预脆弱的和陷入麻烦的国家。[23]所需要的是监督、监视和检查的能力,以确保越发具有致命性的暴力技术不会落入危险群体的手中。这些情况表明,自由主义国际秩序将会发现它自己越来越关切一国的内部治理。除非全球化以及技术的进步和扩散出现倒退,威斯特伐利亚式主权的受损将会持续,这基本上是不可避免的。然而,在后威斯特伐利亚世界中,就干预的规范寻求共识是相当成问题的事情——仍然还没有确立起正当的权威,国际秩序仍会是纷乱且存在争议的。[24]

第三个方面的问题与自由民主国家和国际性的法治有关。问题在于,如何在不损害内植于自由民主国家的民治和问责的情况下,在国际层面通过国际机构和协议增进权威和能力?国际社会的行动权威和能力能在不牺牲国内宪政民主的情况下得到增强吗?如前文所言,这就是自由主义的国际性事业中未得到解决的难题。在使全球体系发挥作用方面,自由主义者预感其在国际社会的角色会越发增强。正是在“二战”后的时代,我们已经看到以国际社会名义发起的规范与合作性努力得到了非常显著的增长。人权革命以及针对不轨行径的国际规范的兴起,带来了与之相随的期望,即在政府不能正当行事的时候,外部世界便会有所行动。[25]

下一个阶段的自由主义国际秩序将会在这些紧张关系和两难困境之下被塑造。对于美国领导的自由主义霸权秩序来说,至少会有三种前途。每一种前途都涉及不同的将主权、规则、制度和权威混合排置的方式。

后霸权性的自由主义国际秩序

第一种可能前途就是后霸权性的自由主义国际秩序。这将是对美国战后体系的影响深远的再造。这将是美国对规则和制度实施更少支配和控制的秩序。美国的特殊权利和权益将会缩减，而其他国家在全球治理这张贵宾桌上会获得更大的分量和权威。美国通过北约和它对多边制度的主导所实施的"私人的"治理将让位于更具"公共性的"治理规则和制度。同时，自由主义秩序的强入性(intrusiveness)和延展性将会继续扩大，利用对治理制度的需求来促进有共识基础的和正当的集体行动方式。

在这种后美利坚自由主义秩序中，权威将转向普世制度，或者至少是转向全球成员资格更广泛的国际机构。它们包括经过改革的联合国，联合国拥有了一个经过重组的安全理事会，而安理会的常任理事国资格也扩至日本、印度、巴西和南非这类崛起的、非西方的国家。其他重要性将增强的组织包括二十国集团，与八国集团不同，它包括了发达国家和新兴国家的代表。布雷顿森林体系——国际货币基金组织和世界银行——也将会得到发展并重新分配权利和成员资格。中国和印度这类国家将在这些机制的治理方面得到重要的投票份额，美国和欧洲则会看到它们投票份额的缩减。[26]

在后美利坚的自由主义秩序中，威斯特伐利亚式的主权规范将会进一步受损，"保护的责任"这一观念将会得到持续传播。国际社会出于人权和安全缘由有权对一国内部事务进行干涉，这一理念将在世界范围内得到越来越多的拥护。但是这种朝着后威斯特伐利亚主权规范的变化没有回答这一问题，即哪个国家和国际组织拥有权利和权威来决定何时以及如何进行行动。在"保护的责任"这一问题上谁能代表国际社会发言？很难说自由国际主义已经解决了这个问题。符合逻辑的行动是，求助于经过改革的联合国安理会的权威。但是，如果近年发生的事情具有导向意义的话，安理会真正达成协议并支持采取武力的能力是非常成问题的。[27]其他不那么具有全球性的组织——如北约以及倡议中的“民主国家联盟或协同体”——或许可为干涉提供可替代的权威来源，但是这些组织的正当性是不完整的和有争议的。[28]新的自由主义国际秩序将会通过促进安理会常任理事国就国际社会开展行动的权利和义务形成更大程度一致的方式来解决这个问题。更可能出现的情况是，关于干涉和使用武力的问题仍将是争论不休的。地区性组织和由理念相近的国家组成的非全球性的集团将在这些问题上继续提供可替代的权威来源。

在人道主义干涉和“保护的责任”这些问题之外，暴力技术可能向恐怖主义团体扩散所带来的安全威胁将继续为更具强入性的国际军控和反扩散能力建设提供动力。国际原子能机构处于领导这些多国努力的组织前沿。在过去二十年中，国际原子能组织发展了科学和技术方面的能力，并为在全世界范围内监测和核查核项目建立了法律框架。在核武器、生物和化学武器技术变得更加复杂且这些技术向世界的动乱之地扩散之时，各国政府无疑将会寻求扩展像国际原子能机构所拥有的监测、核查、验证和防护能力。威斯特伐利亚主权规范受到的压力将会增大，它会逐渐让位于具有强入性的国际安全机制。[29]

后霸权性的自由国际主义的等级特征将会发生变化。总的来说，它会变得更加扁平，但是这个等级结构仍将会存在，只不过它将不会是一个美国主导的等级结构。在联合国安理会、布雷顿森林机制和其他不那么正式的国际组织中占据位置的主要国家所组成的扩大了的集团中，我们将会看到这种后霸权性的自由主义秩序的等级结构。正是这群国家将集体承担起之前由美国提供的各种不同的功能性服务——维护安全、保障开放的市场等。某种程度上，这个等级结构的特征与罗斯福对自由国际主义的设想相类似。一群主要国家宣示权威并占有制度性地位，从而监管全球体系的稳定与和平。但是在这种新的自由国际主义之下，它们的领导责任将会扩展，以包括更广泛的安全、经济和政治治理的职责。

法治特征也会发生演变。在诸如贸易和投资等一些领域，该秩序以规则为基础的特征将会得以延续。实际上，世界贸易组织已经是一个后霸权性的全球规则体系。在国际贸易法下，美国并不具有特权和特别地位。主要的贸易国家通过各种不同方式来施展它们的权力。这是它们的市场规模和在国际秩序中的总体地位的结果。但贸易法律的规范从根本上来说是基于平等和互惠的理念。所有签约国都有权选择退出(opt-out)和使用免责条款。解决争端的机制也是存在的。[30] 在那些经济的相互依赖为各国协调政策带来动力的领域，以规则为基础的秩序应会得到增强。但在各国抵制法律—制度性合作方式的领域，不那么正式的合作网络将可能会得到发展。[31] 这种网络样式的合作使国家能够规避那些政治上困难的或代价大的正式的、基于条约的承诺。对于美国来说，网络化合作(network cooperation)会显得特别有吸引力，因为美国在失去它在过去的自由主义霸权秩序条件下的权力优势和特权。美国将会发现自己要被迫放弃根据自己的主张促进合作的霸权力量。过去它能够主导规则和制度，并且通过偏重的投票权和选择退出的协议，降低那些会削减主权的承诺对它的影响。在后霸权的处境中，美国将会发现非正式的和以网络为导向的(network-oriented)的协议是可以接受的替代品，它们会使美国在不用主动对其主权独立性作出正式的、法律上的约束的情况下得到合作的好处。

总的来说，后美利坚的自由主义国际秩序将吸收和利用其两大前身的逻辑。和1945年后的自由主义秩序一样，它会是一个发挥了很大功用的治理体系。各国可以进行合作的政策领域将会扩展，实际上，将会比在美国领导的自由主义国际秩序下还要多。自由主义秩序的规则和制度的广度和深度也会继续增强。但是作为一种无霸权(nonhegemonic)的秩序，这一体系的实际运作将会很像威尔逊式的自由国际主义。它会是一种更少地系于美国和西方的普世性的秩序。但是与威尔逊式的秩序一样，在这种秩序之中，合作依赖于可促进集体行动的共享的规范。这些规范，或曰自由主义秩序的意识形态，是不是有足够的凝聚性并且被广泛接受从而使这种后霸权性的秩序长期有效运作，这还是个问题。

重新协商的以美国为首的自由秩序

第二种可能前途是自由国际主义不是那么全面地得到改造，它会是一种经过改革的由美国领导的自由主义霸权秩序。经过这种调适，美国将重新谈判过去几十年的契约和制度，但仍会保持其作为霸权领导者的地位。实际上，这似乎是奥巴马政府试图去做的。从某种意义上说，这正是当前正在发生的事情。在这种经过改革的自由主义霸权秩序之中，美国将继续为更大的体系提供功能性服务，反过来，其他国家会默认华盛顿所负责管理的等级性规则和制度。这一秩序将仍是等级性的，但这个等级结构的运作条款——契约和规则——将会按照这一秩序中的各国都能接受的方式得到改变。[32]

在这种经过改革的美国领导的秩序中，美国将放弃它的一些霸权权利和特权，但将会保留另一些。在经济和政治领域，它将让渡权威并适应崛起国家。美国将在经过改革的布雷顿森林体系中分享权威。在近年金融危机结束之后，美国将和其他自由市场国家合作，在开放的世界经济的规则和管理方面形成一种新的后新自由主义共识。但是，在安全领域，美国仍将保持其霸权地位。它会通过一个世界范围内的同盟体系向其他国家提供安全。美国的经济将继续成为市场和增长的主要来源，即使它的相对规模有所下降。美国会继续处于支持和维护经过重新谈判的自由主义秩序规则和制度的地位。[33]

在某些方面，小布什政府通过重新谈判契约寻求挽救美国的霸权秩序。正如第六章所指出的，它将美国设想为全球安全的单极提供者，维持一个由自由民主国家组成的国际秩序。[34]在这种情况下，美国将为世界提供功能性服务，但反过来美国会要求新的权利和特权。它将继续远离以规则为基础的秩序的各种领域。它将不会加入国际刑事法庭以及其他约束主权的条约和国际协议。它会是一种新的霸权契约。美国将提供安全和稳定的秩序，但会得到特殊豁免，继续不系于多边主义的、以规则为基础的体制。最终，如我在第五章所指出的，这是一个外部世界不会接受的契约。问题在于，是否有一套不同的契约可以被接受，通过这种契约美国提供功能性服务（特别是安全保护），但也同意在重新谈判的规则和制度体系中行事。小布什政府试图利用美国无可匹敌的军事力量来减少以规则为基础的秩序的影响。有没有可能美国通过增进以规则为基础的秩序对它的影响来保留在重新谈判的霸权秩序中的权威和特权？若此，这将会引向一种经过改革的美国自由主义霸权的前途。

奥巴马政府已寻求重新谈判霸权契约并重建美国在全球体系中的地位。它通过若干方式来这么做。首先，它重申了美国在维持国际安全和秩序方面的特殊角色和责任。奥巴马总统在2009年诺贝尔和平奖演说中称："世界必须记得，并不仅是国际制度——不只是条约和宣言——给'二战'后的世界带来了稳定……无论我们犯过什么错误，一个清楚的事实是：在过去的六十多年来，美国用我们公民的鲜血和我们武器的力量帮助加强了全球安全。"[35]其含义在于，世界仍需要美国居于全球体系的中心，它在这个位置上可以继续为稳定的和合作的关系提供支持。这一要旨被奥巴马政府突出美国同盟伙伴关系和其他战略承诺重要性的声明所强调。美国并没有在放弃它的霸权职责。其次，奥巴马政府已经重申美国在协商而得的规则和制度中行事的承诺。针对小布什执政时期对霸权契约中这一关键部分所产生的质疑，奥巴马表示："如果美国自己就拒绝遵守行路规则的话，美国不能坚持让其他国家遵守这些规则。"对于军事力量的使用，"在将我们自己与某些行为规则联系在一起方面，我们有道义和战略上的利益"。[36]在2010年西点军校的毕业典礼演讲中，奥巴马总统再次表示："美国并没有因退出合作的潮流而成功，美国通过将这些潮流引向自由和公正而获得了成功。"[37]最后，奥巴马政府承认需要改革全球制度，使它们适应新的全球性挑战并赋予崛起国更大的角色。奥巴马总统在其西点军校演讲中指出："我们寻求的国际秩序是那种能够解决我们时代的挑战的那种秩序……在影响力扩展到更多的国家之时，我们也必须建立新的伙伴关系，并且塑造更加强有力的国际标准和制度。”[38]奥巴马政府的这些宣言表明了修复美国霸权体系以使之适应新情况的愿望。

经过重新谈判的霸权契约有若干变体。在一切情况下，美国更愿意更多分享全球安全和经济制度中的权威和共同承担决策。与此同时，在建立和引领该秩序的某些特征方面它会继续保持“同侪中首强”的角色，特别是在同盟体系中作为安全提供者。变动主要在于以规则支配和以关系支配的混用方式上。也就是说，经过重新谈判的美国霸权秩序需要美国在该体系中所拥有的权威和控制力悬殊的缩减。或者是，在这种秩序中，需要美国发挥霸权角色的领域会缩减。作为安全提供者，美国可能会发现它会强调双边安全条约和特殊关系作为秩序手段的重要性，而不是多边安全联盟和地区性合作安全协议上的领导地位。通过这种方式，美国的总体霸权取向会越来越和东亚的毂辐联盟体系相类似。

自由主义国际秩序的崩解

最后一种可能性就是自由主义国际秩序的崩解。如果该秩序显著地变得不那么开放和以规则为基础，这种情况就会出现。开放的、多边主义的贸易体系会崩溃，带来一种由重商主义、地区性集团和双边条约构成的20世纪30年代那种样态的世界。以美国领导的霸权性国际主义为特征的政治、安全规则和制度也可能会破裂为相竞争的地缘政治集团。这种崩解并不必然带来秩序的完全崩溃——它只是意味着该秩序开放的、以规则为基础、多边主义的特征会终结。美国的霸权秩序只不过会让步于一种由若干主要国家或权力中心（如中国、美国和欧盟）确立它们自己的经济和安全势力范围的国际体系。全球秩序将变成一种不那么统一、协调的规则和制度体系，而地区秩序成为相对独特的、分立的和竞争性的地缘政治势力范围。[39]

这种崩解的触发因素可能会是主要国家之间就如何最好地组织世

界经济而发生的冲突。近年的金融危机和全球经济衰退为这种可能性提供了一种前兆。与之前的"二战"后全球经济危机不同,这次事件起始于美国,美国发现自己在处理危机方面没有像过去那么有能力。近年发生的事件使美国的全球资本主义模式失去光环,如果不是丧失信誉的话。美国不再被视为经济稳定的不可或缺的、可信赖的提供者。因为这种情形,大国将寻求可替代的安排。如果没有国家能够站出来去重新确立全球规则和制度,该体系将逐渐转变为分散的、碎片化的地区性集团。

这种碎片化的秩序可能转变为若干相互竞争的次体系,每个次体系都与其主导国相联系。这些次体系可以是地区集团,或者是相互贸易和紧密联系但与地理因素无关的国家联合阵线。这些组合的所限范围多多少少具有排他性和特惠性(preferential)。自由主义国际秩序的崩解可能会是相对温和的,不同国家集团之间的特惠性壁垒(preferential barriers)比较低但仍然是重要的。[40]可以借用现代航空体系对这种秩序给予形象性的描绘。航空公司分属于不同的商业联盟。在这些联盟的某一个之中运作会更加容易,乘客也会从中得到实惠。尽管在不同联盟之间变动是可能的,但激励机制却对这么做带来阻力。[41]每个航空公司都有它们自己的毂辐式的航线,各个航空联盟有它们共享的会员俱乐部和设施。乘客可以按照他们的意愿自由旅行。阻碍并不是绝对的。没有一个航空联盟可以控制全球的体系。有朝一日,旅行者会发现他们自己是在不同网络中活动。同样的是,全球体系可以分裂为相竞争的政治—经济战略网络。各国及在其下的团体和公司能够在这些网络之中和这些网络之间展开活动。但久而久之,通过这些相对抗的联合阵线,政治和经济事务会变得日益程式化(routed)。全球体系没有封闭或是缺乏多边主义规则,但它分裂为由网络化的关系所构成的若干次体系。

一些观察人士将以美国为中心的单极秩序将要出现的破碎化描述为"向多极的回归"。这是一种围绕着一个主导力量的世界秩序转变为一个存在若干强国且彼此竞争的体系。这个体系失去了核心。对更大的全球秩序的运作来说，美国失去了它的中心性(centrality)。[42]但是出现这种情况至少要经过三个步骤，对这些步骤作出区分是有益的。[43]朝向多极的第一步仅是权力从单极国家向外转移。说到底，单极是对权力分配的一种描述。因此，权力的分配会慢慢演变为一种权力被更广泛地共享的体系。单极的权力分配可以转变为一种二个或三个国家势均力敌的体系。或者，权力可以更广泛地分散到许多拥有差不多的世界物质力量份额的国家手中——可能是十来个国家或者更多。无论如何，正在发生的事情是一种远离单极国家的权力再分配。这对于居于权力分配变化顶端的政治型态的性质来说，没有什么特别的意涵。开放的、以规则为基础的国际秩序可以在这种权力变化中生存下来——实际上，通过一群主要国家的重新出现，它可以得以巩固。远离单极的第二步涉及相对抗的极的出现。大多数观察人士提出回归多极，指的就是这一点。它不仅是若干国家在权力方面与美国平起平坐，这些国家也会成为全球性的结点。也就是说，它们投射权力和影响力，并围绕它们自己来组织全球体系的一部分。每个极都有它的战略伙伴、特殊关系以及发挥经济和政治影响力的领域。也可能出现的一种情况是，每个极都有它自己的意识形态和全球秩序愿景。远离单极的最后一步涉及这些极之间出现势力均衡和安全竞争。这是一种经典的大国抗衡的体系，这种体系把世界分裂为相竞争的势力范围和地缘政治阵营。大国不仅是相对抗的极，也因安全而竞争。

重点是，向多极的回归不需要一竿子插到底地变为一种竞争性的安全体系。为了达到这种结局，世界需要经由之前的那两站。但是，在不分裂为一种完全对立的、充满安全竞争的世界的情况下，单极可以蜕变为相对抗的极，而且，在不转变一种由相对抗的极构成的体系的情况下，该体系能承受权力的分散。从这个意义上讲，在向多极回归的过程中有若干个停靠站，每个停靠站对于开放的、以规则为基础的国际秩序的运作都有特殊的和逐渐更为重要的影响。

变量、联系和意外事件

有若干因素或曰变量将塑造美国领导的自由主义霸权秩序的前途。一是美国将权威让渡给国际社会并使自己适应一个更具约束力的规则和制度体系的实际意愿。权力的国际分配若不出现重大变化,美国在未来几十年中仍将是世界上最强大的国家。因此有理由想到,如果条件合适的话,其他国家会愿意看到美国发挥领导性作用并提供功能性服务。几乎在任何情况下,这些条件将需要减少美国的霸权权利和特权,且要求美国在协商而得的规则和制度之下行事。美国或许也会认为,这种重新谈判的霸权安排(hegemonic arrangement)比起任何一种其他可能的安排都要更好。因此,问题在于,美国能不能作出这种重新谈判的自由主义国际秩序所固有的政治性承诺?为了要朝着经过改革的自由主义的霸权性国际主义(reformed liberal hegemonic internationalism)方向发展,美国就必然需要作出妥协,如果美国在是否能够作出这种妥协方面仍存在不确定性,那么,在它能否使自己与后霸权的自由主义秩序相协调这一点上就会有更多的不确定性。最终,美国或许会选择一种更加分化的体系,在这一体系中它与重要盟友建立起更具选择性的伙伴关系,这些盟友仍会依靠美国提供安全。

第二个变量是美国在安全方面的能力会在多大程度上影响更宽泛的经济和政治方面的协议。美国在军事力量方面有着非凡的优势。它在军事能力方面的开支等于世界其他国家开支的总和。美国经营着遍及世界的同盟和安全伙伴体系。它"掌控着公域",在公域之中只有它有能力向世界上的所有地区投射力量。这种状况不会很快改变,即便考虑到像中国和印度这样的国家的快速经济增长。问题在于,这些在军事能力方面的优势和悬殊在多大程度上会转化为在更宽泛的全球规则和制度方面讨价还价的力量?如果答案是"非常小",那么美国就需要逐渐使自己与一个后霸权的世界相协调。但是如果其他国家实际上的确看重美国的安全保护,美国将会有更多机会就一种经过修正的霸权体系进行谈判。

最后一个变量是主要国家在全球治理愿景上的分歧程度。与中国相比，欧洲显然对于后美利坚自由国际主义更感兴趣——至少从这将导致威斯特伐利亚式的主权被进一步减弱这个角度来说。但真正的问题在于，像中国和印度这种非西方的国家是否将寻求利用它们增长的力量开创一种本质上不同的国际秩序。[44]一个可能性是，它们并不是那般倾向于接受（霸权性的或者是其他性质的）自由国际主义开放的、以规则为基础的逻辑。[45]但是另一种可能性是，这些国家实际上会发现它们的利益在自由主义的国际秩序中可以得到很好维护。[46]如果实际情况是第二种可能性，那么，对于改变美国领导的自由主义的霸权性国际主义的谈判来说，其将更多集中在参与和权威分享问题，而不会那么聚焦于改变自由主义秩序的实质原则方面。

美国对自由主义国际秩序的动机

在未来几十年中，美国将仍是全球体系中的主导国。因此，它对于全球体系的逻辑和安排的战略取向将决定性地塑造未来之局面。那么，在维持开放的、以规则为基础的国际秩序方面美国有哪些深层利益和动机？美国或许只是想要守住旧的秩序。它毕竟是这个秩序的重要获益者之一，在该秩序中占据中心地位，拥有由此而来的所有权威和特权。但是如果不可能维持旧的霸权性秩序，美国将想要帮助塑造一种保留了开放和以规则为基础特性的后续秩序。它一定会在权威、主权、等级结构和制度如何在该秩序中得到安排方面奋力而为。但是它也会寻求保存该秩序深层的自由主义特征。小布什政府想要将全球体系改造为一种单极安全秩序，美国在该秩序中与多边主义的规则和制度相脱离，但这种努力已经失败了——对于继任的美国政府来说，这种教训并没有被遗忘。此外，如果单极事实上进入了一种缓慢衰落的过程，对于实现和巩固一种经过改革的自由主义秩序的动机实际上会得到增强，即便这会致使美国的霸权权利和特权减少。

单极的崛起和衰落——以及威斯特伐利亚体系的深刻转型——并

不会注定使美国与多边主义的、以规则为基础的秩序相脱离。对于美国来说，在支持多边主义方面它仍会有根深蒂固的动机——这种动机实际上可能还会增强。[47]这种对开放的、以规则为基础的秩序的支持，源自相互依存所带来的功能性需求，源自对在一个转型世界中如何保持美国影响力和控制力的战略考量，源自美国的政治传统和身份。

相互依赖与功能性合作

美国对开放的、以规则为基础的秩序的支持可能会被保持，甚至会增强。美国将(既在经济领域也在安全领域)发现更多的功能性理由来重新确认和扩展它对多边主义合作的承诺。即便是一个单极国家赖以运转的国际环境都正变得更加复杂和更具相互依存性。美国实现其经济和安全目标的能力日益受制于其他国家的政策和做法。不可避免的是，美国将被拉入关于制度性合作新领域的谈判和建设。

在经济领域，各国变得越是相互联系，它们在实现自身目标上就越是受制于他国的行动。随着各国赖以运转的全球经济体系变得更加相互依存，国家的收益或损失日益取决于其他国家的举动。甚至大的强国依靠自己确保繁荣的能力也在降低。更具体而言，随着国家之间相互依存的增强，相较于因作出有约束力的承诺而减少政策自主性的代价，缺乏政策协调的代价在增大。[48]在“二战”后的数十年中，美国和其他自由资本主义国家的行为便是依据这一逻辑。它们持续地寻求开放市场并收获融入世界经济所带来的经济、社会和技术收益。这些国家也持续地作出努力以确立规则和制度，这些规则和制度使各国政府得以管理这种增强的相互依存。如果美国和其他主要国家继续将开放市场视为经济增长和现代化的固有组成部分的话，我们就容易预测对多边主义协议的需求——或许尤其是美国的需求——将会增长而不是减少。

关于制度的自由主义理论为在这种情况下多边主义制度的兴起提供了一种解释。制度可以发挥多样的功能，包括减少不确定性和国家之间的交易成本。[49]多边主义规则和程序可以帮助各国解决集体行动、信息不对称以及担心其他国家欺诈或机会主义行事这方面的问题，在缺乏这种规则和程序的情况下，相互受益的交换机会就会被错失。实际上，多边主义规则和制度可以提供一种契约性环境，在这种环境中各国能够更加容易地实现共同获益。同样地，随着国家之间互动密度的增大，对可以促进这种互动的规则和制度的需求也会增大。从这个意义上讲，多边主义是可以自我强化的。一个功能发挥得很好的契约性环境可以促成更多的多边主义规则和制度的出现。正如基欧汉所言，增强的相互依存和成功的既有制度的结合会导致在相关政策领域的多边主义的任务和范围的扩展。[50]

不仅是经济的相互依存，安全的相互依存也在创造着对多边主义规则和制度的需求。正如我在第六章所指出的，全球体系的深刻变化之一与暴力和不安全因素来源的变化有关。如今，比起大军的长驱直入，美国和其他主要国家面临的威胁更多的是那种跨国产生的（transnational-born）危险。部分的这种跨国性危险是非传统威胁，比如气候变化和流行性疾病。从这两个例子看，其他国家所发生的事情——碳排放或公共卫生方面的失利——日益具有损害另一些国家的健康和安全的潜力。显然，增强的安全相互依存也体现在恐怖主义跨国集团的活动中，它们可能最终会得到大规模杀伤性武器并在已建立的现代社会中释放这种暴力。[51]全球化以及非国家的小团体获取暴力技术能力的增强，以新的和潜在的方式威胁着美国和其他国家。美国所处的威胁环境正变得更具全球性和复杂性，这为美国与其他国家合作管理和控制这一环境创造了新的和不断增强的动力。

安全的相互依存是对一个国家的国家安全在多大程度上受制于其他行为体的政策的量度。如果一国能够通过它自己的行动就可在一种可接受的水平上实现安全，那么，这个国家在安全上就是独立的。其他因素可以对其构成威胁，但应对这些威胁的手段被该国握在自己的手中。这意味着其他国家的军事意图和能力对于这个国家的安全来说是不重要的。之所以会这样，要么是因为潜在的军事威胁太远和非常无关以至于不是那么重要，要么是因为这个国家有能力去抵抗侵略，如果有外国对其发动战争的话。[52]随着安全相互依存的增强，一国的安全更多受制于其他行为体的政策和选择。通过说服其他行为体不要发动攻击，安全才会被确立。在冷战期间，美国和苏联处于一种高度的安全相互依存的状况。每一方都有可以摧毁另一方的核武器。正是这种威慑逻辑对其政策施加了约束。每一国都明白，对另一国进行核打击之后会遭到确定无疑的大规模报复。在这种情况下，如若缺少其他国家的帮助，国家是不能保护自己或实现国家安全的。没有积极的合作，就没有解决安全问题的办法——即便是合作仅是建立在相互威慑的基础上。[53]正如布热津斯基所言，这意味着“国家主权和国家安全之间的传统联系已经被割断了”。[54]当国家处于一种安全相互依存的状况之中，它们便不可以自行其是。它们必须与其他国家进行协商、合作并寻求相互约束和保护。

在一个由分散的、跨国的威胁构成的世界，安全相互依存的问题变得愈加严重。简而言之，现今在全球的更多地方有更多的人对美国的安全有重大影响。因此，这些人做些什么以及他们如何生活具有重要影响，而这种影响在之前的时代中是无关紧要的——至少对于国家安全来说是无关紧要的。处于世界各地的国家，它们维持法治、坚守国际承诺以及参与安全协议的监督和执行的能力是至关重要的。在世界边远地区的衰弱或失败国家的存在也是要紧之事。各国社会—经济方面的财富（也就是，各国满足其国民需要的能力）同样重要。[55]在这种情况下，美国有寻求与各国更大合作的动机。它会想要重建和扩展国际社会的权威和能力以开展多层面的集体行动——这些持续的任务包括军控、国家建设、经济援助、冲突防范、大规模杀伤性武器的安全防护、灾难救援和技术共享。美国将发现自己日益和其他国家牵扯在一起以建立更广泛形式的安全合作和能力建设。

奥巴马政府似乎已经将安全相互依存问题置于其外交政策愿景的

中心。奥巴马总统在演讲和政策声明中持续、反复地主张,美国的国家安全日益与其他国家的安全联系在一起。美国和其他国家都不能独自实现安全;它们只能一道实现安全。纵观世界,人们做些什么以及他们如何生活具有重要影响,而这种影响在之前的时代中是无关紧要的。奥巴马政府集中关注恢复《核不扩散条约》及其在彻底削减核武器数量方面的议程,加之它对于发展、人类安全和多边主义合作的强调,都是奥巴马政府试图为一个安全相互依存上升的时代擘画美国对外政策的标志。[56]

增强的经济和安全相互依存正在为美国寻求新的和更加广泛的多边合作形式创造动机。其他国家也将会发现它们自己在回应美国这种对于合作的动机。主要国家在经济与安全合作应当如何展开的具体方式上还存在分歧。然而,美国和这些主要国家有理由去避免多边主义秩序本身的崩溃。它们将越来越多地找到尝试新的和更广泛的正式、非正式合作形式的理由。

霸权国家与战略克制

美国对以规则为基础的秩序的支持也源自其在保持自身权力和构建稳定的、正当的国际秩序方面的宏大战略利益。无论单极状态会长久持续还是缓慢衰落,美国都和过去一样,有促进规则和制度建设的动机,这些规则和制度可以巩固美国的权力并使之正当化。过去十年已经表明,美国的权力在全球体系中多多少少还是受欢迎的。其他国家可以恳请美国发挥领导作用并顺从于它作为体系中最强大国家所具有的权威,或者它们也可以抗拒美国并寻求可替代的伙伴和秩序体系。美国有(在尽其所能的程度上)继续居于国际秩序中心位置的动机。它会更加倾向于在其他国家是自愿伙伴的体系中行事。而且,它想要以确保美国力量衰落时这种秩序仍会存在的方式构建或巩固这一秩序的规则和制度。所有这些考量都和保持与管理美国的权力资产有关——这些因素共同导致美国支持一种开放的、以规则为基础的秩序。

正如在第三章所指出的，这种观点始于对主导国在其处于可塑造国际秩序基本特性的位置时所面临的选择的审视。一个国家在赢得战争后或通过某些其他转折性事件，会发现自己处于具有支配性的全球地位，这个国家面临选择：它可以利用其权力在收益分配的争夺上与其他国家讨价还价并胁迫它们，或者是，该国明白自己的实力地位有朝一日会衰落且在该秩序内强制执行其路线会有代价，因而它会朝着建立一种更加以规则为基础且更制度化的秩序这一方向努力，并以此换取较弱国家的默许和遵守规则地参与该秩序。在寻求更加以规则为基础的秩序过程中，首强国也在同意进行战略克制。它承认了在其施展权力的方式上会存在限制。这样一种秩序实际上具有宪政的特征，对于该秩序中的国家利用其权力优势可做之事施加了限制。正像在宪政政体中那样，获胜的影响被降低了。较弱国家意识到它们处于低等地位所带来的影响是有限的，而且或许是暂时的——即便它们处于劣势，但在该秩序中行事既不会使一切都有风险，也不会给予主导国以永久优势。强国和弱国都同意在同一个秩序中行事，即便在权力分配上存在着严重的不对称性。[57]

一种由规则和制度构成的多边主义体系成为首强国和较弱国家就国际秩序特性所进行的讨价还价的结果。通过赞成围绕着多边主义规则和制度组织起来的关系，主导国降低了它的强制成本并成功地建立起一种较弱国家自愿参与而不是抗拒或制衡首强国的秩序。[58]它接受了对其如何使用权力的一些约束。对于长期保持首强国的权力优势，它所创建的这些规则和制度成为一种投资。较弱国家赞成了该秩序的规则和制度，反过来它们也得到保证：首强国的最坏暴行——体现在国家权力的武断和肆意滥用——将得以避免，而且它们获得了与首强国合作并影响首强国的制度性机遇。[59]

正如在第六章所指出的，小布什政府试图使美国部分地脱离这一由约束和承诺构成的战后体系，而这招致损失，结果美国付出了权威丧失、合作缩减的代价。在2001年“9·11”事件后，美国国家安全战略的设计者们抛出了一种关于美国绝对优势(primacy)的新愿景。作为全球安全的提供者,美国多多少少会凌驾于其他国家之上行事,在协商而得的同盟和合作安全框架之外作出选择和部署力量。小布什政府还拒弃了未决的国际条约和协议,包括气候变化《京都议定书》、《国际刑事法院罗马规约》、《禁用细菌武器条约》以及小型武器和轻型武器非法贸易问题《行动纲领》。小布什政府还单方面退出20世纪70年代签署的《反弹道导弹条约》,该条约被很多专家认为是当代军控协议的基础。小布什政府还因为酷刑和拘押政治方面的问题导致全球舆论哗然。加之伊拉克战争,小布什政府的这些举动显著和史无前例地背离了美国在"二战"后对国际秩序长期坚持的路线。美国的盟友和伙伴以及世界其他很多国家的政府都对美国退而远之。美国的重新定位是不受欢迎和不可持续的。

小布什政府蒙受的代价是切实的和广泛的。在美国入侵伊拉克前夕,来自美国和国外的意见齐声警告美国单边行动的代价。被预计到的某些代价被认为是具有现实性的:如果美国单打独斗,它将不能在战后得到足够的支持来推进成本颇巨和漫长的伊拉克重建进程。正如一篇评论所言:"只要美国继续和联合国打交道,它就等于默默地接受对其权力的限定以换取多方支持的好处。有了联合国的授权,其他国家会分担对伊拉克发动攻击和这之后必然出现的长期性的国家建设成本。如果美国自行其是,就不会有什么国家愿意共同承受负担——不仅是有关伊拉克的负担,还有其他国际性风险活动(如反恐行动)的负担。"[60]对于在伊拉克或更大的反恐战争中丧失合作的代价是难以估算的。但是小布什对外政策所造成的争议和反对的确削弱了美国在世界上获得的支持,美国丧失正当性这种更大的和更广泛的代价也被造成了,正像当时所评论的那样。[61]小布什政府在其执政的最后几年转回到一种更传统的对外政策也表明,它承认了自己之前的那种大战略愿景所导致的代价。

奥巴马政府已经明确承认了小布什时代单边主义的失败,并在其执政的第一年就计划要回归美国战后对国际秩序采取的强调约束和承诺的取向。[62]在其还是总统候选人时，奥巴马参议员就注意到了作为有效的美国外交特征的克制和制度性合作的重要性。在2007年接受记者罗杰·科恩(Roger Cohen)采访时，奥巴马提出："我们能够而且应该领导世界，但我们必须运用智慧和判断力。我们进行领导的一部分能力与我们展示克制的能力相联系。"[63]在就任总统后的其他演讲中，奥巴马也强调要从小布什政府的失败中吸取教训并再次强调美国对多边主义的、以规则为基础的体系的承诺。希拉里·克林顿国务卿也强调需要回归可为解决问题而促成集体行动和伙伴关系的自由主义霸权逻辑。克林顿在其首次重要演讲中指出："我们将通过在更多的行为体之间引领更大合作和减少竞争的方式来进行领导……要使平衡从一个多极世界摆向一个多伙伴世界。"[64]这表明美国对外政策界内部已经认识到，在过去数年中美国正危险地走着下坡道，而这使美国在追求其利益方面处于一个被削弱的位置上。

最后，对美国权力走向的新的评估进一步强化了向小布什时代之前注重战略克制和多边主义承诺的对外政策的回归。小布什政府的战略单边主义以对美国权力非常乐观的估计为前提。它似乎估计美国拥有自行其是和担负权威和正当性丧失所带来的代价的单极能力。正如小布什总统的一位高层顾问对记者所评论的那样，这一评论广为传知，"如今我们就是一个帝国。当我们行动时，我们是在创造着我们自己的现实"[65]。回过头来看，这种对美国权力的估计显然是不准确的。奥巴马政府不需要成为美国衰落论者(declinist)就可以对美国权力和代价作出更适当的估计。即便重回多极状态是一种遥远的和缓慢出现的未来可能性，对于美国权力相对衰落的估计会使现在就要为今后几十年而进行投资的重要性再次显现，那时美国将不再是那么的实力超群。考虑到这些原因，美国重建和扩展借以施展权力和追求利益的规则和制度的动机依然存在，或许这种动机还会增强。[66]

政治认同与法治

关于美国对开放的、以规则为基础的秩序的支持，它自己的政体是产生这种支持的最后一种来源。美国对它自己的政治秩序有一种独特的自我理解。这对于美国的领导人和公民如何考虑国际政治秩序是有影响的。无疑，在美国存在着多样化的政治传统，这些政治传统反映了对于美国应如何与外部世界打交道这一问题不同的、经常是相互竞争的观念。[67]这些传统从多方面影响着美国对外事务行为中的孤立主义和行动主义（activism）、现实主义和理想主义、淡漠（aloofness）和接触。但是，在这些政治—思想传统的背后是美国政治身份的更深层样貌，这种更深层样貌影响着美国在更大的全球体系中建立秩序的方式。美国立国的启蒙传统赋予美国一种认同，这种认同将美国的政治原则视为具有普世的重要性和适用范围。[68]遵奉法治的共和民主传统则反映了一种持久的美国观念，即国内或国际的政治组织最好是围绕着规则和秩序原则建立起来。美国公民性民族主义（civil nationalism）的传统也强化了这种观念——法治就是正当性和政治上的包容。这种传统为以多边主义为导向的外交政策提供了背景性支持。[69]

搞清楚公民性民族主义和种族性民族主义的基本区别对于认识美国政治传统的这种特征是有帮助的。公民性认同是由对国家政治信条的承诺所构成的群体性的认同。种族、宗教、性别、语言和民族性（ethnicity）对于界定一个公民的权利以及它在该政体中的参与来说是不重要的。法治所包含的针对国家原则和价值的共享信念是政治秩序的组织基础，所有公民被认为是平等的、享有权利的（rights-bearing）个体。与之相对，种族性民族主义坚持认为个人的权利和对该政体的参与是被继承的——基于民族或种族或宗教方面的联系。[70]

公民性国家认同对于美国外交政策的多边主义取向存在以下几方面影响。首先，公民性认同倾向于鼓励美国将国内原则向外投射至包容性的、以规则为基础的国际政治组织。美国的国家认同不是建立在民族或宗教的特殊性基础之上，而是基于一套更宽泛的协商而得的并且在理念上具有吸引力的原则。民族和宗教方面的认同和争端被向下推入到公民社会，且从政治领域被清除出去。当美国被牵扯进世界上的政治冲突之中，它倾向于寻求建立协商而得的政治原则和规则以指导秩序的重建。同样地，当美国推崇采取以规则为基础的方式解决问题时，它就会加强自身权力运用的规范性和原则性基础——从而使权力方面的悬殊更易被他国接受。

其次，因为公民性的政治文化是美国和其他西方国家所共享的，这种文化常常成为凝聚力与合作之源。在工业民主国家组成的世界，政治认同的主要形式是基于一套抽象的但具有法律效力的（juridical）权利和义务，这种权利和义务与私人的民族和宗教性团体是共存的。正如好战国家和民族主义两者常是相互促进的，西方国家的公民性认同与合作性政治关系之间也是如此。[71]当存在一种切实的共同体之感和共享的认同，国内和国际的政治秩序就会得到增强。当今先进工业国的领导人并不寻求通过制造种族性或帝国主义的诉求来使其权力具有正当性，这一点是很重要的。公民性的民族主义植根于对民族和法治的共享承诺，它为大多数先进工业国家提供了一种被广泛接受的认同。与此同时，潜在的具有分化影响的认同冲突——源自相互敌对的民族或宗教或阶级分化——被降至公民社会中的次等地位，从而得到抑制。[72]美国置身于由共享价值和志同道合的国家所构成的更大的西方共同体，这一认识增强了美国的多边主义动机。[73]

再次，美国政治认同的多文化（multicultural）特征也促进了国际主义的——最终是多边主义的——外交政策。约翰·鲁杰指出，在美国，多元主义和多文化性的认同与本地主义（nativist）和狭隘性的认同之间的文化战争仍在持续，但是核心认同仍然是“世界性自由主义的”（cosmopolitan liberal）——这是一种常会支持工具性多边主义（instrumental multilateralism）的认同。“多边主义世界秩序的原则——反对排他性的双边联盟，反对歧视性的经济集团，弥合民族、种族和宗教方面裂隙的促进手段——具有可引起共鸣的重要性，只要这些原则继续反映美国自己的国家认同感，它们对美国公众来说就仍会得到共鸣。”[74]在种族、民族和宗教方面美国社会正日益具有异质性。这种情况倾向于强化一种行动主义的(activist)和包容性的外交政策取向，倾向于在美国的外交政策行为方面支持以规则为基础的、多边主义的路线。[75]

无疑，美国的领导人会就反对多边条约和制度向选民宣传并赢取选票。在20世纪的确是这种情况，最明显的体现在1919年对国联条约的抵制，但也反映在其他的挫败中，比如“二战”后的国际贸易组织(International Trade Organization)。当小布什赴联合国为其对伊拉克的强硬路线争取支持时，他并没有阐明联合国这一世界组织在促进国际安全与和平方面的中心作用。他在联合国大会上说：“我们将与联合国安理会就必要的决议展开合作……美国的意志不应受到怀疑。联合国的决议将得到执行……否则，行动将不可避免。”[76]与之相对，恰在12年之前，老布什总统出现在联合国大会前为抵抗伊拉克入侵科威特宣传他的主张，他提出一种“国家间新伙伴关系的愿景……这种伙伴关系建立在磋商、合作和集体行动的基础上，特别是通过国际组织和地区组织，这种伙伴关系是靠原则和法治凝聚起来的，并通过成本和承诺的平衡分担得到支撑”[77]。显然，不同的美国总统会阐明相当不同的美国外交政策愿景——每一种愿景都会以其自己的方式与美国政体中的不同理念和信条产生共鸣。若此，它就意味着美国的总统们确实有塑造政策的政治和思想空间，他们不是抱有单边主义思想的公众的俘虏。

近年的民意研究发现证明了这种看法，实际上这些研究也表明美国的公众还是相当愿意和渴望在多边主义框架下实施美国外交政策。德国马歇尔基金会对美国和欧洲民众对国际事务的态度做了全面调查，该研究发现明显多数的美国人实际上支持美国也像欧盟那样批准解决全球变暖问题的《京都议定书》和创建国际刑事法院的条约。美国公众的态度揭示了一种整体上的多边主义倾向。当就美国在解决国际问题上的作用给出三种可能性时，大多数美国受访民众(71%)认为美国应与其他国家一道行动起来，解决这些问题。只有17%的受访者表示:“作为唯一存在的超级大国,美国应当在解决国际问题上继续成为杰出的世界领袖。”对于加强联合国、参加联合国的维和行动以及利用外交方式打击恐怖主义有很高的甚至是增强了的支持。在单边主义使用美国军事力量方面,在被问及在应对国际危机时如果美国没有得到盟友的支持它应不应该单独行动,61%的受访者认为美国不应单独采取行动。只有三分之一的美国公众表示美国应单独行动。[78]

对于美国的自由主义政治文化和公民性国家认同塑造或限制美国外交政策的方式和程度这个问题莫衷一是。但美国领导人在阐明他们的大战略愿景时的确依靠了这些政治文化和国家认同。如我们在第六章所看到的,美国的政治文化也有与国家独立和主权自治(sovereign self-rule)有关的理念,这些理念是自立国时期开始流传的,并与宪政主义的传统引发了保守主义者对国际法、条约和有约束力的以规则为基础的承诺的反对。美国对于国际法和多边承诺的绝对重要性总是表现出一种显著的矛盾情绪。但是20世纪美国外交政策引人注目之处在于,以规则为基础的秩序和制度化合作所体现的自由主义理念对于美国的全球取向具有如此大的中心作用,小布什政府的经历强化了这种理念在当前的吸引力。

结语

自由主义国际事业在过去一个世纪中历经演变,当前它再次处于演变之中。过去,自由主义国际秩序的逻辑和特征的变化出现在战争和经济动荡之后。相比之下,当前困扰美国领导的自由国际主义的麻烦并不是体现在旧秩序的崩溃。美国自由主义霸权的危机是权威的危机。这是一场自由主义国际秩序如何治理的危机。这一危机为对主权、规则、制度、等级结构和权威在国际体系中的组合方式进行重构带来压力和动力。美国对自由主义秩序的霸权性安排似乎不再能为维持开放的、以规则为基础的自由主义秩序提供坚实基础。某种程度上,自由主义事业本身将我们带到了这种僵局;它的成功帮助破坏了自由主义秩序的基础。

什么会在自由主义霸权秩序之后到来呢？在没有战争或经济灾难的情况下，旧的自由主义秩序不可能崩溃或消失。像过去一样，自由主义国际秩序将发生演变。治理特征将随着各国分享、运用权力和权威的方式的变化而改变。正是因为自由主义秩序的危机是其成功带来的危机，该体系中的主导国和崛起国不会寻求推翻自由国际主义的基本逻辑，而自由国际主义是开放的、以规则为基础的秩序体系。当然，在该体系中的角色和责任如何分配方面，会感受到变化的压力和动力。

在一些重要方面，自由主义秩序如何演变将取决于美国——它对规则和制度作出新的承诺同时减少其在该秩序中的权利和特权的意愿和能力。美国对于作出制度性承诺并将它自己和其他国家捆绑在一起是极为犹豫不决的。冷战的结束、美国单极以及新的安全威胁加重了这种犹豫不决和矛盾心态。但是，美国仍然有建立自由主义的、以规则为基础的秩序并在其中行事的巨大动机。同样重要的是，这个秩序如今已经不仅仅是美国权力和利益的延伸，而是呈现出它自己的生命。美国的权力或盛或衰，它的对外政策的意识形态也会在多边主义和帝国主义的冲动之间摆动，但如今，更宽广和更深厚的自由主义全球秩序是美国自身必须要适应的一个现实。

注释

1. 法学家拉沙·奥本海(Lassa Oppenheim)指出，国家之间的均势是“国际法存在所不可或缺的条件……如果强权之间不能相互牵制，就没有什么法律规则可以拥有力量，因为一个占据压倒性地位的国家将自然地恣意行事而不遵守法律”，Lassa Oppenheim, *International Law*, 2nd ed.(London: Longmans, Green, 1912), 193。

2. 诸多学者已强调了主权国家的兴起与国家体系和国际法、国际制度兴起的联系，见 Leo Gross, “The Peace of Westphalia, 1648—1948,” *American Journal of International Law* 53(1959), 1—29; Bull, *Anarchical Society*。斯蒂芬·克拉斯纳在其书中也探讨了这一问题，Krasner, *Sovereignty*。

3. Ikenberry, *After Victory*, Chap.Two.

4. 斯坦利·霍夫曼(Stanley Hoffmann)从另一个角度分析了这个问题。他指出，自由国际主义尤其善于处理“消极性任务”。在经济领域，自由主义的重大目标就是开放市场和消除贸易壁垒。在政治领域，自由主义与殖民主义和帝国主义进行了抗争，在冷战期间，它又和共产主义进行了斗争。正如霍夫曼所言，自由主义是一种旨在保护个人免于暴政、侵犯和非正当暴力的政治思想。当它要处理积极性任务时，自由主义就会遇到困难。见 Hoffmann，"The Crisis of Liberal Internationalism，" in his book of essays，*World Disorders*：*Troubled Peace in the Post—Cold War Era*（Oxford：Rowman & Littlefield，1998），75—77。

5. 关于"被嵌入的自由主义"（embedded liberalism）的受损，见 Jonathan Kirshner，"Keynes，Capital Mobility and the Crisis of Embedded Liberalism，" *Review of International Political Economy* 6，no.3（Autumn 1999），313—337；Mark Blyth，*Great Transformations*：*The Rise and Fall of Embedded Liberalism*（New York：Cambridge University Press，2002）；Robert Skidelsky，*Keynes*：*The Return of the Master*（New York：Public Affairs，2009）。

6. Wilson，speech to the First Assemblage of the League to Enforce Peace，Washington，DC，27 May 1916.

7. Lloyd E. Ambrosius，*Wilsonianism*：*Woodrow Wilson and His Legacy in American Foreign Relations*（New York：Palgrave，2002），130.

8. 参见第五章的讨论。关于对国家主权规范变化的概述，见 Haass，"Sovereignty"。新出现的"保护的责任"这一理论是体现主权和干涉主义变化的样貌的最具系统性的概念，International Commission on Intervention and State Sovereignty，*Responsibility to Protect*；and Evans，*Responsibility to Protect*。

9. 关于这一问题的分析，见 Leslie H.Gelb，"Quelling the Teacup Wars，" *Foreign Affairs* 73，no.6（November—December 1994），2—6。

10. 关于自由主义的帝国主义这一问题的讨论，包括对约翰·穆勒（John Stuart Mill）经典论述的反思，见 Stephen Holmes，"Making Sense of Liberal Imperialism，" in Nadia Urbinati and Alex Zakaras，eds.，*J.S.Mill's Political Thought*：*A Bicentennial Reassessment*（New York：Cambridge University Press，2007）；Alan Ryan，"Liberal Imperialism，" in R.K.Ramazani and Robert Fatton，eds.，*The Future of Liberal Democracy*（New York：Palgrave Macmillan，2004）。

11. 历史学家马克·马佐尔（Mark Mazower）有争议地提出，即便是国联和联合国也带着维多利亚时代"帝国主义的国际主义"印记，见 Mazower，*No Enchanted Palace*：*The End of Empire and the Ideological Origins of the United Nations*（Princeton，NJ：Princeton University Press，2010）。这种看法忽视了美国官员带给国联和联合国事业的进步主义愿景以及《联合国宪章》和 1947 年《世界人权宣言》对种族平等和普世权利的确认。此外，联合国作为一个政治机构在其被建立后也历经演变，20 世纪 50、60 年代殖民地起义使联合国大会的重心转向它今天的状况——全球南方国家（the Global South）的声音。

12. 关于平等的自由主义的普世性愿景与等级结构和帝国的历史共性之间的紧张关系，见 Jeanne Morefield，*Covenants without Swords*：*Idealist Liberalism and*

the Spirit of Empire(Princeton, NJ: Princeton University Press, 2005)。

13. David Rieff, *At the Point of a Gun: Democratic Dreams and Armed Intervention*(New York: Simon and Schuster, 2005), 8.

14. Tony Smith, *A Pact with the Devil: Washington's Bid for World Supremacy and the Betrayal of the American Promise*(New York: Routledge, 2007); "Wilsonianism after Iraq: The End of Liberal Internationalism?" in G.John Ikenberry, Thomas J. Knock, Anne-Marie Slaughter, and Tony Smith, *The Crisis of American Foreign Policy: Wilsonianism in the Twentyfirst Century*(Princeton, NJ: Princeton University Press, 2009), chap.2.

15. Anne-Marie Slaughter, "Wilsonianism in the Twenty-first Century," in Ikenberry et al., *Crisis of American Foreign Policy*, chap.3.

16. Robert Keohane, "Global Governance and Democratic Accountability," in David Held and Mathias Koenig-Achibugi, eds., *Taming Globalization: Frontiers of Governance*(London: Polity, 2003), 130—159; Robert Keohane and Joseph S. Nye, Jr., "Redefining Accountability for Global Governance," in Miles Kahler and David A.Lake, eds., *Governance in a Global Economy: Political Authority in Transition*(Princeton, NJ: Princeton University Press, 2003), 386—411.关于对这些问题的哲学层面的探讨,见 Alan Gilbert, *Must Global Politics Constrain Democracy? Great-Power Realism, Democratic Peace, and Democratic Internationalism*(Princeton, NJ: Princeton University Press, 1999)。

17. 除了第三章,另见 G.John Ikenberry, "State Power and the Institutional Bargain: America's Ambivalent Economic and Security Multilateralism," in Rosemary Foot, S.Neil MacFarlane, and Michael Mastanduno, eds., *U.S.Hegemony and International Organizations: The United States and Multilateral Institutions*(Oxford: Oxford University Press, 2003), 49—70; G.John Ikenberry, "Is American Multilateralism in Decline?" *Perspective on Politics* 1, no.3(Fall 2003), 533—550。

18. G.John Ikenberry, "A World Economy Restored: Expert Consensus and the Anglo-American Postwar Settlement," *International Organization* 46(Winter 1991/92), 289—321.

19. Robert Keohane, Stephen Macedo, and Andrew Moravcsik, "Democracy-Enhancing Multilateralism," *International Organization* 63, no.1(Winter 2009), 1—31.

20. 关于这种权衡的讨论,见 Louis W.Pauly and William D.Coleman, eds., *Global Ordering: Institutions and Autonomy in a Changing World*(Vancouver: University of British Columbia Press, 2008); Steven Bernstein and Louis W.Pauly, eds., *Global Liberalism and Political Order: Toward a New Grand Compromise?* (Albany: State University of New York Press, 2007)。

21. 关于"全球治理"威胁国家宪政民主这种保守性观点,见 Rabkin, *Law with-*

out Nations? 另见 Eric A.Posner，*The Perils of Global Legalism*(Chicago：Chicago University Press，2009)。

22. 这种矛盾在于，霸权力量或许会提供建立开放的、以规则为基础的秩序这种服务，但霸权力量本身并不是民主的。即便融入了自由主义和以赢得同意为基础的关系，权力方面的悬殊依然存在。由此，正如利·布里梅耶(Lea Brilmayer)所言，霸权即便是基于民主政体建立起来，它"在本质上仍是独断专行的"，Lea Brilmayer，*American Hegemony：Political Morality in a One-Superpower World*（New Haven，CT：Yale University Press，1994)。

23. 关于对弱国或崩溃国家进行后威斯特伐利亚式的国际监管的讨论，见 Stephen Krasner，"Sharing Sovereignty：New Institutions for Collapsed and Failing States，" *International Security* 29，no.2(Fall 2005)，85—120；James Fearon and David D.Laitin，"Neotrusteeship and the Problem of Weak States，" *International Security* 28，no.4(2004)，5—43；Robert O. Keohane，"Political Authority after Intervention：Gradations in Sovereignty，" in J.L.Holzgrefe and Robert O.Keohane，eds.，*Humanitarian Intervention：Ethical，Legal，and Political Dilemmas*(Cambridge：Cambridge University Press，2003)。另见 Ferguson，*Colossus*。

24. 关于寻找规范以使新的共识可借此建立的努力，见 Bruce Jones，Carlos Pascual，and Stephen John Stedman，*Power and Responsibility：Building International Order in an Era of Transnational Threats*(Washington，DC：Brookings Institution Press，2009)。

25. 关于针对国际关系中"不轨行径"的变化着的规范，见 Miroslav Nincic，*Renegade Regimes：Confronting Deviant Behavior in World Politics*(New York：Columbia University Press，2007)。

26. 关于崛起国家的问题以及全球制度的改革，见 G.John Ikenberry and Thomas Wright，*Rising States and International Institutions*(New York：Century Foundation，2008)。

27. 已有很多研究探讨了正当性和使用武力的问题。关于这些问题的经典探讨，见 Inis L.Claude，*Power and International Relations*（New York：Random House，1966)。

28. 关于建立民主国家的新组织的若干建议已被提出，见 Ikenberry and Slaughter，*Forging a World of Liberty under Law*(Princeton，NJ：Princeton Project on National Security，2006)；Ivo Daalder and James Lindsay，"Democracies of the World Unite，" *American Interest* 2，no.3(January—February 2007)。总体而言，这些关于新的民主国家组织的建议都是为了对联合国的改革提供支持，在缺少联合国改革和行动的情况下，这些组织可以为国际行动提供补充性的权威。还有人建议组建民主国家联盟，这一建议似乎是要把民主国家组织起来与非民主的国家进行持续的地缘政治争斗，见 Robert Kagan，"The Case for a League of Democracies，" *Financial Times*，13 May 2008。

29. 关于军控的检测和执行方面处于演变中的技术和法制框架的讨论，见 Joseph Cirincione, Jon B.Wolfshal, and Miriam Rajkmar, *Deadly Arsenals: Nuclear, Biological and Chemical Threats*, 2nd ed.(Washington, DC: Carnegie Endowment for International Peace, July 2005); J.Christian Kessler, *Verifying Nonproliferation Treaties: Obligations, Process, and Sovereignty*(Washington, DC: National Defense University Press, 1995)。

30. 关于世界贸易组织以规则为基础的特性，见 P.J.Lloyd, "The Architecture of the WTO," *European Journal of Political Economy* 17(2001), 327—353。

31. 关于网络化的国际合作的重要研究，Anne-Marie Slaughter, *A New World Order*(Princeton, NJ: Princeton University Press, 2004)。另见 Anne-Marie Slaughter, "Governing the Global Economy through Government Networks," in Michael Byers, ed., *The Role of Law in International Politics*(Oxford: Oxford University Press, 2000), 177—206。

32. 关于美国重新谈判霸权契约的讨论，见 Bruce W.Jentleson, "America's Global Role after Bush," *Survival* 49, no.3(2007), 179—200; Daniel Drezner, "The New New World Order," *Foreign Affairs* 86, no.2(March/April 2007), 34—46; Kori N.Schake, *Managing American Hegemony: Essays on Power in a Time of Dominance*(Stanford, CA: Hoover Institution Press, 2009)。

33. 伊恩·克拉克(Ian Clark)认为，为了重建其霸权地位，美国必须既要强调它为体系提供功能性服务的特殊能力，又要突出美国式霸权独特的注重联盟(coalitional)和基于共识的特征，Ian Clark, "Bringing Hegemony Back In: The United States and International Order," *International Affairs* 85, no.1(2009), 23—36。

34. 关于这种愿景的最清晰阐述，见 President George W.Bush's commencement speech at West Point, 1 June 2002。

35. President Barack Obama, "Remarks of the U.S. President in Oslo," 10 December 2009.

36. Obama, "Remarks in Oslo."

37. President Barack Obama, "Remarks by the President at the United States Military Academy at West Point Commencement," 22 May 2010.

38. Obama, "Remarks at West Point."

39. 关于探讨后自由主义秩序的文章，见 Greg Fry and Jacinta O'Hagan, eds., *Contending Images of World Politics*(New York: St.Martin's, 2000)。

40. 戴维·卡莱欧(David Calleo)为这类秩序提出了一种愿景，强调会朝着基于经济关系密切程度的地区性组织变化，"在经济上能大致相容的国家将组成阵营，这种阵营或许会围绕着一种主导货币或共同货币，或是一种相对稳定的货币联盟建立起来"，David Calleo, *Follies of Power: America's Unipolar Fantasy*(New York: Cambridge University Press, 2010), 107。

41. Mika Aaltola, "The International Airport: The Hub-and-Spoke Pedagogy of

the American Empire," *Global Network* 5, no.3(2005), 261—278.

42. 国家情报委员会近年对全球变化的研究将"重回多极"视为未来数十年的一种主要趋势。如其报告所言,"2025 年之前国际体系将是一种全球多极体系……权力将会在新的玩家之间分散,这会带来新的游戏规则,与此同时,风险也会上升,传统的西方联盟将会被削弱", National Intelligence Council, *Global Trends 2025* (Washington, DC: National Intelligence Council, 2008), iv。国防部战略规划评估也作出类似的判断:"全球政治、经济和军事力量的分配正在发生变化而且变得更加分散。世界上人口最多的国家中国以及世界上最大的民主国家印度的崛起将持续重塑国际体系。" U.S.Department of Defense, *Quadrennial Defense Review Report* (February 2010), 7.英国外交部战略、规划和分析部门主任也提出了类似观点, David Frost, "Atlantis Rediscovered: New Hope for Transatlantic Relations?" keynote speech, RUSI's Global Leadership Forum, London, 11 June 2009。关于"重回多极"的逻辑和影响的讨论,见 Barry Posen, "Emerging Multipolarity: Why Should We Care?" *Current History* 108(November 2009), 347—352。

43. 兰德尔·施维勒(Randall Schweller)将远离单极的这种转变描述为熵(entropy)过程,在这一过程中,处于中心的组织性力量和能量将让位于组织凝聚力和控制力方面的一种更加缓慢的放权(devolution), Schweller, "Ennui Becomes Us," *National Interest*, no.105(January/February 2010)。

44. 罗伯特·杰维斯(Robert Jervis)在这个问题上指出,它与单极国家被其他国家支持或抗拒的程度有关,"其他国家是否会顺从也受制于非结构性的因素,特别是它们所希望看到的世界和超级强国所追求的世界之间的重合度或差异", Robert Jervis, "Unipolarity: A Structural Perspective," *World Politics* (January 2009), 192。

45. Mark Leonard, *What Does China Think?* (New York: Public Affairs Press, 2008).

46. G. John Ikenberry, "The Rise of China and the Future of the West," *Foreign Affairs* 87, no.1(January/February 2008), 23—37.

47. 关于美国国内政治的长期性变化是否在损害对自由国际主义的对外政策的支持,相关辩论仍在持续, Jonathan Monten, "Without Heirs? Assessing the Decline of Liberal Internationalism in U.S.Foreign Policy," *Perspectives on Politics* 6, no.2 (2009), 451—472; Charles Kupchan and Peter Trubowitz, "Dead Center: The Demise of Liberal Internationalism in the United States," *International Security* 32, no.2(Fall 2007), 7—44; Stephen Chaudoin, Helen Milner, and Dustin Tingley, "The Center Holds: Liberal Internationalism Survives," *International Security* 35, no.1(Summer 2010), 75—94; Charles Kupchan and Peter Trubowitz, "The Illusion of Liberal Internationalism's Revival," *International Security* 35, no.1 (Summer 2010), 95—109。

48. 关于发展了的全球化和对国际规则的需求之间的关系,见 Jeffrey L.Dunoff

and Joel P. Trachtman, "A Functional Approach to International Constitutionalization," in Jeffrey L. Dunoff and Joel P. Trachtman, eds., *Ruling the World? Constitutionalism, International Law, and Global Governance*(New York: Cambridge University Press, 2009), 5—9。

49. Keohane, *After Hegemony*.

50. Keohane, "Multilateralism: An Agenda for Research," 744—745.

51. 对这些新的跨国威胁及其对美国国家安全影响的概述，见 Ikenberry and Slaughter, *Forging a World of Liberty under Law*; Neyla Arnas, ed., *Fighting Chance: Global Trends and Shocks in the National Security Environment*(Washington, DC: Potomac, 2009)。

52. 里根时代关于导弹防御问题的理念，反映出一种要重新确立安全相互依存关系的努力。为了有能力打掉任何来犯的导弹袭击，就需要获得保护自我的国家能力，而不管其他国家的政策和意图，见 Francis Fitgerald, *Way Out There in the Blue: Reagan, Star Wars, and the End of the Cold War*(New York: Simon and Schuster, 2000); Richard Rhodes, *Arsenals of Folly: The Making of the Nuclear Arms Race*(New York: Vintage, 2008)。

53. 关于安全相互依存的逻辑及其对国际合作的影响的讨论，见 Daniel Deudney, *Bounding Power: Republican Security Theory From the Polis to the Global Village*(Princeton, NJ: Princeton University Press, 2007)。

54. Zbigniew Brzezinski, *The Choice: Domination or Leadership*(New York: Basic, 2004), 13.

55. 如库珀所言："世界或许是全球化的，但它是靠国家运作的。谁也不能掌控的那些地域对于生活在那里的人们来说是一种噩梦，对于犯罪分子来说是天堂，对于其他人来说则是危险。"Robert Cooper, "Picking Up the Pieces," *Financial Times*, 25—26, October 2008, Life and Arts, 17.

56. G. John Ikenberry, "The Right Grand Strategy," *American Interest* (January/February 2010), 12—14.

57. 关于宪政逻辑和国际关系的讨论，见 Ikenberry, "Constitutional Politics in International Relations," 147—178。

58. 关于这些问题的深入论证，见 Martin, "Rational State Choice of Multilateralism," 91—121; and David Lake, *Entangling Relations: America in Its Century* (Princeton, NJ: Princeton University Press, 1999)。

59. 参见第三章和 Ikenberry, *After Victory*。

60. Farley and McManus, "To Some, the Real Threat is U.S."

61. 美国和欧洲的官员以及评论人士提醒小布什政府说，战略可知和多边外交进程对于维护美国的长期领导地位是至关重要的，Philip Stephens, "America Should Take the Offer of Legitimacy as Well as Power," *Financial Times*, 27 September 2002; Chris Patten, "America Should Not Relinquish Respect," *Financial*

Times, 3 October 2002; John F.Kerry, "We Still have a Choice in Iraq," *New York Times*, 6 September 2002。

62. 欧盟的一位重要外交政策官员在奥巴马总统就任当天写了一篇评论文章，传递了他对于新政府的希望，强调了外交和以规则为基础的秩序构建的重要性："说到底，外交的目标是创立协商同意的规则。那是有关政治参与、边境划界或军事装备运送的规则，是结束国家内部或国家之间冲突的规则，是帮助我们解决我们时代的大问题（气候变化、不扩散以及可持续的、开放的全球经济）的规则。规则、程序和制度的积累听上去是枯燥的工作，但它却是全球文明的基础。协商同意的规则会使国家安全、民众自由。" Javier Solana, "Five Lessons in Global Diplomacy," *Financial Times*, 21 January 2009, 11.

63. Roger Cohen, "Obama and the American Idea," *New York Times*, 9 December 2007.

64. Secretary of State Hillary Clinton, speech before the Council on Foreign Relations, Washington, DC, 15 July 2009.

65. 转引自 Ron Suskind, "Faith, Certainty, and the Presidency of George W. Bush," *New York Times Magazine*, 17 October 2004, http://www.nytimes.com/2004/10/17/magazine/17BUSH.html（accessed 8 November 2010）。

66. 美国国防部最新战略规划文件提出这一观点："美国仍将是最强大的行为体，它必须与关键的盟友和伙伴展开进一步合作从而建立和维护和平与安全。崛起国家会否以及如何全面融入全球体系将是 21 世纪具有决定性意义的问题，对于美国的利益来说也是关键性的。" *Quadrennial Defense Review Report*（February 2010），7.

67. Walter A.McDougall, *Promised Land, Crusader State: The American Encounter with the World Since 1776*（New York: Houghton Mifflin, 1997）; Walter Russell Mead, *Special Providence: American Foreign Policy and How It Changed the World*（New York: Knopf, 2001）.

68. Samuel Huntington, *American Politics: The Promise of Disharmony*（Cambridge, MA: Harvard University Press, 1983）.

69. 当然，美国的经历中也存在支持单边主义和孤立主义政策的政治理念和传统——其兴起于立国时期并延续到 20 世纪 30 年代，今天仍然存在。但是，正如杰弗·莱格罗（Jeff Legro）所言，这些想要替代多边主义的理念和传统在面对"一战"和"二战"这些事件时都受到怀疑，为国际主义和多边主义的理念与战略开辟了道路，Jeff Legro, "Whence American Internationalism," *International Organization* 54, no.2（2000），253—289。这些多边主义理念和战略也受到了更深层次的美国法治和公民国家传统的支持。

70. 史密斯作出了这种区分，见 Anthony D.Smith, *The Ethnic Origins of Nations*（Oxford: Blackwell, 1986）。

71. 发达民主国家的领导人每隔一段时期就会对他们共享的认同作出确认，这种认同植根于自由主义的治理和对法治的承诺。比如，1984 年七国集团峰会上发布的《民主价值观宣言》称："我们信奉法治，法治毫无畏惧地尊重和保护或是支持每一位公民的权利和自由，并提供了人类精神可以自由和多元发展的环境。" Declaration reprinted in the *Washington Post*, 9 June 1984, A14.

72. Deudney and Ikenberry, "Nature and Sources of Liberal International Order."

73. 威尔逊寻求在美国例外主义的基础上证明美国在"一战"后的国际主义的正当性以及领导世界实现民主解放的责任，"二战"后的国际主义倡导者则强调美国属于西方民主国家共同体，而这暗含着多边主义的责任和忠诚，Anders Stephanson, *Manifest Destiny: American Expansionism and the Empire of Right* (New York: Hill and Wang, 1995), 114—115。关于更大的西方共同体增强了美国的国际主义和多边主义的承诺，见 Risse-Kappen, "Collective Identity in a Democratic Community"; Risse-Kappen, *Cooperation among Democracies*; Mary N. Hampton, *The Wilsonian Impulse: U.S. Foreign Policy, the Alliance, and German Unification* (Westport, CT: Praeger, 1996); and Henry R. Nau, *At Home Abroad: Identity and Power in American Foreign Policy* (Ithaca, NY: Cornell University Press, 2002)。这种关于西方共同体的观点被用来解释北约在大西洋世界兴起但与之相似的多边安全组织却没有在东亚地区出现，Hemmer and Katzenstein, "Why is There No NATO in Asia?" *International Organization* 56, no.3 (Summer 2002), 575—607。

74. John Gerard Ruggie, *Winning the Peace: America and World Order in the New Era* (New York: Columbia University Press, 1996), 170.

75. 关于美国族群鼓动政府在外交政策上积极作为的方式，见 Tony Smith, *Foreign Attachments: The Power of Ethnic Groups in the Making of American Foreign Policy* (Cambridge, MA: Harvard University Press, 2000)。

76. President George H. W. Bush, address to the U.N. General Assembly, 12 September 2002.

77. Ibid., 1 October 1990.

78. German Marshall Fund, "A World Transformed: Foreign Policy Attitudes of the U. S. Public After September 11," report of public opinion survey, 4 September 2002.

第八章　自由主义国际秩序的持久性

导言

在过去半个世纪中，美国掌握着全球秩序的诸多关键之处——从很多方面看，如今仍然是这样。没有什么国家像美国那样强大，或是有像美国那样多的机会在世界政治的安排上打下它的印记。在世界大战结束后，在冷战终结后，以及在当前，美国处于一种独一无二的位置领导创立影响全球体系的规则和制度。在关键的转折点上，它怀着对世界秩序的自由主义理念挺身而出，并奋力使这些理念与当时的地缘政治现实相协调。美国一直是一个自由主义秩序构建者。它寻求创立一种开放的、大致以规则为基础的国际秩序，这一秩序靠发达民主国家来稳固。这种秩序愿景一部分受到美国国家利益的驱动，也就是一个大的发达国家要寻求进入世界市场。但是这一愿景也反映了关于正当、持久的国际秩序之益处的一整套考量，这种秩序将不仅会为美国也会为更大的世界提供长期的经济和安全益处。

自由主义秩序构建的关键时刻出现在第二次世界大战之后的那些年头中。正是那时，美国对一个有利的世界秩序(开放的、稳定的、友好的)的需求转变为一种建立自由主义霸权秩序的方略。但是这种变化不完全是有意为之的。美国承担起了自由主义事业，然后发现自己是在创建和管理一个国际秩序。美国和自由主义秩序融合在了一起。

它是一个独特的秩序类型——围绕着美国的霸权权威、开放的市场、合作安全、多边主义制度、社会契约和民主共同体建立起来。它也建立在核心的霸权契约的基础上。这些契约决定了权力和权威将如何分配。因此，尽管美国管理着自由主义秩序并发展着力量，但它是在一个规则和制度体系(也是一种承诺和约束体系)中这么做的。它保障了世界各个地区的秩序。美国提供了与稳定和开放性相关的公共物品，而且它与其盟友和伙伴进行了谈判和互惠。这种秩序的重心是在西方，当它向外移至亚洲、拉丁美洲和发展中国家的世界时，自由主义逻辑让位于更为传统的帝国主义和大国主导。在全球层面上，这个秩序是等级性的——由美国主导——但是也融入了自由主义的特性。

这种美国领导的自由主义霸权秩序当前正陷入危机。支撑这一秩序的深层基础已经发生了变化。要求改变(对秩序重组的)的压力正在增强。但是面对这种重大转型，搞清楚什么是真正陷入危机的和什么没有陷入危机是很重要的。我的观点是，这是一场权威危机——一种关于自由主义秩序应当如何被治理的竞争，而不是与自由主义国际秩序的基本原则有关的危机，自由主义国际秩序被界定为一种开放的和大致以规则为基础的体系。也就是说，陷入争论的是自由主义秩序的各方面(主权、制度、参与、角色和责任)应如何被配置，但所有这些都是在秩序之中进行而不是在其之后。

如果既有的"二战"后霸权秩序是一种商业活动的话，它将可以被称为美国责任有限公司。在很多重要方面，这是一个被美国拥有和经营的秩序。当前的危机实际上与这家公司的所有权有关。事实上，这是一个半私有的公司向一个公有和公营的公司过渡，拥有扩大的一批股东和新的董事会成员。这是符合实际的，虽然非西方国家在继续崛起并奋力界定它们与自由主义国际秩序的关系。

为提出这一观点，之前的章节已经探讨了国际秩序的理论和历史。我们考察了不同类型秩序的组织逻辑以及这些秩序兴起和衰落的方式。这种考察使我们认清了自由主义国际秩序并将之定位于更多的国际秩序类型之中——这些秩序是根据它们实现稳定性和控制力的途径(制衡、统制和赢得同意)来加以界定。这种考察使我们能够将美国领导的自由主义霸权秩序置于自由主义国际秩序的更多类型之中。从这些理论思考出发，我们能够追索自由主义国际事业的重大历史变化和演进。威尔逊的自由国际主义让位于罗斯福提出的更适时的愿景，而在此之后，则让位于在冷战期间建立的以西方为主导的霸权事业。我们已经看到，这种美国自由主义霸权事业所依赖的深层基础已经被改变了。自由主义秩序的威斯特伐利亚式的基础——并不为一些自由国际主义者完全接受——已经受损。单极、受损的主权、经济和安全的相互依存的变化规模和范围，所有这些加剧了自由主义愿景内的困境和紧张关系。

这带给我们一个问题：自由主义霸权秩序之后会是什么状况？我认为，存在若干种可能性，包括美国为其在体系管理方面持续占据领导地位而进行再谈判这一未来状况。即便全球体系从美国的有限责任公司过渡为一个公有公营的公司，美国将不可避免地成为一个大股东，即便在一个单极缓慢衰落的时代。

这种远离美国领导的秩序的变化将带来自由主义事业很多固有的困境和紧张关系。会出现要求对权威和领导权进行再分配的压力，但是一个后霸权体系将如何提供与开放的市场以及规则和制度稳定性有关的公共物品？会出现更广泛的国际合作和全球制度性力量以应对经济和安全相互依存的压力，但这如何与民主问责(democratic accountability)相协调呢？会出现对国际社会干预陷入麻烦的国家的内部事务的新权利和新能力的压力，但自由主义秩序如何发展才能够形成必要的集体行动但又避免该秩序成为自由帝国主义的治理机制？这些困境将在关于改革自由主义国际秩序的纷争中贯穿始终，即使崛起国家和新的全球性问题塑造和限制了未来之状况。似可确定的是，对于更多的和日益复杂的合作形式的需求在未来数十年中将不会降低。实际上，国家无论大小，都将面临对于更广泛合作的大量新的需求。换言之，如果说自由主义国际秩序的组织逻辑目前陷入危机的话，那么，解决这个危机的办法就是更加——而不是更少——自由主义的国际秩序。

我们可以更加仔细地审视当前国际体系的变化和延续性，中国的崛起及其与演进中的自由主义国际秩序的关系，以及美国的自由主义秩序构建方略。通过这些案例,我认为,对于围绕开放的和大致以规则为基础的原则和制度建立起来的世界一体的体系来说,未来实际上是非常光明的,而且,在这个体系中美国仍会处于中心位置。

自由主义国际秩序的危机和延续性

本书认为,自由主义秩序目前这种霸权性安排正陷入危机,但这是一种由成功带来的危机。困扰当前体系的问题绝大部分都是源自美国领导的战后体系的扩展。战后的自由主义秩序植根于两极体系之中,但在冷战结束后,它向外延展并成为外部体系(the outside system)。美国的秩序走向全球。市场向外扩张,国家异军突起,自由资本主义世界的规模和范围都扩展了。算上19世纪自由国际主义的出现和扩展,世界已见证了历时两百年的自由主义的兴起。自由主义主要的可替代选择——无论是国内的还是国际的——多多少少都已经消失了。伟大的自由国际主义时代并没有结束。然而,如果自由主义秩序没有陷入危机的话,对于这种秩序的治理却已陷入危机。但是,考虑到过去的国际秩序的弱点——被世界大战和严重的经济动荡所击垮,对自由主义世界秩序进行改革和重新谈判的挑战是值得欢迎的,如果这些挑战存在的话。

自由主义秩序的权威危机并不是实现了自由主义秩序过去的批评者所作预言的那种危机,那些批评认为自由主义秩序是一种理想主义的事业,在无政府状态和权力政治的真实世界中无法立足。当前自由主义秩序的危机正与这种典型批评相反,正是因为与自由主义者的预想相比,世界已变得没有那么现实主义,才导致问题接踵而至。也就是说,自由主义事业已经成功得太过头。在自由主义霸权秩序条件下的国际体系繁荣发展,在全球层面上扩展与整合,创造了经济和安全的相互依存,远超该秩序的战后设计师们的想象。

实际上,这并不是一个"卡尔(E. H. Carr)时刻"——也就是这样一个时刻:现实主义者们可以站出来说自由主义的理想主义者们完全错了，无政府状态和战争的回归揭示了世界政治就是对权力和优势的争夺这一不朽真理。[1]这是卡尔对威尔逊和1919年的自由主义和平缔造者的人尽皆知的指责。卡尔对的地方在于，对威尔逊的自由主义秩序构建来说，当时的条件并不合适。但是，他错误的地方在于，威尔逊和其他自由主义者的确提出了一个清楚明白的愿景，这个愿景是关于开放的市场、合作安全和国际规则如何在一个被厌倦战争的民主国家主导的世界中运作。它不是建立在梦幻基础上的事业；它是基于关于世界运作方式以及如何能使世界运作的理论。考虑到威尔逊见证了世界范围内的民主革命，而这一革命将为一个稳定和平的新体系提供基础，他实在是走在了他所处的时代的前面。后来的几代美国和欧洲的秩序构建者们接过了这个自由主义的方案。

不论卡尔之断言的正确性，当前的危机不是他所指出的那种危机。当前的问题无法通过重归现实主义的思维和行动而得到解释或解决。如今，自由主义国际秩序的危机要甚于"卡尔·波兰尼(Karl Polanyi)时刻"——也就是说，自由主义治理体系之所以遇到麻烦，是因为这种秩序的两难困境和长期变化，而它们只有通过重新思考、重建和扩展这一体系才能被解决。[2]从这些方面看，波兰尼对19世纪西方秩序的问题很明白。实际上，与市场社会(market society)的组织当前存在的矛盾和问题相比，他看到了更深层次的矛盾和问题。正如波兰尼无疑会认为的那样，两个时代之间的相似之处在于，市场和社会交换的开放体系过度发展，从而超越了对其有促进作用的地缘政治和制度基础，导致了不稳定和冲突。换言之，自由主义秩序制造了给它自己造成破坏的种子，这种情况只能通过更加自由主义的秩序被扭转——经过改革的、被更新的以及用一个新的基础来组织。

实际上，如果不任由当前的危机发展下去，有理由认为某种被更新的和经过重组的自由主义国际秩序将继续存在。自由主义的支配地位并没有结束。之所以是这样，主要有以下若干原因。

首先，推翻国际秩序的旧的、传统的途径——大国战争——不再可能出现了。在国家体系的漫长历史中,当代世界已经历了最长的大国和平时期。[3]无疑,大国战争之所以没有出现,是因为出现了之前的时代所没有的若干因素,也就是核威慑和自由民主国家处于主导地位。核武器及其所产生的威慑使大国在它们将不会被其他大国支配或侵犯方面有了某种信心。核武器使大国之间开打战争不那么理智,大国战争的可能性因此更低。核武器具有双刃剑效应。它们给体系中最超群的国家也施加了限制。美国或许处于单极地位,但它没有能力征服其他国家。从这个意义上来说,过去的军事强国虽然从物质力量和军事支出的占比来说不像美国那般占据主导地位,但它们反而对其他大国更具威胁性,因为战争威胁是的确存在的。核威慑消除了战争威胁,并且使美国单极对其他大国不那么具有那种生死存亡的威胁性。同时,作为推翻国际秩序的手段,大国战争的消除趋于强化现状。美国在一个核时代成为全球性力量是幸运的,因为相对抗的大国如果寻求推翻美国领导的体系,它们会处于一种不利地位。可能出现的相对抗的霸权国家的成本—收益算计朝着赞同在体系内努力实现[秩序]变革这一方向而改变。然而,大国威慑给美国的权力运用设定了限制这一事实也使既有的国际秩序变得更具宽容性。它消除了体系中的一种行为类型——大国之间的战争、侵略和征伐,从历史上看,这种类型的行为为寻求推翻秩序提供了动力。

自由民主国家居于主导地位进一步强化了体系的延续性。第一章描述了自由主义的兴起。这就是两个世纪以来,自由民主国家崛起并占据全球突出地位(preeminence)。这些国家的中心作用和体量(sheer bulk)带来了稳定性。如果自由民主国家彼此间开战的可能性较低,这便创造了一个广阔的和平地带。如果自由民主国家更可能在彼此间展开贸易与合作,这便会增强它们的主导地位。如果自由民主国家更能够在彼此间作出政治调整以适应它们权力的兴衰,这也将在既有体系中创造比在过去的国际秩序中更大的稳定性。总之,核武器和自由民主国家处于主导地位使战争作为一种变革动力的可能性更低了。如果暴力推翻国际秩序被消除了，那么危机和变革的逻辑就会发生一种新的转变，该体系也就会偏于延续性。

其次，自由主义国际秩序本身的特性——无论有无美国的霸权领导——强化了延续性。在之前的章节，我将这种战后自由主义秩序描述为“易于加入而难于推翻”。它难以推翻的重要原因已经讨论过了。但值得注意的是，开放的和大致以规则为基础的秩序所带来的复杂的相互依存造成了交换和投资领域的扩展，这导致一系列公司、利益集团和其他种类的政治性利益攸关方的增多，而它们寻求维持体系的稳定性和开放性。实际上，自由主义国际秩序有自我强化的特点。除此之外，自由主义国际秩序相对来说容易加入。在冷战结束后的数十年中，世界上多个不同地区的国家进行了民主过渡并将它们自己与这个自由主义体系的各部分联系在一起。东欧国家和一些原苏联加盟共和国中的加入了北约。包括中国在内的东亚国家加入了世界贸易组织。通过其众多的多边制度，自由主义国际秩序促进了融合并为那些朝着自由民主政体过渡的国家提供了支持。自由主义秩序还为共同发挥领导作用提供了内部空间(space within)。此外，在一些国家迈上崛起并寻求一种领导角色的过程中，许多多边主义制度和组织为它们提供了切入口。比如，当日本加入关税贸易总协定、世界贸易组织、七国集团和二十国集团的领导层时，它便找到了这种机遇。自由主义秩序使财富和经济收益相对广泛的共享成为可能。很多国家在这种秩序中实现了经济增长和收入提升。拿各种国际秩序做比较是很复杂的，但是从比较的角度看，现今的自由主义国际秩序似乎有鼓励融合且阻碍对立和对抗的独特性质。

再次，当前正在崛起的国家并没有针对既有秩序组成一个潜在的、统一的对立阵营。在世界的各个不同地区都存在所谓的崛起国家。中国、印度、巴西和南非可能是最明显的。俄罗斯有时也被包括在这个崛起国家群体之中。这些国家全是资本主义的，而且大多数是民主国家。它们全都从世界资本主义体系下的贸易与融合中获益。它们要么是世界贸易组织的成员国，要么努力寻求这一资格。但是它们也有非常不同的地缘政治和地区性利益与议程。它们没有组成一个经济阵营，也没有组成一个地缘政治阵营。它们的意识形态和历史迥异。它们都有参与管理国际体系主要机制的兴趣。这有时造成了它们之间对影响力和参与权的竞争。但是这也将它们的奋争导向了对治理机制的改革和重组的努力，而不是那种要推翻基础性秩序的一致努力。

最后，所有大国在利益方面都有相合之处（alignments of interests），这将它们聚拢在一起就体系的管理进行谈判与合作。所有大国——传统大国和崛起大国——都是维持现状的力量。如果说这只是出于与核武器和威慑有关的因素，确乎如此，但这些大国都是开放的世界经济和自由主义国际秩序为资本主义贸易国家提供的各种服务的受益者。所有这些大国——传统大国和崛起大国——都担忧宗教激进主义和失败国家。诸如俄罗斯和中国这样的大国在各个关键的麻烦地带，比如伊朗和南亚，的确有不同的地缘政治利益。因此，在与不扩散和其他安全议题有关的制裁问题上的分歧与不合作将不会消失。但是，在大国合作的框架内处理分歧的机会是存在的，并且将会增多。

总之，支持秩序延续的力量是强大的。征伐之获益的下降以及相对抗的大国意识形态的崩溃消除了地缘政治冲突的传统来源。现代化和发展基本上要采取一种自由主义的路径，大国之间在这一点上的共同认识是稳定性的突出来源。大国都明白，如果国家的目标是经济增长和现代化，那么，法西斯主义、共产主义和神权独裁（theocratic dictatorship）作为规则体系都是没有效用的。实际上，如果一个国家想要成为全球性力量，它就需要加入世界贸易组织。当然，在世界上有多种力量在运作，这会带来动荡和中断。[4] 全球金融体系的崩溃以及引发大规模保护主义的经济萧条都是可能出现的。恐怖主义以及其他形式的跨国暴力也能够引发政治上的恐慌和混乱，这将致使国家关闭边境并就商品和人员的流动重新实施限制。但是对于这些世界政治中可以造成极大震动的事件来说，也存在着可使该体系牢固和稳定的力量。

中国的崛起和自由主义秩序的未来

一个崛起的中国所带来的挑战又如何呢？中国的崛起是 21 世纪最重要的戏剧之一。对于一些观察人士来说，我们正在见证美国时代的最后终结和一个西方为主导的世界秩序向一个日益由亚洲主导的秩序的逐渐过渡。历史学家尼尔·弗格森(Niall Ferguson)认为，血腥的 20 世纪实际上是关于“西方沦落”的故事，是“世界的重新定向”，在这个过程中，大西洋国家把对世界的主宰让给了东方。[5]记者马丁·雅克(Martin Jacques)称，中国正在穿上西方资本主义的服饰，但正步向一种非常不同的霸权形式——非自由的、等级性的和以文化为基础的——这是一种远离西方自由主义现代化逻辑的显著变动。中国将统治世界而且将以非常不同的方式统治世界。[6]学者们已经开始从更宽泛的角度探讨一个后西方世界秩序的可能特征。[7]毫无疑问，中国的确正在迅速发展。其经济的非凡增长以及它的积极外交业已改造着东亚。未来的数十年中，基本可以肯定，中国的权力还会进一步增长，它在世界舞台的影响力也会进一步扩展。但这将是一种什么样的变迁呢？中国会寻求反对和推翻演变中的以西方为中心的自由主义国际秩序吗，或者它会融入并在这一秩序中维护权威吗？

在很多重要方面，中国是世界政治中的“摇摆国家”。中国将成为一个世界力量并抗拒融入既有的美国领导的规则和制度体系，这是有可能的。它可能会寻求建立一种相对抗的秩序——非西方的和非自由的。若此，它可以吸引其他同样与既有体系相疏离的国家，或许包括俄罗斯和伊朗。但是如果中国不这么做并且一步步地融入和参与一个经过改革和更新的自由主义世界秩序，那么，我们就基本上不可能想象会出现一个足够大而强的国家联合阵线来构建一种相对抗的秩序。当中国向前发展，国际体系也会向前发展。开放的和大致以规则为基础的世界一体体系的未来取决于中国。但是中国的选择也取决于美国和其他自由民主国家如何行动起来以改革和更新既有规则和制度。实际上，有理由认为中国将继续积极寻求融入一个扩展了的和经过重组的自由主义国际秩序。[8]

这种以西方为主导的体系具有的若干特征对于中国就是否加入或反对这一体系如何作出决定是非常有关的。第一种特征与资本主义世界经济的规则和制度有关。自由主义国际秩序围绕着非歧视性和市场开放性规则和规范建立起来——为崛起国家参与这一秩序并在其中推进它们更大的经济和政治目标创造了条件,这一点甚于过去的帝国主义体系。历史上,从产生的物质收益是否不成比例地由首强国获得或参与[秩序]的物质收益是否被更加广泛地共享这个角度来看,各种国际秩序之间有很大不同。在西方体系中,经济上进入体系的门槛低但潜在获益高。中国已经得到了巨大的经济回报,只有通过在这种开放的经济体系中行事,这种回报才可能实现。[9]

这一秩序的第二个特征是对该秩序的领导具有以联合阵线为基础的性质。它是由美国领导的,但它也是一种一群发达的自由民主国家合作并发挥集体领导作用的秩序。它不仅仅是美国的秩序,一个经过改革的自由主义国际秩序甚至会较少地由美国主导。更大的一群国家被捆绑在一起并治理这一体系。这些主要国家并不总是意见相同,但它们参与了就经济、政治和安全展开妥协的持续进程。这一点也是独特的——过去的秩序往往是被一个国家所支配。当今秩序中的利益攸关方包括一个由维护现状的大国所组成的联合阵线,它们围绕在原来的霸权国家身旁。权力转移通常被认为是在两个国家之间以二元(dyadic)方式发生:一个崛起国家和一个衰落的霸权国。而这一由民主—资本主义国家组成的更大的集合体——以及最终产生的地缘政治权力的集合体——会使平衡朝着有利于既有秩序的方向回转。

美国领导的自由主义国际秩序的最后一个特征就是它的异常密集的、全方位的和协商而得的规则和制度。国际秩序可以具有刚硬的等级性,由首强国通过进行胁迫性的支配来治理,或者它可以是相对开放的,基于互惠的、有共识性的和以规则为基础的关系被建立起来。“二战”后的西方秩序比之前的任何一种秩序都更加的开放和以规则为基础。国家主权和法治不仅仅是被《联合国宪章》遵奉的规范，而且它们也是该秩序的深层次运作逻辑的一部分。的确，正如我们已经看到的，这些规范处于演变之中，从历史上来看，美国一直对将自己与国际法和国际秩序捆绑在一起犹豫不决，当今尤甚。但整个体系仍是相当密集地充斥着多边主义的规则和制度——全球性的和地区性的、经济的、政治的以及与安全相关的。这些制度创举是战后时代的伟大突破之一，为更高水平的合作以及全球体系的共享性权威和治理奠定了基础。

总之，自由主义国际秩序这些演变中的特征使它具有适应崛起国家的不同寻常的能力。在其由各种规则、制度和网络构成的向外延展的局面之中，出现了更新的参与者，而这种局面也为这些参与者获得地位和权威并在秩序治理中占有一席之地提供了机遇。参与政治沟通、发挥互惠性影响的接点（access points）和途径是大量存在的。中国有加入这一秩序的动机和机遇，中国实际上推翻或颠覆这一秩序的可能性是很小的或根本不存在。此外，正如我在前文指出的，在过去，旧的国际秩序最终会通过霸权战争被推翻。而在核武器和大国威慑的时代，令人欣慰的是，这种使历史变迁的方式不复存在。美国之所以能建立一种国际秩序，是因为旧的秩序在战争中被摧毁了。但是中国并不具备这种条件，它要从根本上建立一种新的国际秩序基本上是不可能的。因此，总的来看，美国领导的自由主义国际秩序的这些特征对于一个崛起的中国如何作出选择是有影响的，增强了中国加入该秩序而不是寻求推翻它的动机。

因此，并不让人感到惊奇的是，中国已经采取行动来接受美国领导的国际规则和制度体系。中国对这些规则和制度的最初运用主要是出于防御目的——通过参与地区和全球性组织，中国在努力向他国就其和平意图作出保证的同时维护它的主权和经济利益。[10]但是，正如兰马克（Marc Lanteigne）所言："中国与其他国家（准确地说，是之前的全球性力量）之间的区别不仅在于它是在比以往更加发达的国际制度环境中'成长'，更重要的是，还在于它在'成长'的同时还积极利用这些制度来促进自己全球性实力地位的发展。”[11]结果是，中国正日益在这种自由主义国际秩序中而不是在该秩序之外活动。它正寻求在既有体系之中提升自己的地位和权威而不是为在另一种世界秩序中发挥领导作用打基础。[12]

当然，中国已经是联合国安理会常任理事国，这使它处于大国外交的中心。它也已加入世界贸易组织并日益融入资本主义世界经济。此外，中国并不只是需要进入世界市场，它也想要获得这些规则和制度所提供的保护。世界贸易组织给中国人提供了多边主义的贸易原则和争端解决机制，这是对中国领导人的一个巨大吸引力，因为这些原则和机制为崛起的经济大国抵御它们所面临的歧视和保护主义威胁提供了手段。中国的政策符合这样的逻辑：北京对经济自由化的承诺导致对外投资和贸易的扩展，继而是它对全球贸易规则的接受。如果中国开始倡导世界贸易组织的逻辑和功能，而与此同时更成熟的西方经济体对该组织的支持却在衰减，这便具有讽刺意味了。更可能的情况是，崛起的和衰落的以市场为导向的国家将会找到准法律（quasi-legal）机制的价值，这些机制能够使冲突得以解决或至少被缓和。

这种看法表明，中国并不注定要利用它增长的权力挑战和寻求推翻自由主义国际秩序的基本组织逻辑。中国的确会使自由主义的规则和制度受到考验。随着中国进入这个体系的主流，自由主义秩序的深层次困境以及围绕该体系基本内容（权威、主权、有约束力的承诺、权利和义务）的争斗将会加剧。但是中国和美国之间不受控的（convulsive）霸权冲突并不是不可避免的。实际上，美国和其他自由民主国家对于中国的崛起如何发展是有一些影响力的。它们之间越是进一步合作并改革和更新自由主义国际秩序的基础，中国就越有可能找到融入和参与的动力——甚至可能帮助领导该秩序。

中国最终可能会超出或不符合目前对它的崛起所作出的主要预测。但是资本主义民主世界是一个既有现实——是一个广阔的地缘政治地带，而且总体来说，对于既有国际秩序的维护和扩展，这是一个强有力的支持群体。如果中国意欲实现崛起并挑战既有秩序,它有远比仅仅对抗美国和抢夺国际秩序控制权艰困得多的任务。在最理想的情况下,这个更大的秩序不只是国民生产总值或军费开支的总和,它大致是一种制度化的政治秩序,随着对该秩序的领导得到更新,它能够继续扩展和生长。

自由主义秩序构建的大战略

美国对全球体系的主导最终将让步于(yield to)其他强国的崛起,当然包括中国。单极时刻将会消逝。权力的全球分配总是在变化。面对这些情况,对以下这个问题的回答应融入美国的大战略,即在2020年或2030年,当美国不那么强大时我们想要看到哪种国际秩序出现?我们可以把它称为我们时代的重要的新罗尔斯式的(neo-Rawlsian)难题。正是杰出的政治哲学家约翰·罗尔斯(John Rawls)提出,政治制度应当在无知之幕(a veil of ignorance)背后被设计出来,也就是说,在制度的设计者并不明确了解他们将在最终出现的社会经济体制中处于何种地位的情况下。这一思想实验会迫使制度构建者们设计出那种无论他们最初处于何处,无论他们或弱或强、或富或贫都可以保护其利益的制度。[13]美国需要进行与之类似的思想实验。当前,我们应当试着去建立起哪些制度呢?在未来数十年里,当美国不再是一个单极力量时这些制度会保护我们的利益,我们需要在至少对于在更大的和变化的权力分配之中美国将处于什么位置还有一些不确定的时候去做这件事。

对于这个新罗尔斯式难题的回答是明确的:我们应使经过改革的自由主义国际秩序之根尽可能深地扎下去。这个想法就是要使自由主义秩序变得如此之广泛和制度化,以至于中国将没有选择而只能加入并在其中行事。与今天的它们相比,中国和更大意义上的亚洲将不可避免地拥有更多权力和权威。美国的目标应是希望中国的权力尽可能地在规则和制度之中施展,而这些规则和制度是我们与其他自由国家在过去一个世纪中精心构建出来的，而且考虑到未来将会有一个更加拥挤的世界，我们自己也会想要在这些规则和制度中行事。美国在全球体系中的地位或许会下降，但它领导的国际秩序可以继续成为21世纪起主导作用的逻辑。

这会给美国的大战略造成什么影响呢？如巴里·波森（Barry Posen）所认为的，大战略是“一个国家关于它如何能够最好地为自己带来安全的理论”。[14]因此，它是一种担忧未来并针对这种担忧而做些什么的公开演练。大战略是为应对超出一国境内的长期性威胁和机遇而设计的一套相互协调的、经久不变的政策。考虑到全球体系的重大变化和自由主义霸权秩序面临的危机，美国在未来数年应如何推进大战略？本书给出的答案就是，美国应与其他国家合作重建和更新自由主义国际秩序的制度基础，并在这个过程中，重新确立它自己作为全球领导者的权威。美国将需要对重新创建这一体系的基本治理制度进行投入——在同盟、伙伴关系、多边制度、特殊关系、大国协调、合作安全条约以及民主安全共同体方面进行投入。也就是说，美国需要重拾自由主义秩序构建的伟大任务。

在两种类型的大战略之间作出区分是有帮助的，即追求地位的（positional）大战略和以环境（milieu）为导向的大战略。正如第五章所指出的，一个采取追求地位的大战略的大国会寻求削弱一个特定的挑战国或国家群体的权力或它/它们所带来的威胁。这样的例子包括纳粹德国、帝国主义的日本、苏联集团，或许在将来还有大中华（Greater China）。一个采取以环境为导向的大战略的大国不会将某个特定国家设定为靶子，但会寻求以有利于其长期安全的方式构建其总体国际环境。这可能需要建立国际合作的基础设施，在世界上的各种不同地区促进贸易和民主，以及建立起有助于应对各种不同突发事件的伙伴关系。我的观点是，在单极条件下，在一个存在着分散性威胁的世界，而且在对未来的特定安全挑战会是什么有着普遍不确定感的情况下，这种基于环境的大战略路径是不可或缺的。

展望21世纪，美国面临一系列复杂的全球挑战。但它并不像在20世纪面临法西斯和共产主义国家那样面临某种单一的地缘政治威胁。实际上，与20世纪30年代或冷战时期的黑暗岁月相比，美国处于一个异常良性的(benign)安全环境之中，它拥有从长期着眼塑造自身国际环境的不同寻常的机遇。正如我们已经看到的，美国是具有主导地位的全球性力量，未受到制衡国联合阵线的抑制，也未受到运用对抗性的、有普世色彩的意识形态的超级大国的抑制。大多数大国是民主国家并且通过同盟伙伴关系与美国联系在一起。国家权力最终基于持久的经济增长，当今没有哪个大国可以在不融入全球化的资本主义体系的情况下实现现代化。让20世纪的法西斯主义的威胁和共产主义的挑战变得如此严重的原因，并不仅是领土侵略带来的危险，而是这些大国挑战者代表了那些能够形成经济增长、吸引全球盟友和建立反制的地缘政治集团的相对抗的政治—经济体制。当前，美国并没有这样的全球挑战者。

美国和其他国家面临的不是那种单一的、高于一切的(overriding)威胁，而是众多分散的和演化中的威胁。全球暖化、核扩散、恐怖主义、能源安全、疫病，这些和其他危险都已迫近。这些威胁中的任一项都可以通过使美国安全和繁荣所依赖的全球体系变得不稳定，从而直接或间接地使美国人的生命和生活方式遭受危险。疫病和全球变暖不是人类之力量可以左右的威胁，但它们的后果却同样是灾难性的。高传染性疾病有致死数百万人的潜力。全球变暖的威胁在于会促发环境移民潮和粮食短缺，而且可能进一步使世界上的弱国和穷国陷入动荡。世界正处于新一轮核扩散的边上，它会使人类最致命的武器落入不稳定的和怀有敌意的国家手中。恐怖主义网络带来了新的非国家性跨国暴力的阴影。但是，这些威胁中的任一种威胁，其本身都不会异常重要到像之前时代的反法西斯和反共产主义那样成为美国大战略的中心要务。[15]

更重要的是，这些不同的威胁是相互联系的，而正是它们之间这种相互影响的效应才是最为严重的危险。托马斯·荷马-迪克森(Thomas Homer-Dixon)强调了这一点:“正是各种压力的汇合是特别危险的,它会使同步故障成为可能,而这在以往是根本不会出现的。在未来数年,我们的社会不会只是同时面临一个或两个主要挑战,像过去经常发生的那样。相反,它们将会同时面临使人忧虑的各种难题——可能包括石油短缺、气候变化、经济动荡和大规模恐怖主义。”危险在于,若干种这类威胁会同时突然出现并相互作用,从而制造暴力和不稳定。“比如,如果若干事一起或是很快接连发生,世界会不得不应对将迅猛减少欧洲和亚洲粮食生产的气候方面的变化,可导致世界范围内经济暴垮的严重的石油价格上涨,以及一连串针对若干西方国家首都城市的重大恐怖主义袭击。”[16]全球秩序本身将陷入危险,美国国家安全的基础也会陷入危险。

正如我在第七章指出的,这些危险和挑战的共性在于它们全部都是上升的安全相互依存的体现。越来越多在他国发生的事情对美国和世界其他地方的健康和安全是非常重要的。很多新的危险——诸如疫病和跨国性恐怖主义暴力——源自国家的衰弱而非这些国家的力量。与此同时,暴力技术处于演变之中,为力量弱的国家或非国家组织提供了在更远距离对他者造成威胁的机会。当各国处于一种安全相互依存的境况之下,它们不能独善其身。它们必须与其他国家进行协商与合作并寻求相互约束和保护。在上升的安全相互依存的条件下,美国不能够躲在这些威胁之外或是使自己免于受到这些威胁的影响。它必须在世界上站出来与其他国家携手建立合作框架,并营造那种可以促进行动的影响力。

如果 21 世纪的世界是一个城镇,这个城镇的主要公民面临的安全威胁将不会是有组织犯罪或激进暴徒对市政厅的暴力袭击。面对犯罪行为、自然环境和形势的持续变化以及基本上不确定的各种难以预测的情况,法律的执行和社会服务可能会崩溃。只有破败的和陷入麻烦的社区的安全和福利也得到提升,主要公民居住的社区才会实现安稳。

没有哪个社区能够被遗弃。与此同时，这个城镇需要发展社会和经济保护方面的新能力。人们和各种组织需要以新的和影响深远的方式展开合作。

但更重要的观点是，当前，美国面临一系列异常多元和分散的威胁和挑战。当我们试图想象 2020 年或 2025 年美国将遇到的首要威胁时，不可能有信心地说首要威胁是甲、乙或丙。此外，即便我们能够找出甲、乙或丙作为其他所有问题所系的首要威胁，它也会是复杂的并和其他国际活动部件(moving parts)相联系。全球性疫病与失败国家、国内安全、国际公共卫生能力等相联系。恐怖主义与中东和平进程、经济和政治发展、不扩散、情报合作、欧洲社会和移民政策等相关。中国的崛起与同盟合作、能源安全、民主推广、世界贸易组织、对世界经济的管理等相关。因此，我们将再次回到更新和重建全球治理架构与合作框架这个问题上来，这些架构和框架可以使美国调配资源并基于各种广泛的和变化的可能性来解决问题。

未来几十年中，在一个面对多元威胁和对这些威胁的相对重要性并不确定的世界上，从一个有关投入的问题的角度来思考大战略是有益的。你会把你的资源投入到哪些地方来建立能力，采取行动以便最大限度地发展你的力量从而摆开架势应对明日的未知之事？大战略和设定优先事项有关，但它也和使风险分散化和避免意外事件有关。

这就是为什么以环境为导向的大战略有吸引力的原因。这种大战略的目标是塑造国际环境从而使你在不确定的、分散的和变化的威胁之下将保护国家的能力最大化。进行自由主义秩序的构建是对美国在其中运作的国际合作框架——也就是，规则、制度、伙伴关系、网络、后备力量、社会知识等——的投资。建立国际秩序就是要提升全球对“社会资本”的存储。皮埃尔·布迪厄(Pierre Bourdieu)、罗伯特·普特南(Robert Putnam)和其他学者用“社会资本”这个概念来界定一个政治社群中可用于解决集体问题的实际的和潜在的资源和能力，“社会资本”存在于社会关系网络之中并通过这种网络体现出来。总之，自由主义秩序的构建涉及对提高全球社会资本的投入,从而为解决那些威胁国家安全但并未受到关注的问题创造能力。

如果美国的大战略将围绕自由主义秩序构建而筹划,具体目标是什么,政策议程又是什么呢?第一,美国需要领导建立一种经过提升的保护性基础设施(protective infrastructure),它有助于防止威胁的出现并在这些威胁成为现实的情况下限制其危害。[17]前文提到的很多威胁都是社会经济方面的落后性和失败的体现,这些落后性和失败可以制造地区和国际性不稳定和冲突。随着全球变暖和流行性疾病的出现,这种威胁就有可能形成。需要的是制度性的合作来增强各国政府和国际社会的能力,防范能够带来全球动荡的疫病或粮食短缺或大规模移民,而且在这些问题实际出现的情况下减轻这种动荡的后果。

从对全球社会服务的一种投入——就像城市和国家对这种服务进行投入那样——的角度来思考加强保护性基础设施是有益的。这就是钱要花到刀刃上的问题。教育、健康项目、收容所、社会服务——这些都是稳定的和功能完好的社区的至关重要的组成部分。国际体系已经有很多这种基础设施——可以促进公共健康、难民和紧急援助方面的合作的制度和网络。但是因为在21世纪可能出现的问题的规模和范围都在增大,对于这种预防和管理能力的投入也需要增大。预警体系、紧急行动计划、后备力量等——这些都是保护性的全球基础设施的内容。

第二,美国应重新致力于并重建它的安全联盟。我的看法是,更新存在于这些安全条约之中的旧的契约。通过北约,也通过东亚的双边伙伴关系,美国同意给其他国家提供安全保护并将它的伙伴们带入有关使用武力的决策过程。反过来,这些伙伴同意在更大的行动区域内与美国合作——提供人力、后勤和其他形式的支持。美国放弃了在战略决策方面的一些自主性,尽管它更多是一种非正式的而不是有法律约束力的限制,反过来它得到了合作和政治支持。在这些组织中美国仍是"同侪中首强",它仍在联合军事指挥部中居于领导地位。同盟契约的这种更新涉及扩大同盟采取的地区性或全球性任务,并就正式的权利和责任的分配问题作出新的妥协。

为何安全伙伴关系的这种更新对自由主义秩序构建是关键的,有如下几点原因。一是安全同盟与相对更好界定的、具体的和有限的承诺有关——这对于首强军事力量和它的伙伴们都是有吸引力的。各国会明白它们会卷入什么事情,也知道它们的义务和责任的界限。另一个原因是,同盟可以提供使同盟中的伙伴国之间的权力悬殊得到调适的制度性机制。同盟并没有涵括可同等地适用于所有参与者的普适性规则和规范。至少,北约是一个拥有正式的和非正式的行动规则和规范的多边性组织,这些规则和规范既可以适应最强大的国家,又为其他国家规定了角色和权利。更新同盟的另一个好处在于,同盟一直作为发达民主世界中的"政治架构"而发挥着作用。同盟提供了沟通和共同决策的渠道,这可以外溢到国际关系的更广泛的领域。这些同盟也是拥有重要历史成就的制度。美国是一个单极的军事力量,但是它仍然有分担安全保护成本和找到使其权力运用具有正当性的方式的动机。"二战"后的同盟——经过更新和重组的同盟——是达到这些目的的有吸引力的工具。

第三,美国应改革和创建全方位的全球制度,这些制度可以促进集体行动并使集体行动具有正当性。第一个行动应当是改革联合国,从扩大安理会成员国开始。若干方案已经被提出。所有这些方案都涉及增加新的成员国(如德国、日本、印度、巴西、南非以及其他国家)和改革投票程序。几乎所有这些常任理事国资格的候选国都是成熟的或成长中的民主国家。当然,目标是使它们成为联合国中的利益攸关方并增强联合国作为全球集体行动工具的首要地位。实际上,联合国为紧急行动——人道主义干预、经济制裁、对恐怖主义分子动用武力,等等——提供的正当性是不可替代的。当发达民主国家参加的是联合国批准的行动时,这些国家民众对政府的支持就会迅速增强。

第四,美国应适应并在制度层面与中国共事。中国最有可能成为一个主导国，美国需要通过各种方式对其让步。正如我在之前的部分所指出的，美国应通过强化自由主义国际秩序的规则和制度——让它们深深扎根，整合成长中的资本主义民主国家，分享权威和功能性角色——来回应中国的崛起。美国应深化与欧洲的合作并更新对同盟和多边主义全球治理的共同承诺。中国越是不仅面对美国而是面对由资本主义民主国家组成的整个经合组织（OECD）世界，就越好。这并不是主张中国必须要面对一个对抗它的反制大联盟。而是，它将会面对一个复杂的和高度融合的全球体系，这一体系是如此的全方位和极为牢固以至于中国基本上除了加入该体系并寻求在该体系中实现繁荣外别无选择。[18]

美国还应努力在东亚建立地区安全秩序，该秩序能为管理将要到来的变化提供一种框架。我的想法是，不要阻碍中国进入这种地区秩序而是努力塑造它进入的方式，沿着权力变化的轨迹在不同时刻寻找打造战略契约的机遇，并逐渐渗入各种地缘政治势力范围。美国想要打造的大契约是：通过在地区秩序中给予中国地位和位置来适应一个崛起的中国，以此换取北京对华盛顿的核心战略利益的接受和适应，这些战略利益包括在东亚继续充当安全提供者。在打造这个战略契约时，美国也要试图在东亚建立多边主义的制度安排，这种制度安排将把中国和更广大的地区联系起来。近年来，中国已认识到这种战略的用处——如今它积极地寻求通过将自己嵌入像“东盟＋3”和亚洲峰会（Asian Summit）这样的地区制度安抚和笼络它的邻国。当然，美国在“二战”结束后的几十年中所做的的确是建立各层面的地区和全球经济、政治和安全制度并在其中行事，从而使它自己更具可预测性和易于接近，减轻了其他国家通过建立反制的联合战线抗拒或削弱美国的动机。[19]

第五，美国应重申自由国际主义的公共哲学。当美国官员在“二战”后倡导建立以规则为基础的战后秩序时，他们明确提出了一种独特的国际主义的秩序愿景，而这一愿景在最近这数十年中式微了。正是这种愿景将有关经济、国家安全和稳定、和平的秩序来源的自由主义和现实主义理念结合起来。这些理念——来自20世纪40年代和新政有关的经验以及之前和战争与经济衰退有关的几十年经历——致使美国领导人把国家利益和构建一种可管理的、制度性的全球体系联系在一起。当前需要的是一种经过更新的有关自由国际主义的公共哲学——远离新保守主义的一种变化,这种公共哲学可以在美国精英权衡主权和制度性合作时给予其启发。

当前,美国精英需要做的是恢复这种国际主义的公共哲学。美国权力的克制和承诺密切相关。全球规则和制度推进而不是威胁了美国的国家利益。近年来被提出的不同的公共哲学——倡导美国单边主义以及摆脱全球规则和制度的哲学——并没有迎来显著的成功。因此,对于美国战后这种国际主义愿景来说,目前存在着被更新并重新明确表达的有利机会。

可以肯定的是,近年来,巨额预算赤字和公共债务给领导人们和对外政策议程施加了新的限制。激烈的党派和意识形态冲突充斥着美国政治,高失业率和低迷的经济发展加剧了这种现象。在美国奋力脱困的同时,其他国家——特别是亚洲的国家——似乎正在繁荣起来。美国处于全球进步的前沿并注定领导世界这种旧的乐观看法的支持者更少了——无论是在国内还是国外。正如一位新闻界人士的观察,"无论是作为个人还是作为国家,美国人开始质疑冷战后出现的'新秩序'是否仍然有利于美国"[20]。对于想要确认美国式的自由国际主义的价值的美国领导人来说,这些并不是令人满意的境况。然而,从另一种意义上来说,恰恰是在这一个经济制约因素和相互依存不断增强的年代,自由国际主义会有其现实的吸引力。自由国际主义的核心是一种多边主义伙伴关系、合作安全和集体行动的愿景。如果美国不能通过向内转身和躲在世界之后来保护其利益,它就需要找到与其他国家合作的方式,与盟友和伙伴分担发挥领导作用的代价和责任。

这种自由主义公共哲学的主要理念正是美国当前应当拥护的。

- 通过规则领导而不是以权力支配。通过倡导大致上是协商而得的规则和制度体系并在该体系中运作，美国最能够获得对其在世界政治秩序中的中心地位的支持。正如我已经指出的，这样做会将其他国家拉入这一体系，同时也可以确立能够超越美国的绝对优势时代而存在的合作框架，这一框架可以在美国无法仅依靠其居高临下的权力地位时保护美国的利益。矛盾的是，战略克制是权力的一个重要方面，特别是在一个全球民主时代。
- 提供公共产品并将此与其他国家的合作性和善于适应的(accommodative)政策联系起来。随着冷战的结束，为全球体系提供服务的任务——以及为此而得到称赞——变得更加困难，但这也比任何时候都更加重要。安全、经济开放性、稳定——在全球秩序的这些方面，美国仍然能发挥独一无二的影响力。它应用霸权性责任来包裹自己的对外政策，在它更新这种自由主义霸权角色的同时，与其他国家就责任分担和获得支持进行接触。
- 建立和更新可以强化国家(也就是各国政府)治理与实现安全和经济成功的能力的国际规则和制度。自由主义国际秩序作为一种成功的体系出现在20世纪40年代，因为该秩序为这些国家扩展的社会—经济和安全议程提供了服务和支持。布雷顿森林制度对于一个有效的国际秩序的确立是具有中心作用的。各国同意作出承诺和履行义务，它们预计这样做会获得一系列的好处和力量作为回报。自由主义国际秩序不仅是对开放的市场的一种承诺，它也是一种旨在于开放之中提供稳定和安全的政治公约。这种逻辑应被重新发现并使之成为自由主义秩序构建的中心要素。
- 保持与其他自由民主国家的紧密团结。与其他民主国家的密切联系有多种益处。与其他能力高、理念相近的国家进行合作可以充实成就事业的力量。与这些国家共事并进行持续的、复杂的合作会更容易一些。从国内政治角度看,当一国致力于和其他自由民主国家进行合作,国际主义就会更加容易令人理解。同时,在这些考量之外,征询其他自由民主国家的建议对于不明智的对外政策也是一种潜在约束。

- 在实现自由主义的现代化方面,让全球体系自己来做深层次的工作。历史或许还没有终结,但自由国际主义者相信历史在他们的一边。在未来几十年中,各国将迈出小步以融入开放的、以规则为基础的体系。资本主义和面向国际的经济发展强化了各国对开放的、以规则为基础的体系作出的承诺。如果世界沿着一种恰适的方向前进,就不是那么有必要进行存在风险的干涉或粗暴地运用强力,这样做最终会直接或间接地使自由主义秩序不那么具有正当性。保持体系的开放,容忍多元性并让现代化这一复杂的全球性机器将世界推引至一条美国也正在其上行进的道路。

深入观察这个美丽新世界(brave new world),美国将发现自己需要分享权力并在一定程度上要依靠他国来确保自己的安全。它将不能依赖单极权力或是靠严密守卫的边境。在这个将要到来的世界中运作,美国最需要的是获得作为全球领导者的权威和尊重。它在近年失去了一些这种权威和尊重。通过使自己致力于一种自由主义秩序构建大战略,它可以开启重新赢得权威和尊重的进程。

注释

1. E.H.Carr, *The Twenty Years Crisis, 1919—1939: An Introduction to the Study of International Relations* (London: Macmillan, 1951).

2. Karl Polanyi, *The Great Transformation: The Political and Economic Origins of Our Time* (Boston: Beacon, 1957).

3. Robert Jervis, "Theories of War in an Era of Leading-Power Peace," *Ameri-*

can Political Science Review 96, no.1(2002), 1—14; John Lewis Gaddis, "The Long Peace: Elements of Stability in the Postwar International System," *International Security* 10, no.4(Spring 1986), 99—142.

4. 关于可能出现的动荡和中断,见 Ikenberry, "Conclusion," in Ikenberry, *America Unrivaled*。关于对历史的反思,见 Harold James, *The End of Globalization: Lessons from the Great Depression* (Cambridge, MA: Harvard University Press, 2002)。

5. Niall Ferguson, *The War of the World: Twentieth-Century Conflict and the Descent of the West*(New York: Penguin, 2006), xvii.

6. Jacques, *When China Rules the World*. See also Leonard, *What Does China Think*; Eva Paus, Penelope B. Prime, and Jon Western, eds., *Global Giant: Is China Changing the Rules of the Game?* (New York: Palgrave, 2009); Stefan Halper, *The Beijing Consensus: How China's Authoritarian Model Will Dominate the Twenty-First Century*(New York: Basic, 2010).

7. Naazneen Barma, Ely Ratner, and Steven Weber, "A World without the West," *National Interest*, no.90(July/August 2007), 23—30; Charles Kupchan and Adam Mount, "The Autonomy Rule," *Democracy: A Journal of Ideas*, no.12 (Spring 2009), 8—21; Steven Weber and Bruce W. Jentleson, *The End of Arrogance: America in the Global Competition of Ideas* (Cambridge, MA: Harvard University Press, 2010).

8. Ikenberry, "The Rise of China and the Future of the West"; and Ikenberry, "The Rise of China: Power, Institutions, and the Western Order," in Robert Ross and Zhu Feng, eds., *China's Ascent: Power, Security, and the Future of International Politics*(Ithaca, NY: Cornell University Press, 2008), 89—114.

9. 关于美国和中国对经济现代化和全球一体化的共享愿景,参见 Richard Rosecrance and Gu Guoliang, eds, *Power and Restraint: A Shared Vision for the U.S.—Chinese Relationship*(New York: Public Affairs, 2009)。

10. 中国在其崛起之时有试图安抚国际体系中的其他国家的动机。为此,它将发现彰显克制和承诺的一条重要途径就是它愿意参与既有的制度。克制和安抚的逻辑将使中国更深地参与既有秩序而不是远离它。

11. Marc Lanteigne, *China and International Institutions: Alternative Paths to Global Power*(New York: Routledge, 2007).对中国参与地区和全球制度及其影响的重要论述,见 Alastair Iain Johnston, *Social States: China in International Institutions, 1980—2000*(Princeton, NJ: Princeton University Press, 2008)。

12. 这是邓勇的看法,他认为中国的对外政策从根本上来说是为了在国际体系中获取更大的地位和承认,而不是寻求对国际体系的深层组织原则进行激进的重整。其目标就是在既有体系内获得地位和尊重并与美国的霸权领导合作。如邓勇所言,自 20 世纪 90 年代以来,中国政府更为关注"美国霸权会被如何管理而不是它自己的权力构造”。Yong Deng，*China's Struggle for Status*：*The Realignment of International Relations*（New York：Cambridge University Press，2008），44.

13. John Rawls，*A Theory of Justice*（Cambridge，MA：Harvard University Press，1971）.

14. Barry Posen，*Sources of Military Doctrine*（Ithaca，NY：Cornell University Press，1983），13.

15. 这是我们在普林斯顿国家安全项目的最终报告中提出的判断，见 Ikenberry and Slaughter，*Forging a World of Liberty under Law*。

16. Thomas Homer-Dixon，*The Upside of Down*：*Catastrophe*，*Creativity*，*and the Renewal of Civilization*（Washington，DC：Island，2006），16—17.

17. Ikenberry and Slaughter，*Forging a World of Liberty under Law*，10.

18. 蒂莫西·加滕·艾什（Timothy Garten Ash）同样认为，美国和欧洲在其需要将权力让渡给中国和其他崛起中的国家之前，还有二十多年的时间可以控制全球治理的杠杆，Timothy Garten Ash，*Free World*：*America*，*Europe*，*and the Surprising Future of the West*（New York：Random House，2004）。

19. G.John Ikenberry，“Asian Regionalism and the Future of U.S.Strategic Engagement with China，” in Abraham Denmark and Nirav Patel，eds.，*China's Arrival*：*A Strategic Framework for a Global Relationship*（Washington，DC：Center for a New American Security，2009），95—108.

20. Gideon Rachman，“End of the World as We Know It，” *Financial Times*，23—24 October 2010，Life and Arts section，p.19.

图书在版编目(CIP)数据

自由主义利维坦：美利坚世界秩序的起源、危机与转型/(美)约翰·伊肯伯里(G.John Ikenberry)著；赵明昊译.—2版.—上海：上海人民出版社，2023
(北京大学国际战略研究丛书)
书名原文：Liberal Leviathan：The Origins，Crisis，and Transformation of the American World Order
ISBN 978-7-208-16848-0

Ⅰ.①自… Ⅱ.①约… ②赵… Ⅲ.①国际政治-研究 Ⅳ.①D5

中国国家版本馆CIP数据核字(2023)第078700号

责任编辑 史桢菁
封面设计 零创意文化

北京大学国际战略研究丛书
自由主义利维坦
——美利坚世界秩序的起源、危机与转型
[美]约翰·伊肯伯里 著
赵明昊 译

出　　版 上海人民出版社
(201101 上海市闵行区号景路159弄C座)
发　　行 上海人民出版社发行中心
印　　刷 上海商务联西印刷有限公司
开　　本 635×965 1/16
印　　张 22
插　　页 4
字　　数 289,000
版　　次 2023年6月第2版
印　　次 2023年6月第1次印刷
ISBN 978-7-208-16848-0/D·3688
定　　价 98.00元

Liberal Leviathan: The Origins, Crisis, and Transformation of the American World Order
By G. John Ikenberry

北京大学国际战略研究丛书

自由主义利维坦——美利坚世界秩序的起源、危机与转型

[美]约翰·伊肯伯里　著　赵明昊　译

洞悉对手:领导人、情报部门与国际关系中的意图评估

[以]克伦·亚希-朱洛　著　曹德军　译

净评估与军事战略:回顾与前瞻

[美]托马斯·G.曼肯　主编　高　衡　译

战略的演变:从古至今的战争思考

[德]比阿特丽斯·霍伊泽尔　著　年　玥　译

军事学说的来源:两次世界大战之间的法国、英国和德国

[美]巴里·波森　著　梅　然　译

大陆强国与海上制衡——1888—1914年德国的海军扩张　顾　全　著

失衡的世界:国际关系和美国首要地位的挑战

[美]斯蒂芬·G.布鲁克斯、威廉·C.沃尔福思　著　潘妮妮　译

俄罗斯与西方:从亚历山大一世到普京——国际关系中的荣誉

[俄]安德烈·P.齐甘科夫　著　关贵海　戴惟静　译

军备及其影响　[美]托马斯·谢林　著　毛瑞鹏　译

意外的游击战——反恐大战中的各类小型战争

[澳]戴维·基尔卡伦　著　修光敏　王　戎　译

缔造霸权——冷战时期的美国战略与决策

王缉思　牛　军　主编

21世纪海权指南　[英]杰弗里·蒂尔　著　师小芹　译

海上战略的若干原则

[英]朱利安·S.科贝特　著　仇　昊　译

美利坚独步天下:美国是如何获得和动用它的世界优势的

[美]韩　德　著　马荣久　等译　牛　军　校

日本大战略与东亚的未来

[美]理查德·J.塞缪尔斯　著　刘铁娃　译

中国的崛起与亚洲的势力均衡

[美]威廉·W.凯勒　托马斯·G.罗斯基　著　刘　江　译

和平的幻想：1940 年以来的美国大战略

[美]克里斯托弗·莱恩　著　孙建中　译

战略的魔咒：冷战时期的美国大战略研究　牛　军　主编

大战略分析　周丕启　著

中国崛起：理论与政策的视角

朱　锋　[美]罗伯特·罗斯　主编

国际体系中的进攻与防御

[美]乔治·H.奎斯特　著　孙建中　译